船舶与海洋结构物先进设计方法

船舶设计原理

The Principles of Ship Design

林　焰　主编
于雁云　陈　明　王运龙　编

科学出版社
北　京

内 容 简 介

船舶设计原理是研究与船舶总体设计有关的基本规律和方法的学科。本书系统论述了船舶设计工作方法和原则要求、船舶重量和容量计算、船舶主要要素确定方法、船体型线设计和总布置设计方法，以及船型技术经济分析与论证等内容。通过阅读本书，读者可以初步掌握船舶总体设计的基本原理和方法，提升运用专业基础知识综合分析和解决船舶总体设计问题的能力。

本书可作为高等学校船舶与海洋工程及相关专业本科生、研究生的教材或参考书籍，也可供相关领域专业人员阅读。

图书在版编目(CIP)数据

船舶设计原理/林焰主编；于雁云，陈明，王运龙编. —北京：科学出版社，2019.6

(船舶与海洋结构物先进设计方法)

ISBN 978-7-03-061549-7

Ⅰ.①船… Ⅱ.①林…②于…③陈…④王… Ⅲ.①船舶设计 Ⅳ.①U662

中国版本图书馆 CIP 数据核字(2019)第 111972 号

责任编辑：裴 育 / 责任校对：郭瑞芝

责任印制：吴兆东 / 封面设计：陈 敬

科学出版社出版

北京东黄城根北街 16 号

邮政编码：100717

http://www.sciencep.com

北京中科印刷有限公司 印刷

科学出版社发行 各地新华书店经销

*

2019 年 6 月第 一 版 开本：787×1092 1/16

2023 年 3 月第三次印刷 印张：21

字数：498 000

定价：98.00 元

(如有印装质量问题，我社负责调换)

“船舶与海洋结构物先进设计方法”丛书序

船舶与海洋结构物设计是船舶与海洋工程领域的重要组成部分，包括设计理论、原理、方法和技术应用等研究范畴。其设计过程是从概念方案到基本设计和详细设计；设计本质是在规范约束条件下最大限度地满足功能性要求的优化设计；设计是后续产品制造和运营管理的基础，其目标是船舶与海洋结构物的智能设计。“船舶与海洋结构物先进设计方法”丛书面向智能船舶及绿色环保海上装备开发的先进设计技术，从数字化全生命周期设计模型技术、参数化闭环设计优化技术、异构平台虚拟现实技术、信息集成网络协同设计技术、多学科交叉融合智能优化技术等方面，展示了智能船舶的设计方法和设计关键技术。

（1）船舶设计及设计共性基础技术研究。针对超大型船舶、极地航行船舶、液化气与化学品船舶、高性能船舶、特种工程船和渔业船舶等进行总体设计和设计技术开发，对其中的主要尺度与总体布置优化、船体型线优化、结构形式及结构件体系优化、性能优化等关键技术进行开发研究；针对国际新规范、新规则和新标准，对主流船型进行优化和换代开发，进行船舶设计新理念及先进设计技术研究、船舶安全性及风险设计技术研究、船舶防污染技术研究、舰船隐身技术研究等；提出面向市场、顺应发展趋势的绿色节能减排新船型，达到安全、经济、适用和环保要求，形成具有自主特色的船型研发能力和技术储备。

（2）海洋结构物设计及设计关键技术研究。开展海洋工程装备基础设计技术研究，建立支撑海洋结构物开发的基础性设计技术平台，开展深水工程装备关键设计技术研究；针对浮式油气生产和储运平台、新型多功能海洋自升式平台、巨型导管架平台、深水半潜式平台和张力腿平台进行技术设计研究；重点研究桩腿、桩靴和固桩区承载能力，悬臂梁结构和极限荷载能力，拖航、系泊和动力定位，主体布置优化等关键设计技术。

（3）数字化设计方法研究与软件系统开发。研究数字化设计方法理论体系，开发具有自主知识产权的船舶与海洋工程设计软件系统，以及实现虚拟现实的智能化船舶与海洋工程专业设计软件；进行造船主流软件的接口和二次开发，以及船舶与海洋工程设计流程管理软件系统的开发；与中国船级社和航运公司共同进行船舶系统安全评估、管理软件和船舶技术支持系统的开发；与国际专业软件开发公司共同进行船舶与海洋工程专业设计软件的关键开发技术研究。

（4）船舶及海洋工程系统分析与海上安全作业智能系统研制。开展船舶运输系统分析，确定船队规划和经济适用船型；开展海洋工程系统论证和分析，确定海洋工程各子系统的组成体系和结构框架；进行大型海洋工程产品模块提升、滑移、滚装及运输系统的安全性分析和计算；进行水面和水下特殊海洋工程装备及组合体的可行性分析和技术设计研究；以安全、经济、环保为目标，进行船舶及海洋工程系统风险分析与决策规划研究；在特种海上安全作业产品配套方面进行研究和开发，研制安全作业的智能软硬件系统；开展机舱自动化系统、装卸自动化系统关键技术和 LNG 运输及加注船舶的 C 型货舱系统国产化研究。

本丛书体系完整、结构清晰、理论深入、技术规范、方法实用、案例翔实，融系统性、理论性、创造性和指导性于一体。相信本丛书必将为船舶与海洋结构物设计领域的工作者提供非常好的参考和指导，为船舶与海洋结构物的制造和运营管理提供技术基础，对推动船舶与海洋工程领域相关工作的开展也将起到积极的促进作用。

衷心地感谢丛书作者们的倾心奉献，感谢所有关心本丛书并为之出版尽力的专家们，感谢科学出版社及有关学术机构的大力支持和资助，感谢广大读者对丛书的厚爱！

纪卓尚

大连理工大学

2016 年 8 月

前　　言

船舶与海洋结构物是人类设计建造的尺度最大、质量最大的海上可移动人工建筑物。这类建筑物不仅体积庞大，而且功能多样，组成复杂，工作环境恶劣，服务寿命长久。一般把船舶及各类海洋结构物统称为船舶，其特点如下：

尺度大，质量大　当代的超大型船舶，船长接近400m，船宽可达70m，水面以下吃水可达22m或更深，水面以上高度可达30m或更高，排水量已接近40万吨，无疑是水上的庞然大物。

功能多样，组成复杂　船舶要有完成自身功能所必需的整套装备，如货物运输、装卸及保质系统，旅客装载及服务系统，军船的作战及防护系统，工程船的作业系统等；船舶能够航行，要有主推进系统和导航系统；船舶能独自长期工作于海上，要有自己的发电及输配电系统，以及与陆地和其他船舶联系的通信系统；人员长时间在船上，要有供各类人员生活起居的一系列设备设施，以及救生系统；为确保船舶安全，要有消防系统，以及自行对抗各类其他事故的相应设施。

环境恶劣，寿命长久　船舶要长时间工作在汪洋大海之中，其寿命少则十几年，多则几十年。在其漫长的生命期中，恶劣天气条件下的狂风巨浪环境肯定会经常遇到，船舶会处在风浪的极端载荷作用之下，此时船舶不仅要保持自己的生存能力，还必须维持正常工作。

由此可以看出，船舶是一个复杂的大系统，其设计是一项充满了风险和挑战、工作量大、矛盾复杂、涉及因素众多的庞大系统工程。船舶设计者不仅要具有扎实的船舶设计知识，还要充分了解相关专业知识，更要掌握必要的实现复杂大系统设计的系统工程理论和方法，才能在一个特定船舶设计项目面前产生有针对性的设计思想以指导设计工作，才能制订出最合适的设计工作流程和具体计划以设计出性能优越的船舶。

衡量船舶优劣是多指标的，有经济方面的指标和技术方面的指标。衡量船舶性能优劣也是多指标的，有浮态、稳性、耐波性、抗沉性、快速性、操纵性、舒适性等。所有指标都比较优，所有性能都比较好，是船舶使用者的希望，也是设计者的努力目标。但是，上述不同指标往往相互矛盾，有时一项性能的优化会带来其他性能的劣化，此时如何恰当地权衡定夺，是摆在设计者面前的难题。

不同的用途、不同的环境及不同的性能要求使船舶的种类繁多，千差万别，人类活动的不断扩展，对船舶与海洋工程不断提出新的要求。面对一个具有个性要求的新产品，如何形成有个性的设计指导思想，选择出对该船最适宜的技术装备，设计出最符合船东要求的船舶，完成一个有特色、有个性的完美设计，是摆在设计者面前的又一个难题。

工程设计是一项继承与创新相结合的工作，借鉴已有的优秀设计成果，用相似性设计法参考母型开展新产品设计，是一种稳妥快捷的设计方法。但是如何在众多已有产品中恰当地选择出最合适的母型，如何在变换母型的过程中发扬其优点，克服其不足，也是设计中的一个难点。

船舶产品种类繁多，虽然不同产品有不同的具体设计方法和工作流程，但其基本设计规律是一致的。找出这个统一规律，认识其本质，对深入掌握船舶设计原理至关重要。

本书主要介绍船舶主尺度确定、型线设计、总布置设计、舾装设计等具体设计内容，但是注意力不要仅停留在这些具体设计方法上，更为重要的是学习渗透于具体设计方法中的方法论。例如，如何针对要设计的产品确立合适的设计思想，如何抓住产品设计中的主要矛盾，如何权衡处理相互矛盾的多种不同要求，如何参照已有产品变换产生设计船等，是更为重要的学习内容，当然这也是较难学习的内容，是需要经过大量实践才能逐渐深刻体会的。设计方法论方面的内容，特别是设计思想的确立、多种矛盾的权衡处理、设计中的逐步近似等思想方法性的内容，都在本书相应章节中得到了体现，这是本书的一个特色。期望读者在阅读本书的过程中，既能学到具体的设计方法，又能学到一些船舶设计方法论。

参与本书编写工作的有：于雁云（第 1、3 章，第 4.4 节）、陈明（第 2 章）、陆丛红（第 4.5 节）、王运龙（第 5、6 章）、林焰（第 4.1～4.3 节），最后由林焰统编及校订。

由于作者水平有限，书中难免存在不足之处，敬请广大读者批评指正。

目　　录

第1章　绪　　论

1.1　船舶设计工作概况

1.1.1　船舶设计工作的重要性

一艘船舶的产生，一般要经历制定设计技术任务书、设计和建造、交船试航几个大的阶段。船舶设计是依据设计技术任务书，经过大量详细的设计计算和绘图，提供船舶建造和使用所需的全部技术文件，包括设计说明书、设计图纸、技术条款等。

船舶设计工作，包括总体设计和局部设计两个方面。总体设计解决设计中的一些最基本的问题，诸如确定设计船的建筑与结构形式，决定设计船的主要尺度及船型参数，确定航速和所需主机功率，进行总体布置，设计船体型线等。这些问题对船舶的各项技术性能和经济性能有决定性的影响，对船舶质量好坏起决定性的作用。一艘船舶如果总体设计不合理，则局部设计无论如何努力，一般也是难于改变这种不合理状况的。所以，总体设计在整个设计工作中占据重要地位。局部设计是在总体设计的基础上完成船舶每个局部的设计，诸如船体结构分段设计、螺旋桨设计、舵设计、设备及系统的设计等。

船舶是一种水上活动工程建筑物，具有技术复杂、投资大和使用期较长的特点，与国民经济和国防建设等许多方面有着密切的关系，因此，船舶设计是一门综合性的、复杂的科学技术。从港口、航道、船舶这三者组成运输系统的角度来看，船舶是该系统中的重要组成部分。各部分间相互联系、相互制约。船舶吨级、主要尺度与码头前沿水深、泊位长度、航道水深、曲率半径间互相影响与制约。船舶设计者应以系统工程思想处理好港口、航道、船舶三者之间的关系，不但要使单船的技术经济性能较佳，且要使整个运输系统的经济效益也较高。

我国海岸线长，江河流域面积广，资源丰富，具有发展水上运输的天然优越条件。新中国成立后，我国航运事业和造船事业得到突飞猛进的发展，建立了沿海船队和远洋船队，担负着国内和国际上繁重的运输任务。然而，我国造船工业与国外先进国家相比差距较大，现有船队仍不能满足国民经济发展的需要。为适应国民经济发展规划，我国尚需研制、设计和建造各种类型和吨位的船舶（常规和浅吃水型散货船、油船、自卸船、集装箱船、滚装船、化学品船、液化气船、客船等）。船型规划、船舶设计工作任务艰巨，需持续地培养、造就从事船型规划、船舶设计和研究领域的科学技术人才，以适应国民经济发展的需要。

1.1.2　船舶设计技术任务书

船舶设计技术任务书是船舶设计的依据。它是由船东或业主根据使用需要，考虑技术与经济条件等实际情况，经过技术经济论证工作之后编制的。技术经济论证工作有时由船东委托科研院所或院校来做。

民船设计技术任务书主要包括如下几个方面的内容。

1) 航区、航线

航区是指设计船航行的区域，海船稳性规范将其划分为遮蔽航区、沿海航区（Ⅲ类航区）、近海航区（Ⅱ类航区）和无限航区（Ⅰ类航区）。内河船舶航区，根据水文和气象条件划分为 A、B、C 三级，其中某些水域，依据水流湍急情况，又划分为急流航段，即 J 级航段。

不定航线船通常给出主要航行的航线或航区，定航线船通常给出停靠的港口等。

2) 用途

客船及客货船通常给出各等级旅客的人数、舱室标准以及载货量等。

货船通常给出货物种类、货物理化性质、载重量或载货量，以及对货物舱尺度的特殊要求（如装运特大件货对舱长的要求）。

货物的种类多种多样，分类方法不尽一致，大致有散货（指粮食、煤炭、散装水泥、矿砂等）、液货（指原油、成品油及液态化学品等）、杂货（指件杂百货等）和特殊货（指特大件货、液化气、危险品、冷藏货、滚装货等）。

货物的理化性质是指干货物的积载因数，即每吨货物所要求的货舱容积（m^3/t），对于液货舱来说，则指货物的相对密度（m^3/t）。

3) 船型

船型是指设计船上层建筑形式、机舱部位、甲板层数、货舱划分、推进方式、装卸方式及是否采用球鼻首等。

4) 船级

船级是指设计船应按何种规范设计和建造，符合何种国际公约要求、规定，以及船级符号等。

5) 船舶主要尺度及型线

提出对设计船主要尺度限制，如航道水深对吃水的限制，码头泊位对船长的限制，建造厂的船台对船宽的限制，桥闸尺度对船宽及上层建筑高度的限制等。

提出设计船首部和尾部形状及对采用球鼻首的要求等。

6) 船体结构

提出结构形式、材料、特殊加强（如冰区加强）、甲板负荷、船舶振动要求等。

7) 动力装置

给出主机型号、功率及台数，对轴系的要求；规定发电机组的型号及台数（对油船还包括货油泵机组）、锅炉的型号及数量、机舱中主要辅机（为主机服务的各种辅机和设备等）的要求等。

8) 航速、续航力

航速（kn，km/h）：对于民用运输船为要求达到的满载试航速度；拖轮常提出拖带航速、拖力的要求及自由航速的要求。

续航力（n mile，km）：在规定的航速或主机功率下（民用运输船通常按主机额定功率的 85%～90%的螺旋桨设计点），船上所携带的燃料储备可供航行的距离。

自持力（d）：船上所携带的淡水和食品可供使用的天数。

9) 船舶性能

对设计船稳性应满足的稳性规范和其他要求，对摇摆周期的要求，对船在压载航行状态的浮态要求等。

10) 船舶设备

对设计船的起货设备(油船的货油装卸设备)的能力和型号，以及安全设备、消防设备、救生设备、锚设备、舵设备、减摇设备和助航设备等提出的要求和希望。

11) 船员配备及其舱室设施

提出设计船各类人员的编制、实习生的人数、居住舱室及其他舱室的配备和标准、空调标准等。

以上所述为民用船舶设计技术任务书的大体内容。依据设计船的类型、复杂的程度以及编制任务书时进行论证工作的深入程度，设计技术任务书的具体条目有相当大的差别，有的条目相当详细，有的条目较少，内容简要。表 1-1 给出的 35 000t 油船设计技术任务书是较详细的一种。

表 1-1 35 000t 油船设计技术任务书

1) 船舶用途、航区与船型

本船主要装载原油，兼运成品油，闪点在 28℃以下的一级矿质油。

本船航行于沿海各主要港口，也可进入世界各主要港口。

本船为尾楼、单螺旋桨、平衡舵、柴油机油船。

2) 船级

按中国船级社颁布的《钢质海船入级规范》(2009)及各种相关规范和相关国际公约进行设计和建造，并应符合苏伊士运河、巴拿马运河有关规定。

船级为：★CSA OT<28°，ICB3，IGS。

3) 船舶主要尺度及型线

本船设计平均吃水为 10.5m。满载出港时允许有不大于 300mm 的尾纵倾。建造船台限制船宽为 28.4m，其他尺度根据最佳型线及经济性选定。

船舶型线由船模试验决定，球鼻首不宜过大。

4) 载重量及货油舱

在设计平均吃水 10.5m 时，载重量不小于 34 000t。货油密度按 $0.84 t/m^3$ 设计，货油舱设置应满足规范及 1973 年《国际防止船舶造成污染公约》及其 1978 年议定书对分舱的要求，各舱容积尽量相等。设置专用压载舱，其容积应符合《国际防止船舶造成污染公约》的要求。

5) 航速与续航力

满载试航速度在螺旋桨设计点不小于 14.5kn。

续航力为 15 000n mile，自持力按 50d 考虑。

6) 稳性与适航性

本船应满足中国船级社的稳性规范对无限航区的要求，各种装载情况下，横摇周期不小于 10s。在不依靠货油舱装压载水进行压载航行时，船中吃水不小于 $0.02L+2$(m)；首尾吃水差不大于 $0.015L$(m)，螺旋桨全部埋入水中，满载航行时无首倾。

7) 船体结构

船体结构采用纵横混合形式。船舶主体板厚(船底、舷侧、甲板等)在满足相关规范规定以外，对易腐蚀和难修理处适当加厚，并考虑 ICB3 冰区加强。各种装载情况进行静水弯矩和剪力校核。船舶振动要求达到《海船船体振动衡准》(CB/Z 310—79)的要求。

续表

8）船舶设备及甲板机械

对货油装卸设备、安全设备、消防设备、救生设备、管系及设备、锚机、舵机、绞缆机等都提出较详细的规定（从略）。

9）动力装置

主机：设置 B&W 6L60MC/MCE 或 SULZER 6RTA58 船用低速柴油机一台。

发电机组：设置 MAN L20/27 型及西门子无刷柴油发电机组。

锅炉：设置全自动燃油锅炉两台。设置主机、辅机废汽锅炉各一台，其供汽量应满足压载航行时生活及燃油加热保温之需。

10）电气设备

提出对电源种类、配电系统、电缆及照明、通信导航设备（收发信机、雷达、罗经、计程仪、测深仪等）等方面的要求（从略）。

11）船员定额及舱室布置

船员定额为 48 人，实习船员为 8 人，共 56 人。

船员由船长、政委、大副、二副、三副、水手长、副水手长、轮机长、大管轮、二管轮、三管轮、机匠长、报务主任、医生、木匠、水手、机匠、生火、管事、厨工、服务员、报务员、电匠、电机员组成。

对船员舱室布置要求：船长、政委及轮机长为套间；干部船员及水手长、机匠长为单人房间；其余一般船员均为双人房间。另设病房、引水员室各一间。

船长、政委、轮机长、大副、大管轮、电机员设办公室、卧室各一间，船长、政委、轮机长、大副设独用厕浴室，其他人员设公共厕浴室。船长室、政委室、管事室及报务室各设小型保险箱一只。床垫均为弹簧床垫，其他设备按生活与工作需要配齐。

对公共舱室要求：设能容纳四分之三船员同时用餐的餐厅一间，并能兼放电影。设供 20 人用的接待室一间，毗邻设小餐厅一间。接待室、餐厅各设彩色电视机一台。设吸烟室、烘衣室、洗衣室各一间，洗衣室设两台双缸洗衣机。

此外，对厨房设备、各种储藏室和工作间的设置也做出规定。

1.1.3 船舶设计阶段划分及提供的主要图样和技术文件

一条船从拟定设计技术任务书开始，直到船舶建造完毕，绘制与制定出完工技术文件为止，要分阶段进行。目前，我国的船舶设计阶段划分还处在新、旧方法并用状态。中国船舶重工集团、中国船舶工业集团和设计院所基本上执行《民用船舶产品设计阶段划分和审批工作的若干规定》。国内一些中小船厂仍然沿用由原中国船舶工业总公司制定的传统的划分方法。传统方法将船舶设计大体上划分为以下几个阶段。

1）编制设计技术任务书

船的设计技术任务书是船舶设计的依据，它全面地反映了对设计船技术性能的要求，对设计船的主要技术要素都做了具体规定，如船舶类型、用途、吨位、航速、航距和机电设备等。设计技术任务书的各项技术要素，是经过充分的调查研究及必要的技术经济论证才确定下来的。而这些要素一旦确定之后，设计船总的技术经济性能大体被确定。从这个意义上说，设计技术任务书的编制也是船舶设计的一个重要组成部分。

2）初步设计

初步设计是根据设计技术任务书进行的，是船舶总体设计的主要阶段。

在这个阶段里，要确定与船舶的技术经济性能关系最大的一些项目，如船的主要尺度、船型系数和排水量、船体型线、建筑形式及总体布置、基本结构、主辅机及主要装置系统等，同时要对船舶的主要性能诸如航速、稳性、舱容等进行计算或估算，绘制型线图、总布置图、中剖面结构图及机舱布置图等主要图样，编制总说明书、主要材料规格及舾装、机电等设备清单。

这个阶段所提供的图样和技术文件应能表明船的总体性能，并能据此判断设计船在技术上的先进性、经济上的合理性及施工上的可能性，以及满足任务书中各项要求的程度，以便提供审批。

3）技术设计

在初步设计审批之后，即可着手技术设计。技术设计是初步设计的深化，是整个设计中的重要一环。这个阶段的工作是在初步设计的基础上，对各个局部问题进行深入分析，并做各个分项目的详细设计和计算。例如，要详细地计算各项性能，绘制和编拟各项图样及技术文件，落实主要材料和设备的选型，提出材料及设备订货清单、造价预估单、工具、属具、备品、配件及供应品清单等。

这个阶段所提出的图样和技术文件，应能满足验船部门审查、承造厂进行生产准备以及估算造价和订货、绘制施工图样等方面的需要。

4）施工设计

根据验船部门审批的技术设计进行施工设计。施工设计的项目和深度可视承造厂的生产设备能力、工艺、技术条件而定，包括绘制船体、轮机、电气三方面的全部施工图样和技术文件。在船体方面要绘制分段结构施工图以及船舶设备、舾装施工图，制定工艺规程和各种试验大纲等。

5）完工设计

船舶在建造施工中，往往会对原设计做一些更改，如房间设备布置变动、某一设备的更换，以及经倾斜试验测出空船准确的重心垂向高度。因此，原来的设计图纸和技术文件（如浮态与稳性计算等）就不能与实船完全相符。为反映真实情况，在船舶竣工之后，应按实际情况修改图纸及进行必要的修改计算。另外，还要完成各项实船试验并写出报告。制定完工文件的目的是供船员使用，并作为维修管理的依据，为以后的船舶设计和研究提供可靠的资料。

上述从制定设计技术任务书到设计工作的几个阶段，在整个船舶设计中既是相对独立的，又是相互联系的。每个阶段要求完成一定的计算、图样和说明书，前一阶段设计是后一阶段设计的依据，后一阶段设计是前一阶段设计的深入和发展。然而，船舶设计阶段的划分，并不一律如上所述，可以根据产品的特点、资料的完整程度、设计人员的经验等具体情况的不同而有所不同。如有的单位把初步设计与技术设计的部分内容合并在一起称为扩大初步设计。有些小型船舶，把初步设计、技术设计及施工设计全部合在一起，整个设计一次完成，设计方案审批的工作也只进行一次。

随着我国经济体制的改革，造船投资从过去的国家拨款改变为航运企业向银行贷款，我国造船工业从过去执行指令性计划进入到以经营竞争为主的新阶段。我国船舶产品已进入国际船舶市场，出口船舶逐年增多。为适应国内外船东的要求，作为造船生产中重要环节的船舶设计，必须从以往单纯执行指令性计划的一套程序，改变到适应当前以经营竞争为主，结合技术进步所要求的一套程序上来。

实行合同制和由银行贷款提供造船资金后，在签订合同之前，首先必须把新船的基本技术形态固定下来，否则无法确定船价。在签订合同之后，经双方确认的技术要素及形态（有时甚至是很具体的要求）在以后的设计过程中不允许更改，否则要对由此而造成的经济上及延误交船期的损失负责。因此，各个设计阶段之间不像以往那样是一种反复修改的过程，下一阶段的工作只能是前一阶段工作的补充和深化。

为了适应这些情况，原中国船舶工业总公司制定了《民用船舶产品设计阶段划分和审批工作的若干规定》。这一规定将新建船舶的设计阶段划分为制定设计技术任务书、报价设计、合同设计、详细设计、生产设计等阶段。其中生产设计与过去的施工设计并不相同，它是与造船生产现代化相适应的。现将各设计阶段及设计任务大致介绍如下：

1）制定设计技术任务书

以运输船舶为例，航运公司以设计技术任务书或询价单对船的类型、用途、载重量或载货量、货舱容积、航速、续航力、尺度和登记吨位的限制，以及国籍、入级的船级社、订购艘数和交船期等提出要求。此外，对船员定额、主机类型、动力装置与设备系统的自动化、旅客设备、货舱与起货设备也可能提出要求。设计任务书也可由设计单位提供咨询服务协助编制，但需有关航运公司审批确认。设计单位对船东提供的设计技术任务书要进行可行性分析研究，必要时可向船东提出合理的修改建议。

2）报价设计

报价设计也称投标设计，是根据用船单位提出的技术要求或招标说明书进行的。报价设计的主要内容为初步确定船的技术条件和形状，决定船的主要尺度，进行载重量、货舱容积、稳性与航速估算，编制一份简要说明书，也称主要技术规格书，绘制一张总布置简图，编制船体、轮机与电气部分的主要设备供应厂商表，估算造价。报价设计是商谈签订造船合同之前的一项设计环节，船东接到报价单后，如认为满意，即与中标单位进行技术与商务谈判，明确船的技术细则，同时就船价、付款方式、交船日期等达成协议。

报价设计是商谈签订合同之前的一项设计环节，它不作为最终签订造船合同的技术附件。

3）合同设计

本阶段根据需方提出的设计技术任务书进行船舶总体的研究和简明设计，应对船舶总体性能和主要技术指标进行计算，对船舶动力装置和各种系统及原理进行设计。通过理论计算和必要的试验，确定产品的技术形态、工作原理、主要参数、主要设备选型和主要结构形式等重大技术问题。这一阶段要完成的主要技术文件有：

（1）全船说明书；

（2）总布置图；

（3）型线图；

（4）船中剖面结构图；

(5) 机舱布置图;

(6) 主要设备系统布置图;

(7) 航速、稳性、干舷、舱容、船体强度等计算书;

(8) 材料预估单,主要设备明细表。

合同设计属初步设计范畴,它是初步设计的先行部分。合同设计完成之后,就为签订造船合同提供了必要的图样和技术文件,又为进行详细设计提供了必需的技术条件和依据。

4) 详细设计

详细设计的依据是造船合同及其技术文件和经审查修改后的合同设计技术文件。这个阶段的设计工作是在总体设计的基础上,对各个局部问题进行深入分析,并进行各个项目的详细设计计算和绘制图样,解决设计中基本的和关键性的技术问题,最终确定船舶全部技术性能、船体结构、重要材料、设备选型、订货要求等各项技术要求和标准。

详细设计阶段所提供的技术文件,应能满足验船部门审查,用船单位认可,造船单位订购材料、设备和进行生产准备,开展生产设计所需技术文件等方面的需要。在详细设计阶段,船体方面所完成的主要图样和技术文件有:

(1) 船体设计说明书;

(2) 详细的总布置图;

(3) 正式的型线图;

(4) 中剖面结构图、基本结构图、外板展开图、全船分段划分图、首柱图、尾柱图、肋骨型线图、甲板结构图、主横舱壁结构图等;

(5) 船舶舾装方面的布置图和零件图;

(6) 各系统原理图;

(7) 各项性能的详细计算及有关说明书和试验报告书;

(8) 详细的设备和材料规格明细表等。

5) 生产设计

根据认可的详细设计绘制各项生产、加工工作图样,结合工厂建造工艺和生产组织管理,编制各项施工辅助图样、工艺技术指标以及管理指标的工作图表,提供施工信息等技术文件。

生产设计涉及的范围广,设计文件的深细程度高,其主要特点是:

(1) 把船舶设计、造船生产和生产管理有机地结合起来,通过设计文件(图、表或其他信息)体现出来,并以此作为组织生产的依据。

(2) 把船体、轮机、电气及其他工程的纵向专业系统进行横向融合沟通,构成纵横结合的综合系统,使各专业、各工种、各施工阶段能协调平衡,均衡生产,提高综合生产能力。生产设计是促使船舶设计、工艺技术和生产管理现代化的有效措施之一。

(3) 虽然生产设计是在详细设计的基础上进行的,但实际上却是贯穿合同设计、详细设计这两个设计阶段始终的。从设计一开始就把“造什么样的船”同“怎样造船”一起考虑,把订船者的要求同承造厂的装备条件结合起来,真正体现了设计为建造服务的思想。

1.2 船舶设计工作方法

1.2.1 揭露、分析与解决船舶内在的技术经济矛盾

自然界一切事物无不存在内在矛盾，船舶本身的内在矛盾更加错综复杂。在讨论船舶设计的一般方法时，首先应当对船舶本身所具有的各种技术经济矛盾有所认识。例如，载重量的多与少，航速的快与慢，稳性的好与坏，造价与营运成本的高与低等。在不同的矛盾之间又存在着矛盾，如在排水量不变的情况下，提高载重量与提高航速之间的矛盾，提高稳性与改善横摇缓和性之间的矛盾，航向稳定性与操纵灵活性之间的矛盾；在水密分舱上，使用合理性与抗沉性之间的矛盾，增加船舶吃水与航道和港口水深限制之间的矛盾，降低造价与要求高航速之间的矛盾，采用先进技术与可靠性、经济性之间的矛盾等。由此看来，船舶设计是一项充满着多项矛盾的复杂过程，正是由于这些内在矛盾的存在及其互相依存又互相转化的辩证统一关系，才推动了一条船的设计工作由浅入深地一步步进行下去。所以，船舶设计工作实际上是一个揭露矛盾、分析矛盾、解决矛盾的过程。

揭露、分析与解决船舶内在的各种技术经济矛盾是船舶设计所必须采用的方法。要想在错综复杂的多种矛盾中找到解决问题的合理途径，就必须首先找出其中起决定作用的主要矛盾，抓住了它，就抓住了设计的关键。抓主要矛盾的思想，应当贯穿在整个设计工作的始终。由于船舶的类型、用途、航区条件以及船东要求的不同，船舶设计中的主要矛盾也各不相同。在一条船设计之初，为确立一个正确的设计思想作为处理设计中各种矛盾的总原则，必须找出设计船的主要矛盾。在以后的设计全过程中，必须始终贯彻这一设计思想，并使其他矛盾的解决服从这一设计思想。

1.2.2 逐步近似深化的过程

由于船舶的内在矛盾错综复杂，设计工作不可能一次完成，而是循着一个逐步近似的过程，即经过一个逐步深化、逐步近似的设计过程，最后得到合理的结果。在设计时，确定任一问题，涉及的方面和要考虑的影响因素都很多，有些因素在设计之初，由于条件不具备是难于考虑到的，因此问题的真实解是通过逐步近似过程获得的。例如，船体钢料重量的准确结果是通过设计之初考虑少数主要因素进行估算，待基本结构图作出后进行较详细计算，完成结构分段施工图后再详细计算几个步骤得到的。

按逐步近似过程进行船舶设计，就是把复杂的设计工作分成若干循环(或阶段)，初步近似时只考虑少数主要因素，后一次再计入较多的因素，反复进行几次近似，每一次近似都是前一次结果的补充、修正和发展，经过若干次近似之后，最终可得到符合要求的设计结果。由此看来，逐步近似过程的每一次循环都不是简单的重复，而是螺旋式上升的过程，进行若干次近似后总能获得平衡恰当的结果。

1.2.3 在借鉴与继承的基础上创新

任何新型优秀船舶的出现都是既往船舶发展的结果。科学的继承性在船舶设计中有重

大意义。在设计过程中，以分析批判的态度应用以往的经验不仅是十分重要的，而且是不可缺少的，这是船舶设计工作的又一个方法。

现代船舶是在人们造船和用船经验的不断积累，科学技术的不断进步下发展起来的。创造性地吸收和利用前人的宝贵经验，可以缩小探索范围，使设计获得可靠与先进的结果。船舶设计中应用母型法和同类船舶的统计资料（统计公式和统计图表等）是借鉴与继承的重要方面。

所谓母型法，是指在现有船舶中选取一条与设计船技术性能相近的优秀船舶作为母型船，将其各项要素按设计船的要求用适当的方法加以改造变换，即得到设计船的相应要素。有经过实践检验的母型船作为新船设计中的借鉴，新船的设计就有了一个具体的实践基础。在此基础上，设计者能够比较准确地抓住设计船的主要矛盾，比较容易地确定设计船的改进方向及措施，比较有把握地选取设计船的各项技术参数，因而，母型法不但可以使设计工作大为简化，而且还可以提高准确程度，减少逐步近似的次数。

设计中所选用的母型，不必只限于一条船，可以在设计不同局部时，选用不同的母型，各取其长，以便更好地满足设计船的需要。

在设计中还经常应用一些同类船舶的统计资料，如统计公式或统计图表，这些公式及统计图表是从一定类型的大量船舶的有关资料中统计归纳出来的，能反映出该类船舶的一般情况。统计公式和统计图表所给出的数据，大约相当于所统计船舶的平均值。因此，各种统计资料所反映的都是一定类型船舶的一般规律，能够代表一个总的趋势，至于个别船舶的具体特点，它却反映不出来。这一点，在应用统计资料时应当注意。

应用与设计船同类型船舶的统计资料，可以使设计者了解到该类船舶的一般情况，便于选择设计船的各项技术参数。

有时，设计者无法找到一条合适的或资料完整的母型船，设计中缺少一条具体的船作为借鉴。此时，只能依据逐步近似的原则，首先按设计船的主要要求完成一个初步方案，此方案既是第一次近似的结果，又是后一次近似的母型，然后在此方案的基础上经过若干次近似，逐步修改完善，最后得到一条符合要求的设计船。

1.2.4　调查研究

人的正确认识来源于社会实践，调查研究是搞好设计工作极为重要的基础性环节。因为资料数据的准确和分析判断的正确，是保证设计结果正确的必要条件和前提，所以船舶设计者从接受设计任务时起，首先要进行调查研究工作，要深入实际，弄清和领会用船部门的意图和要求，广泛征求航道、港务、船厂等有关部门的意见和看法；搜集货源、航线、港口、船舶建造和现有营运船舶的资料，以及同类型船舶的发展动向和趋势、技术政策方面的规定等。通过调查获得实际资料，经过仔细的研究分析和去粗取精、去伪存真的加工处理，形成一个较能符合客观实际的设计方案，使设计一开始就建立在比较可靠的基础上。随着设计工作的进展和深入，应继续做深入的调查研究，使设计的最终结果成为更加符合实际的理想方案。

1.3　船舶设计的基本原则和基本要求

1.3.1　船舶设计的基本原则

1. 认真贯彻国家的技术政策

设计船舶与其他工作一样，要认真贯彻国家在交通运输方面所制定的有关技术政策和具体规定，如能源政策，动力装置方面的政策，技术引进政策，国家在造船规划上对船型、机型的系列化规定；尽量采用先进技术，赶超世界先进水平；贯彻厉行节约，讲求经济效果的原则；标准化、系列化、通用化及重大项目要经过技术经济论证等。

2. 遵守国际、国内各种公约、规范和规则

有关船舶设计方面的国际和国内的公约和规范，大多数都是基于保证船舶使用和航行安全而制定的。它们是人们根据船舶使用的历史经验和不断发展的科学技术水平总结的结果，是具有法令性(技术法令)的文件，是设计、制造、验船的重要依据。船舶设计者必须熟悉和很好地理解公约和规范的精神实质，在船舶设计中予以执行。

新技术的发展、理论水平的提高、人们认识的深化、新船型的出现，都会引起公约和规范的不断改进和完善。因此，国际和国内从事船舶设计公约和规范监督执行和研究的部门，要每隔一段时间，根据发展变化的情况，对公约和规范的内容加以重新修订。设计者在遇到公约和规范无法解决的问题时，应会同公约和规范监督执行部门，结合新的情况加以解决。

1.3.2　船舶设计的基本要求

新设计建造的船舶成功与否的标准是什么？这是一个很难回答的问题。这是因为：船舶的种类多种多样，其使用任务各不相同，即使船种相同，其使用任务和技术要求也不尽相同；另外，对船的要求有些可用技术上或经济上的某一数量指标来衡量，而有一些因素则很难用某种数量指标反映；再者，某些要求间关系错综复杂，相互影响，因此，要提出一个适用于所有新设计船的具体要求或标准是有困难的。然而，对新设计船提出一般性的标准或基本要求是可以的，它可以概括为适用、经济、安全、环保、美观。

1. 适用

所谓适用就是新船能够较好地完成任务书中规定的使用任务。这一目标应该是设计中处理一切技术经济问题的中心。对于民用运输船舶来说，保证和提高运输能力及运输质量是设计的着眼点。例如，在货船设计中，与这一任务密切相关的是：要保证新船载重量和适当的舱容，有高的装卸效率，能满足所载货物的理化性质和营运上理货方便而提出的要求；有良好的航海性能，能满足航线及港口对新船的主要尺度(尤其是吃水)的限制等。因此，在主要尺度的确定、型线的选择、建筑形式及总布置的考虑、起货设备的配置等方面，首先应围绕上述因素进行考虑分析，以保证和提高运输能力和运输质量。

2. 经济

船舶完成规定任务时,资金的耗费和积累情况标志着船舶的经济性。显然,适用是经济的重要前提,不适用就谈不上经济。但在达到适用的前提下,不考虑经济效果,也是错误的。因为这会造成资金和物资的浪费,得不到应有的投资效果。对民用船舶,这个问题尤其重要。事实上,综观现代运输船舶的发展,新船型的出现、新技术的采用,无一不是受经济因素的刺激。经济是技术发展的基础和动力,技术是实现经济目的的手段和工具,两者互相渗透、互相推动。因此,设计中加强经济观念是十分重要的。

举例来说,对某一航线的货运进行船型论证时,即使采用常规船型,也可以建立不同的船型方案,如载货量大些但航速低些的方案,载货量小些但航速高些的方案,两种船型方案能完成同样的年货运量。但显然,两种船型方案在投资上和运输成本上会有所不同。选取哪一种方案有利,就要从技术及经济角度加以全面衡量。

针对某一具体设计技术任务书的要求,设计中必然也会涉及经济问题。例如,可采用主要尺度小些但较丰满的船型方案,也可采用主要尺度大些但较纤瘦的船型方案。显然,前者的造价要低些,与造价有关的营运开支也会低些;但后者可能在航速上有利些(假定用相同主机),因航速提高可使航次时间稍短些,年货运量会稍高些,且每个航次的燃料开支要省些等。何者有利,须从总的经济效果并结合技术性能做综合分析才能决定。在研究采用某项新的技术装备的合理性时,也常从技术上的先进性和经济上的有利性加以综合考虑。

3. 安全

船舶的安全关系到国家资产和人民生命财产的安全是否能够得到保障,是船舶的一个基本质量指标。为了保证船舶的安全,国内和国际上颁布了各种技术法规,对建造、载重线、稳性、分舱、消防、救生、起重、信号设备、通信等方面都做了明确的规定。设计人员应该认真钻研,做到心中有数,在船舶设计中必须贯彻执行,切实保证新船的技术条件符合各种规范及公约的技术要求。

还应指出,船上一些重大设备(如主机)和某些部件(如推进器、舵)的可靠与否,对船舶的安全性影响很大,在选定设备和进行局部设计时,也应该充分注意。

4. 环保

船舶的节能和环保要求越来越受到重视。国际海事组织(IMO)近年来讨论并提出了船舶能效设计指数(EEDI)。造船厂、船舶设计者、船舶设备商积极利用各种措施来提高船舶能效,促进技术进步和革新。EEDI 是在船舶设计时每单位船舶运输量产生的环境成本(CO_2 的排放量)衡量指标。对 EEDI 起决定作用的主要参数有:航速、船舶装载量或总吨位、为达到该航速而需要的安装功率等。目前讨论中的 EEDI 计算公式一旦获得通过,将对我国船舶工业造成较大冲击。由于 EEDI 对设计方法、生产工艺技术、配套设备、新能源技术应用等提出了更高的要求,所以船舶设计、建造及配套单位就必须努力对不能满足要求的现有船型及设备进行优化以满足 EEDI 要求。

因此,船舶设计的错综复杂的技术经济矛盾中又增加了能效指标优化的新要求。这就要求在船舶设计工作中综合、全面地统筹和平衡整个船舶系统中的各种矛盾和因素,降低能耗，减少排放。

5. 美观

开展船舶美学研究是船舶设计的重要课题，只有在船舶设计中运用船舶美学的客观法则，才能设计出满足用户需要的最佳船型。随着出口船及国内客船、旅游船的发展，船东向设计部门提出了船舶美观、舒适和实用的更高要求。船舶造型是船舶建筑美学的一个方面，它包括船舶外观造型的美观和从建筑角度合理利用船舶舱室空间等问题。船舶外观造型的好坏会给人以深刻的观感和印象，是一种艺术。设计时要妥善加以处理，按具体情况，以给人朴实、大方、清新、明朗等健康的观感。进行外观造型设计时，应继承和发扬我国宝贵的艺术遗产，推陈出新；有选择地吸取外国长处，洋为中用。

上述五个方面，既统一又矛盾，是辩证的统一，要结合具体情况，认真分析，抓住主要矛盾及矛盾的主要方面，妥善处理。

1.4　本书主要研究内容

船舶设计（有时称船体设计）是一门综合性的科学技术，包括船体、轮机、电气等各方面的专业内容。船舶设计中又可分为总体设计和局部设计。总体设计解决船舶设计中的一些最基本的问题，是局部设计（如螺旋桨设计、舵设计等）和各专业设计（如轮机设计、电气设计等）的基础与依据。总体设计成功与否，对新船的质量具有根本性的影响。船舶设计原理是研究与船舶总体设计有关的基本规律和方法的学科，其研究的主要内容包括论证选择设计船主要尺度和船型系数、确定其建筑形式和结构方案、选择设计型线、总布置设计、船型技术经济分析与论证等。

船舶设计的核心问题为船舶主要尺度和船型系数的确定。它涉及各方面的知识，如重量、容量、航行性能、经济性、客观条件等。主要尺度和船型系数又是进行型线设计、总布置设计的前提，而型线及总布置设计又会进一步完善主要尺度及船型系数，三者是相互联系和相互制约的完整统一体。

在船舶设计中除了上述基本问题之外，还有许多设计计算与绘图工作，如螺旋桨设计、船舶结构设计、各项设备与系统设计、生产设计中大量的工艺图表的绘制工作等。该部分内容将涉及船舶原理、船舶结构力学和结构设计、船舶设备与系统、船舶动力装置、造船工艺学等。

船舶设计原理在上述理论，特别是船舶原理的理论基础上，借鉴造船历史经验及不断发展的科学技术，结合现实客观条件，全面辩证地阐述船舶总体设计的一些基本内容。但是，它同时又保持其固有的科学方法，是一门独立的、有自身内容系统的学科。

最后，应特别注意，船舶设计是一个完整的创造性过程，除首先要掌握船舶设计原理的基本知识外，还需要许多专业技术相配合，需要许多工程实践经验，需要每个人或由各种能干的个人组成的团体之间相互配合，才能获得一个较为完善的船舶产品。

第 2 章　船舶重量及容量

2.1　船 舶 重 量

2.1.1　重量及重心计算概述

1. 浮力与重力的平衡

作为水上的生产工具，船舶首先应具有浮在水上的能力。船舶在水中同时受到重力和浮力的作用，当浮力和重力相等，作用在同一铅垂线上时，船舶才能在水面上达到平衡(图2-1)。

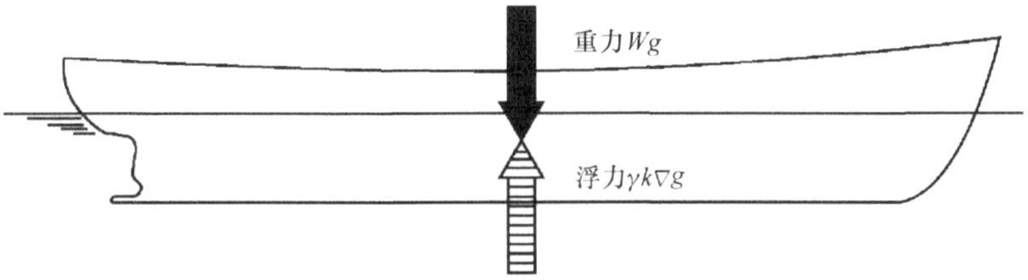

图 2-1　船舶在水面上的平衡

船舶的总重量[①]等于构成船舶各部分的所有重量之和，故由重力方程式得

$$W = \sum W_i \tag{2-1}$$

式中　W——船舶的总重量，t；

$\sum W_i$——构成船舶各部分的所有重量之和，t。

船舶所受到的浮力等于船舶所排开的水的重力，故由浮力方程式得

$$\Delta = \gamma k \nabla = \gamma k L B d C_b \tag{2-2}$$

式中　Δ——对应载况下的船舶排水量，t；

γ——水的密度，t/m^3，淡水为 $1.0t/m^3$，海水为 $1.025t/m^3$；

k——附体体积系数，通常取 $k=1.004$(大船)，$k=1.01$(小船)；

∇——对应载况下的型排水体积，m^3；

L, B, d, C_b——船长、型宽、吃水及方形系数。

当船舶在水中达到平衡时，其浮力必等于重力，故由浮性方程式得

$$\Delta = \sum W_i = \gamma k L B d C_b \tag{2-3}$$

---

① 按照行业习惯，如无特殊说明，本书中提及的“重量”均指质量，单位为吨(t)。

2. 重量、重心计算的目的及特点

为使设计船舶准确地漂浮在预定的吃水线上，就必须比较准确地估算船舶的重量与重心。重量计算的误差如果过大，船将不能漂浮在预定的吃水线上，影响船舶使用性能。特别是沿海船和内河船，航道对船舶吃水有限制，当重力大于浮力时，实际吃水将超过设计吃水，船舶就不能在预定航区中航行，或须减载航行，这势必影响船舶的使用性能和经济性。同时，由于实际吃水超过设计吃水，干舷减少，储备浮力减少，抗沉性难以满足，甲板容易上浪，结构强度也可能不满足要求。反之，船舶的重力预计过大时，则船的实际吃水必然要小于设计吃水，这样的设计既不经济又会对航海性能造成损害，例如，螺旋桨可能会露出水面而影响推进效率，若在海上航行还可能因吃水变小而使耐波性变差。重心计算误差还会引起船的纵倾或横倾，造成初稳性高度不应有的减少或增加，从而改变船舶预定的稳性和摇摆性能。所以，重量、重心计算如不准确，船舶就满足不了原定设计要求，各项技术性能变坏，经济性能变差，甚至会使船舶无法投入使用，后果严重。

船舶重量、重心计算是贯穿设计始终的逐步近似过程。所谓逐步近似，是指重量计算不可能一次完成，不可能在设计初始阶段估算到准确无误的程度。随着设计阶段的不断深入，重量计算由粗到精，由最初阶段参考母型船或统计资料的粗略估算，到最后按设计船的施工图纸或施工文件分项精确计算，是个逐渐深化、精确、多次循环、螺旋式上升的过程，后一次计算都是对前一次计算的检验和修正。所谓贯穿始终，就是在设计的各个阶段都必须进行重量、重心的计算。一条船的设计，通常由重量估算开始，而最后还必须经重量计算及倾斜试验确认重力和浮力达到平衡，重心位置适宜才能结束。

在不同设计阶段，重量、重心计算的方法是不一样的。在设计初期即主要尺度及排水量确定阶段，设计船的重量、重心只能依据母型船或统计资料进行估算。在技术设计、施工设计阶段可以按图纸进行详细的分项计算，然后逐项累计，完工设计阶段经倾斜试验最后确认。本节主要介绍设计初期重量及重心的估算方法。

2.1.2 重量及排水量分类

1. 民船重量分类

船舶在某载况下的总重量即为此时的排水量 Δ，它是空船重量与相应载况时的载重量之和，即

$$\Delta = LW + DW \tag{2-4}$$

式中 LW——空船重量，t；

DW——相应载况时的载重量，t。

其中，空船重量又可分为船体钢料重量 W_h、木作舾装重量 W_f 及机电设备重量 W_m，即

$$LW = W_h + W_f + W_m \tag{2-5}$$

空船重量除上述三部分外，在设计过程中还要考虑一定的排水量储备，有些船上还要加固定压载，这时应将它们列为一个部，也往往都算在空船重量之中。

载重量包括货物、旅客及其行李、船员及其行李、燃油、滑油及炉水、食品、淡水、备品及

供应品等的重量。

上述重量常划分为若干部,各部下面再划分成若干组。表 2-1 为民用船舶空船重量三个部所包括的细目。应当指出,国内外设计民船的重量资料在某些具体项目的归属上也可能有差别,在使用资料时要加以注意。

表 2-1　民用船舶空船重量细目

项目分类	细目
一、船体钢料部	
1. 首尾柱及轴包架	首柱,尾柱,轴包架,舵踵,其他
2. 船壳板	竖龙骨,底板,旁板,平板龙骨,舭龙骨,船壳板上覆板,其他
3. 底部及舷侧构架	底部纵向构件,底部横向构件,舷部纵向构件,舷部横向构件,首尾尖舱结构,其他
4. 甲板结构	上甲板结构,主甲板结构,平台甲板结构,其他
5. 舱壁及围壁	横向水密围壁,纵向水密围壁,部分舱壁及舱室围壁,货舱筒及舱口围壁,围板,其他
6. 支柱	各层甲板下支柱,舱面机械及梯口加强支柱,其他
7. 船体钢料杂项	轴隧及推力轴承室,钢质护舷材,舱柜内制荡板及顶盖,扶梯平台,污水井,其他
8. 底座	主机底座,主锅炉底座,机炉舱辅机底座,轴承底座,舱面机械底座,其他
9. 上层建筑钢料	首楼,桥楼,尾楼,各层甲板室,舷墙及走廊边板,其他
10. 铆焊	焊料,铆钉头,板排搭边接头及垫料,其他
二、木作舾装部	
1. 船体木作	木甲板,舱底板及舱边护条,护舷木,栏杆上木扶手,木质上层建筑,其他
2. 船舶属具(金属)	桅及龙门架柱,栏杆,扶梯,旗杆,外烟囱,钢质舱口盖,天窗,门窗及人孔,特种属具,其他
3. 船舶设备及装置	操舵装置,锚装置,系缆装置,起货装置,救生装置,航行装置,消防设备,推进装置,特种装置和设备,其他
4. 舾装木作	木围壁,天花板,室内地板,木质门窗,家具,木质扶梯及舷梯,木质舱口盖,舾装木作杂项,其他
5. 生活设备及工作用具	厨房及餐室设备,卫生及洗涤设备,各种装饰及宣教文娱设备,小卖部及庶务杂项设备,医疗用具,水手工具及备品,木工工具及备品,其他
6. 水泥及瓷砖	舱底水泥,舱柜水泥,甲板流水沟及舱面机械底座用水泥,起居室水泥及瓷砖,其他
7. 油漆	主船体部分,其他
8. 冷藏及通风	自然通风设备,机械通风设备,伙食冷藏库设备,制冷机及其与冷藏舱或空调器连接管系,冷藏货舱设备,制冰设备,其他
9. 船舶管系	舱底水系统,压载水系统,消防系统,卫生及日用水系统,暖气设备,测探管及注入管系统,舱面机械系统,航行设备系统,特种机械系统,货油装卸系统,其他
三、机电设备部	
1. 船舶电气	舱面机械电力设备,生活及照明用电,对外通信设备,船内通信设备,助航设备,机炉舱辅机电力设备,输电配电,特种机械电力设备,其他
2. 轴系	推力轴及轴承,中间轴及轴承,尾轴尾管,隔舱填料函,轴系附件,轴系备件,其他

续表

项目分类	细目
3. 主辅机械设备	主机，减速齿轮箱及联轴器，电站发电机组，空气压缩机组，各种热交换器，各种泵，各种容器，各种滤器，锅炉抽风机及鼓风机，其他
4. 动力管系	蒸汽及乏汽管系，凝结水及泄水管系，燃油及滑油管系，压缩空气及废汽管系，冷却水及循环水管系，冷藏或空调用管系，其他
5. 机炉舱杂项	工具机，工作台，工具架及柜，工具备品，起吊设备，栏杆，格栅，扶梯及花铁板，各种仪表，供应品及记录台等，烟道，烟箱，锅炉鼓风及抽风管道，手提泡沫灭火器，其他
6. 机炉舱特种设备	遥控装置及联合操纵台，其他
7. 机炉及管系内液体	各种容器内液体，各种热交换器内液体，各种动力管系内液体，各项船舶管系内液体，各项机械内液体，其他

2. 典型排水量

船舶在营运及航行过程中，货物、油、水等载重量都会有变化。随着载重量的变化，船的排水量及其浮心和重心位置也不同，因而船的各种技术性能也就有差异。为掌握在营运过程中的船舶技术状况，需在无数装载情况中取若干个典型载况。掌握了这些典型载况，也就能掌握船在使用过程中各种载况下的性能。

民船通常有下列载况：

1) 空船排水量

空船排水量指船建成后交船时的排水量，空船排水量就是空船重量。此时，动力装置管系中有可供主机动车的油和水，这部分油和水的重量包含在机电设备重量内，相应的机电设备重量称为湿重，但不包括航行所需要的燃油、滑油和炉水储备及其他载重。

2) 空载排水量

船上不载运货物、旅客及其行李载况下的排水量称为空载排水量。但在空船上已装载了航行所需的油、水。船上的油、水等重量为设计储备量的 10%（不包括滑油）时，称为空载到港；油、水等重量为设计储备量的 100%时，称为空载出港。

3) 满载排水量

船上装载了预定的设计载重量的载况称为满载，相应的排水量即为满载排水量。民船通常以满载排水量作为设计状态，因此也称为设计排水量。它是决定船舶主要要素的基础。针对油、水 100%及 10%的不同储备量又分为满载出港和满载到港两种典型载况。

4) 最大排水量

有些载运轻泡货的货船，为加大载运重货时的载重量以提高其经济性，把吃水设计成可变的，在设计吃水线之上还加一条重载吃水线，结构设计时要满足这种吃水状态对结构强度等的要求，此时的吃水称为结构吃水。这种典型载况称为重载，对应的排水量称为最大排水量，也称为重载排水量。

在船舶的稳性规范中，针对不同类型船舶规定了若干必须核算稳性的典型载况，如对货船规定必须核算满载出港、满载到港、空载（或加压载）出港、空载到港四种典型载况。对客船又增加核算满客无货出港及到港两种情况。对渔船、拖轮、运木船等的基本装载情况也做了具体规定。

2.1.3　空船重量计算

大多数船的空船重量占整个排水量的 30%以上,有的船(如客船、拖轮、渔船)此比例达 70%～95%,由此可见,空船重量的准确计算对保证设计质量的重要性。

在设计初期,可用载重量系数法、分项估算法、母型换算法及统计法来估算空船重量。

母型换算法及统计法,本节不做专门介绍,因为在载重量系数法、分项估算法中就用到了母型换算法及统计法。所谓母型换算法就是找一条或几条与设计船在布置、结构及性能等方面相似或相近的同类型船,依照母型船的有关资料来求设计船的有关数据,它得到的是一个具体的数据或者事物。统计法则是依据大量的同类型船舶的资料,经过数据统计分析而得到统计公式、图表或统计范围,它反映的是该类型船舶的统计平均值。

1. 载重量系数法

载重量 DW 与排水量 Δ 之比称为载重量系数,即

$$\eta_{DW}=\frac{DW}{\Delta}=\frac{DW}{LW+DW}=\frac{1}{\frac{LW}{DW}+1} \tag{2-6}$$

当设计船的 DW 给定时,可用下式粗估空船重量 LW:

$$LW=\frac{DW}{\eta_{DW}}(1-\eta_{DW}) \tag{2-7}$$

式中的载重量系数 η_{DW} 可参考同类型船舶的统计值选取,最好取自相近的母型船,也可按同类型船舶载重量系数的统计公式计算。

对于 Δ 大的船舶,η_{DW} 要大些。这是因为 Δ 大的船,LW 在 Δ 中所占的比例要小些,而 DW 所占的比例要大些。

对于一般货船或油船等载重型船舶,η_{DW} 随 Δ 变化有相对稳定的范围,因此可用 η_{DW} 来确定 LW 或初始 Δ。因为它假设船舶的各部分重量都与 Δ 成正比,所以用 η_{DW} 计算的 LW 及 Δ 是极为粗糙的。

η_{DW} 表示船舶的 DW 占 Δ 的百分数,它反映了运输船舶装载能力的大小,表示 Δ 的利用率。对同样 Δ 的船来说,η_{DW} 大者,表示其 DW 大;反之,当 DW 和其他要求相同时,η_{DW} 大者,说明 Δ 小些也能满足要求,故造价较低。因此,η_{DW} 的大小是衡量运输船舶设计好坏的一个标志。当一条船设计结束后,常将其实际 η_{DW} 与相近船做比较,以判别设计质量。

2. 分项估算法

1) 船体钢料重量 W_h 的分析及估算

(1) 影响船体钢料重量的因素。

① 船舶主要尺度及系数。

船舶主要尺度及系数(即 L,B,D,d,C_b 等)对船体钢料重量的影响程度可以从构件数

量和强度条件两个方面来分析。

船长 L：从构件的几何尺度和数量上看，船上绝大多数构件都与船长有关。从强度要求上看，船长越长，其所受的纵向弯矩越大，对船体总纵强度的影响也就越大。为满足强度要求，船体梁的剖面模数也应大，从而船体纵向构件的强度、尺寸也就大。所以，船长对船体钢料重量的影响最大。

型宽 B：从构件数量上看，横向构件与型宽有关。从强度上看，型宽对横向强度有较大的影响，但对船体总纵强度影响不大。综合来看，型宽对船体钢料重量的影响小于船长。

型深 D：从构件数量上看，型深对船侧结构、舱壁、支柱等有影响。从强度上分析，对大船来说，型深较大，船体梁的剖面模数也大，对强度有利，纵向构件尺寸可以减小，从而抵消因型深增加所引起的船侧舱壁等结构尺度加大的影响，即型深增加，重量不一定增加，有时甚至有利于减轻重量；而对小船来说，增加型深会导致船体钢料重量的增加。

吃水 d：吃水变化不影响构件的数量，但对总强度和局部强度有一定的影响。因为增加吃水则要求船体梁的剖面模数增加，这就需要加大纵向构件的尺寸。吃水增加，舷外压力也随之增大，从而需增强船底及船侧结构。所以，增加吃水也会引起船体钢料重量的增加，但总的来说，吃水对船体钢料重量的影响相对较小。

方形系数 C_b：方形系数的增减对船体构件的数量和尺度影响甚小，所以方形系数对船体钢料重量的影响相对较小。

综上分析，可得两点结论：

第一，船的各要素对 W_h 的影响程度是不同的，按其影响大小来排列，其顺序是 L,B,D,d,C_b。如以函数表示，则有

$$W_h = C_h L^{\alpha} B^{\beta} D^{\gamma} d^{\delta} C_b^{\tau} \tag{2-8}$$

其中，C_h 为钢料重量系数；指数 $\alpha \geqslant 1$；β 应小于 1；γ、δ、τ 则更小。它们的具体数值应随船舶尺度的大小、类型及具体建筑特征而变化。

第二，大船与小船的主要尺度对 W_h 的影响程度也是不同的。小船的强度要求较低，其主船体的壳板厚度主要是从使用年限、耐腐蚀程度及焊接工艺要求等几方面来考虑的。所以从 L 的影响指数 α 看：小船 $\alpha \approx 1$；大船 $\alpha > 1$；巨型船 α 可达 2 左右。

② 布置特征。

船舶甲板层数、舱壁数、上层建筑的大小等对 W_h 都有影响。

③ 船级、规范、航区。

设计船船级不同，使用规范不同，对船体结构要求就有区别，因而对 W_h 有影响。船舶尺度相同，航区不同，W_h 也不一样。如航行于冰区，结构还要加强。

④ 结构材料。

船体使用材料不同，如用普通钢、高强度合金钢、铝合金或玻璃钢等，显然对 W_h 会有很大影响。

对 W_h 影响因素的分析，有助于对某些 W_h 近似估算公式的理解。在利用母型船资料估算 W_h 时，也可根据上述影响因素，找出新船与母型船的差别，进行修正，以使结果更加符合实际情况，提高 W_h 估算的准确性。

(2) 船体钢料重量的估算方法。

船体钢料重量的估算方法很多，下面介绍的是在设计初始阶段，初步确定了排水量 Δ 或主要尺度 L,B,D,d 和方形系数 C_b 后，而其他设计工作还没有深入开展的情况下，估算船体钢料重量的方法。

① 百分数法。

此法假定船体钢料重量 W_h 与满载排水量 Δ 成正比，即

$$W_h = C_h \cdot \Delta \tag{2-9}$$

式中　C_h——W_h 占 Δ 的百分数，称为钢料重量系数，可根据母型船或按同型船的统计值选取，即

$$C_h = \frac{W_{h0}}{\Delta_0} \tag{2-10}$$

其中，下标带“0”者为母型船的相应数值。

式(2-9)实际上可由式(2-8)导出。当式(2-8)中的指数 $\alpha=\beta=\delta=\tau=1,\gamma=0$ 时，即得式(2-9)。

本方法优点是简便，缺点是把 L,B,d,C_b 各要素对 W_h 的影响看成是等同的，且估算式忽略了许多因素的影响，如布置特点等。因此使用时，需有相近的母型船才可能获得一定的精确度，通常只适用于货船、油船、散货船等载重量占排水量的比例较大且特点比较稳定的船。

应用式(2-9)时应注意，C_h 随 Δ 的增大而减小，即船的 Δ 大，其 W_h 占 Δ 的比例相对要小一些。其原因是主要尺度加大导致船体空间的增加量比主要尺度加大引起 W_h 的增加量要大。因此，如设计船的 Δ 比母型船大，则应选择比母型船稍小的 C_h。

② 立方模数法。

此法假定 W_h 正比于船的内部总体积，并以 LBD 作为内部总体积的特征数，则有

$$W_h = C_h LBD \tag{2-11}$$

式中　C_h——关于立方模数的船体钢料重量系数，可参考母型船选取；

LBD——立方模数，其中 D 为至最上层连续甲板的型深。

若设计船的舷弧高度及上层建筑的体积与母型船相差较大，式(2-11)中 D 可采用相当型深 D_1，以提高计算的精确性。D_1 可用下式计算：

$$D_1 = D + S_m + \frac{\sum l_i h_i}{L} \tag{2-12}$$

式中　S_m——平均舷弧高；

l_i,h_i——连续甲板上的第一层的各上层建筑的长度与高度。

其中

$$S_m = \frac{A}{L} \tag{2-13}$$

式中　A——船舷弧升高部分的侧投影面积。

若采用抛物线形舷弧，则

$$S_m = \frac{S_F + S_A}{6} \tag{2-14}$$

式中　S_F, S_A——船的首、尾舷弧。

这样，式(2-11)便可写成

$$W_h = C_h LBD_1 \tag{2-15}$$

为了提高估算精确性，可将式(2-15)改写成

$$W_h = C_h LBD_1 \left(\frac{L}{D}\right)^{1/2} \left(1 + \frac{1}{2} C_{bD}\right) \tag{2-16}$$

式中引入$\left(\frac{L}{D}\right)^{1/2}$项是从强度出发，考虑 L、D 对 W_h 的不同影响程度的修正；引入 $1+\frac{1}{2}C_{bD}$ 项是考虑船体丰满度的影响，其中 C_{bD} 为计算到型深处的方形系数，可近似按下式计算：

$$C_{bD} = C_b + (1 - C_b)\frac{D-d}{3d} \tag{2-17}$$

如果设计船与母型船的甲板层数不同，估算时也要对 W_h 进行修正，通常每增加一层纵通甲板，W_h 增加 5%～6%。

立方模数法是以船主体(如果取用 D_1，也包括第一层上层建筑)的内部体积为模数进行换算的。实船统计资料表明，C_h 随 L 增加而减少的趋势比较稳定。本方法对大、中型船舶较适用。但是，由于影响 W_h 的因素很多，因此 C_h 的大小与很多因素有关。选取 C_h 时，应参考相近的母型船(即船舶类型、船级、甲板层数及船体材料相同，主要尺度、船型系数及尺度比、建筑和结构形式相近)选取，并尽量采用多艘母型船分析比较后加以确定。

③ 平方模数法。

此法假定 W_h 正比于船体结构部件的总面积，而这总面积用 L, B, D 的某种组合来表征。最常见的形式为

$$W_h = C_h L(B+D) \tag{2-18}$$

其中，$B+D$ 可近似看成是单甲板从龙骨到甲板中心线的周长，所以 $L(B+D)$ 实际上是一种表征船壳表面积及甲板表面积的面积特征数。

考虑甲板层数、内底及纵舱壁的影响，式(2-18)可改写成

$$W_h = C_h L(aB + bD) \tag{2-19}$$

其中，系数 a, b 根据船的建筑特征而定，取法很多。有人建议 a 取为连续甲板的层数加 2，b 取 2。

平方模数公式认为船体钢料重量与面积成正比，把船看成空心结构，这样对总纵强度要求不突出的船计算结果比较准确，对内河船舶及小型船舶较适用。

④ 平方-立方模数法。

此法亦称混合模数法，其形式为

$$W_h = C_h[LBD + L(B+D)] \tag{2-20}$$

对于吃水受限制的船舶(如内河船)，由于型深 D 相对较小，而型宽 B 相对较大，用这种方法估算 W_h 可得到较好的结果。考虑相当型深 D_1 和船体丰满度影响，其形式为

$$W_h = C_h[LBD_1 + L(B+D_1)]\left(1 + \frac{1}{2} C_{bD}\right) \tag{2-21}$$

⑤ 分项细目换算法。

若设计者有相近母型船船体钢料重量的详细资料，按设计船的总布置草图，利用分项细目换算法可得到较准确的设计船船体钢料重量。

换算模数可根据结构特点及其与各种因素的相应关系建立，一般从几何关系及强度关系两方面去分析。表 2-2 列出了各项的换算模数，设计者也可视具体资料情况而修改，使之更合适。设计船的相应项重量为

$$W=W_0\frac{M}{M_0} \tag{2-22}$$

表 2-2　船体钢料各项重量换算模数

序号	重量项目	换算模数 M
一、金属船体		
1	外壳板	$L^2(B+4d)$ 或 $L^2(B+2D)$
2	内壳板	L^2B 或 L_mB
3	双层底范围内的底部构架	L^2 或 $LT(B+2D)$
4	双层底范围内的舷部构架	LT 或 $LT(B+2D)$
5	双层底范围外的舷部和底部构架	$LT(B+2D)$
6	首楼甲板及其构架	$L^{1/2}B$ 或 L_FB
7	上甲板及其构架	L^2B
8	中间甲板及其构架	LB
9	下甲板及其构架	LB 或 $BD(L-L_m)$
10	平台甲板及其构架	$L^{1/2}B$ 或 $BD(L-L_m)$
11	主横舱壁	LBD 或 nBD
12	主纵舱壁	Ld 或 LD
13	次要舱壁、围井、升降道	$(LBd)^{2/3}$ 或 $BD(L-L_m)$
14	烟囱和烟道	P 或 $\Delta^{2/3}$
15	上层建筑壳板和构架	与主尺度无关或 Δ
16	桅杆	与主尺度无关
17	船体内的铸件和锻件	$(LBd)^{1/2}$ 或 Δ
18	舭龙骨	L
19	铆钉头和焊缝	$(LBd)^{2/3}$ 或 LBD
二、加强结构和基座		
20	装置和系统下的加强结构	LBd 或 Δ
21	武备下的加强结构	$W_{武}$
22	主机锅炉下的加强结构	$(LBd)^{2/3}$ 或 P

注：L_m 为机炉舱长度，L_F 为首楼长度，n 为主横舱壁数目，P 为主机功率，$W_{武}$ 为武备重量。

⑥ 修差法。

此法是根据设计船与母型船主要尺度的差别进行修正得出新船的 W_h，即

$$W_h = W_{h0} + \delta W_h \tag{2-23}$$

式中　δW_h——设计船船体钢料重量的增量。

假定母型船的 W_{h0} 与主要尺度的关系式为

$$W_h = C_h L^{1.45} B^{0.945} D^{0.66} \tag{2-24}$$

若设计船与母型船的主要尺度差值为 $\delta L, \delta B, \delta D$，则由于设计船与母型船的主要尺度改变而引起的 W_h 增量 δW_h 为

$$\delta W_h = \frac{\partial W_{h0}}{\partial L_0}\delta L + \frac{\partial W_{h0}}{\partial B_0}\delta B + \frac{\partial W_{h0}}{\partial D_0}\delta D$$

由此可得到

$$\delta W_h = 1.45\left(\frac{W_{h0}}{L_0}\right)\delta L + 0.945\left(\frac{W_{h0}}{B_0}\right)\delta B + 0.66\left(\frac{W_{h0}}{D_0}\right)\delta D \tag{2-25}$$

若设计船与母型船的方形系数也不相同，其差值为 δC_b，且按 C_b 每增减 0.01 时，其经主尺度修正后的 W_h 将增减 0.3%，则

$$W_h = (W_{h0} + \delta W_h)(1 + 0.3\delta C_b) \tag{2-26}$$

应用上述方法估算 W_h 时，若能找到合适的母型船，则结果是相当精确的。如果设计船与母型船在其他方面有差别，如上层建筑大小、甲板层数、舱壁数目、舷弧等，则应参考有关资料进行局部修正。由于设计船与母型船比较时，L, B, D 和 C_b 等可能有增有减，致使各部分增量也会有增有减，所以本方法也称为“加减法”。

⑦ 每米船长重量法。

当设计船和母型船都具备船中横剖面结构图、型线图和总布置图时，可用本方法得出 W_h。

本方法假定全船性的结构，即主船体构件的总重量正比于船中部每米长度重量 w 和船长 L_{pp}，并以 $C_b^{1/3}$ 考虑船体丰满度的影响。具体估算步骤如下：

(i) 计算单元长度的总重量 W_0 和 W。所谓单元长度，对横骨架式船来说，为一个肋骨间距；对纵骨架式船来说，则为相邻实肋板间的距离。单元长度应计入的重量包括：纵向构件——板、纵桁、纵骨等；横向构件——肋骨、甲板横梁、肋板、肘板等。

(ii) 计算每米长度重量 w_0 和 w。将母型船与设计船单元长度内的总重量 W_0 及 W 分别除以各自的单元长度 L_0 及 L，则得每米长度重量 w_0 和 w。

(iii) 计算新船的船体钢料重量：

$$W_h = W_{h0}\frac{w}{w_0} \cdot \frac{L_{pp}}{L_{pp0}} \cdot \frac{C_b^{1/3}}{C_{b0}^{1/3}} \tag{2-27}$$

(iv) 局部修正。分析设计船与母型船主船体构件的差异，如舱口的大小、舷弧及特殊加强等，并进行修改；分析设计船与母型船主船体局部构件(横舱壁、首尾柱、轴支架、机座等)及上层建筑、甲板室等的差异，再加以换算，因为式(2-27)只反映了船中横剖面处的结构特点，所以要做局部修正。

本方法因考虑了船的具体结构特点，其结果一般比较精确。

除以上介绍的估算方法外，还可运用统计公式来估算船体钢料重量。统计公式是依据同类型船舶的大量资料，经过数理统计回归分析得到的。按统计公式计算得到的结果只能反映出该类型船舶的统计平均值，具体应用时，再按相近母型船资料修正一下公式的系数，得出的结果将会比较准确。

当设计进行到某一阶段时，就可以根据该阶段的图纸及技术文件进行逐项计算。施工设计结束后，可按施工图纸计算每个部件、零件，包括肘板等的重量，计算的工作量非常大。这一工作可以由人工进行计算，也可以由计算机来完成，计算出精确的船体钢料重量。

2）木作舾装重量 W_f 的分析及估算

木作舾装重量包括船体木作、船舶属具、船舶设备及装置、舾装木作、生活设备及工作用具、油漆、水泥及瓷砖等的重量。通常，这部分重量占大型货船、油船的空船重量的比例相对较小，而占小型船舶，尤其是渔船、客船、拖轮等非货物运输船的空船重量的比例较大。木作舾装重量因船舶类型、用途、主要尺度及设备标准的不同，占空船重量比例的差别也颇大。因此，木作舾装重量按母型船估算的相似性差，估算工作难度较大。

(1) 影响木作舾装重量的因素。

① 与船的排水量和主要尺度有关的重量。

船舶设备和船舶系统如锚泊设备、系泊设备、舵设备、消防设备、船舶管系、油漆等的重量都与排水量和主要尺度有关。

② 与生活设施的标准、船员或旅客人数有关的重量。

这部分重量包括舱室木作(内衬板、天花板、地板敷料)、家具、卫生设备、救生设备等的重量。对客船，这些项目重量占较大比例。

③ 与船的使用特点有关的重量。

例如，货船的起货设备及舱口盖、拖轮的拖带设备、救助船的救助设备、渔船的渔捞及加工设备等。这些项目的重量常占相应类型船的木作舾装重量的相当比例，它们与船的大小有关，但对船舶尺度变化的影响又不甚敏感。

④ 特殊要求的重量。

如减摇装置、侧推装置等按船东要求和技术性能要求而配置的特殊装置的重量。

(2) 木作舾装重量估算方法。

① 百分数法：

$$W_f = C_f \Delta \tag{2-28}$$

式中　C_f——木作舾装重量系数，按相近母型船选取。

此法只适用于货物运输船的粗略估算，因为该类船的建筑特征比较稳定。

② 立方模数法：

$$W_f = C_f LBD \tag{2-29}$$

式中参数的含义同前。客船、渔船、拖轮等可采用此式进行估算，但对其他运输船不及用平方模数法可靠，因为立方模数有些夸大了尺度的影响。

③ 平方模数法：

$$W_f = C_f \Delta^{2/3} \tag{2-30}$$

$$W_f = C_f (LBD)^{2/3} \tag{2-31}$$

$$W_f = C_f LB \tag{2-32}$$

$$W_f = C_f L(B+D) \tag{2-33}$$

式(2-30)～式(2-33)中的型深 D 也可用相当型深 D_1 代替,以提高估算的准确性。

④ 分项换算法。

类似于估算船体钢料重量那样,当设计船已有总布置图,并对木作舾装项目的有关技术条件做了考虑后,就可按母型船对应的重量项目,根据其数量及技术条件进行比较,加以换算。

分项换算的方法很多,下面仅介绍几种。

(i) 船体木作(木甲板、木铺板、木围壁及隔壁、货舱木护条)。其重量比例于 $L(B+D)$,或根据总布置图按单位面积重量分别计算。

(ii) 舱盖。其重量比例于舱盖的面积。可根据结构形式、舱口宽度和舱盖设计负荷相近的舱盖资料,确定每平方米的舱盖重量。

(iii) 起货设备。各起货设备的重量可根据它的形式、负荷及数量参考实船或产品目录加以计算。

(iv) 锚泊及系泊设备。其重量比例于 Bd,或按舾装数相近的实船取值。

(v) 救生设备。其重量按救生设备的装载人数参考相近的实船选取。无合适母型船时,可按救生设备的型号及数量用标准资料或产品目录分别算出它们的重量。

(vi) 舵设备。其重量比例于 Ldv_k^2,v_k 为航速。

(vii) 舱室内舾装木作(天花板、内衬板)。其重量比例于所计算的舱室体积 V,或所计算的天花板、内衬板的面积,可根据总布置图确定。按隔热和隔音材料、装饰板材料均相近的母型船资料换算。

(viii) 油漆。其重量比例于$(LBD_1)^{2/3}$。

(ix) 裕度。由于木作舾装估算的精度差一些,设计过程中还常有增添,计算时也难免有所遗漏,故其重量裕度应比船体钢料重量的裕度取得大些,一般取 4%～8%。

在实际设计中,除运用对应船型的统计公式计算外,往往采用比较法确定空船重量,即逐项比较设计船与相近母型船在重量上的差异,然后在母型船重量的基础上将这些差异重量计入,就得到设计船的重量。这种方法特别适用于木作舾装及机电设备重量的估算。

3) 机电设备重量 W_m 的分析及估算

机电设备重量包括主机、辅机、动力管系、电气设备等的重量。

(1) 简单分析。

① 在民船设计中,绝大多数情况下主机、辅机都是预先选定的,即从产品目录上可以查得它们的重量。在民船中,这些重量通常占机电设备重量的大部分,机电设备重量主要取决于主机功率。

② 可以计算项目的重量。如轴系的重量,根据主机功率、轴的转速,计算出扭矩并确定轴径后,按主机位置就可以计算出其重量。

③ 其他。如机舱中的管系、其他辅机、泵等的重量,可以根据排水量大小、用途及主机功率相近的母型船,将主机等可算部分的重量减去,余下来的就是其他部分的重量。这部分

重量一般变化不大，易于估算。

(2) 估算方法。

对同类型船舶，机电设备重量主要取决于主机功率，因此，设计初期各种近似估算机电设备重量的方法，大多数以主机功率和类型为基础。

① 粗估方法：

$$W_m = C_m BHP \tag{2-34}$$

式中　BHP——主机的额定功率；

C_m——机电设备重量系数，可根据主机类型、功率及转速相近且机舱地位相当、船舶尺度大小相差不多的同类型船或有关图表资料取得。

② 逐项比较法。

选用主机、辅机相近的母型船的机电设备重量资料进行逐项比较，相同的项目照抄，不同的项目进行修正，没有的项目删去，这是最常用的方法，也是比较可靠的方法。

在三部分重量中，比较容易估算准确的是机电设备重量；困难最大的是木作舾装重量，因为项目繁杂，规律性差；占有空船重量比例最大的是船体钢料重量，但规律性较强，如果图纸资料齐全，可以估算得比较准确。重量估算工作简单而繁杂，但十分重要，要认真对待。

3. 固定压载与排水量储备

1) 固定压载

固定压载是固定加在船上的载荷，通常采用生铁块、水泥块或矿渣块，一般在船下水前后加放在船底部。固定压载的作用主要在于降低船的重心以提高稳性；增加重量以加大吃水；必要时也用来调整船的浮态。

在设计中加固定压载，有时是不可避免的，有时则是由设计失误所造成的。拖轮、渔船、调查船、客船、集装箱船等载重量较小，重心较高，为保证其稳性和良好的浮态，通常这类船上会加一定数量的固定压载，其数值大小要根据使用要求，通过具体计算而定。但对一般船舶来说，设计有固定压载，则是不经济的，也是不合理的。

2) 排水量储备

设计时，在估算的重量中，通常要加一定的排水量储备，也称排水量裕度。其原因大致有以下三方面：

(1) 估算误差。

从前面 W_h，W_f，W_m 的估算知道，其方法是近似的，如若资料不充分或经验不足，误差是难免的，而且在多数情况下计算重量往往偏小，故需加一定的裕度。

(2) 设备增加。

船东在船舶设计和建造过程中提出增加某些新设备是常有的事，另外，船舶改装也可能增加设备。因此计算重量时要视情况有意识地加一定裕度。

(3) 采用代用设备和材料。

在建造过程中，由于材料和设备规格的短缺，采用代用品而造成了重量的增加。

重量计算时，储备加多少，取决于设计者的经验、水平及对重量估算的把握程度。一般，有下列两种取法：

(1) 空船重量的某一百分数。

在初步设计阶段，通常取 2%～5%空船重量(大船取小的数值)。

(2) 分项储备。

即分别在船体钢料、木作舾装、机电设备各部重量上加一些裕度。初始设计阶段，一般分别取它们各自重量的 2%～4%，4%～8%，2%～5%。

2.1.4 载重量计算

船舶载重量 DW 包括以下各项：

(1) 货物、旅客及其行李重量；

(2) 人员及行李、食品、淡水重量；

(3) 燃油、滑油、炉水重量；

(4) 备品及供应品重量。

任务书有时给出总载重量，当计算上述(2)～(4)项重量后，即可得载货量；当任务书规定了载货量或旅客人数时，则(1)项重量是已知重量。

1. 燃油重量估算

船上所携带的燃油主要根据设计技术任务书规定的续航力要求来决定，以保证船舶从离港至下次重新补给期间的需要。具体公式为

$$W_o = 0.001 g_o P_s \frac{R}{v_s} k \tag{2-35}$$

式中 W_o——总的燃油储备量，t。

g_o——包括一切用途在内的耗油率，kg/(kW · h)，通常取主机持续功率 P_s 时的耗油率 g_r 的 1.1～1.5 倍；当主机型号选定后，g_r 可从主机说明书中查得。

P_s——主机持续功率，kW。

R——续航力，n mile 或 km。

v_s——服务速度，kn 或 km/h。

k——考虑风浪影响而引起航行时间增加的储备系数，通常取 1.15～1.20。

应该注意的是，对辅机功率较大的船舶(如油船的加热油舱及洗舱，冷藏船的制冷，客船的照明及空调等)，则应分别估算主机和辅机等各自所需的燃油储备量。

2. 滑油重量估算

船上所带滑油的储备量应满足两方面的需要：

(1) 补充主机和辅机工作时滑油的漏失及燃损，该部分正比于主机功率及续航时间；

(2) 航行中对循环系统中的滑油进行更换，其更换量正比于主机功率，因而主机滑油储备量可用下式计算：

$$W_l = 0.001(k g_l P_s t + g_{l1} P_s) \tag{2-36}$$

式中 W_l——主机滑油储备量，t；

k——储备系数，与燃油重量估算中的 k 相同或稍大；

g_l——单位千瓦时的滑油消耗量，kg/(kW·h)；

t——续航时间或主机工作时间，h；

g_{l1}——单位主机功率所需的滑油更换量，kg/kW。

其中，g_l 及 g_{l1} 应按设计船的主机说明书或相近母型船选取。

设计初始阶段粗估滑油总储备量，可取为燃油总储备量的某一百分数，即

$$W_l = \varepsilon W_o \tag{2-37}$$

式中　ε——比例系数，通常柴油机船取 3%～5%，汽轮机船取 0.8%～1%。

3. 炉水重量估算

民用船舶的机电设备重量中已计入锅炉及其动力系统内的正常循环水量，故这里要估算的炉水储备量是指为补充机器运转中的蒸汽漏失所需的炉水量，所以炉水储备量与蒸汽漏失量成正比，即

$$W_{boi} = 0.001EQt \tag{2-38}$$

式中　W_{boi}——炉水储备量，t；

E——蒸汽漏失率，汽轮机船为 2%～3%，柴油机船的辅锅炉为 5%～6%；

Q——每小时蒸汽产量，根据主机要求(汽轮机船)和辅锅炉参数(柴油机船)确定，kg/h；

t——续航时间，h。

远航程及大功率船通常都有制淡装置，所制淡水一般可以补足炉水漏失量，因此只需少量炉水储备以供应急时补充之用。

4. 人员及行李、食品、淡水重量估算

人员的重量通常按平均每人 65kg 计算，稳性规范规定，旅客重量取为每人 75kg。人员所携带的行李应根据航线的具体情况，经调查后确定。一般每人携带行李的重量如下：

船员行李	(40～60)kg/人
长途旅客行李	(40～60)kg/人
短途旅客行李	(15～35)kg/人

食品定量通常每人每天按 2.5～4.5kg 计。

淡水(包括饮用水与洗涤用水)定量与航程、航线的气候条件、舒适性标准等有关。远航程船通常只自带一部分淡水，不足部分利用制淡装置供应。在全部带足的情况下，通常每人每天用水定量为 50～100kg，《船舶与海上设施法定检验规则》规定，船员每人每天至少提供 20kg 饮用水和 70kg 洗涤淡水，客船每人每天至少 75～100kg 淡水，其中饮用水至少占总淡水量的 30%。对于长江大型客船，一般都有江水滤清装置，洗涤用水可只考虑在澄清水舱内有足够 1 天消耗的储备量即可。内河水系小型船舶的淡水定量标准，可参考该航区的同类型船舶的淡水定量标准分析计算决定。

5. 备品及供应品重量估算

备品是指船上备用的零部件、设备与装置，包括锚、灯具、损坏管制器材、油漆等。供应

品是指零星物品，如床上用品、炊具、信号旗、办公用品、医疗器材等。备品和供应品的重量一般较小，可取为 0.5%～1%空船重量，或结合用船单位的要求，参考母型船取为某一定量。

这项重量理应归入空船重量，但我国习惯上将其计入载重量中。

2.1.5 重心估算

船舶重心坐标可由 X_g，Y_g，Z_g 来表示。船的型线一般都是左右对称的，总布置设计时也总是要使左右舷的重量相平衡，故 Y_g 等于零。通常船舶重心的估算主要是估算重心纵向坐标 X_g 和重心垂向高度 Z_g。X_g 关系到船的浮态，即主要影响船的纵倾；Z_g 主要影响船的稳性。为此，对船舶的重心估算应高度重视。

1. 重心垂向高度 Z_g 的估算

估算 Z_g，在最初阶段最常用的公式为

$$Z_g=\xi D \tag{2-39}$$

或

$$Z_g=\xi D_1 \tag{2-40}$$

式中 D——型深；

D_1——相当型深；

ξ——系数，取自母型船，ξ 的一般范围见表 2-3。

表 2-3 ξ 的一般范围

船型	状态	
	空船	满载
最小干舷船	0.62～0.68	0.62～0.65
富裕干舷船	0.58～0.68	0.60～0.65
客船	0.65～0.80	—
拖轮	0.70～0.85	0.70～0.80
拖网渔船	0.75～0.83	0.70～0.78
油船	0.60～0.66	0.55～0.59

应用上述公式的条件是设计船的重量垂向分布与母型船相似。此法比较粗糙，通常仅用于设计初期。

设计者如果掌握有母型船的更详细的重量、重心资料，则可按分项换算的办法确定设计船的重心高度。

船体钢料的重心垂向高度 Z_{gh} 可以比例于型深或相当型深，也可按各细项的不同布置地位通过适当的比例关系分项换算，如外板比例于 $D_1^2/(B+2D_1)$；内底板、船底及内底骨架比例于双层底高度 h_d；各平台甲板比例于平台高度；主横舱壁、纵舱壁、首尾尖舱结构比例于舱深或 $D-h_d$；首柱、尾柱、轴支架等铸锻件比例于吃水。

木作舾装的重心垂向高度 Z_{gf} 也可以比例于型深或相当型深。当然也可根据各细部在总布置图上的位置按相应的比例关系换算。

机电设备的重心垂向高度 Z_{gm} 与型深或舱深成正比。分项换算时，柴油机主机常取在轴线上(0.30～0.45)h 处，h 为机器轴线以上部分的高度；蒸汽机主机常取在轴线以上(0.1～0.2)h 处；汽油机主机常取在轴线处；锅炉按其技术特征和布置特点与母型船做比较后确定；轴系及螺旋桨可近似地取在轴线处。

估算出 W_h，W_f，W_m 后，分别求出对应的重心位置，然后可求出空船重心高度 Z_{gl}，即

$$Z_{gl}=\frac{W_hZ_{gh}+W_fZ_{gf}+W_mZ_{gm}}{W_h+W_f+W_m} \tag{2-41}$$

如果重量估算的分项较细，则可求出各项重量的重心后再合成求 Z_{gl}，即

$$Z_{gl}=\frac{\sum W_iZ_{gi}}{\sum W_i} \tag{2-42}$$

设计初始阶段，空船重量通常除要有适宜的排水量储备外，对重心高度也应有一定的储备，特别是对于那些稳性要求比较高或者稳性不易满足的船舶更应加以注意。一般是将储备排水量的重心高度取在空船的重心处。有时考虑到重心估算的误差及将来可能发生的重量变化，从提高船的安全性考虑，往往将整个空船(包括排水量储备)的重心提高 0.05～0.15m，作为新船重心高度的储备。也可以根据 W_h，W_f 及 W_m 重心高度估算的结果，分别取各自的重心高度储备。

在设计初始阶段，载重量往往与空船重量合在一起，即为设计排水量 Δ，根据相近母型船的资料，比例于型深或相当型深求得全船的重心垂向高度 Z_g。

当有了总布置图以后，DW 各个项目的重心垂向高度可根据其在船上的位置进行估算。如人员的重心垂向高度一般取在其所在甲板上 1m 处，双层底内的油水的重心垂向高度可取为双层底高度 h_d 的 2/3。货物的重心垂向高度根据总布置图上的货舱位置而定，通常可按下式进行粗略估算：

$$Z_{gc}=\xi_c(D-h_d)+h_d \tag{2-43}$$

式中　h_d——货舱双层底高度；

ξ_c——系数，取自母型船。

2. 重心纵向坐标 X_g 的估算

重心纵向坐标 X_g 可以认为与船长成正比，即 $X_g=\lambda L_{pp}$，其中系数 λ 可取自母型船。

该式的应用条件同样是设计船与母型船的重量分布相似。如不相似，则可按其差异将母型船做修改后，取一个新的系数 λ_1 用于设计船。例如，当设计船的尾楼相对长度 l_A/L 小于母型船的尾楼相对长度 l_{A0}/L_0 时(l_A 为尾楼长度)，可以先把母型船的尾楼去掉一段，减小到 l_{01}，使 l_{01}/L_0 与 l_A/L 相等，然后计算出母型船被改造后的重心纵向坐标 X_{g1} 及系数 λ_1，λ_1 即可用来估算设计船的重心纵向坐标。当有母型船的详细重量、重心资料时，重心纵向

坐标也可分项换算。船体钢料重心的纵向坐标可按其比例于船长换算。如能将其分为主船体及上层建筑进行分别换算则更好，上层建筑的重心可近似地取在其体积中心处。

木作舾装重心的纵向坐标也可以按其比例于船长换算。为了使估算结果更准确些，可根据上层建筑及甲板室的地位及特点进行适当修正。

机电设备重心的纵向坐标 X_{gm} 可按其重心距机舱后壁的距离 X'_{gm} 正比于机舱长度 l_m 的方法换算，即

$$X'_{gm}=X'_{gm0}\frac{l_m}{l_{m0}} \tag{2-44}$$

式中　X'_{gm}，X'_{gm0}——设计船和母型船机电设备重心距机舱后壁的距离；

l_m，l_{m0}——设计船和母型船的机舱长度。

设计船机电设备重心距船中的距离为

$$X_{gm}=X_m-X'_{gm} \tag{2-45}$$

式中　X_m——机舱后壁距船中的距离。

如将机电设备分为机舱内及机舱外两部分换算会更好些。机舱内部部分的重心仍按其距机舱后壁的距离与机舱长度之比换算。机舱外部是螺旋桨与轴系，可以按其重心到尾垂线的距离与轴系长度之比换算。

载重量各部分的重心纵向坐标 X_{gd} 可根据总布置图估算。

相对讲来，X_g 的准确性要求不如 Z_g 那样高，但在设计资料具备时，应认真估算 X_g，以使船有适宜的浮态。这一点对于航行在浅水航道、船吃水受限制的内河船舶尤应注意。

2.2　船舶容量

2.2.1　船舶容量的基本知识

1. 容量

设计任何一艘船舶，除要满足重力与浮力平衡之外，还必须要保证必要的内部容积及甲板面积，以便用来装载货物和油、水，安放机械和各种设备，布置各种工作舱室和生活舱室等。船舶容量就是船舶舱室容积和甲板面积的总称。

容量是船舶的一项重要技术数据。容量不足，则满足不了使用要求；反之，容量太大，则会造成浪费。因此，在设计初始阶段，根据设计船的主要尺度和船型系数或利用设计船的总布置草图、型线草图来估算其所能提供的容积和甲板面积是必要的。另外，在总布置设计时，也需要按拟定的布置方案估算各舱柜的容积及形心位置，以便进行纵倾调整；进入技术设计阶段，为准确计算船舶重量、重心，也需根据所提供的图纸资料更准确地算出各舱室的容积及形心位置。

要求设计船提供的容积和甲板面积，应根据装载货物和油、水等的要求以及布置机械、设备、人员及作业等方面的需要而定，并通过选择适宜的船舶主要尺度来保证。

2. 积载因数

货物的积载因数 μ_c 是每吨货物所需的货舱容积，其单位为 m^3/t。积载因数随货物种类及包装方式不同而异。常见货物的积载因数见表 2-4。船舶设计中总是根据航线的货源情况，选取有代表性的货物来确定积载因数，且在设计技术任务书中指明。设计船的积载因数若达到设计技术任务书的要求，则满足了装载容量的要求。

表 2-4　常见货物的积载因数 μ_c

货物种类	包装形式	积载因数 $\mu_c/(m^3/t)$	货物种类	包装形式	积载因数 $\mu_c/(m^3/t)$
铁矿石	散	0.33～0.42	机器	箱	～0.139
磷矿石	散(块)	1.11～1.25	小麦	散	1.22～1.34
水泥	袋	0.89～1.06	羊毛	包	1.60～1.95
	散	0.67～0.78	黄麻	包	1.53～1.81
煤	散(粉)	1.17～1.34	豆类	袋	1.31～1.75
		(1.39～1.48)	食盐	散	～1.03
砂	散	0.56～0.64	茶叶	箱	2.50～2.79
钢材	型材	0.56～0.84	大米	袋	1.34～1.45
	钢板	0.22～0.45	花生	袋	3.34～4.18

重质货物的积载因数小，对船舶的货舱舱容要求低，对船舶主要要素起控制作用的因素是重量(载重量)。重质货物船的干舷满足《国际载重线公约》或我国《船舶与海上设施法定检验规则》要求的最小干舷，其所对应型深使船舶具有的货舱舱容能够满足货物对容积的要求。重质货物船属载重量型的最小干舷船，对应的积载因数在 $1.4m^3/t$ 以下。

轻质货物的积载因数大，对船舶的货舱舱容要求高，船的主要尺度相对也大。此类船的型深若按最小干舷确定，则其货舱舱容不满足货物对容积的要求。轻质货物船的干舷大于最小干舷，属于容积型的富裕干舷船，对应的积载因数在 $1.4m^3/t$ 以上。

3. 包装容积和散装容积

1) 包装货与散装货

船舶所运输的货物种类较多，按运输过程中的包装形式可分为两大类。一类是包装货，在运输中是用箱子、桶或袋子等包装起来的，如成箱水果、食品、家具、五金等；装在桶里的酒、油类；袋装货物最常见的是化工产品、面粉、水泥、食糖等。还有一些货物虽然运输时不用包装，但它们本身已进行了整理，如装配好的机器、汽车等，有类似包装货的性质。另一类货物如矿石、煤炭、谷物、散装水泥等，运输时不用包装，而是直接装在货舱里，此类货物称为散装货。同一类货物有时既可采用包装，也可采用散装运输，如谷物、食盐、水泥等，应视具体情况而定。

2）包装货舱容积和散装货舱容积

由于装运的货物分为包装货和散装货，所以货舱容积也分为包装货舱容积和散装货舱容积。

实际船舶的容积小于按船舶型线图所量得的型容积，这是显而易见的。散装货舱容积必须从型容积中减去舱内构件本身的体积，一般占型容积的 1.0%～1.5%。而包装货舱容积要从型容积中扣除舱底木铺板结构、舱内护条、甲板结构等所占去的不能用于堆放成包、成捆、成箱包装货的空间，一般占型容积的 8%～12%。

4. 冷藏货舱与液体货舱容积

冷藏货舱的绝缘和冷气管路装置占去较多容积，可达型容积的 20%～30%。

液体货舱的容积除扣除舱内构件所占型容积的约 1.5%外，还需考虑液货受热膨胀的特性，尤其是油类，一般留 2.5%～3.0%的型容积作膨胀空隙。

5. 型容积利用系数

货舱、油舱、水舱的有效装载容积与其型容积之比称为型容积利用系数，记作 k_c。k_c 的大小表示舱容利用率的高低。由前面讨论可知，包装货舱 k_c 为 0.88～0.92；散装货舱 k_c 为 0.98 左右；货油舱 k_c 通常可取为 0.95～0.96；冷藏货舱 k_c 为 0.70～0.80；燃油舱 k_c 为 0.95；水舱 k_c 为 0.97 左右。

设计时，k_c 可参考相近母型船，并做比较分析加以确定。

2.2.2 所需容量的确定

1. 载重型船所需型容积的确定

1）货舱所需型容积 V_c

$$V_c = W_c \mu_c \frac{1}{k_c} \tag{2-46}$$

式中 W_c——载货量，t；

μ_c——积载因数，m^3/t；

k_c——型容积利用系数。

2）油水舱所需型容积 V_{ow}

$$V_{ow} = \sum_{i=1}^{n} \frac{W_i}{\gamma_i k_i} \tag{2-47}$$

式中 W_i——油、水重量，t；

γ_i——相应燃油、滑油、淡水的密度，t/m^3，通常重油 $\gamma = 0.89 \sim 0.90 t/m^3$，轻油 $\gamma = 0.84 \sim 0.86 t/m^3$，淡水 $\gamma = 1.0 t/m^3$；

k_i——液体舱型容积利用系数。

3）专用压载水舱所需容积

油船、散货船、多用途货船，空载返航时常需加压载水，其理由如下：

(1) 空载返航过程中，由于油、水和备品的消耗，船舶重心提高，致使初稳性高度$\overline{GM}$降低。为保证稳性，常需加压载水。

(2) 保证必要的浮态。空载返航时，吃水太小，螺旋桨桨叶不能充分浸入水中，螺旋桨的推进效率和推力就会减小，且桨叶交替变化还会引起桨叶的严重振动；空载时首吃水太小，船舶在海浪中易引起拍击和碰击，以致损坏首部的结构，而极度尾纵倾会缩小驾驶室的视野，在横向风浪中会给操舵增加困难。因此需加压载水，以保证耐波性要求的浮态。压载水量多少，因船而异，幅度变化很大，通常为(1/2～1/3)DW。

由于环境保护和防污染的规定，目前大型油船已不允许油舱兼作压载水舱，而设专用压载水舱。压载水量(或舱容)根据压载航行状态的浮态要求确定。对货物船，根据航行实践经验，一般要求压载航行时首吃水 $d_f=(2.5\%\sim3\%)L_{pp}$；尾吃水要求尽可能全浸螺旋桨或至少 $d_a=0.8D$(D 为螺旋桨直径)。

设计初期，压载水量可按下式估算：

$$W_b=k_bDW \tag{2-48}$$

式中　k_b——系数，一般取 0.2～0.5，可取自相近母型船。

压载水舱型容积 V_b 可按下式计算：

$$V_b=\frac{W_b}{\gamma k} \tag{2-49}$$

对于海船，通常用海水作为压载水，其密度 γ 为 1.025t/m^3，而型容积利用系数 k 为 0.975，γ 与 k 相乘接近 1，故式(2-49)可写成

$$V_b=W_b=k_bDW \tag{2-50}$$

4）机舱所需型容积 V_m

$$V_m=k_ml_mB(D-h_d) \tag{2-51}$$

式中　B——型宽；

D——型深；

h_d——双层底高度，按建造规范或相近型船确定；

k_m——系数，中机型无舷边水舱和顶边水舱 $k_m=1.0$，尾机型 $k_m<1.0$，可参考相近母型船确定；

l_m——机舱长度，

$$l_m=l_{m1}+C$$

式中　l_{m1}——主机长度；

C——根据机舱部位、主机类型和功率、螺旋桨数目及船舶主要尺度相近的母型船确定。对低速柴油机船：中机型 $C=4\sim5$m，中尾机型 $C=4\sim6$m，尾机型 $C=10\sim12$m。

5) 其他舱所需的型容积 V_a

其他舱是指首、尾尖舱和轴隧室等。如果是中机型船，机舱后的轴隧相当长，人可进去观察主轴运转情况、检查轴承、加润滑油等。轴隧后端一般还有逃口，直通露天甲板，也占有一定的容积。此外，油船的泵舱，机舱和油舱之间、油水舱之间、轻油舱与滑油舱及重油舱之间的隔离空舱等都占有一定空间。V_a 一般为主体总型容积的 2%～4%。

综上所述，船主体各种舱室所需要的总型容积 V_h 为

$$V_h=V_c+V_{ow}+V_b+V_m+V_a-V_n \tag{2-52}$$

式中　V_n——上甲板以上装货的容积，如上甲板货舱口围板部分可用来装货的容积。

2. 布置地位型船所需的甲板面积

对于客船、渔船、推拖轮、科学考察船、汽车运输船、集装箱船等布置地位型船舶，其主要尺度受布置地位的约束很大。这类船有的要求有大量的内部舱室甲板面积和露天作业面积；有的要求装载单元货物，如车辆、集装箱、标准货驳；有的则需满足主机、装备及舱室布置的要求。因此确定这类船的主要尺度时，除了满足布置机舱、油水舱、压载水舱、货物、邮件及行李所需的内部容积外，还应提供一定的甲板面积装载单元货物和满足总布置的要求。

客船是典型的布置地位型船之一。为满足旅客、船员生活居住舱室布置要求，要有相应的主体内部的甲板面积和上层建筑内的甲板面积。所需的甲板总面积与各等级的旅客人数、客舱标准有关。为了估算设计船所需的甲板总面积，需先对相近母型船的各类舱室面积标准进行统计分析，通常应做下述统计计算工作：

(1) 不同等级旅客的舱室标准(房间数、每室人数、每人占用面积数)；

(2) 旅客居住舱室的面积及公共处所的面积，以及它们的比值；

(3) 用于旅客娱乐、活动场所(文娱休息室、咖啡室、舞厅、阅览室等)的总面积，及其与旅客人数的比值；

(4) 每位旅客占有的散步甲板面积；

(5) 每层甲板主要通道的面积及能容纳的旅客人数；

(6) 用于布置旅客的甲板面积与总的甲板面积(或 $L_{pp}B$)的比值；

(7) 各等级船员居住舱室的人数及面积；

(8) 船员公共处所的面积及其与船员人数的比值；

(9) 用于布置旅客及船员的总面积与 $L_{pp}B$ 的比值；

(10) 餐厅的人数及每人占有的面积数；

(11) 其他有关布置地位的标准。

根据统计出的数值，再结合设计船的具体要求，即可确定设计船所需的甲板面积，表 2-5为我国部分海洋客船舱室面积有关参数，表 2-6 为我国典型长江客船旅客及船员居住面积分配表，可供估算甲板面积时参考。

表 2-5　我国部分海洋客船舱室面积有关参数

船名	L_{OA}/m	L_{WL}/m	B/m	d/m	D/m	Δ/t	C_b	C_{wp}	台数×主机功率/kW	v_t/kn	旅客数	船员数	A_1/m^2	A_2/m^2	A_3/m^2	A_4/m^2	$A/(L_{pp}B)$
工 2	105	96	15.2	5.2	6.5/8.9	4 000	0.505	0.713	1×1 955	14.67	980	—	1 327.9	786.5	437.1	173	1.868
天山号	114	102	15.4	5.3	6.6/9.0	4 430	0.516	0.758	2×970	13.60	1 190	109	1 308.4	432.4	461.2	96.6	1.462
乙型沿海	90.6	82	14.0	4.65	6.7/9.1	2 897	0.587	0.747	1×1 103	12.40	509	84	768.5	357.3	397.4	121.1	1.344
丙型沿海	58.54	52	10.0	3.20	5.3/5.3	935	0.548	0.758	1×382	10.90	312	25	306.4	124.5	116.2	52.7	1.155
长征型	138	124	17.6	6.0	8.4/10.9	7 706	0.571	0.78	2×3 308	18.10	900	132	1 489.3	871	680	277	1.522
琼沙线（广船）	86	76	13.4	3.9	5.0/7.3	2 150	0.52	0.73	3×970	16.20	221	63	474.2	338.3	209.7	687.8	1.128
工 18	105.62	97	15.8	3.8	5.3/7.7	3 660	0.608	0.792	2×1470	16.00	774	101	1 195.1	612.6	456.8	275.3	1.658
繁新号	105.62	97	15.8	3.8	5.3/7.7	3 657	0.608	0.792	2×2 205	18.00	919	123	1 550.6	744.3	458.6	206.9	1.93
1 600t 级沿海	77.3	68	12.4	3.4	4.6/6.9	1 674	0.566	0.776	1×970	12.00	452	50	632	242	155	57	1.288
广亚线	91.3	83.5	13.8	3.6	5.1/7.5	2 335	0.551	—	—	—	532	74	891.4	430	320.3	86.3	1.501
耀华号	149	132	21.0	6.6	10.8/13.5	10 105	0.538	0.725	2×5 513	21.50	400	131	1 367.53	1 718.45	1 072.6	451.1	1.661
马兰号	107.5	96.4	15.2	4.2	5.6/8.0	3 348	0.506	0.712	2×1 470	16.30	600	78	1 360.9	488	934.3	78.5	1.95
813 沿海	58.13	52	10.0	3.2	5.3/5.3	940	0.548	0.758	—	11.20	314	14	355	109	112	37	1.18
长柳号	138.0	124.0	17.6	6.0	8.4	7 706	0.571	0.78	2×3 308	18.10	820	105	1 527	1 941	9 892	317	2.144
5 000t 级沿海	120.0	108.0	18.8	5.2	9.6	6 488	0.568	0.788	2×2 499	16.30	1 302	120	2 177	2 100	605	624	2.712

注：A 为旅客及船员居住总面积和公共(服务)处所总面积；A_1，A_3 分别为旅客及船员的居住处所总面积；A_2，A_4 分别为旅客及船员公共及服务处所总面积。

表 2-6　长江客船旅客及船员居住面积分配表

船名	航线	旅客定额	船员铺位	旅客居住面积/m		船员居住面积/m		船员面积
				总数	人均	总数	人均	旅客面积
东 10	申汉	1 090	141	1 389	1.27	354.8	2.52	0.255
东 11	申汉	1 182	153	1862	1.57	525.2	3.43	0.282
东 46	汉渝	800	102	1 090	1.36	303.1	2.97	0.278
东 119	宜渝	732	92	625.9	0.85	246.0	2.67	0.393
东 266	汉宜	583	84	487.9	0.84	197.8	2.35	0.405
东 411	申南	1 213	84	1 015	0.836	261.6	3.11	0.257

集装箱船运送的货物单元是集装箱，其甲板面积必须满足装载一定数量集装箱的要求。图 2-2 为某集装箱船的总布置简图。由图可见货物单元(集装箱)的总数及其布置对船舶甲板面积及尺度选择的影响。

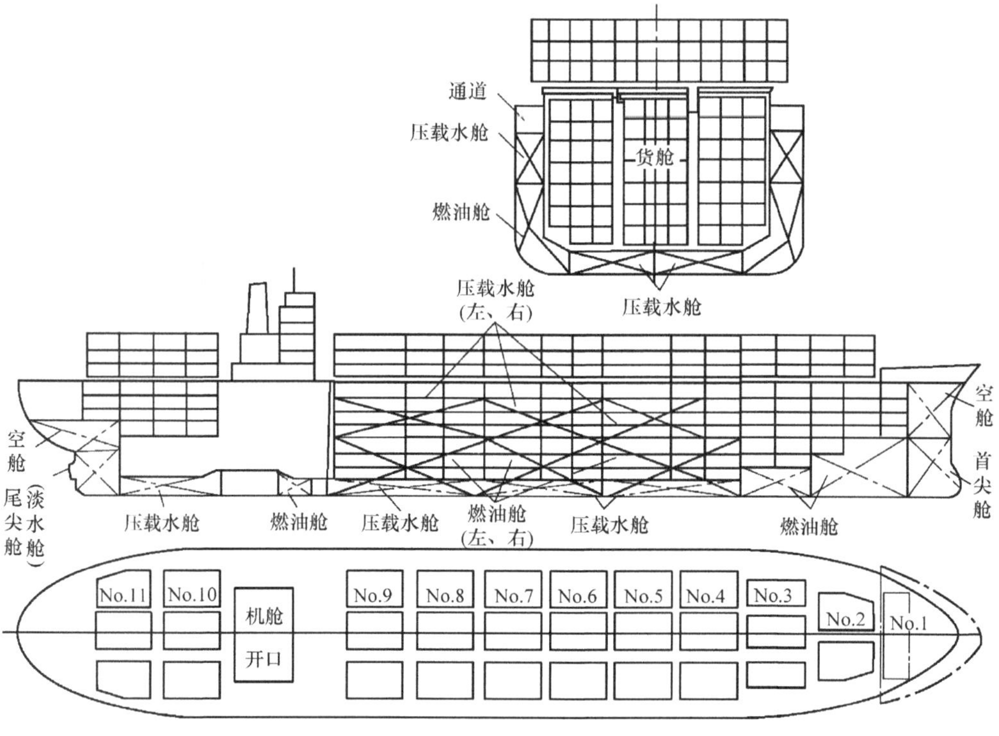

图 2-2　集装箱船总布置简图

拖网渔船的设计通常应根据起网、理鱼、落舱作业的要求，结合鱼舱容积、绞网机的地位及生活舱室所需的上层建筑地位等，综合分析确定所需的最小船长与型宽。

推拖轮的长和宽的选择对船舶的操纵、推进、稳性、摇摆等性能均有影响，但首先是按布置要求选取船长和型宽。

对布置地位型船的设计，应先从甲板面积入手，可在参考母型船大体确定一组尺度后，勾画总布置草图，核算是否满足甲板面积要求，再确定合适的主要尺度，确定有关系数及排水量，继而进行重量与浮力的平衡计算，最后核算各项性能等。

2.2.3　容积估算及舱容校验

1. 容积估算

所谓容积估算是指在船舶设计初始阶段，选择某种方法估算该设计方案的容量。估算容积的主要目的是验证所拟定的主要尺度方案能否满足所需容积的要求，以便从容积的角度选择船舶主要尺度的合理方案。

估算容积的方法有多种，如用统计资料和统计经验公式的估算方法、按型船资料换算方法、结合型线图和总布置图进行估算的方法等，应根据具体情况和资料的占有程度选用。就估算容积的完整性来说，可分全船容积估算和局部区域容积估算。

1）按经验公式估算舱容

（1）主体总型容积估算：

$$V_h = C_{bD} L_{pp} B D_1 \tag{2-53}$$

式中　L_{pp}——垂线间长；

B——型宽；

D_1——只计入首、尾舷弧影响的相当型深，$D_1 = D + S_m$，其中符号含义同式(2-12)；

C_{bD}——计算到型深的方形系数，按式(2-17)计算。

（2）局部区域容积估算。

局部区域主要指货舱区域。货舱区域的容积占主体总型容积的比例很大，它是影响船舶主要要素的一个主要方面。从船舶设计的实际情况来看，首尖舱、尾尖舱、机(炉)舱、深油舱、油船货油泵舱等的地位都可通过布置加以确定，通过调整各舱的长度来控制容积，因此，舱容校验只校验货舱区容积。

① 干货船的货舱容积计算：

$$V_{ct} = k l_c B(D - h_d) = k[L_{pp} - (l_a + l_f + l_m)]B(D - h_d) \tag{2-54}$$

式中　V_{ct}——货舱容积；

l_c——货舱长度；

l_f，l_a——首、尾尖舱长度；

l_m——机舱长度；

h_d——双层底高度；

k——系数，可参考相近的母型船选取。

② 油船货油区容积估算。

(i) 货油区总容积：货油区范围型线所包围的容积。

$$V_{co} = K_t K_c L_{pp} B D C_{MD} \tag{2-55}$$

$$K_t = 0.5268 + 0.8586 C_b - 0.1387 K_c - 0.2216 C_b K_c \tag{2-56}$$

$$(30\,000\text{t} \leqslant DW < 200\,000\text{t})$$

$$K_t = 0.6596 + 0.6747 C_b - 0.3022 K_c \tag{2-57}$$

$$(200\,000\text{t} \leqslant DW < 300\,000\text{t})$$

$$C_{MD}=1-(1-C_m)d/D \tag{2-58}$$

式中 V_{co}——货油区总容积，m^3；

K_t——总容积系数；

K_c——长度利用系数；

C_{MD}——型深高度下中剖面面积系数；

C_m——中剖面面积系数；

L_{pp}，B，D，C_b——意义同前。

(ii) 货油舱容积：货油区范围，由内壳板、内底板、主甲板围成的空间容积。

$$V_o=K_oL_c(B-2b)(D-h_d) \tag{2-59}$$

$$K_o=(0.4C_b+0.561)(9.5b\times10^{-3}+0.981) \tag{2-60}$$

$$(30\ 000t\leqslant DW<200\ 000t)$$

$$K_o=(0.25C_b+0.701\ 5)(0.017\ 7\ b+0.946\ 9) \tag{2-61}$$

$$(200\ 000t\leqslant DW<300\ 000t)$$

式中 V_o——货油舱容积，m^3；

K_o——货油舱容积系数；

L_c——货油区长度，m；

b——双层壳宽度，m；

h_d——双层底高度，m。

2) 按型船资料换算设计船的舱容

选择一艘棱形系数与设计船相近的母型船，按母型船的横剖面面积曲线换算设计船的横剖面面积曲线，然后再用近似计算法算出各个舱室的容积及其形心的纵向位置，具体步骤如下：

(1) 根据母型船资料，先算出母型船设计水线以下各理论站的横剖面面积 A_{i0} 与船中剖面面积 A_{m0} 的比值 A_{i0}/A_{m0}。

(2) 计算设计船对应站的横剖面面积 A_i：

$$A_i=\frac{A_{i0}}{A_{m0}}A_m$$

式中 A_m——设计船中剖面面积，

$$A_m=C_mBd$$

式中 C_m——设计船中剖面系数。

(3) 计算母型船设计水线至上甲板间各站的横剖面面积 A'_{i0}，并算出 a_i：

$$a_i=\frac{A'_{i0}}{B_{i0}H_{i0}} \tag{2-62}$$

式中 a_i——系数；

B_{i0}——母型船各站处设计水线宽；

H_{i0}——母型船各站处设计水线至上甲板边线的垂直距离，可按型深及舷弧确定。

(4) 计算设计船设计水线至上甲板间各站的横剖面面积 A'_i：

$$A'_i=a_iB_iH_i \tag{2-63}$$

式中　H_i——设计船各站处设计水线至上甲板边线的垂直距离；

B_i——设计船各站处设计水线宽，

$$B_i=\frac{B_{i0}}{B_0}B$$

式中　B_0，B——母型船、设计船的型宽；

B_{i0}——母型船各站处的设计水线宽。

(5) 绘出上甲板至基线的横剖面面积曲线，其各站横剖面面积应为 A_i+A_i'。

(6) 将初步拟定的机舱、货舱、油水舱等舱的布置区域及长度画在横剖面面积曲线的横坐标上(图 2-3)，称为容量图。可用容量图近似积分计算出各舱型容积及其形心纵向位置。当然，计算时应计入货舱口及双层底的容积。

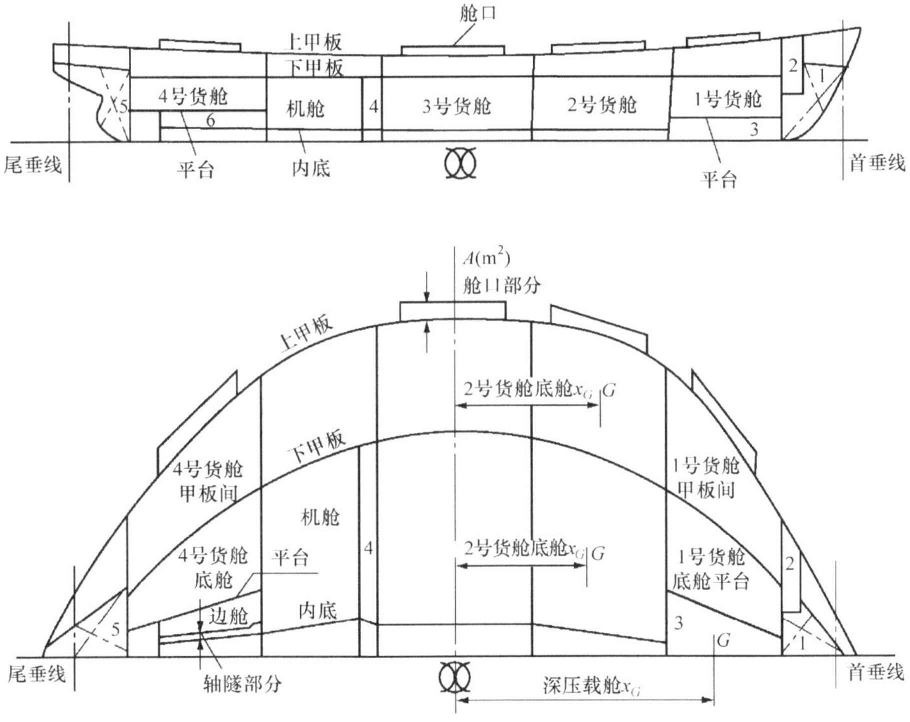

图 2-3　容量图

1—首尖舱；2—锚链舱；3—深压载舱；4—深油舱；5—尾尖舱；6—边舱

3) 按初步绘制的型线图和总布置图估算舱容

按初步绘制的型线图和总布置图估算舱容的步骤如下：

(1) 依据型线图，用求积仪或近似计算法求出各理论站上甲板、平台甲板、双层底下的横剖面面积 A_i、面积对基线的静矩 m_{zi} 及面积对船中的静矩 m_{xi}，并绘出 A_i，m_{zi} 及 m_{xi} 曲线。

(2) 根据总布置图上机舱位置、货舱位置及双层底、油水舱等诸舱的划分，将其画在 A_i，m_{zi} 及 m_{xi} 曲线的相应位置上。

(3) 根据各舱位置及 A_i，m_{zi} 及 m_{xi} 曲线上的数值，分别进行积分，求出各舱的型容积 V、体积矩 M_z 及 M_x，并计算出各舱型容积的形心位置：

$$Z_v=\frac{M_z}{V} \tag{2-64}$$

$$X_v=\frac{M_x}{V} \tag{2-65}$$

式中　Z_v——各舱形心距离基线高；

X_v——各舱形心距船中的距离，中前为正，中后为负。

2. 舱容校验

设计船所能提供的主体型容积 V_h 应等于或略大于所需的主体型容积，这样才能满足设计技术任务书对舱容的要求。因此，对舱容的校验应使式(2-52)与式(2-53)相等。

$$C_{bD}L_{pp}BD_1=V_c+V_{ow}+V_b+V_m+V_a-V_n \tag{2-66}$$

式(2-66)反映了设计船容量与主要尺度和各系数间关系，称为容量方程式。在船舶设计初期，按此方程式，可验证所确定的主要尺度和船型系数是否能满足所需容量的要求，反之亦可根据容量的要求来确定设计船的有关要素。

经舱容校验后，若容量不足或过大，则应采取措施改善容量。设计者应该了解采取哪些措施，对船舶性能影响较小，还能有效改善容量。

为了方便讨论问题，下面根据货舱的容量方程式来讨论影响货船容量的主要因素。

为满足使用要求，船舶所能提供的货舱容积应等于货舱所需容积，即式(2-54)与式(2-46)应相等，即

$$W_c\mu_c\frac{1}{k_c}=k[L_{pp}-(l_a+l_f+l_m)]B(D-h_d)$$

可求出

$$\mu_c=\frac{k_c}{W_c}kL_{pp}BD\left(1-\frac{l_a}{L_{pp}}-\frac{l_f}{L_{pp}}-\frac{l_m}{L_{pp}}\right)\left(1-\frac{h_d}{D}\right) \tag{2-67}$$

$$V_c=L_{pp}BDk\left(1-\frac{l_a}{L_{pp}}-\frac{l_f}{L_{pp}}-\frac{l_m}{L_{pp}}\right)\left(1-\frac{h_d}{D}\right) \tag{2-68}$$

式(2-67)和式(2-68)为货舱容量方程式的两种表达形式。可以利用这两个方程式来分析船舶主要尺度与货舱容量的内在联系及影响容量的主要因素。

对上述方程式，从纯数学概念出发，要提高某条船的容量，有两个途径：减小 l_a，l_f，l_m 和 h_d；增大 L_{pp}，B，D 和 C_b。船舶首尾尖舱瘦窄，且受规范要求的制约，l_a，l_f 的减小不会对增加货舱容量有多大效果。双层底高度 h_d 根据使用要求及工艺条件确定，实际上很难有大幅度的变动。机舱长度 l_m 随选定的主机，由机舱布置确定，设计中力求缩短机舱长度。方形系数 C_b 的增加影响较小。增加船长 L_{pp}，将增加船体钢料重量，造价会相应提高。增加型宽 B，可提高积载因数，但 B 的选择必须受约于船舶稳性和摇摆的要求。一般散货船的 $L/D=10\sim14$，$B/D=1.6\sim2.0$。从此数量关系可见，增加型深 D 是提高船舶容量的最有效措施。且对大船来说，加大 D 对总纵强度有利，从而对船体钢料重量影响很小。当然，增加 D 后，船的重心将升高，受风面积加大，对稳性有影响，但这些问题可采取其他措施来弥补。

由上述讨论可知,增加 D 或 D/T 是提高船舶积载因数或舱容的最常用的有效措施。当然,如果设计中发现浮力偏小,稳性不足,快速性也不尽理想等情况,则在解决容量问题的同时,应权衡各方面的因素,全面合理地调整主要尺度,而不是局限于仅仅改变型深。

2.2.4 舱容要素曲线

随着设计的深入,在总布置图、型线图及有关结构图确定以后,应精确计算各舱舱容、形心位置,并给出舱容图或容量图及舱容要素曲线,以便计算船舶在各种装载情况下的浮态、稳性和抗沉性等,并为船舶在营运中进行配载和控制船舶的浮态及稳性提供基础资料。

1. 容量图

容量图表示全船舱容大小及分布,是以船长为横坐标,各舱的横剖面面积为纵坐标绘成的曲线,如图 2-3 所示。

容量图是按总布置图、邦戎曲线图和型线图绘制出来的。根据邦戎曲线图可查出双层底、各层甲板及平台高度处各站的横剖面面积,选择适当的长度和面积比例,然后在长度方向上画出船长及各舱室长度,在高度方向上画出各舱室不同高度处对应的横剖面面积,最后分别把双层底、各层甲板及平台高度处各站的横剖面面积连成曲线,得到容量图。显然,每个舱所包围的面积代表了舱室的容积,其面积形心长度方向的坐标代表了该舱容积形心在长度方向上的位置。图中标明了各舱室的名称、型容积、形心距中位置。图 2-3 上部绘出的总布置图,在正式图上是不画出的,这里只是为了便于对照。

利用容量图能计算出货物、油、水的重量及其重心的纵向位置,所以它是纵倾调整、浮态及稳性计算的辅助资料。

2. 舱容要素曲线

对于液体舱,包括货油舱、燃油舱、淡水舱、压载水舱等,由于在营运过程中,油、水均可有变化,设计者应提供各液体舱的容积和容积形心随液面高度变化的曲线,即舱容要素曲线,如图 2-4 所示。

舱容要素曲线包括各液面高度处体积 V 及其形心坐标 X_v、Z_v 及边舱的 Y_v,以及自由液面对通过其面积形心的纵轴的惯矩 i_x。计算时液面高度 Z 通常从舱柜底面算起。

舱容要素曲线可用来计算各种载况时的液体舱装载量和重心位置,是计算浮态与稳性(包括破舱稳性)的基础资料,并可用来制定液体舱“液位容积表”,供船员使用。

计算舱容要素需下列资料:总布置图、舱柜布置图、邦戎曲线图、型线图和肋骨型线图等。

计算的基本方法是依据静力学中求体积及重心的公式,在实际计算中都是画成表格的形式。现以 50 000t 油轮燃油舱为例进行计算。该舱位于 212～222 肋位间,舱长为 7.0m。计算中取 5 个横剖面,$\Delta l=1.75$m,液面高度从基线面起取 $Z_i=1.0$m,2.0m,4.0m,6.0m,8.1m,10.0m,14.0m,16.8m,18.7m。

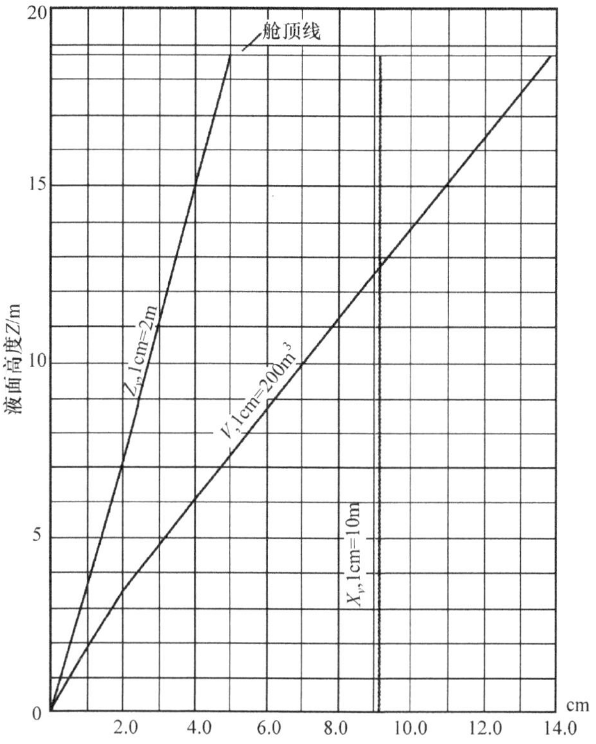

图 2-4　舱容要素曲线

(1) 各液面高度下 V_i 及 X_{vi} 的计算：

$$V_i = \frac{\Delta l}{3}\sum f(V) \tag{2-69}$$

$$X_{vi} = \Delta l \frac{\sum f(M)}{\sum f(V)} \tag{2-70}$$

具体计算列表进行，表 2-7 给出了 $Z_i=1.0\text{m}$ 时，容积和容积形心纵向坐标(距该舱 212 肋位的距离)。其他液面高度的容积和容积形心纵向坐标，都可类同表 2-7 的形式做出具体计算。

表 2-7　$Z_i=1.0\text{m}$ 时 V_i 及 X_{vi} 的计算

序号	横剖面面积 ω_j/m^2	辛氏数	$f(V)$	力矩乘数	$f(M)$
Ⅰ	Ⅱ	Ⅲ	Ⅳ	Ⅴ	Ⅵ
0	16	1	16	0	0
1	14.5	4	58	1	58
2	13	2	26	2	52
3	11.5	4	46	3	138
4	9.5	1	9.5	4	38
$\sum$			155.5		286
$V_i=90.6\text{m}^3$　$X_{vi}=3.22\text{m}$					

(2) 各液面高度下 Z_{vi} 的计算。

计算出各液面高度下的容积 V_i 之后，可按表 2-8 的形式对相应的容积形心竖向坐标 Z_{vi} 做出计算。

表 2-8　Z_{vi} 的计算

水线 Z_i	容积 V_i	(Ⅱ)项成对和	$\frac{\Delta Z}{2}$	(Ⅲ)×(Ⅳ)	(Ⅴ)项自上而下和	$Z_{WL}=\frac{(Ⅵ)}{(Ⅲ)}$	Z_{vi}=(Ⅰ)−(Ⅶ)
(Ⅰ)	(Ⅱ)	(Ⅲ)	(Ⅳ)	(Ⅴ)	(Ⅵ)	(Ⅶ)	(Ⅷ)
0	0	—	—	—	—	—	—
1.0	90.6	90.6	1/2	45.3	45.3	0.5	0.5
2.0	203	293.6	1/2	146.8	192	0.94	1.06
4.0	472	675	2/2	675	867	1.84	2.16
6.0	777	1 249	2/2	1 249	2 116	2.74	3.26
8.1	1 100	1 877	2.1/2	1 970	4 086	3.72	4.38
10.0	1 408	2 508	1.9/2	2 385	6 470	4.60	5.40
14.0	2 047	3 455	4/2	6 910	13 380	6.53	7.47
16.8	2 524	4 571	2.8/2	6 400	19 780	7.82	8.98
18.7	2 810	5 334	1.9/2	5 070	24 850	8.85	9.85

(3) 绘制舱容要素曲线。

将按表 2-7 和表 2-8 计算的结果整理成表 2-9 所示的结果汇总表。

表 2-9　计算结果汇总表

吃水 Z_i/m	1.0	2.0	4.0	6.0	8.1	10.0	14.0	16.8	18.7
毛容积/m^3	90.6	203	472	777	1 100	1 408	2 047	2 524	2 810
净容积/m^3	89	201	467	770	1 090	1 394	2 021	2 500	2 782
X_v(距中)/m	85.42	85.46	85.47	85.49	85.51	85.52	85.54	85.54	85.56
Z_v(距基面)/m	0.5	1.06	2.16	3.26	4.38	5.40	7.47	8.98	9.85

汇总表中考虑了容积扣除系数(结构构件占据容积和油舱货油加热膨胀容积等)后，给出净容积(m^3)，并将容积形心纵向坐标 X_v 换算成距船中的数值。按汇总表结果绘制出的舱容要素曲线如图 2-4 所示。

第3章　船舶主要要素的确定

3.1　概　　述

船舶的排水量、主要尺度(长、宽、型深、吃水等)以及船型系数(方形系数、棱形系数、水线面系数、中剖面系数等)统称为船舶主要要素。它们是描述船舶几何形状的一些最基本的特征性数据,这些要素对船舶的主要技术性能诸如快速性、稳性、适航性、容量、总布置以及船舶的经济性等都有重大的影响,对船舶质量的好坏有决定性的作用。因此,恰当地确定这些要素,是船舶总体设计中的一项最基本、最重要的工作。一条船的设计,通常就是由确定这些要素开始的。

确定船舶排水量和主要尺度有几个突出特点:矛盾错综复杂;问题具有多解;过程逐步近似。

1. 矛盾错综复杂

设计一条新船,要达到浮性、稳性、快速性、操纵性、耐波性、容量、总布置等技术要求,要满足船坞、船台、航道、码头等限制条件,还要得到最佳的经济和社会效益,考虑的因素是很多的。这些因素又都错综复杂地交织在一起,相互影响,一项性能或指标的改善往往会带来其他性能或指标的恶化,产生矛盾。因此,必须综合地对可能遇到的各种问题加以考虑,才能妥善解决多种矛盾,得到好的设计。在船舶设计过程中,这一特点最集中地反映在主要要素确定当中。

2. 问题具有多解

在主要要素确定过程中,待定要素很多,而可以确切写出的方程式只有浮性方程式一个,其余的各种关系式大都是不确定的或是不等式,对应这样一组关系式的解显然是不确定的。因此,如果把满足船东要求的船舶主要要素方案称为可行方案,那么一条船的可行方案可以有很多。由船东提出的各项要求、由设计者制定的各项技术要求及由船舶规范规定的有关条款,实际上在设计空间中形成了一个可行域,在此区域中的任意一点都是满足要求的可行方案。图3-1是依据5万吨油船众多方案的计算结果绘制的可行域图。以船长为横坐标,型宽为纵坐标,绘出排水量Δ、货油舱和专用压载水舱总容积V_{cb}及方形系数C_b等值曲线,图中粗点划线表示航速为16kn的界限,粗点划线以左各方案航速均小于16kn,粗点划线以右各方案航速均大于16kn。

该油船设计任务书要求:试航速度$v \geqslant 16$kn,方形系数$C_b \geqslant 0.80$,总容积$V_{cb} \geqslant$ 74 500m^3,垂线间长$L_{pp} \leqslant 212$m。图3-1中阴影线部分为符合设计任务书要求的可行域,在该区域中,选择任何一点所对应的方案,都能符合设计要求。众多的可行方案供设计者挑选，对设计者来说，是一个发挥其经验和才智的良好机会，设计者对新设计船的主要矛盾把握得很清楚，基础资料掌握得很准确，标准选择得很恰当，才能在众多的可行方案中选出最佳方案。

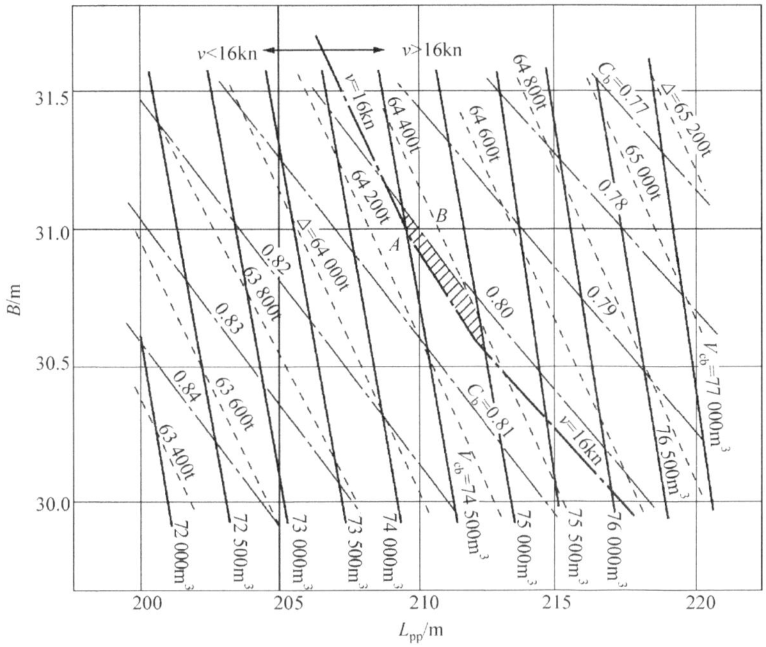

图 3-1　5 万吨油船设计方案可行域图

3. 过程逐步近似

上述两个特点带来了第三个特点，即确定主要要素的过程是逐步近似的。

按逐步近似过程进行船舶设计，就可以把复杂的设计工作分为若干个循环，初次近似时只考虑少数最主要的因素，后一次则计入较多的因素，反复进行几次近似，每一次近似都是前一次结果的补充、修正和发展，则经若干次近似之后，总可以得到一个符合要求的设计结果。由此看来，这种逐步近似过程虽然是循环进行的，但却不是简单的重复，而是个螺旋式上升的过程。图 3-2 就是表明这一过程的设计螺旋图，其特征是每一个循环都提高了复杂程度，但减少了方案数量。第一次循环可从航线及货源出发，拟定几百个不同的主要尺度及船型特征方案，计算出它们的舱容、载重量、稳性、造价等。第一次循环之后，方案即可大大减少，大量造价高或性能不好的方案均被淘汰。第二次循环集中在可行方案范围内探索，得出较佳方案。第三次循环可集中在一个或几个较佳方案及其附近方案，进行更深入的计算分析，从而最后确定出最优方案。这就是螺旋式上升的逐步近似过程。

读者以后可以发现，确定船舶主要要素时，所利用的各种统计公式及所进行的数学运算都是很简单的。实际上，确定船舶主要要素的关键性工作，不是数学运算，而是分析和选择。所以学习本章时，主要注意力不应放在数学运算的个别公式或个别的计算方法上，而应当放在分析矛盾和选择要素的原则和方法上。例如，确定要素时应考虑哪些因素；各种不同的矛盾之间有怎样的辩证统一关系；在多种复杂的矛盾中如何针对设计船的具体情况抓住主要矛盾；怎样解决好主要矛盾与其他矛盾之间的关系；如何根据设计船的具体情况确定技术性能的适宜数值，以便按这些数值选择最佳方案等。

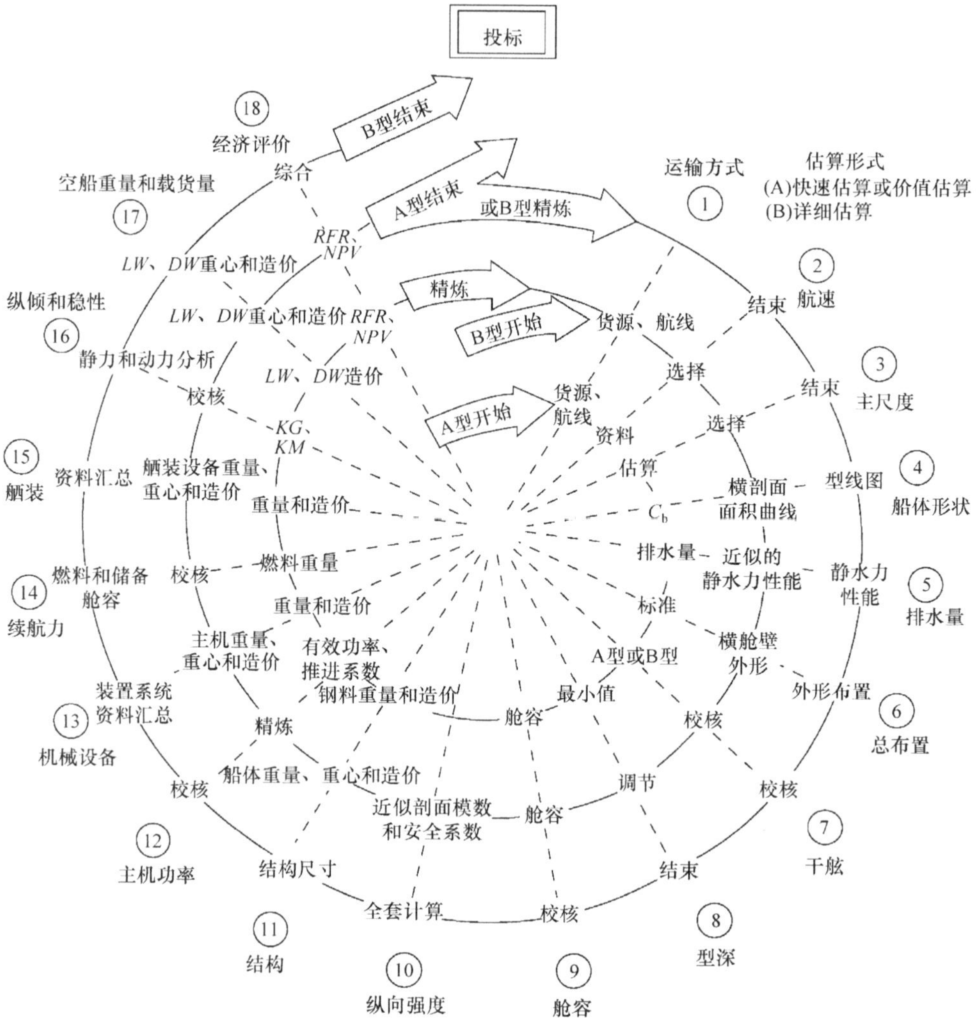

图 3-2　船舶设计螺旋图

3.2　选择船舶主要要素考虑的因素

船舶主要要素受到一系列因素的制约，航道、码头泊位和建造修理条件对主要尺度有限制；船舶的各项技术性能对主要要素有各种要求；船东的要求和设计者所采取的技术措施也影响主要要素的选择；货源、运费、造价和油价等经济因素也对主要要素有影响。选择主要要素时，必须首先对影响主要要素的各种因素进行研究和综合分析。

3.2.1　选择船长考虑的因素

1. 船长对阻力的影响

在保持排水量不变时，改变船长必然引起 L/B 及 $L/\nabla^{1/3}$ 的变化，当排水量一定时，选用较大的船长 L，则 B、d、C_b 必然要做适当的减小，L/B，$L/\nabla^{1/3}$ 随之增加。随着 L/B 或 $L/\nabla^{1/3}$ 的增加，船体变得瘦长，船体型线的纵向曲率变小，船体兴波区域的型线变得平直，兴波作用趋于和缓，波高变低，兴波作用所消耗的能量减少，兴波阻力也会随着变小。同时由于船长增加，尾部型线变得平顺，减少了旋涡的产生，从而减小了旋涡阻力。剩余阻力等于兴波阻力与旋涡阻力之和，所以剩余阻力随船长的增加而减小。

与此相反，摩擦阻力却随船长的增加而增大。这是因为，摩擦阻力与船的湿表面面积 Ω 成正比，在排水量不变时，Ω 随 L 增加，虽然船长增加时雷诺数也增加而使得摩擦阻力系数稍有下降，但下降很小，抵消不了 Ω 的增加。所以，当船长增加时，摩擦阻力随着增大。

在不同航速下，摩擦阻力和剩余阻力占总阻力的比例是不同的。所以，船长对阻力的影响随船速不同而不同。对低速船(通常 $F_n<0.18$ 的船)来说，摩擦阻力占总阻力比例很大，所以总阻力随船长的增加而增大，较短的船长可以获得较低的摩擦阻力，其最低阻力船长较短，如图 3-3(a)所示。高速船($F_n>0.3$ 的船)因剩余阻力占总阻力的比例很大，所以总阻力随船长的增加而减小，较长的船长可获得较低的剩余阻力，其最低阻力船长较长，如图 3-3(b)所示。基于上述原因，通常低速船都设计得短而肥，而高速船设计得较为瘦长。

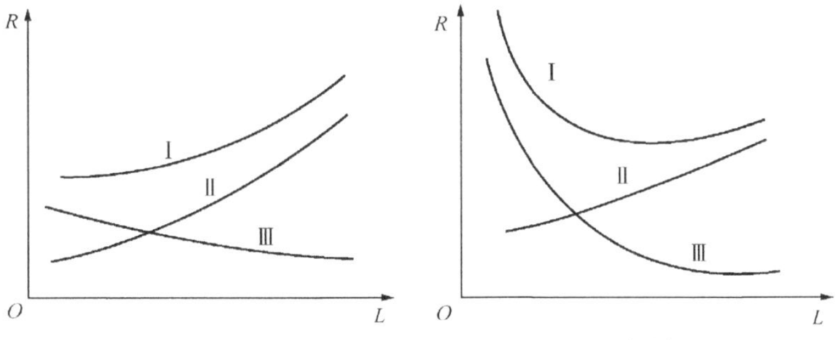

(a) 低速船　(b) 高速船

图 3-3　船长对摩擦阻力的影响

Ⅰ—总阻力；Ⅱ—摩擦阻力；Ⅲ—剩余阻力

对中高速船(F_n 不十分低的运输船)，在排水量不变的情况下，随着船长的变化，对应一定航速可以得到总阻力最低的船长 L_{opt}，同时也可找到使总阻力开始显著增加的最短船长(称临界船长)。

由于船长增加，船体钢料重量将显著增加，从而引起船的造价及与造价相关的营运开支增加，对经济性不利。因此，民用运输船从营运经济角度出发，常选用阻力稍有增加的较短船长，称其为经济船长 L_e。不言而喻，船长不能缩小到总阻力开始显著增加的临界船长，否则，为保证航速将使主机功率增加，耗油量及燃料开支增加，对经济性也是不利的。

经济船长通常受到各方面因素的影响，它包括不同国家在不同时期的船舶造价、燃料价格、运费、船体型线研究、船舶动力装置的发展等。从国外造船的发展过程看，在1973年石油危机前，运输船设计时，L_e 比 L_{opt} 小很多，以使造价大幅度下降，即使平时耗油量及燃料费用增加，但对总的经济性还是有利的。自石油危机以后，船价的影响没有油价上涨的影响大，因此，减少阻力，降低燃油消耗量就成了主要矛盾，L_e 又有加大的趋势。

2. 使用条件及建造条件对船长的限制

确定设计船的长度，首先必须调查该船预定航线上码头、船闸及航道等的具体条件，因为船长往往要受到这些具体条件的限制。对于进入运河或内河的船舶，要考虑航道最小曲率半径对船长的限制，如进入长江口和黄浦江航道的船舶，其总长不能超过 200m。航道上如设船闸，船进入船闸后，船闸两端应有富裕长度，这就对船舶最大长度有限制，如巴拿马运河船闸长 295m，限制通航船舶最大长度为不能超过 274.32m（客船、集装箱船船长允许达到 289.56m）。

确定船长时，应考虑与航线各港的码头的泊位长度相适应。为方便系缆及节省靠泊费，一般不希望船长大于泊位长度。为此，有的船东在设计任务书中往往对船长提出限制。

从建造角度来说，应考虑船坞及船台对船长的限制。船进坞后首尾应留操作间隙；当船体建造采用整体式纵向下水时，选定的船长应保证方便进行尾部的装配及焊接工作。

3. 应考虑总布置对船长的要求

船长应满足舱容和甲板面积的要求，满足布置要求的船长可以作为设计船船长的下限值。对客船和推拖轮等布置地位型船舶，在选取船长时，往往参照相近型船绘出布置草图，以确定设计船满足布置要求的最小船长的数值。

4. 船长对操纵性、耐波性、抗沉性的影响

船长增加对船的回转性不利，因此对回转性要求高的船舶，应尽量使其船长短些。从航向稳定性来说，则与回转性相反，适当增加船长更容易保持航向。

船长主要影响船的纵摇和升沉，增大船长可以使纵摇减轻。当船长大于海上常见波长的 1.3 倍时，纵摇幅值及加速度将不会很大，且增加船长后，$L/\nabla^{1/3}$ 增加，在海上也较易保持航速，因此，增加船长对耐波性有利。

增加船长对改善抗沉性有利，包括可浸长度增加和海损时稳性损失相对下降。

5. 船长对重量及造价的影响

一般地说，增加船长会使船体钢料及舾装设备的重量增加，船的造价也会增加。船长对重量影响最大，其次是型宽，再次是型深，吃水及方形系数对重量的影响较小。因此，从造价方面考虑，应尽可能减少船长，这可获得造价上的较大收益。但也应注意，船长过短也可能对经济性不利。当船价的影响没有油价上涨影响大时，船长过短使阻力和主机功率增大，引起燃油费用大幅度增加，对经济性可能不利。

6. 船长应满足浮力要求

任何船舶均应满足浮力与重力平衡的条件，选择船长时，应满足浮性方程式。

从以上论述中可知，选择船长时要考虑多方面因素，需要解决的矛盾很多，但对具体船舶来说，必有起主导作用的主要矛盾，这个主要矛盾对船长起着决定性作用。在选择设计船船长时，针对具体情况及使用特点，找出影响船长的主要矛盾。例如，港作推拖轮的主要任务是在港区内及锚地拖带顶推其他船舶，要求操纵灵活，回转性能好，故设计时通常取满足布置要求的最小船长。客船的载客舱室、生活舱室多，总布置是影响船长的主要因素，船长通常是按各等级旅客舱室及公共性舱室的布置确定的。集装箱船在满足总载箱量布置要求的前提下，力求选取的船长对快速性有利。对大型油船，在保证货油舱舱容及专用压载水舱舱容所需船长的条件下，力求取经济船长，对经济性有利。

3.2.2　选择型宽考虑的因素

1. 型宽对稳性及耐波性的影响

1）型宽对稳性的影响

（1）型宽对初稳性的影响。

初稳性高度$\overline{GM}$受稳心半径$\overline{BM}$影响很大，由于$\overline{BM}$正比于B^2，所以，增加型宽 B，$\overline{BM}$将迅速增加，因此，型宽 B 增加，$\overline{GM}$也将迅速增加。也就是说，增加型宽对改善初稳性有显著效果。

（2）型宽对大角稳性的影响。

增加型宽除可增加初稳性高度外，还对增加大倾角时的恢复力臂起很大作用。型宽增加时，出水及入水楔形体积静矩也增大，因而使船的形状稳性臂增大，此时，如重心及浮心高度基本保持不变，则重量稳性臂也保持不变，那么恢复力臂将显著增加。但型宽增加，甲板边缘的入水角减小，因而使恢复力臂的最大值所对应的横倾角减小，如图 3-4 所示。另外，如果由于型宽增加而引起进水角减小，那么会使静稳性曲线提前中断，稳性范围减小，因此，型宽对大角稳性的影响是：在横倾角较小阶段，增加型宽对大角稳性是有利的，但在横倾角较大时是否仍然有利，则视具体情况经过计算才能确定。

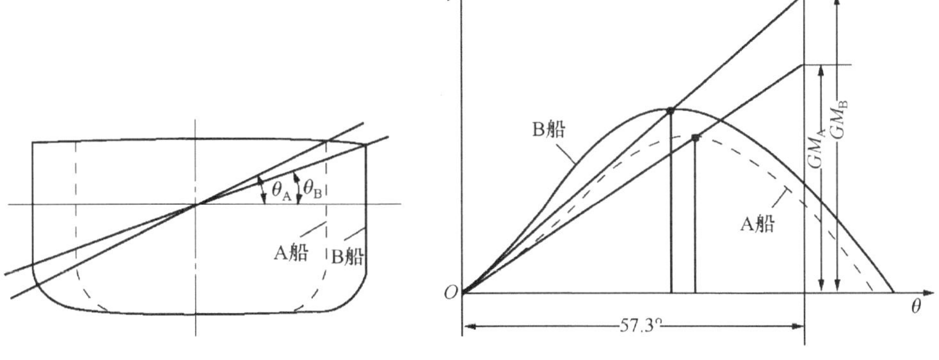

图 3-4　型宽 B 对静稳性曲线的影响

2）型宽对耐波性的影响

型宽对耐波性的影响主要反映在对横摇的影响上。船的横摇周期与初稳性高度的平方根成反比，增加型宽，横摇周期减小，引起横摇剧烈。增大型宽对横摇不利，因此，对型宽应加以控制。

2. 型宽对阻力的影响

型宽对阻力的影响没有船长那么大，通常在实用范围内改变型宽对阻力不会造成重大影响。

就摩擦阻力来说，在 L、C_b、Δ 不变的情况下，改变型宽也就是改变 B/d。试验研究表明，B/d 在实用范围内改变，船的湿表面面积变化较小，对摩擦阻力不会产生太大的影响。图 3-5 表明 B/d 变化对湿表面面积的影响，可见 B/d 可在一个相当大的范围内变动，而湿表面面积变化并不大。

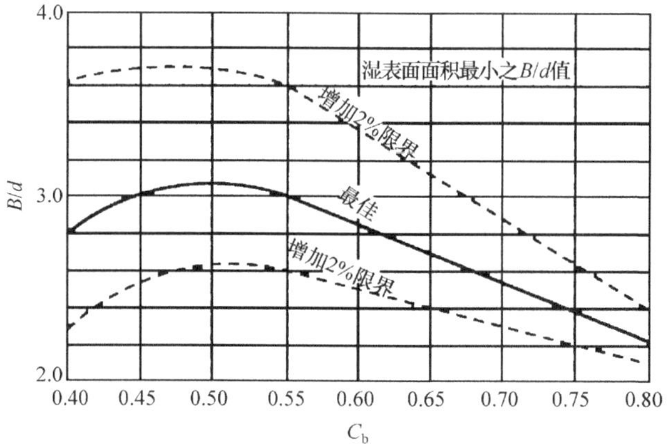

图 3-5 湿表面面积与 B/d 关系图

对剩余阻力来说，在 L、C_b、Δ 都不变的情况下，增加 B/d，会使设计水线变肥，进流角及去流角均增大，一般情况下会加大兴波阻力和旋涡阻力。所以对剩余阻力来说，B/d 小一些较为有利。

对 $F_n>0.30$ 的高速船，在 Δ、L 基本不变的情况下，减小 C_b 以增加 B，对阻力是有利的。特别是对中高速船舶，当 C_b 与 F_n 配合偏大的情况下，宜增大 B 以减小 C_b，以改善快速性。

3. 使用条件和建造条件对型宽的限制

型宽的大小受到航道、闸门、桥孔、船坞、船台等宽度的限制，如通航巴拿马运河的船舶，型宽不能超过 32.26m；通航圣劳伦斯河道的船舶，限宽为 22.86m。

设计大型船时，要考虑造船厂船台和船坞的具体尺度对型宽的限制。在 20 世纪 70 年代初，建造 2.5 万吨级散货船（郑州号）时，由于受到沪东船厂船台的制约，型宽只能取 23.2m。在 20 世纪 80 年代初，论证秦申线浅吃水肥大型运煤船时，由于受黄浦江航道的制约，型宽不得超过 32m。近几年来，我国造船工业有很大发展，许多造船厂均建设了 30 万吨级甚至更大的船坞和浮船坞，造船厂由于船台和船坞限制船舶尺度的情况有了很大改善。

4. 应考虑总布置对型宽的要求

增加型宽，可增大舱室宽度，加大甲板面积，增加货舱口的宽度，对船舶的布置及使用一般是有利的。

对于客船及推拖轮、滚装船、集装箱船等布置型船，型宽往往都是通过总布置确定下来的，将满足总布置要求的型宽作为型宽的下限。

5. 型宽应满足浮力要求

型宽应满足浮性方程式，这对调整重力与浮力平衡也有作用。由于型宽对船体钢料重量和舾装重量的影响低于船长(尤其是大型船舶)，故对保证浮力和增加船的载重量而言，减小船长、增大型宽是有利的。

6. 型宽对造价的影响

型宽对船体结构重量影响小于船长的影响，减小船长以增加型宽，对降低造价有利。

从以上分析可以看出，影响确定型宽的因素也很多，而不同因素之间又有矛盾，如稳性和横摇。因此，确定型宽和确定船长一样，这些矛盾不能处于同等地位，对于一定的船舶来说，必然能找到一个影响确定型宽的主要矛盾。

确定型宽的首要任务，就是找出影响设计船型宽的主要矛盾。设计船具体情况不同，其主要矛盾是不同的。

拖轮在工作过程中，往往受到被拖轮舶的急牵，其稳性要求较高，所以型宽通常按稳性要求选用较大型宽。而对于有些船舶，布置要求往往对确定型宽起决定性作用。集装箱船的型宽是按货箱的列数、每列货箱之间的间隙以及甲板的最小宽度决定的。海洋客船、客货船及工作船，由于载运旅客的要求以及在恶劣海况下仍需保持良好工作条件的要求，应当有良好的耐波性，要求横摇尽量和缓。因此对这一类船舶就应在保证稳性下限值的前提下，尽可能减少型宽，以增大横摇周期，使横摇尽量和缓。

3.2.3　选择吃水考虑的因素

1. 吃水对快速性的影响

从提高螺旋桨性能来说，选择尽量大些的吃水是有好处的。这是因为增加设计吃水，可加大螺旋桨直径，提高其效率；可加大螺旋桨的埋水深度、降低空泡，有利于螺旋桨工作。在 Δ 一定时，保持 L、B 不变，增加吃水 d 以减小 C_b 及 B/d，会使剩余阻力有所降低，因此对于吃水不受限制的船舶，选用大一些的吃水对提高螺旋桨工作性能和降低阻力有利。同时增加吃水，可加大螺旋桨的埋水深度，还能在纵摇时减少螺旋桨出水的可能性，对耐波性也有好处。

一般海洋船舶，其螺旋桨轴的埋水深度至少等于螺旋桨直径。一些小型船舶，如拖轮和渔船，由于功率相对较大，螺旋桨直径也相对较大，为增大螺旋桨轴埋水深度，设计成尾倾斜龙骨，以增加尾吃水。

2. 吃水对其他性能的影响

1）吃水对初稳性的影响

在Δ一定时，增加吃水d，浮心垂向坐标Z_b将提高，但由于B/d减少，稳心半径$\overline{BM}$减小较大，总的说来，初稳性高度将减小。

2）吃水对大角稳性及抗沉性的影响

在型深D不变情况下，增加吃水降低了干舷，使储备浮力减少，大角横倾时，甲板边缘提前入水，对抗沉性及大角稳性都是不利的。

吃水深的船在航行时不易产生碰击和漂移，吃水浅的船在海上航行时耐波性较差。

3. 吃水应满足浮力要求

吃水是影响浮力的重要因素之一，选择吃水应满足浮性方程式。从满足浮力角度来说，增加吃水d可降低C_b或L及B，有利减少船体重量和造价，也有利于快速性。

4. 航道及港口水深对吃水的限制

大型船舶和内河船舶吃水常受航道及港口水深的限制。例如，苏伊士运河航道水深限制通航船舶最大吃水为16.15m；巴拿马运河船闸水深限制船舶最大吃水为12.04m；圣劳伦斯河道水深限制船舶最大吃水为9.2m；上海长江口航道水深为9m，可利用潮位为3m，考虑富裕水深后，限制通过船舶最大吃水为9.5m；大连鲇鱼湾油港，10万吨级泊位前沿水深为17m，15m以内吃水的船舶可自由进出。

确定船舶受限制的吃水时，应考虑在船底与水底间留有一定间隙，以防搁浅及水底砂石触及船体。水底为泥沙质者间隙可小些，石质者间隙须大些；该处风浪小间隙可小，风浪大则间隙须大些；船小间隙可小，船大间隙须大些；载况稳定、吃水及纵倾变化小的船间隙可小些，载况经常变化、吃水及纵倾变化大的船间隙也应大些。航道水深与船舶吃水之间的关系为

$$d=H-\delta H$$

式中 d——设计船吃水，m；

H——航道水深，m；

δH——富裕水深，m。

我国《内河通航标准》(2014)对内河船舶航行于流沙质河床航道的富裕水深做出规定。从规定可知，富裕水深与航道设计水深有关，最大富裕水深为0.5m，石质河床另加0.1～0.2m。

综上所述，确定吃水主要从限制条件、浮力及螺旋桨的适宜直径几个方面考虑。

3.2.4 选择型深考虑的因素

1. 型深对稳性的影响

在L、B、d均不变的情况下，加大型深D，使船的干舷F增加，当船舶大角度横倾时，形

状稳性臂将增加。此时,若船的重心高度 Z_g 不变,如图 3-6 所示,最大静稳性臂及其对应角度和稳性消失角均相应地增大,对稳性有利。但在一般情况下,船的型深加大时,其重心也要相应提高,因而,静稳性曲线不可能增至图 3-6 中曲线 b 那样大。当型深增加,船的重心高度相应提高为 δZ_g,则改变后的恢复力臂为

$$l_b = l_{b1} - \delta Z_g \sin\theta_1$$

其中,l_b 是否仍比原恢复力臂 l_{b1} 大,要视 δZ_g 大小而定。但多数情况下,在实用范围内增加型深,对大角稳性一般是有利的,对初稳性是不利的。

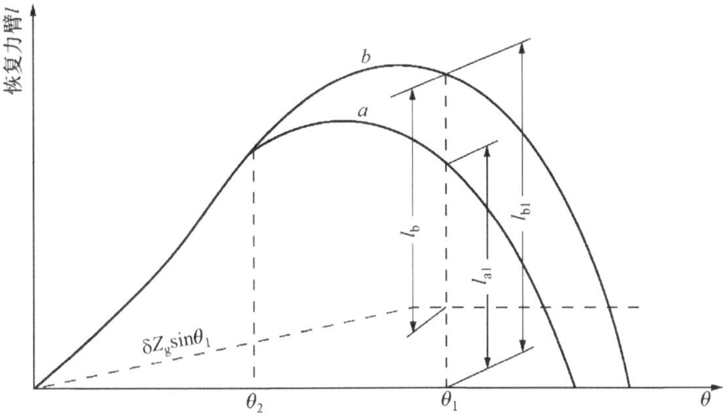

图 3-6　型深及重心高度对静稳性曲线影响

小型沿海船在波浪上的稳性损失对安全性极为不利,而干舷对保证最大复原力臂、甲板边缘入水角及稳性消失角有显著的作用。因此,对海洋小型船舶常按保证大角稳性要求来确定型深。

2. 型深对其他性能的影响

1) 对淹湿性的影响

吃水 d 一定时,增加型深 D,即加大干舷 F,对减少甲板上浪、保持甲板干燥等起重要作用。为了使船舶有较好的淹湿性以保证船舶的安全,我国《船舶与海上设施法定检验规则》中对船舶的最小干舷做了规定。受该规则约束的船舶,其干舷不得小于规范规定的数值。这一点,在确定设计船的型深,特别是设计最小干舷船的型深时,必须加以考虑。

2) 对抗沉性的影响

吃水 d 一定时,型深 D 大,则干舷 F 大,船舶储备浮力大。当船舱破损淹水时,型深大的船经下沉后,还可保留一定量的干舷(剩余干舷),而且具有足够的生存力和安全性。对有抗沉性要求的船舶,按该规则计算出要求的许可舱长不能满足总布置的需要,而需将许可舱长加长时,就需加大型深。型深是提高抗沉性极为重要的因素。

3. 型深对总强度及造价的影响

提高型深，可使船体结构的剖面模数迅速加大，有利于船体的纵向强度。对大型船舶，其结构构件尺度是按强度计算确定的，增大型深 D，船体钢料重量一般不会增加，甚至会有所下降。按工艺及构造要求（强度不起控制作用）的小型船舶，随型深 D 的加大，船体钢料重量将增加，造价也有所提高。从保证船体结构强度的角度出发，船舶建造规范对船舶的 L/D 和 B/D 的最大值做出了规定，若超出规定，即 L/D 及 B/D 过大，船过于长扁，抗纵向弯曲强度及弯扭强度差，船检部门是不能同意的。

4. 型深对容量、布置及使用性能的影响

型深的大小直接影响舱容，增加型深是提高舱容的最有效措施。型深的大小也直接影响舱室的高度，对小型船舶选择型深时，要注意机舱及生活舱的舱室高度对型深的要求。

当吃水一定时，型深的大小反映了干舷的大小，因此，在选择型深时，必须考虑和趸船干舷的配合，内河短程客船、港内渡船应特别注意这点，否则会影响使用效果。某些工作船的型深大小还会影响作业的效果。

明确了选择型深应考虑的主要因素之后，在确定型深时，应按船舶类型和用途的不同，从不同的角度去处理。

对于载重型船舶、积载因数 μ_c 小的重货船，按满足载重线规范最小干舷来确定其型深，此时一般也能满足舱容及其他要求；而对积载因数大的轻货船（$\mu_c > 1.4\text{m}^3/\text{t}$），型深按舱容要求来决定。

对于布置地位型船舶，其型深主要取决于上甲板以下各层甲板间高度及舱室高度的要求。例如，在内河中航行的小型客船，为了能在干舷甲板下布置舱室，或为了机舱布置，需有一定的舱深，型深常根据住舱和机舱所需的高度决定。

3.2.5 选择方形系数考虑的因素

方形系数 C_b 是一个反映船体水下部分肥瘦程度的系数，是排水量和各主要尺度间的纽带，在选择主要尺度时，也要同时选择方形系数。

1. 方形系数应满足浮性方程式

根据浮性方程式，方形系数应满足：

$$C_b = \frac{\Delta}{k\gamma LBd}$$

方形系数是调节重力与浮力平衡的一个常用的因素。

2. 方形系数对布置的影响

从保证布置地位的观点来看，大的 C_b 有利于货船舱容的合理利用；对船体内部的舱室布置、机舱布置也是有利的。C_b 过小会给布置带来困难，特别是尾机型船舶，若 C_b 过小，尾部太尖瘦，则不利于机舱的布置；对双桨船还可能导致轴出口过前。

3. 方形系数对船体重量及载重量的影响

当 Δ 一定时，增大 C_b，船的主要尺度即可减小，船体钢料重量亦可减轻，钢料消耗减小，造价降低，同时由于空船重量轻了，载重量可相应提高。

4. 方形系数对阻力的影响

对一般船舶来说，选择 C_b 主要是考虑它对阻力的影响。一般来说，C_b 对摩擦阻力影响较小，对剩余阻力的影响较大。图 3-7 是由船模试验所得的中低速船的单位排水量总阻力 R_t/Δ 与方形系数 C_b 的关系曲线。由图 3-7 可见：

(1) 当 F_n 一定时，在 F_n 等值曲线上可找到一个 R_t/Δ 最小即阻力最低的方形系数，称为最佳方形系数 C_{bopt}。各 F_n 下的 C_{bopt} 所连成的曲线(图中曲线①)表明 F_n 与 C_{bopt} 的对应关系。另外，在 F_n 等值曲线上还可找到一个阻力显著增加的方形系数，称为临界方形系数 C_{bk}。图中曲线②表明 F_n 与 C_{bk} 的对应关系。

(2) 随着 F_n 增加，C_b 对 R_t/Δ 的影响加剧，且 C_{bopt} 和 C_{bk} 值减小。这表明，随着航速提高，C_b 应相应减小。

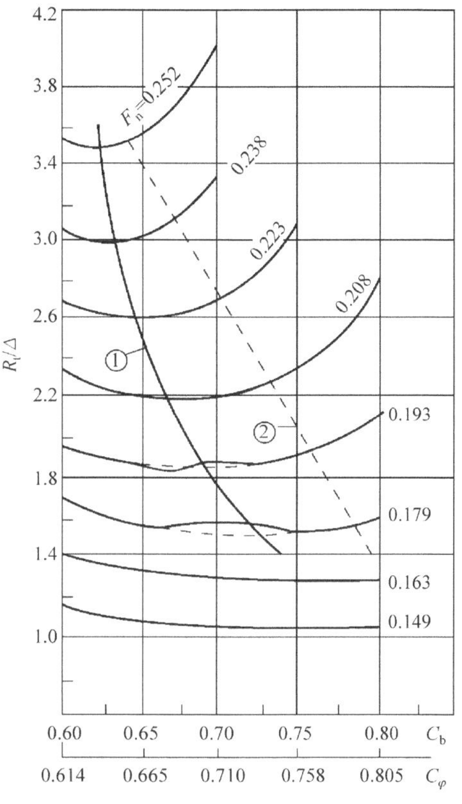

图 3-7　R_t/Δ 与 C_b 的关系曲线

所以，从快速性角度出发，对中低速船选取的 C_b 不应超过对应的临界方形系数。赛维尔雷夫分析大量资料后得出估算临界方形系数值与 F_n 的关系式为

$$C_{bk}=1.216-2.4F_n$$

显而易见，当 Δ 一定时，选用接近于临界的 C_b，主要尺度可适当减小，对降低造价有利，但阻力会有所增加。特别是，当 C_b 超过临界值时，因阻力剧增，以致为达到规定的航速不得不增大主机功率，燃油消耗及燃料开支都要增加，对经济性反而不利。若选用最佳方形系数，虽因船体尖瘦，剩余阻力有望减小，但为保持一定的 Δ，主要尺度将增大。这将使湿表面面积增大而导致摩擦阻力增大，而且船体钢料重量增加，以致造价增加。这就需根据具体情况进行综合分析，得出经济上有利的 C_b，该方形系数称为经济方形系数 C_{be}。

对于中速以上船舶，尤其是高速舰船，因 L/B 或 $L/\nabla^{1/3}$ 对阻力的影响十分显著。一般 C_b 小些对快速性总是有利的，故通常选用 C_{bopt}。表 3-1 为 $F_n \geqslant 0.3$ 时，C_b 与 F_n 大体的配合。对应 $L/\nabla^{1/3}$ 或 L/B 值大者，C_b 与 C_p 可用表中大的数值。

上面分析了选择 C_b 时应考虑的主要因素。一般来说，C_b 主要根据浮力和快速性两个基本条件，再结合总布置地位(舱容和舱内地位的合理利用)和经济性等因素来选择。设计时应根据设计船的具体情况，采用不同的处理方法。

表 3-1　C_b,C_p 与 F_n 的配合

F_n	C_b	可用 C_p	剩余阻力最佳的 C_p	F_n	C_b	可用 C_p	剩余阻力最佳的 C_p
0.3	0.55～0.57	0.58～0.62	0.50～0.52	0.38	0.53	0.56～0.58	0.56～0.58
0.32	0.51～0.56	0.57～0.61	0.50～0.52	0.4	0.52	0.59～0.61	0.59～0.61
0.34	0.50～0.55	0.58～0.60	0.52～0.53	0.42	0.51	0.60～0.62	0.60～0.62
0.36	0.49～0.54	0.56～0.58	0.54～0.56	≥0.44	0.5	0.63～0.65	0.63～0.65

对于载重型船舶，从经济角度考虑，为减小 L 及 B，常选用不引起阻力显著增加的经济方形系数。大的 C_b 也有利于装货和机舱的布置。但应注意 C_b 过大对耐破性的不利影响，尤其是中小型船舶，L 相对较小，在波浪中运动幅度较大，C_b 不宜取得过大，一般 C_b 不能超过 0.75。

对于布置地位型船舶，如客船、海洋调查船，因 L 及 B 受布置地位条件限制，通常其主要尺度较大而排水量相对较小，所以 C_b 的确定主要是满足重力与浮力相平衡的要求，并考虑 C_b 与 F_n 的配合。有时，还须考虑螺旋桨直径对吃水的要求、舱内布置等因素，适当调整 C_b 和 d。

对于浅水航行或经常出入河港的小型运输船，如港口供水船及供油船，因航线较短，停港时间相对较长，且吃水受限制，适当加大 C_b 以减小主要尺度，适应停靠小港的要求，提高营运效率，在经济上也较有利，故其 C_b 可取接近临界的值。

拖轮和其他工作船，因船小，相对速度 F_n 较高，有时临近兴波阻力的“峰区”，而 L/B 通常又较小，为了降低阻力，利用其不载货的特点，一般取较小的 C_b。

3.2.6　小结

综上所述，影响船舶主要要素确定的因素很多，关系很复杂，现用表 3-2 来综合表示各影响因素与主要要素间的关系，表中以“主要”“重要”“有关”等来表示不同船舶要素对某项性能的影响程度。其实，实际关系极为复杂，表中所示的影响程度仅是通常情况，是一种近似的直观表示。

确定船舶主要尺度时，既要考虑不同尺度要素间的相互影响，又要考虑不同性能间相同或者相反的要求。对表 3-2 来说，就是要纵向、横向都考虑，决不可片面考虑个别性能要求而不照顾到全局的变化。例如，稳性与横摇二者之间的关系就是如此。稳性和横摇，都直接关系到船舶的安全性，稳性不足或者横摇过剧都会使船舶的安全性受到威胁。因此，从稳性角度来说，虽然增大型宽来加大初稳性高度会使船舶的稳性提高，从而提高船舶的安全性，但也并不是无限制地增大型宽对安全性总是有利的。当型宽增加过大而使初稳性高度过大时，横摇将极度加剧，一些由激烈横摇所引起的严重后果就可能发生，如舱内货物移动引起船舶倾覆；机械设备工作失常而使船舶在风浪中失去控制；船员的工作条件过于恶劣造成工作失误，引起事故等。这说明，型宽如果不适当地增加，超过了一定的界限以后，反倒会使船舶的安全性下降，事物就向相反的方向转化了。从适航性的角度来看也一样，虽然适当减小型宽来减小初稳性高度可以使船舶的横摇和缓，会提高人员的舒适性和船舶的安全性，但过分减小初稳性高度，使船的稳性储备过小，稍遇不利情况，就可能使船濒于险境。例如，当船

的初稳性高度过小而船中处于波峰时，由于首尾水线面积的大量减少，初稳性高度可能下降到负值，此时如正在顺浪航行，这种负值状态可能持续很长时间，如果该船的大角稳性储备也不足，船就将倾覆。因此，型宽的过分减小也是不允许的，因其会使船的安全性下降，会使事物向相反的方向转化。因此，从安全性角度来说，任何船舶的型宽确定，都不可孤立地考虑稳性，也不可孤立地考虑横摇，而必须考虑二者既矛盾又统一的关系，再联系其他方面的要求，综合权衡，才能合理地确定下来。

表 3-2　船舶主要尺度及船型系数的联系

尺度及系数	联系方面											
	航道尺度	码头尺度	船台及船坞的尺度	总布置要求	浮力	快速性	稳性及横摇	纵摇升沉及失速	抗沉性	最小干舷规定	重量及造价	操纵性	结构强度
L	有关	重要	大型船船重要	主要	主要	主要	—	重要	重要	主要	主要	主要	大型船船主要
B	有关	—	大型船船重要	主要	主要	有关	主要	有关	重要	—	重要	有关	大型船船重要
D	有关	—	—	主要或重要	—	—	重要	—	主要	主要	有关	—	大型船船重要
d	主要	重要	—	—	主要	重要	有关	有关	有关	有关	—	有关	有关
C_b	有关或较次要	—	—	有关	主要	主要	有关	重要	有关	有关	有关	有关	—
C_w	—	—	—	有关	—	有关	重要	重要	重要	—	—	—	—
L/B 或 $L/\nabla^{1/3}$	有关	—	—	—	—	有关	—	有关	—	—	—	有关	有关
B/d	有关	—	—	—	—	有关	重要	有关	主要	—	—	有关	有关
B/D	有关	—	—	—	—	—	重要	—	—	—	—	—	重要
D/d	有关	—	—	—	—	—	—	—	主要	重要	—	有关	有关
L/D	有关	—	—	—	—	—	—	—	—	—	大型船船重要	—	主要

从表 3-2 还可看出，船长与型宽是对各项性能影响最大也是决定船舶质量的最重要的主要尺度，在船舶主要尺度确定时应予以特别重视。

3.3　确定船舶主要要素的基本原理

3.3.1　确定船舶主要要素的基本思路及流程

从船舶主要尺度确定方法的不同特点来看，可分为两类问题：第一类，影响主要尺度确定的主要因素是船舶的总布置，称为布置型问题；第二类，影响主要尺度确定的主要因素是重量、容量或其他要求，称为非布置型问题。

任何船舶为完成其功能，都必须有必要的空间（包括舱容和甲板面积），以装载货物、载运旅客及安装设备。有些船舶不仅要求舱容或甲板面积要达到一定数值，而且由于载运货物具有特定的较大外形或所装设备具有较大尺寸，所以还要求舱室或甲板具有一定形状，进而影响到其主要尺度的确定，一般来说，这些船舶的主要尺度确定就是布置型问题。像集装箱船、滚装船、载驳船、拖轮、客船、工程船、某些小型运输船、某些大件货运输船、军舰等船舶的主要尺度，就主要是靠布置确定的。

另一些像油船、散货船、杂货船等船舶，货物无一定外形，容量只要足够，即可满足要求，货舱形状并无特定限制。这类船舶的主要尺度确定就是非布置型问题。

还有一些特种类型船舶，如滑行艇、水翼艇、气垫船等，其主要尺度确定在很大程度上受水动力特性影响，这也属非布置型问题。

解决布置型主要尺度确定问题的一般思路是：首先根据总布置要求初步拟定船长、型宽及型深的最小值，然后根据尺度比的适宜值对船长、型宽、型深做适当调整，计算重量，选择吃水，计算方形系数，调整各有关数值，使尺度绝对值、尺度比及方形系数协调，最后进行性能校核。如不满足要求，还需调整主要尺度，如满足要求即可结束或做经济分析。图 3-8(a)、(b)所示框图就是解决这类问题的两种流程。

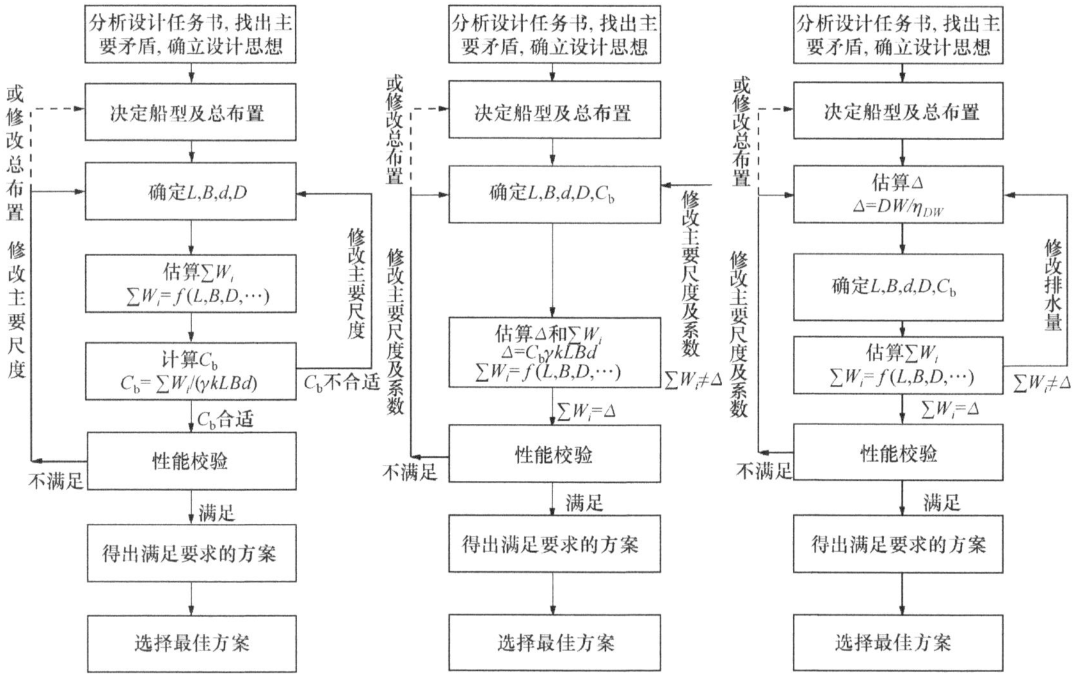

(a) 确定主要尺度和排水量的基本步骤之一　(b) 确定主要尺度和排水量的基本步骤之二　(c) 确定主要尺度和排水量的基本步骤之三

图 3-8　确定船舶主要要素的流程

大中型油船及大中型散货船的主要尺度确定属典型的非布置型问题。解决这类问题的一般思路是：从重量入手，首先选取载重量系数，然后估算排水量，按适宜尺度比及限制条件等算出主要尺度，重力与浮力平衡后进行性能校核，若满足，则结束或进行经济分析，否则，修改主要尺度重新计算。图 3-8(c)所示框图就是解决这类问题的典型流程。

船的主要尺度及船型系数是相互联系、相互制约的，船长、型宽、吃水、方形系数及排水量之间既以浮性方程式相联系，又以重量方程式相联系，重力与浮力还应平衡，确定下来的一组主要要素最终要满足对设计船的各项要求，所以，确定船舶的各主要要素并不是孤立地确定的，而是从它们的普遍联系出发，通过分析相互间的关系，并经过一定的逐步近似过程，揭示和解决所遇到的各种矛盾，在相互联系中逐个地或同时地把各要素确定下来。

图 3-8(a)、(b)、(c)中的最下面一个框，即"选择最佳方案"一项，在小船设计中一般不进行，只得出满足要求的方案即可。而在大型船或某项性能要求较高需做深入探讨选优的船舶，则仅得出满足要求的方案还不行，因为船舶设计中满足要求的方案不是唯一的，初步得到的方案虽然满足了设计要求，却不一定是能够满足要求的诸方案中比较好的方案，即所谓的最佳方案，因此，应当通过适当方法寻求最佳方案。

图 3-8 所示各种基本步骤及其他种种不同确定过程，尽管其做法不同，但一些基本环节是相同的：

第一，在分析设计要求的基础上，找出设计船的主要矛盾，确立设计的基本指导思想；

第二，初步拟定主要尺度及船型系数；

第三，使 $\sum W_i = \Delta$，即重力与浮力相平衡；

第四，性能校核。

下面将分别说明这几个问题。

3.3.2　确立设计船的基本设计思想

衡量一条船质量好坏的技术性能及经济指标是多方面的，如前所述，不同性能间往往存在着矛盾，任何船的设计都不可能得到所有性能和经济指标都是最好的设计方案，实际结果必然是有好的方面，也有相对较差的方面。重要的是，在一条船的设计过程中，设计者必须自觉地明确该船设计要达到的首要要求是什么，哪些性能和要求是要争取最优的，哪些要求是要确保达到的，哪些要求只要适当照顾即可，哪些是可以放弃的。只有明确了这些基本思想，才能对设计中所碰到的各种问题有清楚的处理原则，进而得到成功的、有特色的设计方案。这些基本思想，就是本节所说的设计船的基本设计思想。

设计一条船时，首先要弄清设计任务书中的主要要求和航线港口的限制条件，明确了设计目标及约束条件之后，基本设计思想也就容易确立了。设计目标因具体情况的差异而不同，只有针对具体的某条航线上的某种船的设计要求，才能做出确切分析。但同类船还是有共性的，就共性相比较，其重要程度对不同船舶也是有区别的。

经济性：民船比军船重视；运输船比工作船重视；货船比客船重视。

快速性：军船比民船重视；远洋船比近海船重视；客船比货船重视。

耐波性：小船比大船重视；客船比货船重视；工作船（拖轮、渔船、调查船等）比运输船重视。

稳性：任何船舶都无例外地应满足稳性要求，否则保证不了安全。但有些船的稳性较难保证，因此在设计中应当更加重视。小船比大船重视；客船比货船重视；散货船比干货船重视；干货船比液货船重视；轻货船比重货船重视。

回转性：河船比海船重视；近海船比远洋船重视；工作船比运输船重视。

航向稳定性：远洋船比近海船重视；运输船比工作船重视。

抗沉性：军船比民船重视；客船比货船重视。

上述结论的理由是不难理解的，此处不再赘述。

3.3.3 船舶主要要素的初步拟定

在排水量及主要尺度确定的最初阶段，一般总要对设计船的排水量及船长、型宽、型深、吃水、方形系数等要素有个初步估计，以作为逐步近似过程的第一次近似值或作为最优化过程的初始出发点。初始估计值的准确度会影响逐步近似过程的循环次数，但一般对最后结果影响不大，初始估计值与最后结果相差越大，循环次数就越多。估计值越准确，则会越快得到最后结果。

1. 排水量估算

估算排水量的方法很多，大体上可分为两类。

1）重量方程式法（亦称代数法）

该方法将船的各项未知重量表示成以排水量或主要要素为变量的代数形式的重量方程式。

（1）以载重量为变量的代数形式的重量方程式。

① 较简单的形式。

将船的各部分重量看作与排水量成正比，即

$$\begin{aligned}\Delta &= LW + DW \\ &= W_h + W_f + W_m + DW \\ &= C_h\Delta + C_f\Delta + C_m\Delta + DW\end{aligned}$$

$$\Delta = \frac{DW}{1-(C_h+C_f+C_m)} = \frac{DW}{\eta_{DW}}$$

式中 η_{DW}——载重量系数；

DW——设计船的载重量。

该方法又称载重量系数法。

η_{DW}表示船舶的载重量占排水量的百分数，可取自相近母型船或统计资料，各类船舶的η_{DW}大致范围见表 3-3。

表 3-3　各类船舶的 η_{DW} 大致范围

船舶类型	η_{DW} 范围	船舶类型	η_{DW} 范围
客滚船	0.26～0.51	1 000～2 000 TEU 集装箱船	0.70～0.77
双壳散货船	0.78～0.86	2 000～4 000 TEU 集装箱船	0.72～0.77
矿砂船	0.81～0.88	4 000～8 000 TEU 集装箱船	0.73～0.78
化学品船/油船	0.61～0.76	拖轮/消防船	0.27～0.55
沥青船/油船	0.62～0.68	拖轮/补给船	0.16～0.59
通用型油船	0.55～0.79	拖轮/救生船	0.33～0.48
灵便型油船	0.66～0.81	浮吊	0.52～0.75
巴拿马型油船	0.72～0.84	杂货船	0.51～0.81
阿芙拉型油船	0.84～0.88	液化石油气船	0.44～0.65
超大型油船	0.86～0.89	双体高速船	0.18～0.36
滚装船	0.42～0.67	驳船	0.65～0.87

② 较精确的形式。

可将船各部的重量以如下关系式表示，即

船体钢料重量　$W_h = C_h\Delta$

舾装设备重量　$W_f = C_f\Delta^{2/3}$

机电设备重量　$W_m = C_m \dfrac{\Delta^{2/3} v^3}{c} \times 10^{-3}$

燃料重量　$W_r = kg_r \dfrac{\Delta^{2/3} v^3}{c} \dfrac{R}{v} \times 10^{-3}$

其他已知重量　$DW_r = DW - W_r$

将上述各部重量相加，则得重量方程式为

$$\Delta = C_h\Delta + \left(C_f + C_m \frac{v^3}{c} \times 10^{-3} + kg_r \frac{v^2}{c} R \times 10^{-3}\right)\Delta^{2/3} + DW_r$$

或

$$A\Delta + B\Delta^{2/3} + C = \Delta$$

按照设计任务书给定续航力 R 和航速 v，根据母型船确定各部重量系数 C_h、C_f、C_m 及海军部系数 c，并计算出其他已知重量，则上式中 A、B、C 的数值都可确定，解此方程即可求得设计船排水量 Δ。

(2) 以主要要素为变量的代数形式的重量方程式。

这种形式的重量方程式，由于船体钢料重量和舾装重量以主要尺度为变量的表达式的不同，也有多种形式。例如，船体钢料重量 W_h 和舾装设备重量 W_f 的表达式分别以立方模数 LBD 为函数，即

$$W_h = C_h(LBD)$$

$$W_f = C_f(LBD)^{2/3}$$

则以主要要素为变量的代数形式的重量方程式为

$$\Delta = C_{\mathrm{h}}(LBD) + C_{\mathrm{f}}(LBD)^{2/3} + \left(C_{\mathrm{m}} + kg_{\mathrm{r}}\frac{R}{v}\right)BHP \times 10^{-3} + DW_{\mathrm{r}}$$

可以看出，式中含有 L、B、D 及主机功率 BHP 等未知量。为了求解它，就必须引入补充条件组成补充方程，使方程式的数目与未知量的数目相同。

2) 修改母型法(亦称微分法)

通常用下式表示：

$$\Delta = \Delta_0 + \delta\Delta$$

式中 Δ_0——母型船的排水量；

$\delta\Delta$——设计船相对于母型船的排水量增量。

该法实质是在母型船排水量的基础上，根据设计船与母型船在技术任务书的要求(如 DW, v, R 等)及技术条件(船体材料、设计技术条件、机型及船的建筑特征等)上的差别，考虑由此而引起的排水量的增量 $\delta\Delta$，从而求得设计船的排水量。

由前面所述，船各部重量表示为排水量函数的代数形式的重量方程式为

$$\begin{aligned}\Delta &= C_{\mathrm{h}}\Delta + C_{\mathrm{f}}\Delta^{2/3} + C_{\mathrm{m}}\frac{\Delta^{2/3}v^3}{c} \times 10^{-3} + kg_{\mathrm{r}}\frac{\Delta^{2/3}v^3}{c}\frac{R}{v} \times 10^{-3} + DW_{\mathrm{r}} \\ &= f_{\mathrm{h}}(\Delta, C_{\mathrm{h}}) + f_{\mathrm{f}}(\Delta, C_{\mathrm{f}}) + f_{\mathrm{m}}(\Delta, C_{\mathrm{m}}, v, c) + f_{\mathrm{r}}(\Delta, g_{\mathrm{r}}, v, R, c) + DW_{\mathrm{r}} \\ &= F(\Delta, A, B, C, \cdots) + DW_{\mathrm{r}}\end{aligned}$$

其中，A, B, C 分别为确定未知重量的已知参数，可根据技术任务书或所采取的技术措施而定。

排水量增量(或全微分)$\delta\Delta$ 应由以下几部分组成，即

$$\delta\Delta = \delta W + \delta F_0 + \delta F_1$$

式中 δW——设计船相对于母型船的已知重量的增量，这项增量是由技术任务书给定的，与排水量无关；

δF_0——设计船因给定的各项技术条件的改变而引起的重量增量，这部分增量是可以计算的，与排水量无关；

δF_1——排水量的改变所产生的各部重量的增量。增量 δW，δF_0 将引起排水量的变化，而排水量的变化又必将引起与排水量相关的各部重量产生增量。

下面给出排水量增量 $\delta\Delta$ 的具体求法：

(1) 求解 δF_0。

由于设计船的技术条件与母型船不同，从而引起了各部重量的改变，因此 δF_0 各组成部分的表达式为

$$\delta F_0 = \delta W_{\mathrm{h0}} + \delta W_{\mathrm{f0}} + \delta W_{\mathrm{m0}} + \delta W_{\mathrm{r0}}$$

$$\delta W_{\mathrm{h0}} = \frac{\partial W_{\mathrm{h0}}}{\partial C_{\mathrm{h0}}}\delta C_{\mathrm{h}} = \frac{W_{\mathrm{h0}}}{C_{\mathrm{h0}}}\delta C_{\mathrm{h}}$$

$$\delta W_{\mathrm{f0}} = \frac{\partial W_{\mathrm{f0}}}{\partial C_{\mathrm{f0}}}\delta C_{\mathrm{f}} = \frac{W_{\mathrm{f0}}}{C_{\mathrm{f0}}}\delta C_{\mathrm{f}}$$

$$\delta W_{m0}=\frac{\partial W_{m0}}{\partial C_{m0}}\delta C_m+\frac{\partial W_{m0}}{\partial v_0}\delta v+\frac{\partial W_{m0}}{\partial c_0}\delta c$$

$$=\left(\frac{\delta C_m}{C_{m0}}+\frac{3\delta v}{v_0}-\frac{\delta c}{c_0}\right)W_{m0}$$

$$\delta W_{r0}=\frac{\partial W_{r0}}{\partial g_{r0}}\delta g_r+\frac{\partial W_{r0}}{\partial R_0}\delta R+\frac{\partial W_{r0}}{\partial v_0}\delta v+\frac{\partial W_{r0}}{\partial c_0}\delta c$$

$$=\left(\frac{\delta g_r}{g_{r0}}+\frac{\delta R}{R_0}+\frac{2\delta v}{v_0}-\frac{\delta c}{c_0}\right)W_{r0}$$

(2) 求解 δF_1。

由于设计船已知重量增量 δW 和因诸技术条件引起的重量增量 δF_0 引起设计船排水量相对母型船有增量，则凡与排水量相关的各部重量必将产生相应的增量，以 δW_{h1}，δW_{f1}，δW_{m1}，δW_{r1} 表示。δF_1 各组成部分的表达式为

$$\delta F_1=\delta W_{h1}+\delta W_{f1}+\delta W_{m1}+\delta W_{r1}$$

$$\delta W_{h1}=\frac{\partial W_{h0}}{\partial \Delta_0}\delta\Delta=\frac{W_{h0}}{\Delta_0}\delta\Delta$$

$$\delta W_{f1}=\frac{\partial W_{f0}}{\partial \Delta_0}\delta\Delta=\frac{2}{3}\frac{W_{f0}}{\Delta_0}\delta\Delta$$

$$\delta W_{m1}=\frac{\partial W_{m0}}{\partial \Delta_0}\delta\Delta=\frac{2}{3}\frac{W_{m0}}{\Delta_0}\delta\Delta$$

$$\delta W_{r1}=\frac{\partial W_{r0}}{\partial \Delta_0}\delta\Delta=\frac{2}{3}\frac{W_{r0}}{\Delta_0}\delta\Delta$$

将上述所得 δF_0 及 δF_1 的表达式代入排水量增量表达式内，就得到以排水量为变量的微分形式的重量方程式：

$$\begin{aligned}\delta\Delta&=\delta W+\delta F_0+\delta F_1\\&=\delta W+\left(\frac{\partial W_{h0}}{\partial C_{h0}}\delta C_h+\frac{\partial W_{f0}}{\partial C_{f0}}\delta C_f+\frac{\partial W_{m0}}{\partial C_{m0}}\delta C_m+\frac{\partial W_{m0}}{\partial v_0}\delta v+\frac{\partial W_{m0}}{\partial c_0}\delta c\right.\\&\quad\left.+\frac{\partial W_{r0}}{\partial g_{r0}}\delta g_r+\frac{\partial W_{r0}}{\partial R_0}\delta R+\frac{\partial W_{r0}}{\partial v_0}\delta v+\frac{\partial W_{r0}}{\partial c_0}\delta c\right)\\&\quad+\left(\frac{\partial W_{h0}}{\partial \Delta_0}\delta\Delta+\frac{\partial W_{f0}}{\partial \Delta_0}\delta\Delta+\frac{\partial W_{m0}}{\partial \Delta_0}\delta\Delta+\frac{\partial W_{r0}}{\partial \Delta_0}\delta\Delta\right)\end{aligned}$$

上式从形式上看似乎较烦琐，其实，当知道了各部重量的表达式后，各项偏导数的计算并不困难。上式可表示为

$$\delta\Delta=\frac{\delta W+\delta F_0}{1-\left(\frac{\partial W_{h0}}{\partial \Delta}+\frac{\partial W_{f0}}{\partial \Delta}+\frac{\partial W_{m0}}{\partial \Delta}+\frac{\partial W_{r0}}{\partial \Delta}\right)}$$

令

$$N=\frac{1}{1-\left(\dfrac{\partial W_{h0}}{\partial \Delta}+\dfrac{\partial W_{f0}}{\partial \Delta}+\dfrac{\partial W_{m0}}{\partial \Delta}+\dfrac{\partial W_{r0}}{\partial \Delta}\right)}$$

则有

$$\delta\Delta=N(\delta W+\delta F_0)$$

称系数 N 为排水量增量系数(亦称诺曼系数),有关该系数的意义及具体表达算式,见 3.3.4 节。

按照本方法最后可得设计船的各部分重量如下:

船体钢料重量 $W_h=W_{h0}+\delta W_{h0}+\delta W_{h1}$

舾装设备重量 $W_f=W_{f0}+\delta W_{f0}+\delta W_{f1}$

机电设备重量 $W_m=W_{m0}+\delta W_{m0}+\delta W_{m1}$

燃料重量 $W_r=W_{r0}+\delta W_{r0}+\delta W_{r1}$

设计船的排水量为

$$\Delta=\Delta_0+\delta\Delta$$

设计船的主要尺度的增量,按浮性方程式 $\Delta_0=k\gamma L_0 B_0 d_0 C_{b0}$ 的微分式确定,微分形式为

$$\delta\Delta=\frac{\partial\Delta_0}{\partial C_{b0}}\delta C_b+\frac{\partial\Delta_0}{\partial L_0}\delta L+\frac{\partial\Delta_0}{\partial B_0}\delta B+\frac{\partial\Delta_0}{\partial d_0}\delta d$$

$$=\frac{\Delta_0}{C_{b0}}\delta C_b+\frac{\Delta_0}{L_0}\delta L+\frac{\Delta_0}{B_0}\delta B+\frac{\Delta_0}{d_0}\delta d$$

$$\frac{\delta\Delta}{\Delta_0}=\frac{\delta C_b}{C_{b0}}+\frac{\delta L}{L_0}+\frac{\delta B}{B_0}+\frac{\delta d}{d_0}$$

可根据设计船的技术要求确定应改变哪几个尺度,例如,保持 C_b 不变,取 $\frac{\delta L}{L_0}=\frac{\delta B}{B_0}=\frac{\delta d}{d_0}$,则得

$$\frac{\delta L}{L_0}=\frac{\delta B}{B_0}=\frac{\delta d}{d_0}=\frac{1}{3}\frac{\delta\Delta}{\Delta_0}$$

又如,只要方形系数不变,则 $\delta C_b=0$;吃水又有限制,则 $\delta d=0$,任取 $\frac{\delta L}{L_0}=\frac{\delta B}{B_0}$,从而可得到

$$\frac{\delta L}{L_0}=\frac{\delta B}{B_0}=\frac{1}{2}\frac{\delta\Delta}{\Delta_0}$$

在排水量确定的最初阶段,对载重量型船舶,由于 η_{DW} 随 Δ 变化有相对稳定的范围,通常用载重量系数法估算排水量。

对布置型船舶,通常是根据总布置及吃水限制先初步拟定 L,B,D,d,C_b,然后计算空船重量和载重量,最后确定出初始排水量,即

$$\Delta=LW+DW=W_h+W_f+W_m+DW$$

或者，根据总布置及航速分析初步拟定 L,B,D,d,C_b，利用浮性方程式确定出初始排水量，即

$$\Delta=k\gamma LBdC_b$$

式中　γ——水的密度，t/m^3，淡水为 $1.0t/m^3$，海水为 $1.025t/m^3$；

k——附体系数。

2. 主要尺度及方形系数的初步拟定

主要尺度确定的最初阶段，通常采用下述方法确定主要要素初始值。

(1) 母型船修改法。

根据分析设计船与母型船在性能要求及限制条件等因素上的区别决定设计船与母型船相比的修改方向，确定出设计船的尺度比、方形系数等无因次系数，再考虑到排水量的变化，即可定出主要要素的初始值。

(2) 统计法。

根据以往设计建造的船舶，对同型船的相应数据进行统计分析，得出适当的统计公式或图表，可以用来估计主要要素的初始值。

1) 主要尺度的初始值

(1) 巴士裘宁公式：

$$L_\Delta=c\left(\frac{v}{2+v}\right)^2\nabla^{1/3}$$

式中　L_Δ——排水量船长，m，其与垂线间长 L_{pp} 的关系为：单螺旋桨或三螺旋桨船巡洋舰尾，$L_\Delta=1.01L_{pp}$；双螺旋桨或四螺旋桨船巡洋舰尾，$L_\Delta=1.03L_{pp}$。

c——系数，依船种不同按表 3-4 选取。

表 3-4　系数 c 的选取

船舶类型	试航速度/kn	c
单螺旋桨客船及货船	10.1～16.5	7.16
双螺旋桨客船及货船	15.5～18.5	7.32
高速邮轮	>20	7.93

上式适合于排水量为 1 600～42 000t，航速为 8～20kn 的各类民船。式中系数 c 如能取自母型船，则会更好些。

(2) 预报现代油船主要尺度的统计式：

$L_{pp}=60.473\ln DW-456.6$　(m)　3.5 万吨 $\leqslant DW\leqslant$ 13 万吨

$L_{pp}=9.55\times10^{-3}\ln DW+151.1$　(m)　12 万吨 $\leqslant DW\leqslant$ 22 万吨

$B=10.853\ln DW-84.9$　(m)　3.5 万吨 $\leqslant DW\leqslant$ 13 万吨

$B=0.75DW^{1/3}+5.05$　(m)　12 万吨 $\leqslant DW\leqslant$ 22 万吨

$d=6.546\times10^{-5}DW+8.127$　(m)　3.5 万吨 $\leqslant DW\leqslant$ 13 万吨

$d=0.84+0.46DW^{0.3}$　(m)　12 万吨 $\leqslant DW\leqslant$ 22 万吨

$D=1.2d+3.3$　(m)　$11m\leqslant d\leqslant 16m$

$D=7.75DW^{0.15}-22.2$　(m)　12 万吨 $\leqslant DW\leqslant$ 22 万吨

式中　DW——载重量，t。

(3) 预报1万～10万吨级散货船主要尺度的统计式：

$$L_{pp}=8.545DW^{0.2918}\quad (m)$$

$$B=0.0734L^{1.1371}\quad (m)$$

$$d=0.0441L^{1.051}\quad (m)$$

式中　DW——载重量，t；

L——船长，m。

(4) 预报0.5万～2.5万吨级多用途船主要尺度的统计式：

$$L_{pp}=29.4\left(\frac{DW}{100}\right)^{1/3}-17\quad (m)$$

$$B=4.1\left(\frac{DW}{100}\right)^{1/3}\quad (m)$$

$$d=1.9\left(\frac{DW}{100}\right)^{1/3}-1\quad (m)$$

$$D=2.9\left(\frac{DW}{100}\right)^{1/3}-3.1\quad (m)$$

式中符号意义同上。

(5) 预报适合我国柴油机港作拖轮主要尺度的统计式：

$$L_{pp}=22.8+5.57\times10^{-3}BHP\quad (m)$$

$$B=0.225L_{pp}+2.04BHP\quad (m)$$

$$d=0.1L_{pp}\pm0.1\quad (m)$$

式中　BHP——主机额定功率，kW。

2) 方形系数的初始值

(1) 按浮性方程式计算。

当初步选定了主要尺度和初始排水量后，满足浮力要求的 C_b 为

$$C_b=\frac{\Delta}{k\gamma LBd}$$

式中符号意义同上。

(2) 根据母型船统计资料或统计公式确定。

统计公式的一般形式为

$$C_b=A-B\frac{v}{\sqrt{L}}$$

系数 A，B 值见表3-5。

表 3-5　方形系数统计式中系数 A,B 的值

研究者及机构	A	B	备注
上海船研所	0.943	0.208	大型油船,散货船
诺吉德	1.002	0.432	$v/\sqrt{L}\leqslant 0.874$
Nawaoki	1.21	0.73	
亚历山大($F_n\leqslant 3.0$)	1.08	0.50	一般可取
	1.04~1.06	0.5	快速货船,集装箱船
	1.01~1.12	0.50	大型油船,散货船
蒋乾伟	1.35	0.80	$v/\sqrt{L}\geqslant 0.70$ 的货船
	1.00	0.30	$v/\sqrt{L}<0.70$ 的货船
	0.995	0.30	$v/\sqrt{L}<0.70$ 的油船
大连理工大学	0.912	0.145	上限值,$0.50\leqslant v/\sqrt{L}\leqslant 0.70$ 的油船
	0.907	0.165	中值,$0.50\leqslant v/\sqrt{L}\leqslant 0.70$ 的油船
	0.915	0.215	下限值,$0.50\leqslant v/\sqrt{L}\leqslant 0.70$ 的油船
泰勒公式	1.08	0.50	拖轮,v 为自由航速,kn

表 3-5 中 L 可用垂线间长,ft(1ft=0.3048m);除拖轮用自由航速,其他船舶式中速度可用服务速度,kn。

3) 根据主要尺度比估算主要尺度的初始值

选择出 $L/B=K_1$,$B/d=K_2$ 及方形系数 C_b,当已知排水量 Δ 后,就可应用浮性方程式算出 L,B,d:

$$\Delta=k\gamma LBdC_b$$

$$L=\sqrt[3]{\frac{\Delta K_1^2K_2}{k\gamma C_b}}\quad(\mathrm{m})$$

$$B=\frac{L}{K_1}\quad(\mathrm{m})$$

$$d=\frac{B}{K_2}\quad(\mathrm{m})$$

当已知排水量 Δ 和吃水所受的航道限制,选择好方形系数 C_b,根据选择的 $L/B=K_1$,可计算出 L,B。

$$L=\sqrt{\frac{\Delta K_1}{k\gamma dC_b}}\quad(\mathrm{m}),\qquad B=\frac{L}{K_1}\quad(\mathrm{m})$$

表 3-6 是各种船舶长宽比 L/B 和宽度吃水比 B/d 的一般范围。

表 3-6　各类船舶 L/B 及 B/d 的一般范围

船舶类型	L/B 范围	B/d 范围
双体客船	2.68～3.47	5.63～9.93
客滚船	3.78～6.90	2.72～5.38
双壳散货船	5.6～6.87	2.4～3.2
矿砂船	5.93～6.96	2.43～3.13
化学品船/油船	4.71～6.57	2.25～3.85
沥青船/油船	5.63～6.69	2.24～2.71
通用型油船	3.26～6.75	2.24～3.91
灵便型油船	5.73～6.92	2.33～2.96
巴拿马型油船	5.32～6.84	2.19～3.16
阿芙拉型油船	5.52～5.63	2.72～3.50
超大型油船	5.27～5.55	2.64～3.21
1 000 TEU 以下集装箱船	3.46～7.00	2.23～4.64
1 000～2 000 TEU 集装箱船	5.57～7.00	2.29～3.07
2 000～4 000 TEU 集装箱船	6.60～8.17	2.56～2.99
4 000～8 000 TEU 集装箱船	6.6～7.82	2.52～3.29
拖轮/消防船	2.67～6.08	2.29～3.25
拖轮/补给船	3.7～5.38	2.23～3.36
拖轮/救生船	4.09～6.08	2.52～2.95
浮吊	2.56～3.44	6.00～9.70
杂货船	4.5～6.98	1.74～3.65
液化石油气船	4.78～6.59	2.46～4.33
双体高速船	2.21～3.96	5.15～10.0
驳船	2.13～4.68	4.73～8.89
滚装船	5.95～7.15	2.47～4.42

4）按限制条件估算主要尺度

根据航道水深及曲率半径对吃水及船长的限制、港口水深及泊位长度对吃水及船长的限制、修造船厂的船台及船坞尺度对船长及宽度的限制等来估算主要尺度。

5）按总布置估算主要尺度

根据集装箱船集装箱布置所需型宽、船长、型深、客船总布置所需要的甲板面积对 $L\times B$ 或 L 最小值的限制、推拖轮、渔船及其他小型船舶所要求的最小船长、机舱布置所需最小型宽及型深等来估算主要尺度。

3.3.4　重力与浮力平衡

当初步拟定船舶主要尺度 L,B,d,D,C_b 和 Δ 之后，对应这一组初步拟定的尺度，可以计算出设计船的各项重量之和 $\sum W_i$，这个最初的排水量 Δ 与重量 $\sum W_i$ 是不一定相等的，因此需要进行平衡，使它们相等。重力与浮力的平衡可以有几种做法。

1. 改变载重量

保持浮力不变，也就是保持 L，B，d，C_b 不变，改变船舶的载重量，从而改变 $\sum W_i$，使其与浮力达到平衡。当设计船对载重量没有十分严格的要求时，这种做法是最方便的。

2. 改变浮力

这种方法就是改变 L，B，d，C_b 等主要要素，则与浮力相关各部分重量也发生变化，即 $\sum W_i$ 中空船重量相应也发生变化，这要通过若干次逐步近似，才能使它们达到平衡。

作为这种平衡方法的最简单的一种是用方形系数 C_b 平衡。按重力等于浮力求出 C_b，即 $C_b = \sum W_i/(LBd\gamma k)$。这种方法较为粗糙，因为有的重量也与方形系数有关，完全不考虑方形系数对重量（如船体钢料重量）的影响是不恰当的。

当空船重量 LW 与要求的载重量 DW 之和与由主要尺度确定的排水量 Δ 不相等时，使 DW 具有增量 $\delta DW = LW + DW - \Delta = DW - (\Delta - LW)$，为满足重力与浮力平衡的要求，排水量也必有增量 $\delta\Delta$。排水量变化后，与排水量相关的空船重量也相应发生变化，这又得引起排水量的进一步增加，所以必然是

$$|\delta\Delta| > |\delta DW|$$

令

$$\delta\Delta = N \cdot \delta DW$$

式中　N——诺曼系数（它是由法国工程师诺曼提出的），亦称排水量增量系数。该系数恒大于 1.0，这说明排水量的增量永远大于已知重量（与排水量变化无关）的增量。

诺曼系数 N 的具体表达式是由以排水量 Δ 为变量的代数形式的重量方程式求排水量增量 $\delta\Delta$ 得出的。

由

$$\begin{aligned}\Delta &= W_h + W_f + W_m + DW \\ &= C_h\Delta + C_f\Delta^{2/3} + C_m\frac{\Delta^{2/3}v^3}{c}\times 10^{-3} + DW\end{aligned}$$

全微分，得

$$\begin{aligned}\delta\Delta &= \frac{\partial W_h}{\partial\Delta}\delta\Delta + \frac{\partial W_f}{\partial\Delta}\delta\Delta + \frac{\partial W_m}{\partial\Delta}\delta\Delta + \delta DW \\ &= \frac{W_h}{\Delta}\delta\Delta + \frac{2}{3}\frac{W_f}{\Delta}\delta\Delta + \frac{2}{3}\frac{W_m}{\Delta}\delta\Delta + \delta DW\end{aligned}$$

$$\delta\Delta - \frac{W_h}{\Delta}\delta\Delta - \frac{2}{3}\frac{W_f}{\Delta}\delta\Delta - \frac{2}{3}\frac{W_m}{\Delta}\delta\Delta = \delta DW$$

$$\delta\Delta\left(1 - \frac{W_h}{\Delta} - \frac{2}{3}\frac{W_f}{\Delta} - \frac{2}{3}\frac{W_m}{\Delta}\right) = \delta DW$$

$$\delta\Delta=\frac{\delta DW}{1-\dfrac{W_h}{\Delta}-\dfrac{2}{3}\dfrac{W_f}{\Delta}-\dfrac{2}{3}\dfrac{W_m}{\Delta}}$$

$$\delta\Delta=N\cdot\delta DW$$

其中

$$N=\frac{1}{1-\dfrac{W_h}{\Delta}-\dfrac{2}{3}\dfrac{W_f}{\Delta}-\dfrac{2}{3}\dfrac{W_m}{\Delta}}=\frac{\Delta}{\Delta-W_h-\dfrac{2}{3}W_f-\dfrac{2}{3}W_m}$$

上述诺曼系数 N 的表达式是在考虑船体钢料重量正比于 Δ、舾装设备重量正比于 $\Delta^{2/3}$、机电设备重量正比于 $\Delta^{2/3}$、燃料重量与 Δ 无关的假定下得出的。

在民船设计中，对各重量项与排水量间的幂次关系可以做如下假定，大致符合实际情况且

(1) 船体钢料重量 W_h 正比于排水量 Δ；

(2) 木作舾装重量 W_f 中，$3/5W_f$ 正比于 $\Delta^{2/3}$，$1/5W_f$ 正比于 $\Delta^{1/3}$，$1/5W_f$ 与排水量无关；

(3) 机电设备重量 W_m 中，$3/5W_m$ 正比于 $\Delta^{2/3}$，$2/5W_m$ 与排水量无关。

则得诺曼系数 N 为

$$N=\frac{\Delta}{\Delta-W_h-\dfrac{2}{3}\left[\dfrac{3}{5}(W_f+W_m)\right]-\dfrac{1}{3}\cdot\dfrac{1}{5}W_f}=\frac{\Delta}{\Delta-W_h-0.46W_f-0.4W_m}$$

按上面公式计算，诺曼系数 N 的一般范围如图 3-9 所示。

诺曼系数 N 确定后，即可按 $\delta\Delta=N\cdot\delta DW$ 确定排水量增量 $\delta\Delta$。

诺曼系数既可用于排水量确定时的重力与浮力平衡计算，也可用于按母型船考虑重量变化时直接确定设计船的排水量。

3.3.5 性能校核

在确定排水量和主要尺度阶段，性能校核一般包括稳性校核、航速校核、干舷校核、容量校核，如有需要，还要进行横摇周期、振动频率和回转半径的校核。

1. 稳性校核

稳性校核包括初稳性校核和大角稳性校核，在主要尺度确定时通常只做初稳性校核。因为在初稳性校核之后，按初稳性高度的大小，根据母型船的大角稳性情况，一般可以判断出设计船的大角稳性如何。只有当把握不大时，才做大角稳性校核。

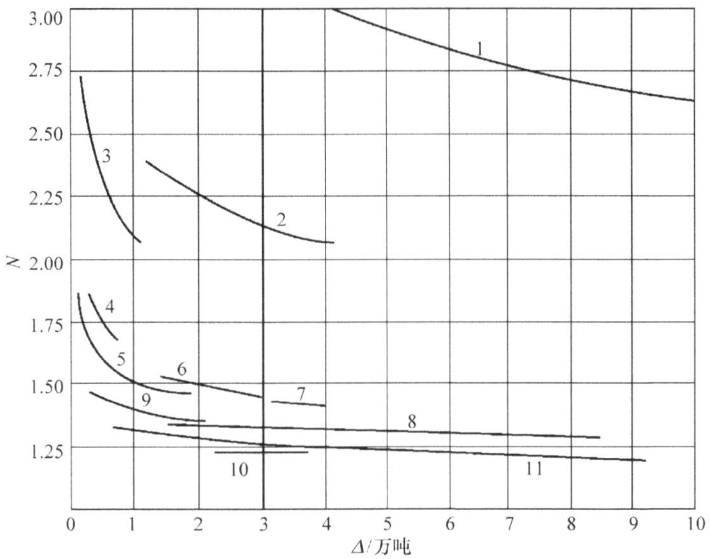

图 3-9　各类船舶的诺曼系数

1—快速客船；2—低速客船；3—客货船；4—渔船；5—冷藏船；6—快速货船；7—鲸鱼加工船；8—矿砂船；9—货船；10—散货船；11—油船

初稳性校核的内容是估算初稳性高度，并检查其是否符合设计船所要求的数值。

初稳性高度的估算按初稳性方程式进行：

$$\overline{GM}=Z_b+r-Z_g-\delta h$$

式中 $\overline{GM}$——所核算状态下的初稳性高度；

Z_b——相应吃水下的浮心垂向高度；

r——相应吃水下的横稳心半径；

Z_g——所核算状态下的重心高度；

δh——自由液面对初稳性高度的修正值，一般可直接取自母型船或按实际情况估算。

重心高度 Z_g 的估算已在第 2 章中介绍，这里就 Z_b 和 r 的近似求法介绍如下：

1）按相似母型船资料换算

设计船的静水力要素可按表 3-7 所示的转换关系式换算得到。

表 3-7　按型船换算静水力要素表

要素	换算公式	要素	换算公式
排水量	$\Delta=\Delta_0 lbt$	纵稳心半径	$R=R_0 l^2/t$
水线面面积	$A_w=A_{w0} lb$	浮心垂向高度	$Z_b=Z_{b0} t$
水线面横向惯性矩	$I_x=I_{x0} lb^3$	浮心纵向高度	$X_b=X_{b0} l$
水线面纵向惯性矩	$I_y-I_{y0} l^3 b$	漂心纵向高度	$X_f=X_{f0} l$
横稳心半径	$r=r_0 b^2/t$		

表 3-7 中 $l=L/L_0$，$b=B/B_0$，$t=d/d_0$，分式的分子为设计船的各项数据，分母带有下标

“0”者为母型船的各项数据。

2）利用近似公式估算

浮心垂向高度 Z_b 和横稳心半径 r 可用近似公式估算：

$$Z_b = a_1 d, \quad r = a_2 \frac{B^2}{d}$$

式中　a_1, a_2——系数，与船型系数 C_b, C_w 及型线有关，可分别按表 3-8、表 3-9 所列的近似公式计算。

表 3-8　a_1 的近似公式

序号	公式名称	a_1	适用情况
1	诺曼	$\frac{1}{3}\left(2.5-\frac{C_b}{C_w}\right)$	适用于 U 形及 V 形横剖面之间中间剖面
2	波兹秋宁	$\frac{C_w}{C_b+C_w}$	适用于 U 形横剖面，有时结果偏低
3	阿希克	$0.858-0.37\frac{C_b}{C_w}$	适用于 $C_b/C_w=0.6\sim0.9$，C_b/C_w 大时偏低
4	诺吉德	$\frac{1}{2}\left(\frac{C_b}{C_w}\right)^{1/2}$	适用于 $C_b/C_w>0.65$，有时偏高
5	方-杰-佛里特	$\frac{1.5C_w-C_b}{2C_w-C_b}$	适用于 V 形横剖面
6	薛安国	$0.948-0.68\frac{C_b}{C_w}+0.23\left(\frac{C_w}{C_b}\right)^2$ $0.5\left(\frac{C_w}{C_b}\right)^{0.437}$	适用于我国海洋干货船、散货船、油船、客货船
7	王彩当	$0.85-0.372\frac{C_b}{C_w}$	适用于我国内河船

表 3-9　a_2 的近似公式

序号	公式名称	a_2	适用情况
1	诺曼	$\frac{0.008+0.0745C_w^2}{C_b}$	当 $C_w<0.7$ 时，偏小
2	方-杰-佛里特	$\frac{1}{11.4}\frac{C_w^2}{C_b}$	广泛应用于普通形状的满载水线
3	霍天格德	$\frac{0.0106C_w+0.0727C_w^2}{C_b}$	适用于军舰
4	薛安国	$\frac{0.083C_w^{1.81}}{C_b}$	适用于单桨海船
		$\frac{0.083C_w^{1.9}}{C_b}$	适用于双桨海船
5	王彩当	$\frac{0.1363C_w-0.0545}{C_b}$	适用于内河船
		$\frac{0.1363C_w-0.0505}{C_b}$	适用于喷水船及尾隧道船

初稳性高度的上下限的确定方法如下：

由于不同船舶对稳性的要求是不一样的，因此其适宜的初稳性高度也是不一样的，只有针对具体的船舶，才能确定出具体的数值。尽管如此，各类船舶对初稳性高度的要求在以下两方面的考虑是一致的。

(1) 初稳性高度下限。

使船具有足够的初稳性高度下限，以便保证船舶航行和使用安全。

① 在较小的静横倾力矩作用时，船的横倾角也尽量小，从而使船有较为稳定的正浮状态；

② 有抗沉性要求的船舶在海损后有足够的剩余初稳性高度；

③ 船顺浪航行，船中较长时间处于波峰时，初稳性高度长时间的减少可能会危及船舶的安全，因此，减少后的初稳性高度应为正值；

④ 客船旅客集中一舷或全速回航时，船舶的静倾角不得超过极限静倾角，为此船舶初稳性高度应具有足够值；

⑤ 对起重船起吊时的极限静倾角、集装箱船在横风作用下的静倾角的限制，也要求具有足够初稳性高度；

⑥ 大角稳性的复原力臂曲线在原点处的斜率不应太低，以免曲线下所包围的面积过小，使稳性储备和稳性范围不能满足有关要求。

由此可见，从船的安全性与使用性要求考虑，设计船的初稳性高度应大于等于下限。我国《船舶与海上设施法定检验规则》对各种船的最低初稳性高度(下限)有如下规定：

客船、货船、油船　　$\overline{GM}\geqslant 0.15\text{m}$

集装箱船、渔船　　$\overline{GM}\geqslant 0.3\text{m}$

运木船　　$\overline{GM}>0\text{m}$

起重船(航行状态)　$\overline{GM}\geqslant 0.16B(\text{m})$

同时还对客船旅客集中一舷或全速回航时、集装箱船受横风作用时、起重船作业及避风时的横倾角加以限制。

(2) 初稳性高度上限。

所谓初稳性高度上限$\overline{GM}_{max}$就是保证船舶横摇和缓的最大初稳性高度。设计船的初稳性高度应小于或等于初稳性高度上限。船舶横摇自摇周期可近似写成

$$T_\theta=0.58f\sqrt{\frac{B^2+4Z_g^2}{\overline{GM}}}$$

式中　T_θ——船的横摇自摇周期，s；

f——B/d 不同的系数；

B——型宽，m；

Z_g——重心高度，m；

$\overline{GM}$——船的初稳性高度，m。

显然，T_θ 随$\overline{GM}$增大而减小。横摇自摇周期短、摇幅大，会影响船舶安全和作业，因此，设计中总是在保证初稳性高度下限的条件下力求使船舶的横摇和缓。

通常，为使 T_θ 不太低、摇幅不过大，希望不发生谐摇，即

$$\Lambda=\frac{T_\theta}{T_w}\geqslant 1.3$$

式中　Λ——调谐因数；

T_w——航区常见的大波浪周期，$T_w\approx 0.8\sqrt{\lambda}$。

我国沿海波浪的波长 λ 多在 60～70m。为避免谐摇，沿海船的 T_θ 应大于 8s；远洋波浪波长按 150～160m 计算，则 T_θ 大于 13s 为宜。上述数值，对大型船舶较易满足，而对中小型船舶尤其是小型船舶则难以满足。

为了缓和船舶的横摇并避免谐摇，希望设计船初稳性高度不宜过大。如预期到 $T_\theta=1.3T_w$ 时，允许的最大初稳性高度(上限)为

$$\overline{GM}_{max}\leqslant(0.58f)^2\frac{B^2+4Z_g^2}{T_\theta^2}$$

船舶安全性和横摇和缓性所要求的初稳性高度是相互矛盾的，处理这一矛盾的原则是在保证安全和符合使用要求的前提下，为使横摇和缓，尽量减小初稳性高度。

3) 典型实例

下面介绍根据设计实践总结出的各种典型船舶的$\overline{GM}$或$\overline{GM}/B$ 的实用数据，以供设计初始阶段分析问题及选择主要尺度时参考。

(1) 干货船。

这类船在满载到港时的稳性最差。

① 对 $B>12$m 的船，如果满载出港时$\overline{GM}/B$ 为 0.04～0.05，一般可保证到港时仍有必要的初稳性高度($\overline{GM}>0.25$m)，且不必在航行中途加压载水。但对油水储备占载重量的比例较大，又不考虑在中途加压载水的船，宜取较大的$\overline{GM}/B$。

② 对中小型船，由于初稳性高度下限的要求，其$\overline{GM}/B$ 比大型船舶大，$\overline{GM}/B$ 为 0.05～0.07。

③ 设计船如考虑中途加压载水，则设计状态的$\overline{GM}/B$ 可相对取小些。

④ 干舷较低的船，$\overline{GM}/B$ 不宜过大，否则不能满足稳性规范对稳性消失角的要求。

⑤ 对矿砂船，应控制$\overline{GM}$，选取较小的$\overline{GM}/B$ 为宜。

(2) 客船及客货船。

① 大中型海洋客船，海损稳性是主要矛盾，通常$\overline{GM}/B$ 为 0.045～0.055；小型沿海客船，尤其是载客数相对较多者，其主要矛盾是旅客集中一舷对横倾角的限制，要求的初稳性高度下限较大，且因短途船一般不宜在中途加压载水(船员不欢迎，且压载水量不能很多从而效果不大)，故满载出港时，$\overline{GM}/B$ 应相应大些，通常$\overline{GM}/B$ 为 0.05～0.07。

② 内河船的$\overline{GM}/B$ 比海船大。内河船上层建筑较为发达，受风面积较大，且载客相对较多，常受到较大的定常风压力矩和旅客集中一舷力矩的作用。另一方面重心较高，排水量较小，干舷与型宽之比亦甚小，对倾角的限制较严。在这样的条件下，为维持必要的复原力矩就必须有较大的$\overline{GM}/B$，由于内河船舶的摇摆极其轻微，所以也不会对舒适性带来危害。

通常长江中下游客货船$\overline{GM}/B$为 0.13～0.14，中上游客货船$\overline{GM}/B$约为 0.20，内河客货船$\overline{GM}/B$为 0.20～0.25。表 3-10 列举了一些内河客船的$\overline{GM}/B$。

表 3-10　内河客船的$\overline{GM}/B$

船名	项目		
	主要尺度 $L/\text{m}\times B/\text{m}\times D/\text{m}\times d/\text{m}$	满载出港时 初稳性高度$\overline{GM}/\text{m}$	相对稳性高度 $\overline{GM}/B$
申汉线客运货轮(东方红 11 型)	108×16.4×4.7×3.6	2.878	0.175
申渝线客货船(东方红 38 型)	72×13.0×3.4×2.4	2.600	0.200
渝宜线客货船(东方红 119 型)	64.3×12.0×3.5×2.4	2.020	0.168
下游短途客货船(东方红 411 型)	75×13.3×3.8×2.75	2.082	0.157
中游短途客货船(东方红 256 型)	42×8.2×2.9×2.1	1.768	0.216
上游短途客货船(东方红 118 型)	30.97×6.0×2.4×1.4	1.360	0.227
吉林 160 客位客船	23.8×5.0×1.7×1.05	1.335	0.267
黑龙江 250 客位客船	48×8.0×2.6×1.3	1.600	0.200
广东 400 客位客船	33.6×6.0×1.95×1.2	1.028	0.171
云南 300 客位客船	29×5.4×1.6×0.9	1.260	0.234
湖南 450 客位客货船	33×6.8×2.1×1.4	1.780	0.262
江苏 300 客位客货船	28×5.5×1.85×1.1	1.080	0.197

(3) 运木船。

运木船满载时，甲板上堆放大量木材，整个船的重心很高。为避免船在回程中仅在舱内装货或空载，初稳性过大使横摇过剧，通常只要求在满载且甲板装货时的$\overline{GM}$大于 0.3m 即可。这是考虑到甲板上木材的浮力有助于大倾角稳性，不致因$\overline{GM}$低而影响船的安全性。

(4) 油船。

布格氏认为，油船在修正自由液面影响后的$\overline{GM}$大于 $0.1\sqrt{\Delta/L}$即可。

(5) 拖轮。

由于作业特点的要求，选择拖轮的初稳性高度，通常都以在拖索急牵力矩作用下，船舶横倾角不超过甲板边缘入水角为衡准，按此要求初稳性高度的下限为

$$\overline{GM}_{\min}\geqslant\frac{F_t l}{\Delta\sin\theta}$$

式中　F_t——拖索作用力，正比于主机功率 BHP 或$(BHP\times D)^{2/3}$，其中 D 为螺旋桨直径；

l——横倾力臂，水压力作用中心到拖力 F_t 的作用中心的距离；

θ——横倾角，取甲板入水角，通常取 $\sin\theta\approx\tan\theta=2F/B$，其中 F 为干舷。

表 3-11 给出几种衡准公式，以供比较。

表 3-11　拖轮初稳性的几种衡准办法

建议者	衡准	附注
洛斯	$\overline{GM}\geqslant\dfrac{BHP\times l}{149\Delta(F/B)}$	BHP 为柴油机额定功率，F 及 B 为干舷及型宽
伍德	$\overline{GM}\geqslant\dfrac{(BHP\times D)^{2/3}l}{24\Delta(F/B)}$	D 为螺旋桨直径
日本作业标准	$\overline{GM}\geqslant\dfrac{F_t l}{2\Delta(F/B)}$	F_t 为系柱拖力，约为 0.013 5BHP
孟洛-斯密兹	$\overline{GM}/B=0.088\sim0.096$	

港作拖轮的$\overline{GM}/B$ 较大，我国港作拖轮$\overline{GM}/B$ 为 0.12～0.13，内河拖轮$\overline{GM}/B$ 可达 0.15 或者更大。表 3-12 列举了一部分港作拖轮、内河船和推船的$\overline{GM}/B$。设计拖轮时最好参照母型船选取$\overline{GM}/B$。

表 3-12　我国典型拖轮、推船的$\overline{GM}/B$

船名	主要尺度 L/m×B/m×D/m×d/m	满载出港时初稳性高度$\overline{GM}$/m	相对稳性高度 $\overline{GM}/B$
400 马力港作拖轮	24.5×6.8×3.2×2.3	0.86	0.112 64
900 马力港作拖轮	27.0×8.0×3.8×2.8	1.028	0.128 4
1 670 马力港作拖轮	29.7×8.2×4.2×3.0	1.03	0.125 6
4 000 马力长江拖轮	47×10×3.8×2.5	1.73	0.173
2 640 马力长江拖轮	44×10×3.7×2.5	1.346	0.134 6
1 960 马力长江拖轮	40×9.0×3.3×2.1	2.26	0.252
800 马力长江拖轮	32×7.6×2.6×1.8	1.78	0.234
540 马力长江拖轮	31×7.8×2.6×1.8	1.91	0.245
湖北 2×120 马力拖轮	21×5.8×1.6×0.85	2.68	0.462
广西 2×135 马力拖轮	21.9×5.0×1.45×0.85	1.69	0.338
湖南 2×150 马力拖轮	25×5.0×1.4×0.72	2.15	0.430
江苏 1×250 马力拖轮	22×4.9×2.05×1.5	1.14	0.232
1.2m 吃水 2×135 马力拖轮	21.265×5.0×1.7×1.2	0.974	0.195
1.1m 吃水 1×135 马力拖轮	18.27×4.3×1.75×1.1	0.635	0.148
0.8m 吃水 1×135 马力拖轮	18.50×4.0×1.2×0.8	0.909	0.217
四川 2×240 马力拖轮	25.65×5.8×2.2×1.5	1.10	0.190
1.2m 吃水 2×240 马力拖轮	24.00×5.0×1.8×1.2	0.965	0.194
湖北 370 马力分节船队拖轮	20×7.6×1.9×1.3	4.4	0.580

注：1hp(马力)=745.7W。

2. 航速校核

航速校核实质就是航速估算或主机功率估算。其目的是：

(1) 初步估算设计船在给定主机情况下的航速；

(2) 初步确定在所要求航速下需要的主机功率；

(3) 检查在给定主机情况下所要求的航速是否合理；

(4) 在方案比较时，通过对各方案的航速估算，为选择最佳方案提供航速方面的依据。

估算航速 v 或主机功率 BHP 的主要工作有两项：一是估算设计船的阻力，即有效功率曲线（EHP-V 曲线）；二是估算总推进系数 C_t，这是因为它们存在如下关系：

$$C_t=\frac{EHP}{BHP}$$

因此，当主机功率 BHP 给定时，估算出 C_t 及 EHP-V 曲线后，即可按 $EHP=C_t\cdot BHP$ 在 EHP-V 曲线上查出所能达到的航速。而当所要求的航速 V 给定时，估算出 C_t 及 EHP-V 曲线后，即可用 C_t 去除给定的 V 所对应的 EHP，其商就是所需的主机功率，即

$$BHP=\frac{EHP}{C_t}$$

下面分别说明有效功率和总推进系数的估算。

1) 有效功率的估算

目前，确定设计船有效功率的最可靠的方法仍然是船模拖曳试验，因此，一般船舶设计中如果要比较有把握地确定其有效功率，除非用成熟的系列试验资料，否则船模拖曳试验是必不可少的。但是在设计的最初阶段，一般需对多种尺度方案的航速进行分析比较，如每个方案都做船模拖曳试验，是很难办到的，经济上浪费太大，时间上也不允许，所以此时船舶的有效功率一般是用近似方法估算。

估算船舶有效功率的方法很多，其中最简单的方法是众所周知的海军部系数法，其表达式为

$$BHP=\frac{\Delta^{2/3}v^3}{c}$$

式中　Δ——排水量，t；

v——航速，kn；

c——海军部系数，可取自母型船。

此方法优点是简便；缺点是考虑因素过少，比较粗糙，因而误差也较大。

表 3-13 介绍了其他一些估算有效功率的方法，使用这些方法的条件是设计船的型线与方法中所使用的差别较小，否则误差较大。

表 3-13　各种有效功率估算方法的概况

序号	方法	制定的依据	适用范围	计算结果
1	爱尔法	实船试航结果及船模拖曳试验结果	适用于 $L=20\sim150$m 的中低速商船及正常尺度的拖轮	已考虑 8%的附体阻力
2	莱普法	船模拖曳试验结果	适用于 $C_p=0.60\sim0.85$ 的单桨商船	已考虑粗糙度影响和附体及空气阻力
3	陶德法	按 60 系列船模拖曳试验结果得出	适用于 $C_b=0.60\sim0.80$ 的 U 形横剖面单桨商船	未计入附体阻力和空气阻力
4	泰勒法	船模拖曳试验结果	适用于相对速率较高的双桨船舶	未计入附体阻力和空气阻力
5	Holtrop 法	实船及模型试验资料	适用于一般运输船	

近似估算有效功率的方法还有很多，读者可按自己的需要在有关资料中自行选择，这里不再介绍。

2）总推进系数的估算

在设计初期，可以近似地认为设计船的总推进系数与母型船相等，按此选取设计船的总推进系数。这在设计船与母型船的主要尺度及船型系数相差不大、主机功率及转速相近、螺旋桨直径差不多的情况下，能够给出较为准确的结果。但如果这些要素相差较大，直接取用母型船的总推进系数，则可能造成较大误差。在这种情况下，较好的做法是用图谱设计法，按设计船主机及船型要素的各有关数据，实际估算设计船的总推进系数。这样估算出的数值较为可靠，计算工作量也并不太大。

也有一些其他的方法，如螺旋桨效率的近似估算法，但这类方法的计算也并不会简便很多，其结果又不甚可靠，故不予推荐。

设计船的 $EHP\text{-}V$ 曲线及总推进系数 C_t 估算出之后，在主机功率 BHP 给定的情况下求出设计船的航速，或者确定出要求航速下所需的主机功率 BHP。

3. 干舷校核

船舶干舷的大小对船的耐波性、抗沉性（干舷甲板与舱壁甲板一致时）及稳性都有重大影响。因此，为使船舶具有一定的储备浮力，减少甲板上浪的程度，保证船舶的安全，任何一艘船都应保证一定的干舷数值。对民用船舶来说，最小干舷受技术法规的约束，国际上有《国际载重线公约》，国内有《船舶与海上设施法定检验规则》。它们对受其约束的船舶的最小干舷值都做了规定，设计船的干舷应当符合其要求。

船舶设计中的干舷校核，就是按照规范的各项规定，检验设计船的干舷是否满足规范关于最小干舷的要求，如不满足，应采取适当措施使其满足。

在主要尺度确定阶段，并不是每种船都需进行干舷校核，如载运轻货的干货船、设大容量专用压载舱的油船、客船等，这些船都是富裕干舷船，在确定主要尺度时不会出现由于干舷不足而改变型深或吃水的情况，故此时可不做干舷校核。而载运较重货物的船如矿砂船、水泥船、货物积载因数较小的货船等，多为最小干舷船，因此在主要尺度确定时须进行干舷校核，以便确定设计船的型深。

4. 容量校核

容量校核应分别估算货舱、油舱、水舱及其他舱室的容积。估算方法一般有两种：第一种方法是用各种统计资料或统计公式近似计算，或者从母型船换算；第二种方法是按初步选定的主要尺度及船型系数绘制一个型线草图（可仅绘出横剖面图），按此图计算容积。这两种方法以第二种用得较多，因其结果可靠。容量的具体估算方法及计算方法见第 2 章。

经校核如发现容量不足或过剩太多，则应对初步选定的主要尺度加以改变，以取得适宜容量。

5. 其他校核

根据设计船具体情况的不同，有些船舶还要进行一些其他校核。

如对回转性要求较高的船舶，应估算其回转半径。若估算出的半径过大，如果可能，应采取缩短船长的办法或其他措施使其减小。

有的船舶对振动要求较高，应估算船体的总振动频率，以便设法避免谐振。

为避免船的横摇周期与海上常见波浪的周期相近而引起船舶谐摇，应估算船的横摇周期，以便在可能出现谐摇时设法避免。

所有这些其他校核项目的估算方法在设计手册或其他有关资料中可以找到，但现有的各种估算方法一般误差都较大，故其结果都只能作为参考。

3.4　确定载重量型船舶主要要素的一般步骤及实例

3.4.1　一般步骤

油船、散货船、煤船、矿砂船等运输船均属载重量型船舶，其主要要素确定步骤和方法一般为：

(1) 分析设计任务书，确立设计船基本设计思想。

(2) 从浮力入手初步拟定排水量、主要尺度和方形系数。

排水量初始值按载重量系数法估算：

$$\Delta_1 = \frac{DW}{\eta_{DW0}}$$

式中　DW——设计要求的载重量，t；

η_{DW0}——初选的载重量系数；

Δ_1——排水量第一近似值，t。

得到 Δ_1 后，通过浮性方程式及附加条件(如选定 L/B，B/d 或限制 B 及 d 等)，可拟定出主要尺度及方形系数的初始值。

(3) 计算空船重量、重力与浮力平衡。

有了主要尺度和方形系数初步值后，可选择切合实际的空船重量数学模型，计算出空船重量第一近似值 LW_1。第一近似载重量 DW_1 为

$$DW_1 = \Delta_1 - LW_1$$

要求载重量精度为 ε。

若 $|DW_1 - DW| \leqslant \varepsilon$，则载重量合乎要求。

若 $|DW_1 - DW| > \varepsilon$，则载重量不合乎要求，需进行重力与浮力平衡。最简便方法是通过改变方形系数来改变浮力，以平衡重量。新的方形系数为

$$C_b = \frac{DW + LW_1}{k\gamma LBd}$$

此外，也可用诺曼系数法求出排水量增量 $\delta\Delta$：

$$\delta\Delta = N \cdot \delta DW, \quad N = \frac{\Delta_1}{\Delta_1 - \sum_{i=1}^{n} K_i W_i}$$

式中　Δ_1——前一次近似排水量，t；

W_i——前一次近似船体钢料、舾装设备、机电设备重量，t；

K_i——W_i 与排水量成函数关系的幂指数。

得到 $\delta\Delta$ 后，则可按浮性方程微分式调整主要尺度和方形系数：

$$\frac{\delta\Delta}{\Delta_1}=\frac{\delta L}{L_1}+\frac{\delta B}{B_1}+\frac{\delta d}{d_1}+\frac{\delta C_b}{C_{b1}}$$

式中　$\Delta_1, L_1, B_1, d_1, C_{b1}$——前一次近似结果。

新的主要尺度及方形系数为

$$L_2=L_1+\delta L,\quad B_2=B_1+\delta B,\quad d_2=d_1+\delta d,\quad C_{b2}=C_{b1}+\delta C_b$$

得到新的主要尺度和方形系数后，再重新计算空船重量、校核载重量，直到满足要求为止。

除上面介绍的两种平衡方法外，还可通过载重量系数 η_{DW0} 估算浮力增量，计算新的排水量来平衡。当求得第一近似载重量 $DW_1=\Delta_1-LW_1$ 后，若 $DW-DW_1>0$，且不满足精度要求，说明第一近似排水量 Δ_1 小了，应增加排水量。新的排水量为

$$\Delta=\Delta_1+\frac{DW-DW_1}{\eta_{DW0}}$$

(4) 性能校核。

对容积、干舷、航速、稳性、耐波性、操纵性等进行校核。经检验均满足要求，就得到一组可行设计方案。

3.4.2 实例

实例一　26 500 DWT 成品油船主要尺度确定

1. 设计技术任务书提要

本船为总 26 500 DWT 成品油的尾机型柴油机油轮，定员 25 人，航行于近海航线，成品油密度为 0.75t/m³。主机采用船用低速柴油机，使用燃料油。当主机发出的最大连续功率为 6 480kW 时，航速不低于 14kn，续航力为 6 000n mile。本船的满载最大吃水不得超过 11m；方形系数不得小于 0.8；其他尺度按最佳状态选取。船体材料采用普通船用碳素钢，部分结构(船底及甲板)可采用高强钢，易腐蚀和难维修处的构件应适当加厚，船体结构依据规范要求进行冰区加强。

2. 对设计船的分析

本设计船是一条运输船舶，满足设计任务书所规定的各项要求，使本船在技术上具有必要的能力，从而保证其运输任务的完成，显然这是本船设计中应当首先考虑的因素。

其次，应考虑到本船所运的货物是成品油，成品油是一种货值相对较低、运价也较低的低档货物，因而本船设计中更应特别注意降低造价，降低消耗，提高运输能力，以尽量少的投资，获得尽量大的运输能力，提高本船的经济性。

另外，在确定本船的主要尺度时，还必须考虑到有关船厂的具体设备情况，不得超过船

坞及船台所允许的最大尺度。在确定本船主要尺度时，为提高其经济性，应从以下两方面考虑：

第一，在满足容量及布置要求的情况下，应力求减小其主要尺度，特别应力求缩短船长，以便减少船体钢料的消耗量，降低造价；

第二，在主机功率一定的情况下，应力求获得较高的航速，以便缩短单航次的航行时间，增加年航次数，从而提高运输能力。

本船为双壳结构，双壳内设专用压载舱，这对防止污染有利，同时能使油舱及压载舱分开，装卸货油与排抽压载水可同时进行，因而可缩短停港时间，增大运输能力。但带来的问题是所需的舱容较大，型深的选取应充分考虑舱容的要求，船长及型宽则基本保持在正常范围。因此，具有相对较大的型深，同时有剩余干舷将是本船在结构形式上的一个特点，这说明本船的干舷肯定会满足载重线规范有关最小干舷的规定，因而在主要尺度确定阶段可不做干舷校核。此外，只要本船的型宽吃水比 B/d 不过小，货油舱纵向分割合理，则稳性也能够满足要求。

本船吨位及尺度较大，实践证明，这种大型船舶抵御风浪的能力比小船强，风浪中失速相对较小，所以适航性也不是本船尺度确定时的主要矛盾，只需在保证其他要求的情况下适当加以考虑即可。

综上所述，可以归纳出本船主要尺度确定时的主要设计思想为：在建造条件限定的主要尺度范围内，及保证容量及航速要求的情况下，应力争减小本船的主要尺度。

3. 主要尺度及排水量的确定

1）型船资料

26 000 DWT 级别的油船资料相对较少，可以参考载重量位于 20 000～50 000t 的油船统计资料来确定设计船的主要尺度。载重量为 20 000～50 000t 的油船主要尺度统计范围如下：

$C_b=0.79\sim0.83$

$L_{pp}/B=5.32\sim6.10$

$B/d=2.50\sim3.16$

$L_{pp}/D=9.17\sim11.73$

$DW/\Delta=0.74\sim0.82$

2）母型船的选择

选择一条载重量为 26 300t 的双壳油船作为母型。母型船的主要尺度如下：

总长 L_{oa}：	～171.20m
垂线间长 L_{pp}：	162.00m
型宽 B：	27.40m
型深 D：	17.30m
设计吃水 d：	9.75m
方形系数 C_b：	0.795 3
中剖面系数 C_m：	0.995 3
棱形系数 C_p：	0.799 1

结构吃水 d_s：　11.85m
设计吃水排水量 Δ：　35 385t
结构吃水排水量 Δ_s：　43 748t
设计吃水载重量 DW：　26 300t
结构吃水载重量 DW_s：　34 751t
船体钢料重量 W_h：　7 143t
机电设备重量 W_m：　1 039t
舾装设备重量 W_f：　903t
空船重量 LW：　9 085t
空船重心纵向位置 X_{LW}：　−11.67m
空船重心垂向位置 Z_{LW}：　10.70m
服务航速 v：　14.5kn
主机功率 BHP：　7 150kW

3）初始方案的拟订

采用载重量系数法确定船舶的主要尺度。母型船的载重量系数为

$$\eta_{DW}=\frac{DW_0}{\Delta_0}=\frac{26\ 300}{35\ 385}=0.743\ 3$$

本例中，下标 0 均指母型船相应变量。

设计船的载重量系数取自母型船。则设计船的排水量为

$$\Delta=\frac{DW}{\eta_{DW}}=\frac{26\ 500}{0.743\ 3}=35\ 652\text{t}$$

参考母型船资料，并考虑到建造中船坞及船台的尺寸限制情况，初步确定垂线间长 $L_{pp}=164$m，型宽 $B=27.4$m。根据运载类似货物的船型的船长型深比，初步确定型深 $D=14.5$m。根据统计资料范围，方形系数 C_b 初步拟定为 0.8。根据主要尺度要求及上述初步确定参数，计算设计吃水：

$$d=\frac{\Delta}{L_{pp}\times B\times C_b\times\rho\times k}=\frac{35\ 652}{162\times 27.4\times 0.8\times 1.025\times 1.003}=9.647\text{m}$$

式中　ρ——海水密度；
　　k——附体系数。

初步选择的这一组尺度符合一般 26 500 DWT 级油船尺度的通常范围，吃水也符合设计任务书提出的限制，按建造厂船坞及船台的尺寸来检查，设计船如选用这一方案也是可以建造的。因此可以把这一尺度方案作为初始方案。

4）空船重量的估算

空船重量 LW 按船体钢料重量 W_h、舾装设备重量 W_f 及机电设备重量 W_m 三大项来估算。选择一条载重量相近的原油船为母型，选取 W_h、W_f 和 W_m，估算设计船的空船重量。

（1）船体钢料重量 W_h。

按立方模数公式估算该项重量。母型船钢料重量系数为

$$C_{h0}=\frac{W_{h0}}{L_{pp0}\times B_0\times D_0}=\frac{7\ 143}{162\times 27.4\times 17.3}=0.093\ 02$$

设计船为满足共同规范的船舶，而母型船不满足共同规范。通常情况下，同一船型满足共同规范的船舶结构重量要大于不满足共同规范的船舶结构重量。根据经验，取设计船的钢料重量系数比母型船大 5%。则设计船钢料重量系数为

$$C_h = 1.05C_{h0} = 0.097\ 67$$

则设计船钢料重量为

$$W_h = C_h \times L_{pp} \times B \times D = 0.09\ 7\ 67 \times 164 \times 27.4 \times 14.5 = 6\ 363.9\text{t}$$

(2) 舾装设备重量 W_f。

由统计可以发现，立方模数公式的重量系数 C_f 随船舶吨位的增加降低很快，因此采用立方模数法估算舾装设备重量时，应当选择船型与吨位均相似的船型确定重量系数 C_f。如果没有合适的母型船，可以以舾装设备相似的同船型船舶为母型，用比较换算法来确定该部分重量。例如，母型船与设计船中有些重量基本不变或者变化较小(如房间设备、钢质门窗、救生设备、全船梯子、通风设备、各种缆索、供应品等)。油漆防腐及水泥等涂敷料、锚泊设备、舵系统等重量随着船舶吨位的变化而变化，这类重量需要根据设计船与母型船吨位的差异采取适当的方法加以修正。本例所选择的母型船与设计船吨位相近且船型相同，所以可以利用母型船的舾装设备重量系数 C_f 采用立方模数法估算舾装设备重量。母型船舾装设备重量系数为

$$C_{f0} = \frac{W_{f0}}{\Delta_0^{2/3}} = \frac{903}{35\ 385^{2/3}} = 0.837\ 8$$

设计船的舾装设备重量系数取与母型船相同值，即

$$C_f = C_{f0} = 0.837\ 8$$

则设计船舾装设备重量为

$$W_f = C_f \times \Delta^{2/3} = 0.837\ 8 \times 35\ 652^{2/3} = 907.5\text{t}$$

(3) 机电设备重量 W_m。

机电设备重量同样可以采用两种方式估算。如果母型船与设计船的吨位差异较大，采用比较换算法，而不用以主机功率为参数的换算公式，可以得到相对准确的计算结果。逐项比较设计船与母型船减小或者增加的重量分项，如主机、锅炉、油舱加热及货油输送系统、管系、发电机及动力设备等。通过将母型船的机电设备重量增加或者减少各分项重量的变化量，得到设计船的机电设备重量。对于本例，可以采用以主机功率为参数的换算公式计算设计船的机电设备重量。母型船与设计船的主机功率均为已知，所以可以将主机功率直接代入至机电设备重量计算公式之中。对于母型船，机电设备重量为

$$W_{m0} = C_{m0}\frac{\Delta_0^{2/3} v_0^3 \times 10^{-3}}{c} = C_{m0}\frac{\Delta_0^{2/3} v_0^3 \times 10^{-3}}{\Delta_0^{2/3} v_0^3 / HP_0} = C_{m0} \times HP_0 \times 10^{-3}$$

设计船机电设备重量系数取自母型船，即

$$C_m = C_{m0} = \frac{W_{m0} \times 10^3}{HP_0} = \frac{1\ 039 \times 10^3}{9\ 721} = 106.882$$

则设计船机电设备重量为

$$W_m = C_m \times HP \times 10^{-3} = 106.882 \times 8\ 810 \times 10^{-3} = 941.6\text{t}$$

5) 重力与浮力平衡

按照初步确定的主尺度，计算空船重量。同时考虑 5%的空船重量估算误差储备，则空

船重量为

$$LW=1.05(W_h+W_f+W_m)=1.05\times(6\ 363.9+907.5+941.6)=8\ 624t$$

由重力与浮力的关系可得到

$$\delta W=\Delta-LW-DW=35\ 652-8\ 624-26\ 500=528t$$

保持 L_{pp}、B、C_b 不变，通过修改吃水 d 满足重力与浮力平衡。本例采用的空船重量计算公式中，船体钢料重量和机电设备重量均与吃水无关，仅舾装设备重量取决于排水量，与吃水相关。重力与浮力平衡方程为

$$\Delta=LW+DW$$

将上式展开后得

$$\Delta=1.05(W_h+W_m)+1.05\times C_f\times\Delta^{2/3}+DW=34\ 170+0.879\ 7\Delta^{2/3}$$

整理后得

$$\Delta-0.879\ 7\Delta^{2/3}-34\ 170=0$$

采用迭代法或者借助于数学软件求解上述方程，得

$$\Delta=35\ 113t$$

则新的吃水为

$$d=\frac{\Delta}{L_{pp}\times B\times C_b\times\rho\times k}=\frac{35\ 113}{164\times27.4\times0.8\times1.025\times1.003}=9.501m$$

通常情况下，船舶的主要尺度需要圆整以便于后续的计算及船舶工艺。圆整吃水值，取设计吃水 $d=9.5m$，此时重力与浮力平衡方程不成立。本例中采用的空船重量计算公式与方形系数无关，通过调整方形系数可以改变排水量，使排水量与空船重量相等，即

$$C_b=\frac{\Delta}{L_{pp}\times B\times d\times\rho\times k}=\frac{35\ 113}{164\times27.4\times9.5\times1.025\times1.003}=0.800\ 1$$

根据上述参数，最终确定船舶排水量为 35 113t。最终确定空船重量为

$$LW=1.05(W_h+W_f+W_m)=1.05\times(6\ 363.9+941.6+0.837\ 8\times35\ 113^{2/3})=8\ 613t$$

6）载货量 W_c 计算

载货量 W_c 等于设计吃水载重量 DW 减去油水等消耗品重量之和。现对油水及备品、供应品的重量计算如下：

(1) 主机燃油(重油)。

该主机的持久使用功率为 6 480kW，相当于服务状态下的功率，服务状态下的航速为 14kn。续航力为 6 000n mile，另加 5 天燃油储备，正常航行中主机烧重油，单位耗油量为 177g/(kW·h)，则燃油总量应为

$$177\times6\ 480\times\left(\frac{6\ 000}{14}+24\times5\right)\times10^{-6}=629t$$

(2) 轻柴油。

设计船航行时发电机的电力负荷约为 377kW，停泊时低于此值，而进出港时高于此值。由于进出港时间较短，故按电力负荷的平均状态为 377kW 计算轻柴油消耗量是足够的。考

虑到发电机效率为 0.8，柴油机的单位耗油量取为 177g/(kW·h)，时间按 6 000n mile 续航力加 5 天储备，并停泊 5 天计算，则柴油机耗油量为

$$177\times\frac{377}{0.8}\times\left(\frac{6\ 000}{14}+24\times10\right)\times10^{-6}=56\text{t}$$

(3) 锅炉燃油。

设计船采用两台副锅炉，蒸发量总共为 40t/h，燃油消耗量总共为 2.7t/h，以下分四种工况进行计算。

① 卸油时锅炉满负荷工作，卸油时间为 20h，耗油量 Q_1 为

$$Q_1=2.7\times20=54\text{t}$$

② 卸油前 48h，需要向货油舱内的加热盘管通入蒸汽对货油加热，加热时锅炉负荷约为 35%，耗油量 Q_2 为

$$Q_2=2.7\times0.35\times48=46\text{t}$$

③ 打压载水平均每个单程有一次抽或排，要求每次抽或排的时间不超过 12h，蒸汽泵的耗汽量约为锅炉负荷的 40%，则抽排压载水耗油量 Q_3 为

$$Q_3=2.7\times0.40\times12=13\text{t}$$

④ 航行时主要利用废汽锅炉的蒸汽，副锅炉保持不灭火的状态即可，负荷很低，可取 5%计算。停泊时，船上的蒸汽消耗很少，故也取 5%负荷计算。所以除去卸油、加热及抽排压载水以外的航行及停泊时间锅炉的耗油量 Q_4 为

$$Q_4=2.7\times0.05\times\left(\frac{6\ 000}{14}+24\times10-20-48-12\right)=74\text{t}$$

增加 10%裕度，则锅炉燃油总需要量 Q 为

$$Q=(Q_1+Q_2+Q_3+Q_4)\times1.1=(54+46+13+74)\times1.1=205\text{t}$$

(4) 锅炉用水。

在营运过程中，设计船每次出港之前，锅炉及管路里应有的水总是装满的，而蒸汽系统工作中的废汽总要冷凝成水再送回锅炉循环使用，因此船上所携带的锅炉用水只需能够补足由于管理不严等原因漏失的一部分水即可，设计船的蒸汽漏失量取为总蒸发量的 5%。所以锅炉水总量应为

$$\frac{Q}{2.7}\times40\times5\%=152\text{t}$$

(5) 滑油。

按主机燃油总量的 2.5%计，滑油总量为

$$Q=629\times0.025=16\text{t}$$

现取为 20t。

(6) 生活用水。

设计船船员 25 人，每人每天用水按 110kg 计，则生活用水总量为

$$25\times110\times\left(\frac{6\ 000}{14\times24}+10\right)\times10^{-3}=77\text{t}$$

现取为 200t。其中增加的 10 天为 5 天储备，5 天停港。

(7) 人员及行李。

每人体重按 70kg 计，每人的行李按 40kg 计，则人员及行李重量为

$$(70+40)\times 25\times 10^{-3}=3\text{t}$$

现取为 6t。

(8) 食品。

每人每天按 5kg 计，食品重量为

$$5\times 25\times\left(\frac{6\ 000}{14\times 24}+10\right)\times 10^{-3}=3\text{t}$$

现取为 5t。

(9) 备品。

备品重量一般为 50～70t，设计船取为 50t。

以上油水等消耗品重量之和为 1 323t。

已知总载重量为 DW=26 500t，则载货量

$$W_c=DW-1\ 323=25\ 177\text{t}$$

表 3-14 为载重量估算汇总表。

表 3-14　载重量估算汇总表

项目	重量/t	项目	重量/t
主机燃油	629	人员及行李	6
轻柴油	56	食品	5
锅炉燃油	205	备品	50
锅炉用水	152	油水等消耗品合计	1 323
滑油	20	载货量	25 177
生活用水	200	载重量总计	26 500

7) 航速校核

航速校核的目的是校验在选定的主要尺度及系数下，当主机输出功率为 6 480kW 时，航速能否达到设计任务书 14kn 的要求。

有效功率的估算，采用兰普法进行，计算结果及步骤列于表 3-15。表中船中剖面系数 C_m 暂取为 0.995，浮心位置 X_b 取为船中前 2.0%L_{pp}。

表 3-15　船速校核

v/kn	V/kn	$V_s/\sqrt{C_{pd}L_d}$	$C_rS/(A_m\times 10^3)$，查表	L_d/B 修正	修正后 $C_rS/(A_m\times 10^3)$	$C_r\times 10^3$	$R_n=V_s\cdot L_d/\nu$	$C_f\times 10^3$，桑海公式
14	13.00	0.579 5	23.079 0	7.386 7%	24.783 7	1.027 2	$9.323\ 8\times 10^8$	1.544 2
15	14.00	0.624 0	25.918 1	7.386 7%	27.832 6	1.153 6	$1.004\ 1\times 10^9$	1.530 2
16	15.00	0.668 6	31.138 1	7.386 7%	33.438 2	1.385 9	$1.075\ 8\times 10^9$	1.517 2
17	16.00	0.713 2	41.313 0	7.386 7%	44.364 6	1.838 8	$1.147\ 5\times 10^9$	1.505 3

续表

ΔC_{AR}，查表	$(C_f+\Delta C_{AR})\times10^3$	$C_t\times10^3$	V_s^2 /(m²/s²)	$\frac{1}{2}\rho V_s^2 S$	$R_t=\frac{1}{2}\rho V_s^2 S C_t$/N	B/d 修正，查表	修正后 R_t/N	$EHP=R_t\times V_s$/kW
0.000 2	1.694 2	2.721 4	44.7186	$1.432\ 2\times10^8$	389 743	1.024 2	399 179	2 669
0.000 2	1.680 2	2.833 8	51.863 0	$1.661\ 0\times10^8$	470 687	1.024 2	482 083	3 472 3
0.000 2	1.667 2	3.053 1	59.536 7	$1.906\ 7\times10^8$	582 150	1.024 2	596 244	4 601
0.000 2	1.655 3	3.494 1	67.739 5	2.1694×10^8	758 020	1.024 2	776 372	6 390

采用螺旋桨设计的通常方法，利用 MAU 图谱估算出设计船在航速约为 14kn 时推进系统的总推进系数约为 0.59，考虑适当裕度，取为 0.585，则主机输出功率为 6 480kW，折算成推进功率为

$$THP=6\ 480\times0.585=3\ 791\text{kW}$$

航速校核用到的基本参数汇总如下：

$L_{pp}=164\text{m}$

$C_m=0.995$

$L_d=1.01L_{pp}=165.6\text{m}$

$C_p=0.8041$

$B=27.4\text{m}$

$d=9.5\text{m}$

$B/d=2.884$

$\nabla=34\ 256\text{m}^3$

$L_d/B=6.045$

$C_b=0.800\ 1$

$X_b=+2.0\%L_{pp}$

$S=(3.4\ \nabla^{1/3}+0.5L_{pp})\nabla^{1/3}=6\ 249\text{m}^2$

$\rho=1\ 025\text{kg/m}^3$

$$C_{ti}=C_{Rt}+C_{Fs}+C_A=\frac{R_{ti}}{1/2\rho V_s^2 S}$$

按计算得到的 EHP 绘制有效马力曲线，如图 3-10 所示，插值得到 EHP 为 3 791kW 时，航速为 14.33kn，大于 14kn，说明设计船航速达到设计任务书要求。

8）容积校核

《船舶与海上设施法定检验规则》中有关新建油船双层壳双层底等规定：

① $600\text{t}\leqslant DW<5\ 000\text{t}$ 油船，至少应设双层底结构，其高度 $h_d=B/15$，但不得小于 0.76m。

② $DW\geqslant5\ 000\text{t}$ 油船，必须设双层壳双层底结构。整个货油舱长度范围应由压载舱、非货油和燃油处所加以保护。双层壳宽度 b 不得小于 $0.5\text{m}+DW/20\ 000$ 或 2m(取小者)，但

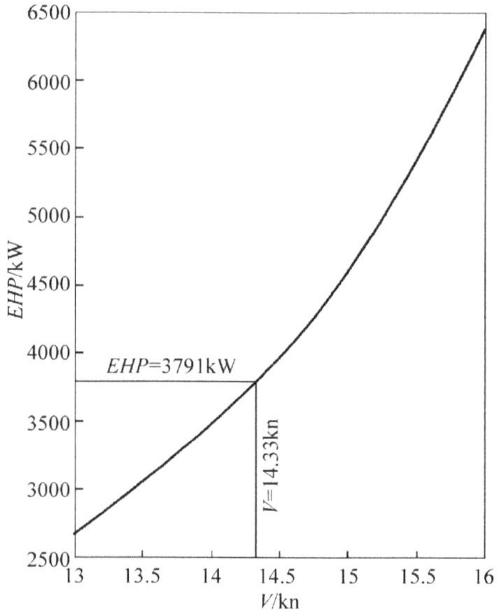

图 3-10　设计船航速估算

不得小于 1m。双层底高度 h_d 不得小于 $B/15$ 或 2m(取小者),但不得小于 1m。

按上述规定,设计船货油区结构必须采用双层壳双层底结构。对双层壳宽度 b 及双层底高度 h_d 选择如下。双层壳宽度为

$$b=0.5+DW/20\ 000=0.5+26\ 500/20\ 000=1.825\text{m}$$

设计船双层壳宽度 b 实取 2m。

双层底高度为

$$h_d=B/15=27.4/15=1.826\ 7\text{m}$$

圆整后 h_d 实取 1.83m。

对双层壳双层底型油船容积校核要分项检验,即分别对货油舱容积和专用压载舱容积进行检验。要求:

$$V_{tk}\geqslant V_{cn}$$

$$V_{wb}\geqslant V_{bn}$$

式中　V_{tk}——货油舱能提供的容积,m^3;

V_{cn}——货油舱所需型容积,m^3;

V_{wb}——压载舱能提供的容积,m^3;

V_{bn}——压载舱所需容积,m^3。

(1) 货油区能提供的总容积 V_D。

货油区能提供的总容积 V_D 按下述统计式计算:

$$V_D=K_vL_cBDC_{md}$$

$$C_{md}=1-d/D(1-C_m)=1-9.5/14.5\times(1-0.995)=0.996\ 7$$

式中　K_v——货油区容积利用系数;

L_c——货油区长度；

C_{md}——船中型深中剖面系数。

L_c 可以由两种方式确定。对于没有准确母型资料的情况，L_c 可以由货油区长度利用系数 K_c 确定：

$$L_c = K_c L_{pp}$$

现代大型油船 K_c 一般为 0.70～0.79。对于有准确母型资料的情况，可以分项相对准确的估算 L_c。对于大多数油船，纵向由尾向首依次划分为尾部、机泵舱、货油区、隔离空船（部分船舶）和首部。货油区长度等于总长度减去其余部分长度。尾部长度、机泵舱长度和首部长度可以根据母型船的相应长度换算得到。本例中，设计船的主机比母型船的主机长约 0.2m，两船的尺度相近且载重量相似，所以在确定设计船货油区长度时，设计船的泵舱长度、首部长度和尾部长度可以取自母型船。两船均不设置隔离空舱。母型船将燃油舱设置于货油区后方，燃油舱占用机舱区域长度 1.6m。设计船拟对燃油舱进行优化布置，将燃油舱设置在泵舱的两侧，不单独占用机舱长度，则设计船对机舱的长度要求可以减少 1.6m。经上述分析，对于除了货舱区域以外的首尾垂线之间长度，可以认为设计船比母型船短 1.6－0.2＝1.4m。母型船除货油区以外的长度为 39.68m，所以设计船的货油区长度为

$$164 - 39.68 + 1.4 = 125.72\text{m}$$

K_v 同样可以采用两种方式确定。对于没有准确母型资料的情况，K_v 可以由经验公式估算：

$$K_v = 0.6596 + 0.6749C_b - 0.3022K_c$$

对于有船型、吨位均相似的母型船的情况，可以先计算母型船的货油区容积利用系数，设计船的货油区容积利用系数取自母型船。本例中，母型船的货油区总型容积为 56 585m³，母型船的货油区长度为 122.32m，母型船船中型深中剖面系数为 1－9.75/17.3×(1－0.995 3)＝0.997 35。则设计船的货油区容积利用系数为

$$K_v = K_{v0} = V_{D0}/(L_0 B_0 D_0 C_{md0}) = 56585/(122.32\times 27.4\times 17.3\times 0.99735) = 0.9785$$

其中，下标 0 表示母型船对应变量。

设计船能提供的总容积 V_D 为

$$V_D = K_v LBDC_{md} = 0.9785\times 125.72\times 27.4\times 14.5\times 0.9967 = 48713\text{m}^3$$

(2) 货油舱能提供的容积 V_{tk}。

设计船货油舱能提供的容积 V_{tk} 按下式计算：

$$V_{tk} = K_a L_c (B - 2b)(D - h_d)$$

式中　b——双层壳宽度，m；

h_d——双层底高度，m；

K_a——货油舱容积利用系数。

K_a 可以通过两种方式计算。对于无准确母型船的情况，可以采用经验公式计算：

$$K_a = (0.25C_b + 0.702)(0.018b + 0.950)$$

对于有船型、吨位均相似的母型船的情况，设计船的货油舱容积利用系数可以取自母型船。本例中，母型船的双层底高度为 1.83m，双层壳宽度为 2.0m，货油舱总型容积为 41 606m³，设计船货油舱容积利用系数为

$$K_a = K_{a0} = 41\ 606/122.3/(27.4-2\times2.0)/(17.3-1.83) = 0.939\ 8$$

设计船货油舱能提供的容积 V_{tk} 为

$$V_{tk} = K_a L_c (B-2b)(D-h_d) = 0.939\ 8\times125.72\times(27.4-2\times2)\times(14.5-1.83) = 35\ 029\text{m}^3$$

(3) 压载舱能提供的容积 V_{wb}。

设计船的货油区仅用于设置货油舱与压载舱，即 $V_D - V_{tk}$ 可近似作为设计船能够提供的压载舱容积。设计船货油区压载舱能提供的容积：

$$V_{wb} = V_D - V_{tk} = 48\ 713 - 35\ 029 = 13\ 684\text{m}^3$$

(4) 货油舱所需型容积 V_{cn}。

设计船货油舱所需型容积 V_{cn} 为

$$V_{cn} = \frac{W_c}{k_t \times k_p \times r_c}$$

式中　$W_c = 25\ 177\text{t}$，货油量；

$r_c = 0.75\text{t/m}^3$，货油密度；

k_t——考虑结构构件等因素的舱容利用系数，取 98%；

k_p——考虑货油受热膨胀的货油舱装载系数，取 98%。

$$V_{cn} = \frac{25\ 177}{0.75\times0.98\times0.98} = 34\ 953\text{m}^3$$

(5) 货油舱与压载舱容积校核。

经上述计算可知，设计船的 $V_{tk} > V_{cn}$。同时，V_{tk} 与 V_{cn} 二者不能相差太大，否则可能导致设计舱容超过实际需要舱容，装载时不能满载，导致设计船的经济性变差。设计船的 V_{tk} 与 V_{cn} 二者差为 $V_{tk} - V_{cn} = 35\ 029 - 34\ 953 = 76\text{m}^3$，在合理的范围内，所以货油舱容积满足设计要求。

设计船应设专用压载舱。据统计，大型油船压载舱容积为 30%DW～40%DW。粗略的压载舱容积估算，可以参照上述统计值进行。如果需要准确估算压载舱所需容积，需要详细考虑《船舶与海上设施法定检验规则》中关于防污染对专用压载舱的要求。专用压载舱全船压载总量(油舱不做压载舱)应保证空船压载航行时满足：

① 船中处平均吃水 d_m 不小于 $2.0\text{m}+0.02L$。船长 L 指量自龙骨板上缘的最小型深 85%处水线总长的 96%，或沿该水线首柱前缘至舵杆中心的长度，取大者。船舶设计为倾斜龙骨时，其计量长度的水线应与设计水线平行。

② 最大纵倾引起的首尾吃水差不大于 $0.015L$，且船舶的首垂线、尾垂线处吃水满足纵倾限制与最小吃水要求。

③ 螺旋桨不得出水，尾部吃水应满足螺旋桨埋没的要求。

④ 除特殊情况外，货舱不得兼做压载舱。

对于设计船，船长 $L=164.746\text{m}$，船中平均吃水不应小于 $2+0.02\times L=5.29\text{m}$。螺旋桨顶部边缘距基线距离可以参考母型船取 5.95m，最大允许的首尾吃水差为 $0.015\times164.746=2.47\text{m}$。偏于保守估计，假设压载时首尾吃水差为 1.0m，则满足螺旋桨埋没要求的船中最小吃水为 $5.95-1.0/2=5.45\text{m}$。综上考虑，压载时船中最小吃水为 5.45m。参考母型船，估算设计船在吃水为 5.45m 时的方形系数为 0.755，则此时的排水量为

$$\Delta_b = L_{pp} \times B \times d_b \times C_{bb} \times \rho \times k = 164 \times 27.4 \times 5.45 \times 0.755 \times 1.025 \times 1.003 = 19\ 009\text{t}$$

式中　Δ_b——压载时的排水量；

d_b——压载时的吃水；

C_{bb}——压载时的方形系数。

取压载到港载况，燃油、淡水等消耗品取总量的 10%为 132t，则需要的压载舱容积为

$$V_{bn} = \frac{\Delta_b - W_r - LW}{\rho \times k_b} = \frac{19\ 009 - 132 - 8\ 613}{1.025 \times 0.98} = 10\ 218\text{m}^3$$

式中　k_b——压载舱容积利用系数。

设计船的舱容满足 $V_{wb} > V_{bn}$，压载舱舱容满足设计要求。

设计船拟采用平板横舱壁与平板中纵舱壁，横舱壁、中纵舱壁均不设置底凳或者顶凳。对于舱壁形式为槽形的船舶，通常需要设置底凳，部分船舶横舱壁、中纵舱壁设置顶凳。对于带有横舱壁、纵舱壁底凳/顶凳的船舶，底凳/顶凳内部区域通常不作为货油舱，可设置为空舱或者压载舱。此时，估算舱容时必须考虑底凳/顶凳体积的影响。特别是母型船与设计船底凳/顶凳设置不同时，估算母型船的货油区容积利用系数 K_{v0}，货油舱容积利用系数 K_{a0} 时，需要根据实际情况，合理考虑底凳/顶凳体积的影响。如果设计船带有底凳/顶凳，计算压载舱可提供的容积时，需要从 $V_D - V_{tk}$ 中扣除底凳/顶凳的体积，将扣除后的容积作为压载舱可提供的容积 V_{wb}。同理，如果母型船或者设计船在货油区设置有空舱、燃油舱等其他类型舱室时，容积校核需要采取合理的计算方法考虑其影响。

通过容积校核后，设计船主要尺度及方形系数确定如下：

垂线间长	$L_{pp} = 164\text{m}$
型宽	$B = 27.4\text{m}$
设计吃水	$d = 9.5\text{m}$
型深	$D = 14.5\text{m}$
方形系数	$C_b = 0.800\ 1$
空船重量	$LW = 8\ 613\text{t}$
载重量	$DW = 26\ 500\text{t}$
排水量	$\Delta = 35\ 113\text{t}$

3.5　确定布置地位型船舶主要要素的一般步骤及实例

3.5.1　一般步骤

有些船舶的主要尺度确定主要取决于主船体内及甲板上的布置所需地位，像集装箱船、滚装船、客船、拖轮、工程船等的主要尺度，主要是靠布置地位确定的。这些船舶的主要尺度确定就是布置地位型问题，确定布置地位型船舶主要尺度的一般步骤如下：

(1) 从布置入手初步拟定 L_{pp}，B，D；

(2) 计算重量，选择吃水，保持重力与浮力平衡，计算方形系数；

(3) 进行性能校验，调整主要要素。

布置地位型船舶中，由于各类船舶的性能特点有差异，在确定步骤和方法上会有些区别，要根据设计船的具体情况采取相应的步骤与方法，下面以集装箱船为例具体介绍布置地位型船舶主要尺度确定的一般步骤及方法。

集装箱船运送货物的单元是集装箱，其主要尺度必须满足装载一定数量集装箱所需的地位。表 3-16 为国际标准化组织(ISO)对海运推荐的部分标准箱外部尺度、容积与重量。

表 3-16 部分标准箱的外部尺度、容积与重量

箱型	高/mm		宽/mm		长/mm		最小内部容积/m^3	限定最大重量/kg
	尺度	公差	尺度	公差	尺度	公差		
IAA	2 591(8′6″)	0～5	2 438(8′)	0～5	12 192(40′)	0～10	64.8	30 480
IA	2 438(8′)	0～5	2 438(8′)	0～5	12 192(40′)	0～10	60.5	30 480
ICC	2 591(8′6″)	0～5	2 438(8′)	0～5	6 058(20′)	0～10	31.7	20 320
IC	2 438(8′)	0～5	2 438(8′)	0～5	6 058(20′)	0～10	29.6	20 320

1. 甲板箱数与舱内箱数的分配及行、列、层的选择

集装箱船舱内容积利用率比普通货船低，为增大载箱量，一方面可将货舱口开得尽量大，以增加舱内集装箱数，另一方面在甲板上装载一定数量的集装箱。甲板箱数的多少与甲板及舱口盖的承载能力、船舶尺度、稳性、有无起重设备、固缚设备装拆时间、驾驶视线等因素有关。所以，甲板集装箱与舱内集装箱的分配，应视船型大小、航线情况、港口装卸条件、船舶造价及性能各方面因素加以确定。甲板上堆放的集装箱数(N_D)和舱内布置的集装箱数(N_H)分别与各自布置的行、列、层有关。通常中小型集装箱船甲板箱一般为 1～3 层，以 2～3 层居多，现代大型集装箱船(巴拿马型或超巴拿马型)甲板箱可达 5～6 层。

集装箱布置的行、列、层选择问题：集装箱在船长、型宽和型深方向的排列，依次称为行、列、层，分别以 X,Y,Z 表示。

确定了 N_D 与 N_H 的分配之后，需进一步确定舱内集装箱在船长、型宽和型深方向的分布，即行数、列数、层数。行数、列数、层数对船舶主要尺度有很大影响，在确定货舱尺度之前要选择好行、列、层数。

行数、列数、层数与舱内集装箱数 N_H 的统计关系为

$$X \times Y \times Z = 1.445 N_H - 62$$

表 3-17 给出了 $Y \times Z$ 与 N_H 的大致关系，运用此表和前述的统计关系式，就可确定出 X,Y,Z。显然 X,Y,Z 均应取整数。

表 3-17 $Y \times Z$ 与 N_H 的关系

$Y \times Z$	N_H	$Y \times Z$	N_H	$Y \times Z$	N_H
5×3	120～250	7×5	300～450	9×7	850～1 200
6×4	250～300	8×6	450～850	10×9	>1 500

2. 主要尺度初步选择

按舱内箱分布的行数、列数、层数确定船长、型宽与型深。

1) 船长的确定

集装箱船的垂线间长 L_{pp}，根据布置要求，一般表示为

$$L_{pp}=L_a+L_m+L_f+L_d+L_c$$

式中　L_a——尾尖舱长度，约为(4%～5%)L_{pp}；

L_f——首尖舱长度，规范规定≥5% L_{pp}，一般为(5%～7%)L_{pp}；

L_d——深油舱长度，尾机型船舶因纵倾调整和布置需要，常在首部设有燃油深舱或压载舱，一般为(3%～5%)L_{pp}；

L_m——机舱长度，小型船为主机长加 10m，低速柴油机的机舱长可由下式计算：

$$L_m=23+2\times10^{-4}\times\frac{BHP}{0.376}\quad(\text{m})$$

式中　BHP——主机额定功率，kW；

L_c——货舱长度，根据舱内集装箱布置的行数、集装箱间纵向间隙及集装箱与横舱壁间的间隙确定。初始阶段可用下述各式估算：

$$L_c=KL_TX\quad(\text{m})$$

$$L_c=7.7X-8\quad(\text{m})$$

式中　X——行数；

L_T——20ft 的标准箱长，$L_T=6.058$m；

K——系数，一般为 1.2～1.3。

2) 型宽的确定

型宽根据集装箱装载的列数 Y，考虑货箱之间的间隙与甲板通道(或边舱)的宽度确定。如图 3-11 所示，型宽按下式计算：

$$B=Y(d+\alpha)+a(Y-M)+2Mc+(M-1)e+2b$$

式中　Y——舱内集装箱列数；

d——20ft 集装箱宽度，$d=2.438$m；

α——集装箱与导箱轨之间的间隙，一般为 0.025～0.03m；

M——沿型宽方向舱口的数目；

a——导箱架的组合构件的厚度(格栅宽度)，一般为 0.2～0.25m；

e——舱口纵梁面板宽度，一般为 0.5～0.7m；

c——集装箱距舷侧纵隔壁的距离，一般为 0.15m；

b——甲板边板宽度(舷侧水舱宽度)，一般 $2b/B=10\%\sim23\%$，通常取 3.0～3.2m。

3) 型深的确定

型深主要取决于集装箱在舱内的层数。型深与有关尺度间的关系如图 3-12 所示，按下式计算：

$$D=h_d+H_n+h_t+f-(H_c+C)$$

式中　h_d——双层底高度，m；

H_n——货舱内集装箱总高度，H_n＝箱高（H_{TEU}）×层数（Z），20ft（6.058m）标准箱高 $H_{TEU}=2.591$m；

h_t——内底距最下层集装箱的间隙，一般为 0.025～0.05m；

f——集装箱顶与舱口盖板下缘的距离，一般单板开敞式大舱口取 0.45～0.5m；

C——上甲板梁拱，可按 $B/50$ 选取；

H_c——货舱口围板高度，一般在 0.6m 以上，某些集装箱船，货舱口至舷墙间要堆放集装箱，其下设走道，舱口围板高度可达 1.5～2.0m。

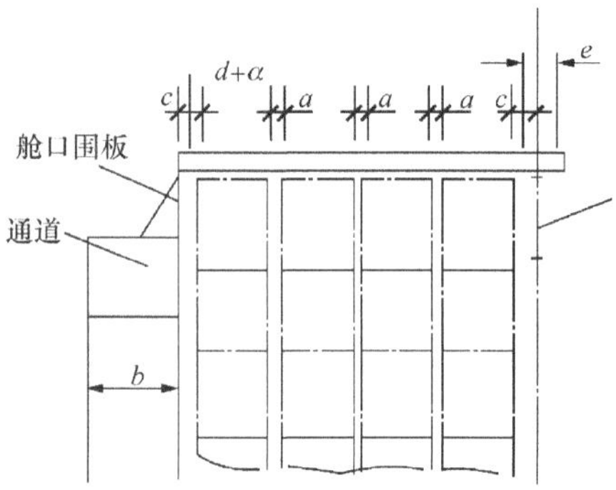

图 3-11　集装箱在宽度方向上的布置

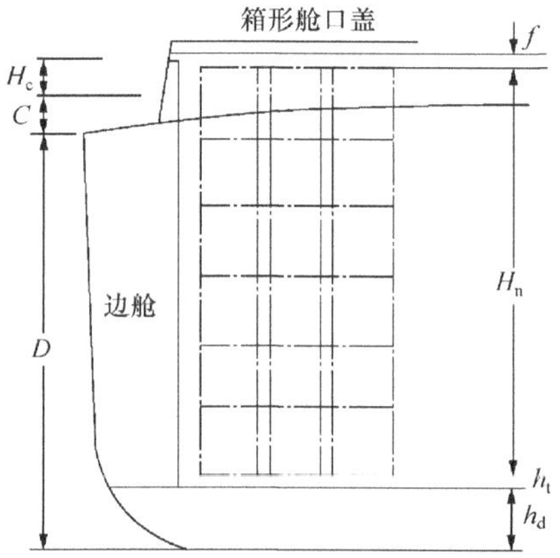

图 3-12　型深确定

3. 重量估算

1）空船重量

空船重量可根据母型船重量资料经换算确定。

2）载重量

集装箱船载重量包括集装箱、燃油、滑油、淡水、船员及行李、供应品、备品及为调节浮态和稳性而加的压载水等的重量。

油、水、供应品、备品、船员及行李等的重量按第 2 章所述方法计算。

集装箱重量或载货量

$$W_c=\alpha N_T W_{max}$$

式中　W_{max}——每个集装箱的最大重量，t；

N_T——总装箱数；

α——每箱平均重量系数（一般为 0.6～0.7）。

压载水重量按相近型船确定。

4. 确定吃水 d 和方形系数 C_b

根据重力与浮力平衡条件可得

$$dC_b=\frac{\Delta}{k\gamma L_{pp}B},\quad \Delta=LW+DW$$

吃水受航道及港口水深限制时，取限制吃水，否则取较大吃水，对推进性能有利。得出吃水后，就可由上式求出方形系数。若不合适，则应视具体情况对吃水和方形系数加以调整。

5. 绘制型线草图和进行总布置

有了初步的主要尺度和排水量之后，可绘制型线草图和进行总布置，通过总布置检验舱内箱和甲板箱的总数是否满足要求，其次再核算航速及初稳性。根据总箱数和性能校核结果，视具体情况调整主要尺度，进行较深入计算。

3.5.2　实例

实例一　确定一艘总装箱数 N_T 为 700～750 TEU，
航速不小于 15kn 的吊装式集装箱船的主要尺度

载箱量为 700～750 TEU 的集装箱船属中小型集装箱船。目前集装箱船已发展到第五代，载重量约为 4 万～8 万吨，载箱量为 3 500～5 000 TEU，分巴拿马型（B=32.2m）和超巴拿马型（B>32.2m）两种。尽管各代集装箱船载箱量和载重量有很大差异，但其尺度确定均属于布置地位型，其一般步骤和方法是一致的。

1. 通过布置确定船长、型宽、型深

载箱量为 700～750 TEU 的集装箱船属中小型集装箱船，通常设计成单舱口形式，一般设三个货舱。考虑到兼顾运输重长货物的可能，一般是长短舱配置，设两个短舱和一个长舱（第二个货舱为长舱）。

根据设计要求并参考同型船的实船资料，拟定本船横剖面为图 3-11 所示形式（不设舱口纵梁）。舱内布置 6 列 4 层集装箱，甲板上布置 9 列 3 层集装箱，货箱全部纵向安放。

1）型宽

按舱内集装箱布置计算，取边舱宽 b=3.1m，货箱与侧壁间隙 c=0.12m，格栅宽度 a=0.2m，集装箱在格栅中宽度方向的间隙 α=0.025m，集装箱宽度 d=2.438m，则型宽 B 为

$$\begin{aligned}B &= 6(d+\alpha)+2b+2c+5a \\ &= 6(2.438+0.025)+2\times 3.1+2\times 0.12+5\times 0.2 \\ &= 14.778+6.2+0.24+1.0 \\ &\approx 22.2\text{m}\end{aligned}$$

按甲板上集装箱布置计算，取货箱间隙为 0.025m，则所需型宽为

$$\begin{aligned}B &= 9d+8\times 0.025 \\ &= 9\times 2.438+0.025 \\ &\approx 22.0\text{m}\end{aligned}$$

综合考虑按舱内布置及甲板布置所得的两个值，取型宽 B 为 22.2m。

2）型深

分别取双层底高度 $h_d=1.5m$，内底及其上垫板厚 $h_t=0.04m$，舱内集装箱最上层货箱顶面至舱口盖下缘距离 $f=0.15m$，舱口围板高度 $H_c=1.5m$（考虑到货舱口两侧的上方布放集装箱时，其下面通道的最低高度），集装箱高度 $H_{TEU}=2.591m$，舱口纵围板下面的拱高很小，可忽略不计，则型深为

$$\begin{aligned}D&=h_d+h_t+4\times H_{TEU}+f-(H_c+0)\\&=1.5+0.040+4\times 2.591+0.15-(1.5+0)\\&=10.554m\end{aligned}$$

取型深 $D=10.6m$。

3）船长

设三个货舱，第一货舱和第三货舱布置四行 20ft 集装箱，第二货舱布置六行 20ft 集装箱。在长度方向上的每两个 20ft 箱可以换装一个 40ft 箱，故货舱长度可按 40ft 箱长 12.192m 计，但行数上是上述行数的一半。按导轨的通常尺度，取货舱口端壁与货箱间的距离为 0.27m，取货箱间纵向间隙为 0.55m，货箱与导轨间每面留 0.02m 间隙，则第一和第三货舱口长度为

$$l_1=l_3=(12.192+0.04)\times 2+2\times 0.27+0.55=25.554m$$

第二货舱口长度为

$$l_2=(12.192+0.04)\times 3+2\times 0.27+2\times 0.55=38.336m$$

取实际肋骨间距长度为 710mm，按肋位数计算：

第一和第三货舱口取 36 个肋位，其长度为

$$36\times 0.71=25.56m$$

第二货舱口取 54 个肋位，其长度为

$$54\times 0.71=38.34m$$

货舱长度的确定：

在第一和第二货舱及第二和第三货舱间设单柱旋转式吊车（即克林吊），吊柱两侧设一行 20ft 箱，吊柱中心线至舱口横向围板间距为 4 个肋位；第一货舱口的前围板至首楼后壁及第三货舱口的后围板至尾楼前壁的间隙各取 2 个肋位（交通通道需要），则第一、第二、第三货舱长度分别为

$$l_1=l_3=25.56+6\times 0.71=29.82m$$

$$l_2=38.34+8\times 0.71=44.02m$$

货舱区总长度为

$$l=2\times 29.82+44.02=103.66m$$

船长的确定：

参考母型船，尾尖舱长度取 7.2m，机舱长度取 17.04m，首侧推装置舱长度取 3m，首尖舱长度取 7.1m，则船长为

$$L_{pp}=7.2+17.04+103.66+7.1+3=138m$$

2. 重量估算

1）空船重量估算

（1）船体钢料重量 W_h。

船体钢料重量 W_h 按下式估算：

$$W_h = 0.04607L^{1.659}B^{0.7777}D^{0.2825}$$
$$= 0.04607 \times 138^{1.659} \times 22.2^{0.7777} \times 10.6^{0.2825}$$
$$= 0.04607 \times 3548.62 \times 11.144 \times 1.9483$$
$$= 3550\text{t}$$

（2）舾装设备重量 W_f。

舾装设备重量 W_f 按下式估算：

$$W_f = 0.0912L^{1.604}B^{0.4705}D^{0.0154}$$
$$= 0.0912 \times 2706.24 \times 4.3 \times 1.0009$$
$$= 1062\text{t}$$

（3）机电设备重量 W_m。

机电设备重量 W_m 按下式估算(取主机功率 $BHP = 5770\text{kW}$)：

$$W_m = 169.14\left(\frac{BHP}{1000}\right)^{0.5} + 370.3$$
$$= 169.14\left(\frac{5770}{1000}\right)^{0.5} + 370.3$$
$$= 777\text{t}$$

空船重量：

$$LW = (W_h + W_f + W_m) \times 1.045$$
$$= (3550 + 1062 + 777) \times 1.045$$
$$= 5632\text{t}$$

其中 1.045 是考虑了 4.5%的储备重量时的系数。

2）载重量估算

初步估算时，根据总装箱数 N_T 估算载重量：

$$DW = K_c N_T P_C$$

式中　K_c——计入集装箱固缚设备，人员、食品、油水、压载水等重量的系数，参照母型船可取为 1.325；

P_C——集装箱每箱计算重量，取为 13t/箱(相当于标准重量的 65%)；

N_T——总装箱数，TEU。

总装箱数 N_T 估算：

舱内箱数为

$$N_H = K_0 XYZ = 0.91 \times 14 \times 6 \times 4 = 306\ \text{TEU}$$

式中　$K_0 = 0.91$，折减系数，取自母型船；

$X=14$，舱内箱总行数；

$Y=6$，舱内箱列数；

$Z=4$，舱内箱层数。

甲板上货箱数为

$$N_D=K_1XYZ=0.92\times17\times9\times3=422\ \text{TEU}$$

甲板上布置三层，总行数 $X=17$，列数 $Y=9$，层数 $Z=3$，折减系数取为 $K_1=0.92$。

所以总装箱数 N_T 为

$$N_T=N_H+N_D=306+422=728\ \text{TEU}$$

载箱量符合设计要求。

本集装箱船载重量为

$$DW=1.325\times728\times13=12\ 540\text{t}$$

3. 吃水及方形系数的确定

1) 吃水

考虑集装箱船的稳性要求及兼顾航速，吃水选得太大，则宽度吃水比变小，对稳性不利；但吃水太小，则对航速不利。综合考虑选择 7.9m 作为设计吃水。

2) 方形系数按重力与浮力平衡确定

本船满载排水量为

$$\Delta=LW+DW=5\ 632+12\ 540=18\ 172\text{t}$$

方形系数为

$$C_b=\frac{\Delta}{L_{pp}Bd\gamma_a}=\frac{18\ 172}{138\times22.2\times7.9\times1.026}=0.732$$

4. 性能校核

1) 航速校核

主机功率 $BHP=5\ 770$kW(MCR)，转速 $N=155$r/min，计算航速时取功率为 0.95MCR，即 5 482kW。

初步估算航速，用下面的经验公式计算：

$$\begin{aligned}v_s&=1.765L^{0.2098}B^{-0.181}d^{-0.0911}C_b^{-0.4816}BHP^{0.1995}\\&=1.765\times138^{0.2098}\times22.2^{-0.181}\times7.9^{-0.0911}\times0.732^{-0.4816}\times5\ 482^{0.1995}\\&=15.18\text{kn}\end{aligned}$$

航速满足设计要求。

2) 稳性校核

初稳性高度按下式核算：

$$\overline{GM}=Z_b+r-Z_g$$

$$A_1=\frac{C_w}{C_w+C_b}=\frac{0.83}{0.83+0.732}=0.531$$

$$Z_b = A_1 d = 0.531 \times 7.9 = 4.195\text{m}$$

$$A_2 = \frac{C_w^2}{11.4C_b} = \frac{0.83^2}{11.4 \times 0.732} = 0.0826$$

$$r = A_2 \frac{B_2}{d} = 0.0826 \frac{22.2^2}{7.9} = 5.153\text{m}$$

$$Z_g = \xi D = 0.78 \times 10.6 = 8.268\text{m}$$

$$\overline{GM} = 4.195 + 5.153 - 8.268 = 1.08\text{m}$$

水线面系数 C_w 及重心垂向高度系数 ξ 参照母型船确定。

以上通过初步草图布置和重量估算，初步确定出船舶主要尺度、方形系数及总装箱数。但这只是一个初次近似计算结果，接下去应绘制型线图，进行较详细布置，进一步修正和完善主要尺度及船型系数。

5. 通过绘制型线草图进行实际布置修正主要尺度及排水量

当初步确定出主要尺度之后，可通过绘制型线草图进行实际布置确定总装箱数，进一步修改主要尺度。实际布置的结果如图 3-13 所示。舱内各层自下而上安放的货箱数分别为：一层 70 箱，二层 76 箱，三层 78 箱，四层 80 箱，舱内共计 304 箱。甲板上在尾楼以前布置三层 16 行，每层安放 136 箱，共计 408 箱；尾楼后面安放两层 1 行，每层 6 箱，共计 12 箱。甲板货箱共计 420 箱。

1）载重量及排水量计算

根据实际布置和实际箱重再次计算载重量。舱内货箱单箱重量各层分别取为：一层 20t、二层 18t、三层 16t、四层 14t；甲板货箱每箱重量取 8.5t。船员、油水及货箱固缚设备重量经换算共计 1 582t；压载水重量参照母型船取为 2 208t。载重量及满载排水量、重量重心见表 3-18。

表 3-18　载重量、满载排水量、重量重心

序号	项目名称	P/t	Z_g/m	M_{xy}/(t·m)
1	船员、油水及货箱固缚设备等的重量	1 582	5.128	8 112.5
2	压载水重量	2 208	1.649	3 641
3	集装箱重量	8 706	9.94	86 537.64
4	载重量 DW	12 496	7.866	98 291.14
5	空船重量 LW	5 632	8.80	49 561.6
6	排水量 Δ	18 128	8.156	147 852.74

2）主要尺度及方形系数修正

船长、型宽、吃水仍保持不变，这里主要修改方形系数。修正后的方形系数为

$$C_b = \frac{\Delta}{L_{pp} B d \gamma_a} = \frac{18128}{138 \times 22.2 \times 7.9 \times 1.026} = 0.730$$

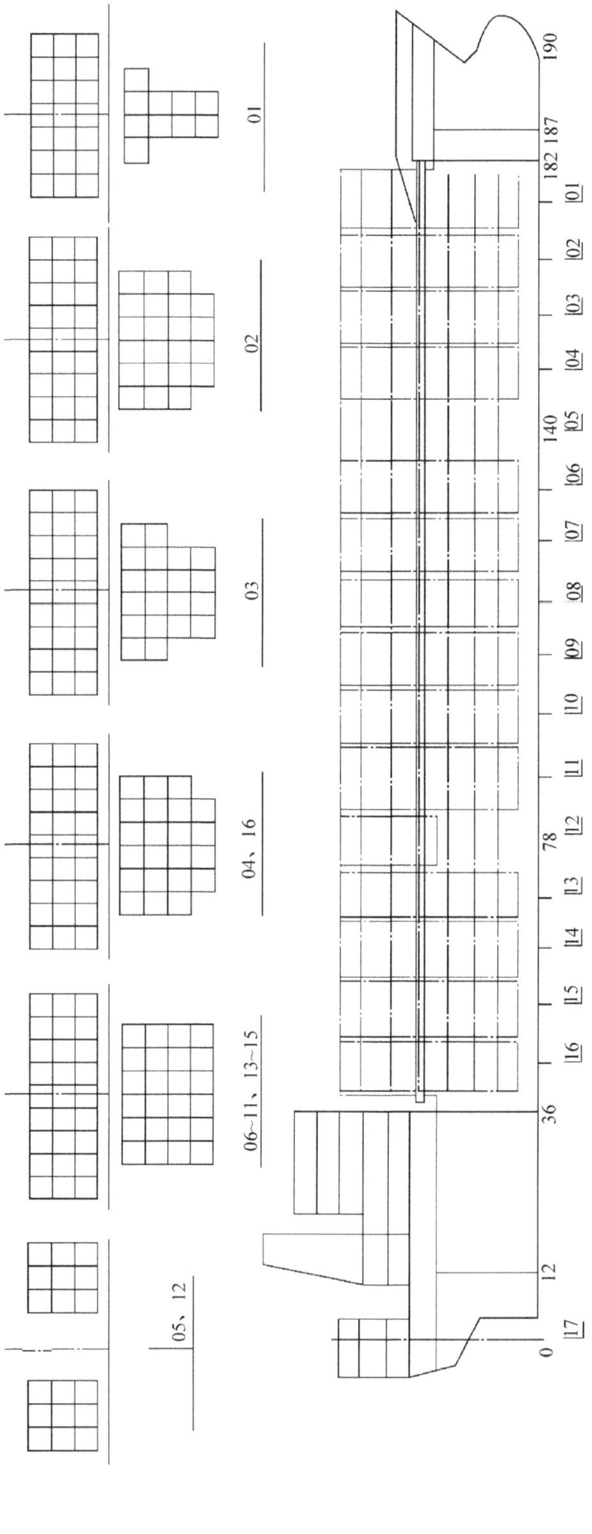
01
02
03
04、16
06~11、13~15
05、12
190
187
182
140
78
36
12
0
17
01
02
03
04
05
06
07
08
09
10
11
12
13
14
15
16

图 3-13　集装箱布置图

3）航速与稳性校核

（1）航速校核。

应该说明，这一阶段有条件应采取较精确的方法校核航速（如计算有效功率和螺旋桨初步设计），为简化说明问题，仍以前述方法进行航速校核。

$$v_s = 1.765 L^{0.2098} B^{-0.181} d^{-0.0911} C_b^{-0.4816} BHP^{0.1995}$$
$$= 15.21\text{kn}$$

（2）稳性校核。

$$\overline{GM} = \overline{KM} - \overline{KG} = 9.15 - 8.156 = 0.994\text{m}$$

式中 $\overline{KM}$——稳心距基线的高度，取自静水力曲线；

$\overline{KG}$——重心距基线的高度，取自表 3-18。

经自由液面修正后的$\overline{GM_0}$为

$$\overline{GM_0} = \overline{GM} - \delta h = 0.994 - 0.002 = 0.992\text{m}$$

实例二 确定 1 940kW 港作拖轮的主要尺度

1. 本船的主要任务及要求

（1）主要任务是在港区协助 5 万～10 万吨海船靠离码头。

（2）主机采用 8NVD 48-2U 柴油机两台，在额定转速 428r/min 下，每台主机额定功率为 970kW。

（3）续航力 120h。

（4）船员 21 人。

（5）采用双机、双桨、双转动导流管舵，以获得最大的拖力。

2. 对本船的简要分析

按设计要求，本船为港作拖轮，主要任务是协助大型船舶在港区内靠离码头，因此本船应具备以下特点：

（1）操纵灵活，回转半径小。

（2）稳性好，特别应满足拖索急牵时的稳性要求，因此应有足够的初稳性高度。

（3）应有较高的推进效率，在拖曳时能产生较大的推力。

（4）在保证稳性的情况下，力求横摇和缓，以利作业。

为此，本船船长应力求减小以改善操纵性。在保证稳性要求的情况下，应尽量减小型宽，以使横摇尽量和缓。在满足布置要求及溅湿性要求的情况下，型深也不应过大，以免引起重心过高、拖钩位置升高及受风面积加大而使稳性降低。本船龙骨应设计为尾纵倾式，以加大尾吃水增加螺旋桨直径，从而提高推进效率，增加推力。

3. 主要尺度及排水量估算

1）主要尺度估算

（1）垂线间长。

港作拖轮主要从操纵及布置要求两个方面选取船长。从总布置出发，当肋骨间距取550mm时，从尾向首各舱所需的长度为：舵机舱3.3m，油舱及储物舱7.15m，机舱13.75m，船员舱6.05m，首尖舱3.85m，总计34.10m。

按下式估算垂线间长为

$$L_{pp}=22.8+0.0056BHP=22.8+0.0056\times 1940=33.62\text{m}$$

实取垂线间长 $L_{pp}=34.0$m。

（2）型宽。

按下式估算本船型宽为

$$B=0.225L_{pp}+1.5=0.225\times 34+1.5=9.15\text{m}$$

从机舱布置考虑，型宽不宜小于9.0m。实取型宽 $B=9.0$m。

本船长宽比 $L_{pp}/B=3.78$，由表3-19可知，此比值接近我国港作拖轮的数值范围。

表3-19　港作拖轮型船要素表

项目	船名		
	294kW 拖轮	662kW 拖轮	1 228kW 拖轮
总长 L_{oa}/m	27.0	29.5	32.56
垂线间长 L_{pp}/m	24.5	27.0	29.70
型宽 B/m	6.8	8.0	8.20
型深 D/m	3.2	3.8	4.20
平均吃水 d/m	2.3	2.8	3.00
首吃水 d_f/m	2.0	2.25	2.35
尾吃水 d_a/m	2.6	3.35	3.65
排水量 Δ/t	192	285.56	365.40
L_{pp}/B	3.6	3.375	3.62
B/d	2.95	2.85	2.75
L_{pp}/d	10.65	9.65	9.90
D/d	1.39	1.356	1.40
F/D	0.281	0.263	0.286
F/B	0.132 22	0.125	0.146 3
$\nabla/(0.1L)^3$	13.05	14.4	13.55
$d/\nabla^{1/3}$	0.399	0.425	0.423
方形系数 C_b	0.484	0.475	0.473
棱形系数 C_p	0.561	0.586	0.576 5
中剖面系数 C_m	0.865	0.810	0.821

续表

项目	船名		
	294kW 拖轮	662kW 拖轮	1 228kW 拖轮
水线面系数 C_w	0.745	0.738	0.740
浮心纵向坐标 $X_b(L_{pp}\%)$	+0.016	−0.860	−1.296
主机功率 BHP/kW	294	794	1 228
螺旋桨转速 N/(r/min)	400	350	375
最大航速 v/kn	10.5	12	13.3
速长比 $v/\sqrt{L_{pp}}$	1.17	1.28	1.35
海军部系数 $c=\frac{v^3\Delta^{2/3}}{BHP}$	99	70	71
初稳性高度$\overline{GM}$/m	0.86	1.028	1.03
$\overline{GM}/B$	0.126 4	0.128 4	0.125 6
船体钢料重量 W_h/t	80	~109	120
木作舾装重量 W_f/t	30	~55	62
机电设备重量 W_m/t	30	~71	83
空船重心高度 Z_{gl}/m	2.78	3.01	3.26
满载重心高度 Z_g/m	2.54	2.86	2.904
Z_g/D	0.794	0.753	0.693

(3) 吃水。

拖轮吃水一般由螺旋桨所需的浸沉深度、港口航道条件及对稳性影响较大的 B/d 来选定。本船一般在深水港区作业，因此其吃水不受限制。故吃水的选择主要应从提高推进效率及保证一定的尾吃水和稳性角度来考虑。

按下式估算为

$$d=0.1L_{pp}\pm0.1=0.1\times34\pm0.1=3.3\sim3.5\text{m}$$

若取中部吃水 $d=3.3$m，则 $B/d=2.73$，我国港作拖轮 B/d 的通常范围为 2.6～3.0，故本船 $B/d=2.73$ 处于正常范围之内。

若取尾吃水 $d_a=3.7$m，则首吃水近似为

$$d_f=d-(d_a-d)=3.3-(3.7-3.3)=2.9\text{m}$$

则纵倾值为 0.8m 或 2.35%L_{pp}，我国港作拖轮尾纵倾值为(2.5%～4.5%)L_{pp}，所以本船为 2.35%L_{pp}是合适的。

综合以上分析和计算，实取本船吃水 $d=3.3$m。

(4) 型深。

在一定吃水条件下，型深的大小对拖轮稳性、溅湿性、储备浮力均有影响。高的干舷对溅湿性和储备浮力有利，但会使重心、风压中心和急牵力中心提高，对稳性和船员操作不利，故型深不宜取得太大。

根据我国港作拖轮 D/d 为 1.3～1.4 进行核算，本船型深为 4.29～4.62m。拖轮由于首波较大，采用较大首舷弧。为避免甲板太陡行走不便，且拖钩要求处于最低位置，常使主

甲板边线最低点位于船中后(10%～20%)L_{pp}处。现取甲板最低点距基线高度为4.3m,并位于船中后20%L_{pp}处,取船中部型深为4.55m,则$D/d=1.378$。

2) 排水量估算

(1) 空船重量。

每立方米船体钢料重量　$C_h=0.125\text{t/m}^3$

每平方米木作舾装重量　$C_f=0.64\text{t/m}^2$

每千瓦机电设备重量　$C_m=0.068\text{t/kW}$

则本船空船各部分重量分别为

船体钢料重量　$W_h=C_hL_{pp}BD=0.125\times34\times9\times4.55=174\text{t}$

木作舾装重量　$W_f=C_f(L_{pp}BD)^{2/3}=0.64\times(34\times9\times4.55)^{2/3}=79.8\text{t}$

机电设备重量　$W_m=C_mBHP=0.068\times1\,940=132\text{t}$

因此得空船重量　$LW=W_h+W_f+W_m=174+79.8+132=385.8\text{t}$

(2) 载重量。

① 燃油。

拖轮续航时间为120h,主机功率为1 940kW,辅机功率为265kW,单位耗油量为231g/(kW·h),取储备系数为1.2,则燃油重量为

$$W_o=0.001\times1.2\times231\times10^{-3}\times(1\,940+265)\times120=73.3\text{t}$$

② 滑油。

取燃油重量的5%,则

$$W_t=\varepsilon W_o=5\%\times73.3=3.7\text{t}$$

③ 淡水。

按10昼夜,每人每天消耗70kg计,并取储备系数为1.2,则淡水重量为

$$1.2\times10\times70\times21\times0.001=17.64\text{t}$$

④ 粮食及蔬菜。

取淡水重量的10%,则粮食及蔬菜重量为

$$17.64\times10\%=1.8\text{t}$$

⑤ 船员及行李。

以每人120kg计,则船员及行李重量为

$$120\times21\times0.001=2.52\text{t}$$

⑥ 备品及供应品。

取2.35t。

综上,载重量合计为

$$DW=73.3+3.7+17.64+1.8+2.52+2.35=101.3\text{t}$$

(3) 排水量储备及固定压载。

排水量储备按空船重量的5%计,则为5%×385.8=19.29t。本船实取19.2t。

固定压载为排水量的3%～5%,本船取20t。

(4) 排水量:

$$\Delta=385.8+101.3+19.2+20=526.3\text{t}$$

3）船型系数确定

（1）方形系数。

我国港作拖轮方形系数一般为 0.47～0.49。设计大功率港作拖轮时，由于 $v/\sqrt{L}$ 可达 1.4 以上，为了配合较大的 C_p，方形系数可取至 0.50～0.52。按上述主要尺度及排水量，本船的方形系数应为

$$C_b=\frac{\Delta}{\gamma kLBd}=\frac{526.3}{1.025\times1.006\times34\times9\times3.3}=0.505$$

（2）水线面系数。

从减少横摇考虑，取较小的水线面系数为宜。但水线面系数与船舶稳性密切相关，不能过分减小。国外水线面系数常取为 0.70～0.75；我国港作拖轮的水线面系数也在这个范围内，多数取为 0.74～0.75。下面用统计公式估算本船的水线面系数：

$$C_w=C_b+0.25=0.505+0.25=0.755$$

$$C_w=\frac{1+2.5C_b}{3}=\frac{1+2.5\times0.505}{3}=0.754$$

由上述分析计算，本船选取 $C_w=0.75$。

4）性能校核

（1）稳性校核。

选取出港时重心高度与型深比值 $\xi=0.71$，则

$$Z_g=\xi D=0.71\times4.55=3.23\text{m}$$

浮心垂向高度 Z_b 和横稳心半径 r 按下式计算：

$$Z_b=\left(0.85-0.372\frac{C_b}{C_w}\right)d=\left(0.85-0.372\times\frac{0.505}{0.75}\right)\times3.3=1.98\text{m}$$

$$r=\frac{(0.1363C_w-0.0545)}{C_b}\cdot\frac{B^2}{d}=\frac{(0.1363\times0.75-0.0545)}{0.505}\times\frac{9^2}{3.3}=2.32\text{m}$$

初稳性高度 $\overline{GM}$ 为

$$\overline{GM}=Z_b+r-Z_g=1.98+2.32-3.23=1.07\text{m}$$

$$\frac{\overline{GM}}{B}=\frac{1.07}{9}=0.119$$

参考表 3-19 型船资料，$\overline{GM}$ 及 $\overline{GM}/B$ 均接近现有船舶的一般数值。

（2）航速校核。

利用海军部系数公式，取海军部系数 $c=74$，则初估船速为

$$v=\sqrt[3]{\frac{BHP\cdot c}{\Delta^{2/3}}}=\sqrt[3]{\frac{2640\times74}{(526.3)^{2/3}}}=14.5\text{kn}$$

5）小结

本船的主要要素如下：

$$L_{pp}=34.0\text{m},\quad B=9.0\text{m},\quad D=4.55\text{m}$$

$$d=3.3\text{m},\quad d_f=2.9\text{m},\quad d_a=3.7\text{m},\quad C_b=0.505$$

$$C_w=0.75,\quad \Delta=526.3\text{t},\quad v=14.5\text{kn}$$

实例三　确定载客量 480 人内河客轮的主要尺度

1. 设计任务书

(1) 载客量：旅客 480 人、船员 44 人；
(2) 载货量：50～55t；
(3) 续航力：50h；
(4) 积载因数：1.6m^3/t；
(5) 航线：某内河，航程为 140km；
(6) 尺度限制：总长≤44m，吃水≤1.5m；
(7) 船体结构及强度：按长江钢船建造规范“B”级设计，钢质横骨架式；
(8) 主机：采用两台 6250 型柴油机，额定功率为 220kW，转速为 600r/min，减速比为 1.8∶1。

2. 对设计船的分析

设计船为内河客轮。通常，内河航道窄而浅，且多弯曲，使船长及吃水受到限制；设计船载客较多，要满足布置和稳性方面的要求，船不能设计得太窄，因此，设计船的 L/B 较小，而 B/d 较大。另外，设计船的吃水受到限制，排水量储备较小，在设计时应该较精确地掌握设计船的重量和重心分布，力求在各种装载情况下都能保持船舶的适宜浮态，使船舶吃水不超过设计最大吃水，否则将损失客货运量或通航率。

3. 排水量及主要尺度的确定

1) 母型船资料

母型船资料见表 3-20。

表 3-20　母型船资料

序号	项目	2×220kW 客轮	2×147kW 客轮
1	总长/m	49.9	38.0
2	两柱间长/m	45.0	35.0
3	型宽/m	7.5	7.0
4	型深/m	3.2	2.1
5	设计吃水/m	1.5	1.2
6	排水量/t	256.0	162.5
7	载客数/人	486	394
8	载货量/t	20	10
9	方形系数	0.505	0.533
10	棱形系数	0.575	0.576
11	航速/(km/h)	25.0	21.0

续表

序号	项目	2×220kW 客轮	2×147kW 客轮
12	续航力/km,h	1 500,72	1 000,50
13	主机功率/kW	2×220	2×147
14	螺旋桨转速/(r/min)	600	500
15	船体重量/t	130.5	83.3
16	机器重量/t	37.5	27.2
17	燃料重量/t	9.0	5.8
18	淡水重量/t	15.0	15.0
19	船员、行李及供应品/t	7.0	9.1
20	旅客重量/t	37.0	25.6

2) 载重量估算

(1) 载客及载货量 W_c。

设计船载货取 50t;载客 480 人,每人(包括行李)按 75kg 计,共 36t,则

$$W_c = 50 + 36 = 86.0\text{t}$$

(2) 燃料、滑油及清水重量 W_o。

燃料按耗油 272g/(kW·h)计,两部 220kW 柴油机 50h 约消耗燃油约 6t;辅机消耗燃油约 0.5t。

滑油重量约为 0.5t。

清水重量,短途旅客每人按 8kg 计,约 3.8t,船员饮用及洗涤用水按每人 50kg 计,约 2.2t;锅炉用水约 4t,共计 10t。

$$W_o = 6 + 0.5 + 0.5 + 10 = 17.0\text{t}$$

(3) 粮食、供应品、船员及备品重量 W_a。

粮食、供应品按每人每天 3kg 计,约 1.5t;船员及行李每人按 120kg 计,约 5.0t;煤(炊用及锅炉用)约 3.0t;储备取 2.5t。

$$W_a = 1.5 + 5.0 + 3.0 + 2.5 = 12.0\text{t}$$

则载重量

$$\begin{aligned} DW &= W_c + W_o + W_a \\ &= 86.0 + 17.0 + 12.0 \\ &= 115.0\text{t} \end{aligned}$$

3) 主要尺度初步确定

(1) 船长的选择。

① 按设计任务书要求,总长不大于 44m。

② 按诺吉德公式估算:

$$L = Cv^{1/3}\Delta^{1/3}$$

式中　L——船长,m;

v——航速，kn，设计船航速暂定为 10.81kn；

Δ——排水量，t，设计船排水量的估计值按载重量系数法估算，取 $\eta_{DW}=0.4$，

$$\Delta=\frac{DW}{\eta_{DW}}=\frac{115.0}{0.4}=287.5\text{t}$$

C——系数，对于内河船 $C=2.7$。

$$L=2.7\times10.81^{1/3}\times287.5^{1/3}=39.40\text{m}$$

③ 按巴氏公式估算：

$$L=C\left(\frac{v}{2+v}\right)^2\nabla^{1/3}$$

式中　L——船长，m；

v——试航速度，kn，设计船假定为 20km/h，即 10.81kn；

∇——排水体积，m^3，设计船为 279.1m^3；

C——系数，对于内河船 $C=8.4\sim8.8$，设计船取 8.8。

$$L=8.8\times\left(\frac{10.81}{2+10.81}\right)^2\times279.1^{1/3}=40.95\text{m}$$

从阻力方面来看，当船长 $L=41\text{m}$，$v=10.81\text{kn}$ 时，$F_{\text{n}}=0.227$ 或 $V/\sqrt{L}=0.932$，阻力处在峰与谷之间。设计船船长取大值，阻力接近波谷，对阻力和布置有利，故选取垂线间长 $L_{\text{pp}}=41\text{m}$。

(2) 吃水的选择。

① 设计任务书限制吃水≤1.5m；

② 考虑纵倾及螺旋桨效率，取 $d=1.45\text{m}$。

(3) 型宽的选择。

① 2×220kW 客轮 $L/B=6$；

② 2×147kW 客轮 $L/B=5$；

③ 内河客轮 L/B 一般为 4.5～6.0。

本船主要从布置和稳性两方面考虑选择型宽，设计船载客较多，须保证稳性。满载时货多稳性较好，但设计船底舱无客，满客无货到港时重心较高，故取 $L/B=5.25$，即 $B=7.8\text{m}$。

(4) 型深的选择。

① 舱内住船员，故 $D\geqslant2.3\text{m}$，考虑到船体强度及干舷要求取 $D=2.6\text{m}$；

② 2×220kW 客轮 $L/D=14.1$；

③ 2×147kW 客轮 $L/D=18.1$。

内河客轮 L/D 一般为 12～20，设计船 $L/D=15.77$，在通常范围之内。

4) 重量计算及重力与浮力平衡

当设计船的主要尺度确定之后，可以参照相近母型船的各项重量系数(表 3-21)估算设计船的有关重量。用这种方法估算排水量，较按载重量系数法估算排水量要精确些。

表 3-21　重量系数

重量系数	船别		
	2×220kW 客轮	统计系数范围	设计船
船体钢料系数	62	60～80(长江船可达 110)	80
船体木料系数	33.25	30～50	40
舾装设备系数	25	30～40	33
机电设备重量系数	83.9	50～90(长江船可达 110)	90

表 3-21 中的船体钢料系数、船体木料系数、舾装设备系数分别为该项重量(kg)与船立方模数 LBD 的比值，机电重量系数为机电重量(kg)与主机功率(kW)的比值。

设计船立方模数 $LBD=41\times7.8\times2.6=831.5\text{m}^3$。

设计船船体钢料系数比 2×220kW 客轮要大，因该客轮按长江钢船建造规范“C”级设计，而设计船按“B”级设计，且设计船上层建筑完全为钢质，取船体钢料系数为 80，故船体钢料重量为

$$W_h=\frac{80}{1\ 000}\times831.5=66.5\text{t}$$

设计船房间木壁比 2×220kW 客轮要多，取船体木料系数为 40，所以全船木作重量为

$$W_{f1}=\frac{40}{1\ 000}\times831.5=33.3\text{t}$$

两船舾装设备相差不多，因本船立方模数较小，故舾装设备系数要取大一些，取为 33，则舾装设备重量为

$$W_{f2}=\frac{33}{1\ 000}\times831.5=27.4\text{t}$$

木作舾装重量为

$$W_f=W_{f1}+W_{f2}=33.3+27.4=60.7\text{t}$$

两船机电设备相仿，但设计船多设一台锅炉，重量系数略有增加，取为 90，故机电设备重量为

$$W_m=\frac{90}{1\ 000}\times440=39.6\text{t}$$

空船重量为

$$LW=W_h+W_f+W_m=66.5+60.7+39.6=166.8\text{t}$$

排水量储备在设计初期一般取空船重量的 3%～5%，设计船取 6.0t(约占空船重量的 3.6%)。

载重量

$$DW=115.0\text{t}$$

排水量

$$\Delta=166.8+6.0+115.0=287.8\text{t}$$

根据浮性方程式计算方形系数

$$C_b=\frac{\Delta}{\gamma_a LBd}=\frac{287.8}{1.03\times41\times7.8\times1.45}=0.603$$

设计船 $F_n=0.277$，按海克休公式（当 F_n 为 0.176～0.312 时）：

$$C_b=1.0-1.44F_n=1.0-1.44\times0.277=0.601$$

按爱尔公式（$F_n<0.30$ 适用）：

$$C_b=1.08-1.68F_n=1.08-1.68\times0.277=0.615$$

所以，设计船的 C_b 与计算的经济值基本一致。

4. 性能校核

在确定排水量和主要尺度阶段，性能校核一般包括稳性校核、航速校核、干舷校核、容量校核等。下面仅做稳性校核和航速校核，其他校核从略。

1）稳性校核

稳性校核在主要尺度确定阶段只做初稳性校核。初稳性校核的内容是估算初稳性高度 $\overline{GM}$，并检查其是否符合设计船所要求的数值。估算设计船的初稳性高度按初稳性方程式计算：

$$\overline{GM}=Z_b+r-Z_g$$

式中　Z_b——浮心垂向高度，m；

r——横稳心半径，m；

Z_g——船舶重心高度，m。

它们可按以下近似公式估算：

$$Z_b=A_1 d,\quad r=A_2\frac{B^2}{d},\quad Z_g=\xi D$$

式中　d——吃水，m；

B——型宽，m；

D——型深，m；

A_1, A_2, ξ——系数，可由近似公式计算或由母型船换算得到，设计船的这些系数见表 3-22。

表 3-22　A_1, A_2, ξ 系数选择

船名	项目				
	L_{pp}/m×B/m×D/m×d/m×Δ/t	A_1	A_2	ξ	$\overline{GM}$/m
400 客位湖南客船	38.0×7.5×2.6×1.4×222.1	0.567	0.096 1	—	—
550 客位内河客船	46.4×8×2.8×1.4×309.3	0.557	0.109 6	—	—
2×147kW 客船	35.42×7×2.1×1.2×169	0.542	0.088 2	—	—
500 客位客货船	43×8.2×2.6×1.85×340	—	—	1.231	1.45
400 客位客船	36.6×7.5×2.6×1.85×340	—	—	1.073	1.84

续表

船名	项目				
	L_{pp}/m×B/m×D/m×d/m×Δ/t	A_1	A_2	ξ	$\overline{GM}$/m
37m 短程客货船	37×6.8×2.2×1.65×206	—	—	1.186	1.425
450 客位客船	30.97×6×2.4×1.4×136	—	—	1.092	1.3
统计值(内河客船)	—	0.54～0.59	0.08～0.1	—	—
设计船	41×7.8×2.6×1.45×287.8	0.56	0.09	1.20	1.468

经分析,设计船 A_1 取 0.56,A_2 取 0.09,ξ 取 1.20,则设计船初稳性高度为

$$\overline{GM}=0.56\times1.45+0.09\times7.8^2/1.45-1.20\times2.6=1.468\text{m}$$

满足初稳性要求。

2) 航速校核

估算给定主机功率情况下,设计船能达到的航速。

(1) 用修改的纳德公式估算:

$$v=1.81\sqrt{L}\sqrt[4]{\frac{BHP}{K\Delta}}$$

式中　v——航速,kn。

L——船长,m。

BHP——主机功率,kW。

Δ——排水量,t。

K——系数,对于内河客轮及 B/d 较大的船,$K=1.103$～1.471。设计船取 1.471。

设计船航速

$$v=1.81\times\sqrt{41}\sqrt[4]{\frac{440}{1.471\times287.8}}=11.7\text{kn}=21.66\text{km/h}$$

(2) 用海军部系数法估算。

由

$$BHP=\frac{\Delta^{2/3}\cdot v^3}{c}$$

得

$$v=\sqrt[3]{\frac{c\cdot BHP}{\Delta^{2/3}}}$$

式中　v——航速,kn。

BHP——主机功率,kW。

Δ——排水量,t。

c——海军部系数,由母型船换算或由有关图表查得。母型船为 2×220kW 内河客轮,$c=225$;由日本的海军部常数图,当 $L=41$m 时,查得 $c=209$。设计船取 $c=210$。

设计船航速

$$v=\sqrt{\frac{210\times440}{287.8^{2/3}}}=12.8\text{kn}=23.7\text{km/h}$$

用上述两种方法估算，设计船的航速都能达到 20km/h 以上。

实例四　确定"蓬 4-旅车客渡船"主要要素

1. 设计任务书提要

(1) 航区、航线：近海航区，用于环渤海地区，主要航行在蓬莱、旅顺两港之间。

(2) 用途：运输车辆及旅客。

(3) 主要尺度限制：考虑港口条件，要求船的总长不大于 85m，吃水不大于 3.8m。

(4) 载客量和载车量：旅客 300 人；33 辆 5t 标准货车，每件滚装货物最大允许高度为 4.10m。

(5) 主机型号、功率及转速：型号为 L8250ZC-2，两台，单机功率及转速分别为1 213kW 及 750r/min。

(6) 航速：试航速度为 15.0kn。

(7) 续航力及自持力：营运航速下能连续航行 1 320n mile，自持力 5 天。

(8) 船员定额：38 人。

2. 对本船的摘要分析

从本船的主要用途及设计任务书中各项技术要求看，该船属于近海中小型车客滚装船。

1) 滚装船特点

(1) 建筑及尺度特征。

船舶具有纵通的上甲板，上甲板平整，甲板上无货舱口及起货设备。机舱设在中后部，甲板层数多，干舷甲板不在最上面，中小型滚装船车辆甲板也是干舷甲板。车辆舱内不设横舱壁。在车辆甲板的首尾端设跳板，作为车辆等滚装货物的装卸通道。滚装船的船舱利用率低，总的高度比同吨位一般货船高，水上侧投影面积大。滚装船主要尺度受货物单元尺寸影响，船长、型宽、型深与货物单元尺寸成一定比例关系。由于其装卸速度、航速较快，所以方形系数较小，一般为 0.6～0.65。

(2) 稳性和抗沉性。

滚装船常常在甲板上装货，型深高(至上甲板)，使船重心升高，受风面积大，引起稳性恶化。为保证航行安全，滚装船应具有足够的初稳性高度。但初稳性过高，横摇剧烈，容易造成货物移位而发生事故。

车客滚装船还应校核其抗沉性。

(3) 操纵性。

滚装船，尤其是短航程滚装船，离靠码头频繁，加之型深高(至上甲板)，水线以上受风面积大，要求具有较高的操纵性。为此，这种船多设双桨和首侧推装置。

(4) 压载水舱。

为保证船舶稳性，控制吃水、纵倾和横倾，使船舶获得良好的浮态和稳性，滚装船需具有足够容积的压载水舱。

2) 设计构思

(1) 设计船为具有全通船楼的钢质多层甲板的短途车客滚装船。因靠离码头频繁，要求有较好的操纵性，因此采用双机、双桨、双舵；因方形系数小，采用中尾机型；为提高快速性和靠码头方便采用非突出式球鼻首、方尾、双尾鳍型线。

(2) 全船自上而下设有车辆甲板、船楼甲板、旅客甲板、游步甲板(救生甲板)、驾驶甲板和罗经甲板等。

(3) 车辆甲板设置四道车道，在船首设首盔及首跳板，船尾设尾跳板，作为车辆等滚装货物的装卸通道。为便于货物装卸，整个车辆舱载货区域内不设横舱壁和支柱。

(4) 车辆甲板和旅客甲板为两个连续纵通甲板。车辆甲板即干舷甲板，旅客甲板上为旅客生活区，旅客与车辆分区布置，保证安全。

(5) 本船由于港口条件限制，船体总长不大于 85m，吃水不大于 3.8m。吃水用足对提高螺旋桨效率有利，因此，要保证载车量和载客数只有改变型宽来满足，但型宽增加，方形系数太小，使双尾鳍实现起来比较困难。本船主要尺度的限制、载车量及载客量的要求，稳性、抗沉性、快速性、操纵性及适航性的要求，在主要尺度确定时要权衡利弊，全面考虑。

3. 初始排水量及主要尺度确定

1) 载重量确定

载重量的计算方法简单，与前面的实例相似，这里只给出各项重量计算结果。

(1) 载客量与载车量。

旅客及行李：31.08t；船员及行李：4.80t；载重货车：313.5t。

(2) 燃润料及清水重量。

重油：82.0t；轻柴油：14.0t；滑油：6.0t；清水：72.0t。

(3) 粮食及备用食品。

共计 6.0t。

(4) 压载水。

一般中小型滚装船压载水量占载重量(可计算出的重量)的 25%～35%，本船取 28.5%，则压载水量为 529.38×28.5%＝151t。

载重量(包括压载水量)

$$DW=31.08+4.80+313.5+82+14+6.0+72+6.0+151=680.38\text{t}$$

取 $DW=680\text{t}$。

2) 主要尺度初步确定

设计船主要尺度确定时要考虑如下几个因素：

① 设计船由于港口条件限制，要求船舶总长不大于 85m，吃水不大于 3.8m。

② 吃水用足对提高螺旋桨效率有利。

③ 设计船对稳性、抗沉性、操纵性、适航性及快速性要求都较高，而且有尺度限制及载

车量和载客量的要求，因此，在确定主要尺度时要权衡利弊，全面考虑。

④ 在保证航速和布置要求的情况下，为降低造价和改善操纵性，船长应尽量缩短。

⑤ 型宽增加使方形系数变小，方形系数太小使双尾鳍难于实现。

(1) 船长选择。

按车辆纵向布置确定所需船长

$$L_{oa}=xl+(x-1)a+\sum\Delta l_i$$

式中 l——车辆长度，标准车辆长度为 6.91m。

x——车辆纵向布置的行数，本船取 10 行。

a——车辆纵向间隙，本船取 $a=0.3$m。

Δl_i——船首尾附加长度，其中，Δl_1，Δl_2 分别为车辆离首、尾门的距离，本船 $\Delta l_1=1$m，$\Delta l_2=1$m；Δl_3 为首门离首垂线的距离，本船 $\Delta l_3=1.8$m；Δl_4，Δl_5 为首、尾飘出长度，本船 $\Delta l_4=3$m，$\Delta l_5=1$m。

则

$$L_{oa}=10\times6.91+9\times0.3+1+1+1.8+3+1=79.6\text{m}$$

考虑尾柱离船尾封板的距离为 1.4m，则

$$L_{pp}=73.2\text{m}$$

(2) 型宽选择。

按车辆横向布置确定所需最大型宽：

$$B_{max}=yb+(y-1)c+2d+2e$$

式中 b——车辆宽度，标准车辆宽度为 2.47m；

y——车辆横向布置列数，本船取 4 列；

c——车辆之间间隙，本船取 $c=0.3$m；

d——车辆距纵向内壁间距，本船取 $d=0.5$m；

e——内壁距船侧的距离，本船取 $e=1.5$m。

则

$$B_{max}=4\times2.47+3\times0.3+2\times0.5+2\times1.5=14.78\text{m}$$

取 $B_{max}=14.8$m。

另外，考虑到快速性和适航性要求，也考虑到方形系数太小，船尾做成双尾鳍比较困难，因此，本船的水线宽度取 $B_{wl}=13.6$m。

(3) 吃水选择。

本船吃水受港口水深限制，吃水不得大于 3.8m，考虑螺旋桨具有足够的浸水深度对提高螺旋桨效率有利，所以本船吃水取 $d=3.8$m，将吃水用足。

另外，一般近海车客滚装船的 $B/d=2.4\sim4.3$，本船 $B/d=3.58$，在统计范围之内。

(4) 型深选择。

考虑本船机舱布置需 4.8m，主船体中部双层底高 1.7m，其上船员室高 3.1m。因此，型深(至干舷甲板)确定为 4.8m，满足布置要求。另外，近海车客滚装船的 D/d 通常为 1.10～1.30，本船 $D/d=4.8/3.8=1.26$，在统计范围之内。

车辆舱高度除满足滚装单元货物高度 4.1m 外，再加货物与横梁之间间隙及横梁高度 0.7m，取车辆舱高度 4.8m。因此本船至旅客甲板型深 $D_{上}=9.6$m。

4. 重量计算及重力与浮力平衡

1) 空船重量

已知母型船主要数据如下：

$$L_{oa0}=76.11\text{m},\quad L_{pp0}=69\text{m},\quad B_{max0}/B_{wl}=14.0\text{m}/13.0\text{m}$$

$$D_{车0}=4.8\text{m},\quad D_{上0}=9.6\text{m}$$

$$v_{t0}=17.6\text{kn},\quad d_0=3.82\text{m},\quad LW_0=1\ 489.5\text{t}$$

由母型船求得

$$\frac{LW_0}{LBD_{上0}}=\frac{1\ 489.5}{76.11\times14\times9.6}=0.145\ 6$$

再参考其他船的 LW 与 LBD 关系资料，并考虑重量储备及日本船重量偏轻等因素，本船 $\frac{LW}{LBD}$ 取 0.161，则本船空船重量 LW 为

$$LW=0.161\times79.6\times14.8\times9.6=1\ 821\text{t}$$

2) 排水量

$$\Delta=LW+DW=1\ 821+680=2\ 501\text{t}$$

3) 重力与浮力平衡

用方形系数 C_b 调节平衡，按浮性方程式计算方形系数 C_b 为

$$C_b=\frac{\Delta}{k\gamma LBd}=\frac{2\ 501}{1.003\times1.025\times73.2\times13.6\times3.8}=0.643$$

近海车客滚装船 C_b 的一般范围是 0.60～0.65，本船 C_b 在合理范围之内。

5. 性能校核

1) 稳性校核

在主要尺度确定阶段只做初稳性校核。经分析本船初稳性危险状态为满载到港(全体乘客全部集中在游步甲板上)状态。这里只做满载到港状态初稳性校核。

已知满载到港状态母型船有关资料如下：

排水量 $\Delta_0=2\ 004.25$t，排水体积 $\nabla_0=1\ 950\text{m}^3$，重心高度 $\overline{K_0G_0}=5.81$m，空船重心高度 $Z_{g0}=5.95$m，横稳心高度 $\overline{K_0M_0}=6.60$m，自由液面修正值 $\overline{GG_0}=0.36$m。

设计船初稳性高度可利用母型换算法计算：

设计船满载到港排水量为

$$\Delta=2\ 501-0.90\times180=2\ 339\text{t}$$

排水体积为

$$\nabla=2\ 275\text{m}^3$$

考虑到设计船总体布局与母型船大致相同，但本船主机合计重量较母型船轻，因此经换算设计船空船重心高度 $Z_g=6.09$m。另外，根据设计船油水布置情况，就可算出本船在满载到港状态下的重心高度 $\overline{KG}=5.915$m。

由

$$\overline{K_0M_0}=k_0\frac{I_{x0}}{\nabla_0}=k_0\frac{L_0B_0^3}{12\nabla_0}$$

可求出

$$k_0=\frac{12\nabla_0}{L_0B_0^3}\overline{K_0M_0}=\frac{12\times1\ 950}{69\times13^3}\times6.60=1.019$$

设计船横稳心高度为

$$\overline{KM}=k_0\frac{LB^3}{12\nabla}=1.019\times\frac{73.2\times13.6^3}{12\times2\ 275}=6.873\text{m}$$

设计船自由液面修正值取母型船的$\overline{GG_0}=0.36$m，最后得设计船经自由液面修正后的初稳性高度为

$\overline{GM}=\overline{KM}-\overline{KG}-\overline{GG_0}=6.873-5.915-0.36=0.598\text{m}>0.3\text{m}$ （满足规范要求）

2）航速校核

航速估算方法比较多，可根据已知条件选择估算方法。设计船与母型船同型并且大小相近，所以选择海军部系数法估算设计船航速。

已知母型船海军部系数为

$$c_0=\frac{\Delta^{2/3}\cdot v_0^3}{BHP_0}=\frac{1\ 558^{2/3}\times15^3}{2\ 150}=211$$

设计船海军部系数取母型船的海军部系数，则设计船航速为

$$v=\sqrt[3]{\frac{c\times BHP}{\Delta^{2/3}}}=\sqrt[3]{\frac{211\times3\ 200}{2\ 501^{2/3}}}=15.4\text{kn}$$

航速满足设计任务书要求。

也可用爱尔法估算设计船的有效功率，检验所选择主机功率是否满足要求，具体计算见表 3-23。

表 3-23 *EHP* 估算

	$L_{WL}=74.6$m $X_b=-0.63\%L$	$B/d=3.58$ $d=3.8$m	$L_{pp}=73.2$m $L/\nabla^{1/3}=5.42$	$C_b=0.643$ $\Delta=2\ 501$t	$B_m=13.6$m $\Delta^{0.64}=149.6$	
(1)	v/kn	14	14.5	15	15.5	16
(2)	F_n	0.269	0.279	0.288	0.298	0.307
(3)	标准 C_2	372	355	335	310	295
(4)	标准方形系数 $C_{bc}=1.08-1.68F_n$（或查表）（双桨船加 0.01）	0.638	0.621	0.606	0.589	0.573
(5)	$100\times(C_b-C_{bc})/C_{bc}$	0.78	3.54	6.10	9.17	12.02
(6)	若(5)>0，则 C_2 减少(3)×(5)×C_b%	−1.5	−6.83	−11.77	−17.69	−23.19
(7)	若(5)<0，则 C_2 增加%（查表）	—	—	—	—	—
(8)	C_b 修正量，Δ_1=标准 C_2×(6)或(7)	−5.6	−24.2	−39.4	−54.8	−68.4
(9)	已修正 B/d 之 C_2=标准 $C_2+\Delta_1$	366	331	296	255	227
(10)	B/d 修正量(%)$\Delta_2=-10C_b(B/d-2)\%\times(9)$	−37	−34	−30	−26	−23

续表

(11) 已修正 B/d 之 C_2=(9)−(10)	329	297	266	229	204
(12) 标准 X_b(L%)(查表)	−1.88	−2.00	−2.16	−2.24	−2.31
(13) 实际 X_b(L%)	−0.63	−0.63	−0.63	−0.63	−0.63
(14) 相差(%L)	1.25 前	1.37 前	1.53 前	1.61 前	1.68 前
(15) X_b 修正(%)(查表)	−8.9	−10.7	−12.6	−14.4	−16.3
(16) X_b 修正量 Δ_3=(11)×(15)	−29	−32	−34	−33	−33
(17) 已修正 X_b 之 C_2=(11)+(16)	306	289	266	229	204
(18) 长度修正(%)$=\frac{L_{WL}-1.025L_{pp}}{L_{WL}}\times 100\%$	−0.6	−0.6	−0.6	−0.6	−0.6
(19) 长度修正量 Δ_4=(17)×(18)	−2	−2	−2	−1	−1
(20) 已修正长度之 C_2=(17)+(19)	304	287	264	228	203
(21) $EHP=\frac{\Delta^{0.64}v^3}{C_2}$	1 350	1 589	1 912	2 443	3 018

若选择总推进系数为 0.6(参考母型),则航速为 15kn 时,所需主机功率 BHP=1 912/0.6=3 187PS=2 342kW(满足要求)。

3) 干舷校核

本船干舷校核按《船舶与海上设施法定检验规则》中有关规定计算。

本船干舷计算时所用船舶主要要素如下：

$$L=73.44\text{m}$$

$$B=14.8\text{m}$$

$$d_1=4.08\text{m}$$

$$D=4.8\text{m}$$

$$\nabla=2\ 681.5\text{m}^3$$

$$\Delta=2\ 765\text{t}$$

夏季最小干舷按下式计算：

$$F=F_0+f_1+f_2+f_3 \quad (\text{mm})$$

(1) F_0 为基本干舷,按下式计算：

$$F_0=KD_1=146.62\times 4.82=706.7\text{mm}$$

式中　K——按 L=73.2m 查 B 型船 K 值表得 K=146.62;

D_1——计算型深等于理论型深加干舷甲板边板板厚,即 4.82m。

(2) f_1 为方形系数对干舷的修正值,按下式计算：

$$f_1=0.6F_0(C_b-0.68)$$

式中　C_b——吃水 d_1 等于 0.85D 时的方形系数,按下式计算：

$$C_b=\frac{\nabla}{LBd_1}=\frac{2\ 681.5}{73.44\times14.8\times4.08}=0.605$$

按《船舶与海上设施法定检验规则》规定，$C_b<0.68$ 时，仍按 0.68 计算，则修正值 f_1 为

$$f_1=0.6\times706.7\times(0.68-0.68)=0$$

(3) f_2 为有效上层建筑和围蔽室对干舷的修正值，按下式计算：

$$f_2=-C(80+4L)$$

$$C=(1+E/L)E/L$$

本船为全通上层建筑，$E=L$，则 $C=2$，修正值 f_2 为

$$f_2=-2\times(80+4\times73.44)=-747.5\text{mm}$$

(4) f_3 为非标准舷弧对干舷的修正值，按下式计算：

$$f_3=500\,\frac{A-a}{L}\left(1.5-\frac{l}{L}\right)\quad(\text{mm})$$

式中　A——标准舷弧面积，根据 L 查得 $A=31.6\text{m}^2$。

a——实际的首尾舷弧面积之和，本船干舷甲板为平甲板，则 $a=0$；但干舷甲板上有全通上层建筑且其高度大于标准高度，其差值 $Z=4.8-1.8=3.0\text{m}$，则首、尾舷弧面积之和

$$a=0+2\times\frac{ZL}{6}=2\times\frac{3\times73.44}{6}=73.44\text{m}^2$$

l 为封闭上层建筑总长度，本船 $l=L$。

修正值 f_3 计算如下：

$$f_3=500\times\left(\frac{31.6-73.44}{73.44}\right)\times0.5=-142.4\text{mm}$$

因此，夏季最小干舷 F 为

$$F=F_0+f_1+f_2+f_3=-183.2\text{mm}$$

或

$$F=190+3.5L+0.035L^2=635.81\text{mm}$$

取大者。

本船实际干舷 $F=D-d=4\ 800-3\ 800=1\ 000\text{mm}>635.81\text{mm}$，干舷满足规则要求。

根据以上计算可以认为 $\Delta=2\ 501\text{t}$，$L_{pp}=73.2\text{m}$，$B_{wl}=13.6\text{m}$，$B_{max}=14.8\text{m}$，$d=3.8\text{m}$，$D=4.8\text{m}$，$C_b=0.643$ 的方案能满足设计任务书的要求。

3.6　其他性能计算实例

实例一　50 000t 原油船干舷计算

50 000t 原油船属国际航行船舶，其干舷按《船舶与海上设施法定检验规则》中有关规定计算。

1. 主要尺度

垂线间长	$L_{pp}=210\text{m}$
型宽	$B=31\text{m}$
型深	$D=16.8\text{m}$
设计吃水	$d=12\text{m}$
85%D 处吃水	$d_0=0.85D=14.28\text{m}$
吃水 d_0 处垂线长度	$L=211\text{m}$
吃水为 d_0 时的排水体积	$\nabla_0=75\ 800\text{m}^3$
吃水为 d_0 时的方形系数	$C_b=\dfrac{\nabla_0}{LBd_0}=0.811\ 5$
甲板边板厚度	$t_0=0.024\text{m}$
计算型深	$D_1=D+t_0=16.824\text{m}$

2. 夏季最小干舷计算

夏季最小干舷 F 按下式计算：

$$F=F_0+f_1+f_2\pm f_3-f_4\pm f_5 \quad (\text{mm})$$

基本干舷 F_0 根据船长(吃水为 d_0 时的船长)查规则中 A 型船基本干舷表得

$$F_0=2\ 714\text{mm}$$

3. 干舷值修正计算

1) 船长对干舷的修正值 f_1

规则未规定对 A 型船舶进行船长修正，故 $f_1=0$。

2) 方形系数对干舷的修正值 f_2

$$f_2=(F_0+f_1)\left(\frac{C_b+0.68}{1.36}-1\right)=(2\ 714+0)\times\left(\frac{0.811\ 5+0.68}{1.36}-1\right)=262.4\text{mm}$$

3) 型深对干舷的修正值 f_3

标准型深 $L/15=211/15=14.07\text{m}$，$D_1>L/15$，干舷值应予增加。按下式计算增加值 f_3：

$$f_3=(D_1-L/15)R=(16.824-14.07)\times250=689\text{mm}$$

4) 上层建筑和围蔽室对干舷的修正值 f_4

上层建筑标准高度为 2.3m，本船上层建筑高度为 2.7m，故不做高度修正。

本船首楼长度为 20m；尾围蔽室长度为 32.7m，其宽度修正系数为 0.624。

上层建筑总有效长度 $E=20+32.7\times0.624=40.4\text{m}$，占船长 L 的百分数为 19.1%。

查 A 型船舶减少百分数 $K=13.4\%$，按规则查出全通的干舷减少值为 $f_0=1\ 070\text{mm}$，则

$$f_4=f_0\times K=1\ 070\times13.4\%=143\text{mm}$$

5）舷弧对干舷的修正值 f_5

船舶的舷弧为非标准舷弧时，对干舷修正按下式计算：

$$f_5=\left(\frac{W+U}{2}+Q\right)[0.75-E/(2L)]$$

式中　W,U——后半部、前半部舷弧不足数或多余数，mm，见表 3-24；

Q——计入尾楼或首楼影响时的舷弧计入数，mm。

表 3-24　后半部、前半部舷弧不足数或多余数 W,U 计算　（单位：mm）

	位置	实际舷弧高(1)	标准舷弧高(2)	差数(3)=(1)−(2)	乘数(4)	乘积(5)=(3)×(4)
船后半部	尾垂线	1 300	2 008	−708	1	−708
	距尾垂线 $L/6$	168	891	−723	3	−2 169
	距尾垂线 $L/3$	0	225	−225	3	−675
	船中	0	0	0	1	0
						$W=\sum(5)/8=-444$
船前半部	船中	0	0	0	1	0
	距首垂线 $L/3$	0	450	−450	3	−1 350
	距首垂线 $L/6$	368	1 783	−1 415	3	−4 245
	首垂线	2 650	4 015	−1 365	1	−1 365
						$U=\sum(5)/8=-870$

Q 按下式计算：

$$Q=Q_a+Q_f$$

其中，Q_a 或 Q_f 按 $1/3\times Y\times L_s/L$ 计算：

$$Y=h_s-h_{sp}=2\ 700-2\ 300=400\text{mm}$$

$$Q_a=1/3\times400\times20.4/211=12.9\text{mm}$$

$$Q_f=1/3\times400\times20/211=12.6\text{mm}$$

$$Q=Q_a+Q_f=12.9+12.6=25.5\text{mm}$$

式中　Y——在首垂线或尾垂线处上层建筑实际高度与标准高度之差，mm；

L_s——尾楼或首楼的平均封闭长度，不大于 $0.5L$，m；

L——船长，m；

Q_a——尾楼舷弧计入数，mm；

Q_f——首楼舷弧计入数，mm。

$$f_5=\left(\frac{-444-870}{2}+25.5\right)\times\left(0.75-\frac{40.4}{2\times211}\right)=-413\text{mm}$$

4. 干舷修正总结

夏季干舷 F：

在 L=211m 应有的干舷值	F_0=2 714mm
经船长修正后	F=2 714mm
经方形系数修正后	F=2 714+263=2 977mm
经型深修正后	F=2 977+689=3 666mm
经上层建筑修正后	F=3 666−143=3 523mm
经舷弧修正后夏季最小干舷	F=3 523+413=3 936mm

本船实有夏季干舷　$F=D_s-d_x$=16 824−12 000=4 824mm(满足规则要求)

实例二　26 500 DWT 成品油船各种装载情况及稳性计算

26 500 DWT 成品油船航行于我国近海区域。依据中华人民共和国海事局《船舶与海上设施法定检验规则》(本例中简称为《规则》)中相关衡准校核油船完整稳性。

1. 主要尺度及计算依据

26 500 DWT 成品油船主要参数如下：

总长 L_{oa}：	172.0m
垂线间长 L_{pp}：	164.00m
型宽 B：	27.40m
型深 D：	14.50m
设计吃水(型)d：	9.50m
结构吃水(型)d_s：	10.10m
设计吃水载重量 Δ：	26 500t
结构吃水(10.1m)载重量 Δ_s：	28 800t
总吨位：	18 117t
净吨位：	10 145t
设计航速 v：	14.0kn

本计算中应用资料：总布置图、静水力曲线、稳性插值曲线、进水角曲线、舱容图、空船重量重心计算书、大倾角稳性自由液面对稳性修正计算书等。

2. 进水角曲线

26 500 DWT 成品油船第一个进水点在B甲板门槛下缘，左右舷对称，如图3-14所示，进水点纵向距船中−59.4m，横向距船体中心线8.355m，垂向距基线20.32m。

依据图3-14所示进水点，计算船舶的进水角曲线，范围覆盖空船及各种载况下的排水体积，绘制进水角曲线如图3-15所示。

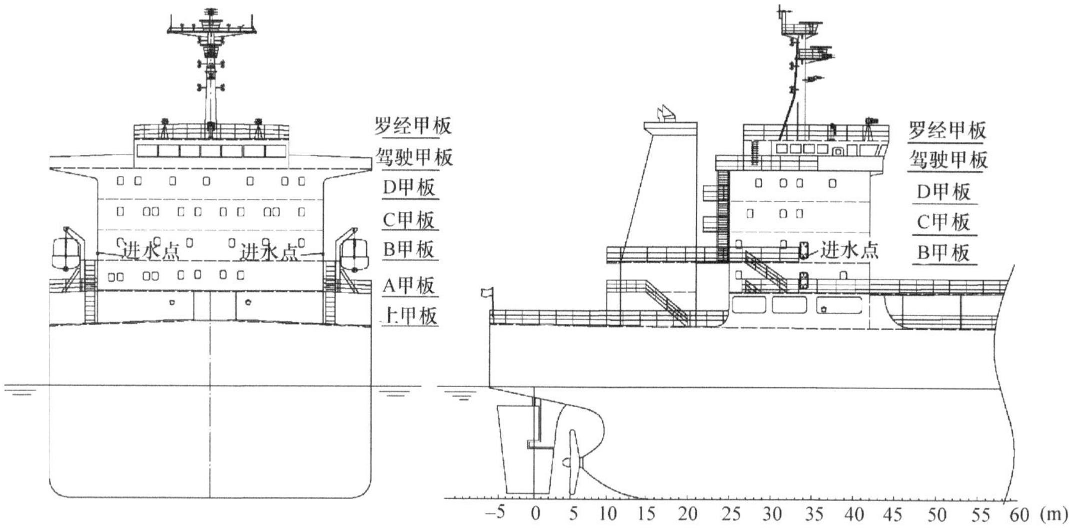

图 3-14　进水点示意图

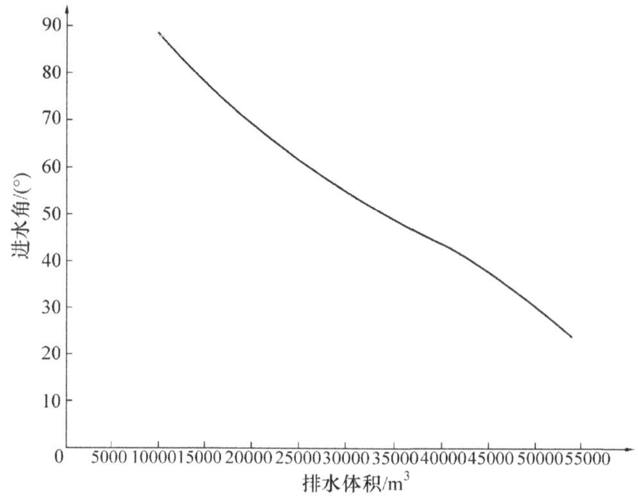

图 3-15　进水角曲线

3. 受风面积及受风面积作用力臂曲线

受风面积 A_f 是指在所核算装载情况下船舶正浮时，实际水线以上船舶各部分在船舶中纵剖面上的侧投影面积。根据《规则》中相关规定，分项统计船舶各分项的受风面积 A_f 及受风面积作用力臂 Z。对于满载出港载况（吃水 9.5m），受风面积及受风面积作用力臂见表 3-25。

表 3-25　受风面积及受风面积作用力臂

项目	投影面积/m^2	满实系数	流线系数	受风面积/m^2	受风面积作用力臂/m	相对于水线面积矩/m^3
船舶侧面	874.40	1	—	874.4	2.60	2 273.44
尾舷墙	42.24	1	—	42.24	6.54	276.25
首楼	46.85	1	—	46.85	7.23	338.85
首楼舷墙	11.70	1	—	11.70	9.24	108.15
A 层甲板室侧面	30.93	1	—	30.93	9.27	286.81
B 层甲板室侧面	30.93	1	—	30.93	11.87	367.23
C 层甲板室侧面	30.93	1	—	30.93	14.47	447.65
D 层甲板室侧面	30.93	1	—	30.93	17.07	528.07
驾驶甲板室侧面	29.86	1	—	29.86	19.63	586.15
甲板仓库	14.56	1	—	14.56	6.40	93.18
烟囱及惰性气体室	88.07	1	—	88.07	12.50	1 100.70
首楼桅杆	6.03	—	0.6	3.62	13.10	47.40
信号灯桅杆	10.50	—	0.6	6.30	24.90	156.87
上甲板栏杆	138.30	0.2	—	27.66	5.40	149.36
步桥栏杆	126.80	0.2	—	25.36	8.10	205.42
驾驶甲板室顶栏杆	11.80	0.2	—	2.36	20.90	49.32
救生艇	12.54	1	—	12.54	11.00	137.94
救生筏	0.82×2	—	0.6	0.98	11.20	11.02
救生圈	0.21×3	—	0.6	0.38	5.82	2.20
吊杆	7.01	—	0.6	4.21	10.07	42.35
汇总	—	—	—	1 314.80	5.48	7 208.38

计算不同吃水下的受风面积及受风面积作用力臂，并以吃水为横坐标，以受风面积与受风面积作用力臂为纵坐标，绘制受风面积及受风面积作用力臂曲线，如图 3-16 所示。通过受风面积及受风面积作用力臂曲线，插值计算船舶在不同吃水下的受风面积及受风面积作用力臂。

4. 配载及重量计算

本例中，分别完成压载出港、压载到港、满载出港、满载到港四种典型载况配载，并计算各载况下的浮态与稳性。

压载出港载况下，油、水、食品等消耗品按 100%装载。No. 6 压载水舱(P)与 No. 6 压载水舱(S)装载 60%，其余压载水舱均满载。压载出港载况重量及重量重心见表 3-26。

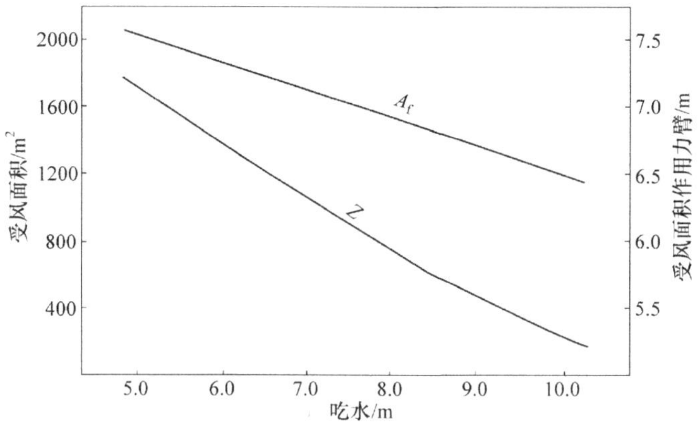

图 3-16　受风面积及受风面积作用力臂曲线

表 3-26　压载出港载况重量及重量重心

项目	装载率	重量/t	X_g/m	Y_g/m	Z_g/m	M_x/(t·m)	M_y/(t·m)	M_z/(t·m)
空船	—	8 600.0	−11.4	0	9.34	−98 040	0	80 324
首尖舱	100%	1 088.0	77.798	0	5.881	84 644	0	6 399
No. 1 压载水舱(P)	100%	1 073.0	64.311	−5.078	7.725	69 006	−5 449	8 289
No. 1 压载水舱(S)	100%	1 073.0	64.311	5.078	7.725	69 006	5 449	8 289
No. 2 压载水舱(P)	100%	1 063.0	45.065	−9.304	5.379	47 904	−9 890	5 718
No. 2 压载水舱(S)	100%	1 063.0	45.065	9.304	5.379	47 904	9 890	5 718
No. 3 压载水舱(P)	100%	1 142.0	23.895	−9.773	4.589	27 288	−11 161	5 241
No. 3 压载水舱(S)	100%	1 142.0	23.895	9.773	4.589	27 288	11 161	5 241
No. 4 压载水舱(P)	100%	1 143.0	1.502	−9.774	4.588	1 717	−11 172	5 244
No. 4 压载水舱(S)	100%	1 143.0	1.502	9.774	4.588	1 717	11 172	5 244
No. 5 压载水舱(P)	100%	1 014.0	−19.634	−9.802	4.91	−19 909	−9 939	4 979
No. 5 压载水舱(S)	100%	1 014.0	−19.634	9.802	4.91	−19 909	9 939	4 979
No. 6 压载水舱(P)	60%	768.0	−39.927	−7.713	2.277	−30 664	−5 924	1 749
No. 6 压载水舱(S)	60%	768.0	−39.927	7.713	2.277	−30 664	5 924	1 749
尾尖舱	0%	0.0	−78.771	0	9.637	0	0	0
No. 1 燃料油舱(P)	98%	171.4	−52.35	−8.469	9.474	−8 973	−1 452	1 624
No. 1 燃料油舱(S)	98%	171.4	−52.35	8.469	9.474	−8 973	1 452	1 624

续表

项目	装载率	重量/t	X_g/m	Y_g/m	Z_g/m	M_x/(t·m)	M_y/(t·m)	M_z/(t·m)
No. 2 燃料油舱(P)	98%	146.2	−55.804	−8.464	10.886	−8 156	−1 237	1 591
燃料油日用舱 1	98%	32.6	−56.6	6.248	12.216	−1 843	203	398
燃料油日用舱 2	98%	32.6	−56.6	8.453	12.216	−1 843	275	398
燃料油沉淀舱	98%	38.3	−56.221	10.881	12.281	−2 153	417	470
重柴油舱(S)	98%	56.4	−57.792	7.961	9.369	−3 262	449	529
重柴油舱(P)	98%	92.4	−60.995	−7.782	9.421	−5636	−719	870
重柴油日用舱 1	98%	9.0	−66.75	6.615	12.624	−600	59	113
重柴油日用舱 2	98%	9.0	−66.75	8.085	12.624	−600	73	113
重柴油沉淀舱	98%	10.8	−66.394	9.757	12.73	−714	105	137
轻柴油舱	98%	37.8	−61.613	7.51	9.367	−2 329	284	354
轻柴油日用舱	98%	4.3	−66.75	5.513	12.624	−289	24	55
主机滑油循环舱	98%	19.1	−65.674	0	0.789	−1 256	0	15
副机滑油沉淀舱	98%	11.6	−69.875	−7.448	12.671	−811	−86	147
副机滑油储存舱	98%	12.5	−68.479	−7.631	12.663	−859	−96	159
主机滑油沉淀舱	98%	20.2	−66.706	−7.821	12.66	−1 350	−158	256
主机滑油储存舱	98%	21.9	−64.609	−8.045	12.657	−1 418	−177	278
汽缸油柜	98%	5.4	−70.943	−7.323	12.673	−380	−39	68
汽缸油日用柜	98%	0.7	−72.26	−9.095	13.185	−49	−6	9
淡水舱(P)	100%	104.2	−77.683	−6.157	13.26	−8 097	−642	1 382
淡水舱(S)	100%	60.8	−79.112	5.929	13.286	−4 809	360	808
轴冷却水舱	100%	18.1	−75.171	0	3.216	−1 364	0	58
锅炉给水舱	100%	10.8	−74.04	8.656	13.349	−799	93	144
饮用水舱	100%	43.7	−75.918	6.45	13.222	−3 316	282	577
备品	—	64.0	−82	0	16.2	−5 248	0	1 037
人员行李	—	5.0	−62.2	−5.88	16	−311	−29	80
合计	—	23 304	4.370	−0.024	6.971	101 848	−565	162 456

压载到港载况下，消耗品按 10%装载，将 No. 6 压载水舱(P)、No. 6 压载水舱(S)注满压载水以保证足够的尾吃水。满载出港载况，所有货油舱均满载(装载率为 98%)，货油的密度为 0.75t/m^3，消耗品按 100%装载。满载到港载况，货油装载与满载出港载况相同，消耗品按剩余 10%计算。设计方案使满载出港时船舶带有一定的纵倾，满载到港时接近于正浮。

进行压载到港、满载出港、满载到港三种载况配载，并计算各载况下的重量及重量重心，与压载出港载况下的重量及重量重心一同列于表 3-27。

表 3-27　各载况下的重量及重量重心

重量分项	项目	压载出港	压载到港	满载出港	满载到港
空船	W/t	8 600	8 600	8 600	8 600
	X_g/m	−11.4	−11.4	−11.4	−11.4
	Y_g/m	0	0	0	0
	Z_g/m	9.34	9.34	9.34	9.34
货油	W/t	0	0	25 307	25 307
	X_g/m	—	—	9.622	9.622
	Y_g/m	—	—	0	0
	Z_g/m	—	—	8.334	8.334
压载水	W/t	13 495	14 519	0	0
	X_g/m	20.411	16.110	—	—
	Y_g/m	0	0	—	—
	Z_g/m	5.102	5.596	—	—
消耗品	W/t	1 210	249	1 210	249
	X_g/m	−62.334	−67.743	−62.334	−67.743
	Y_g/m	−0.466	−0.259	−0.466	−0.259
	Z_g/m	10.986	10.764	10.986	10.764
合计	W/t	23 305	23 368	35 117	34 156
	X_g/m	4.375	5.093	1.994	3.766
	Y_g/m	−0.024	−0.003	−0.016	−0.002
	Z_g/m	6.971	7.029	8.672	8.605

5. 浮态及初稳性计算

采用静力学公式，计算各载况下的浮态及初稳性。其中压载出港载况的浮态及初稳性计算见表 3-28。

表 3-28　压载出港载况浮态及初稳性

序号	项目	符号及公式	单位	数值
1	排水量	Δ	t	23 305
2	排水体积	V	m^3	22 670
3	平均吃水	d_m	m	6.5
4	重心纵向坐标	X_g	m	4.375
5	重心横向坐标	Y_g	m	−0.024
6	重心垂向坐标	Z_g	m	6.971
7	浮心纵向坐标	X_b	m	5.657
8	漂心纵向坐标	X_f	m	4.178

续表

序号	项目	符号及公式	单位	数值
9	每厘米纵倾力矩	M_{cm}	t·m	386.4
10	首尾吃水差	$\delta d=\dfrac{(X_g-X_b)\Delta}{100M_{cm}}$	m	−0.773
11	首吃水增量	$\delta d_f=\dfrac{(L/2-X_f)\delta d}{L_{pp}}$	m	−0.367
12	尾吃水增量	$\delta d_a=-\dfrac{(L/2+X_f)\delta d}{L_{pp}}$	m	0.406
13	首吃水	$d_f=d_m+\delta d_f$	m	6.133
14	尾吃水	$d_a=d_m+\delta d_a$	m	6.906
15	自由液面惯性矩	$I_f=\sum_{i=1}^{n}I_i$	m^4	19 110
16	自由液面修正量	$\delta h=I_f/\Delta$	m	0.82
17	横稳心垂向坐标	Z_m	m	12.384
18	自由液面修正前初稳性高度	$h_0=Z_m-Z_g$	m	5.413
19	自由液面修正后初稳性高度	$h=h_0-\delta h$	m	4.593
20	横倾角	$\theta=\arcsin(Y_g/h)$	(°)	−0.299 4

采用上述表格，计算其余三个典型载况下的浮态与初稳性，四种载况计算结果列于表 3-29。

表 3-29　典型载况下浮态与初稳性

编号	项目	压载出港	压载到港	满载出港	满载到港
1	排水量/t	23 305	23 367	35 118	34 156
2	排水体积/m^3	22 670	227 31	34 161	33 226
3	平均吃水/m	6.5	6.516	9.5	9.26
4	重心纵向坐标/m	4.375	5.093	1.994	3.766
5	重心横向坐标/m	−0.024	−0.003	−0.02	−0.002
6	重心垂向坐标/m	6.971	7.029	8.672	8.605
7	浮心纵向坐标/m	5.657	5.653	4.168	4.318
8	漂心纵向坐标/m	4.178	4.16	−0.22	0.095
9	每厘米纵倾力矩/(t·m)	386.4	386.639	453.7	447.2
10	首尾吃水差/m	−0.773	−0.338	−1.683	−0.422
11	首吃水增量/m	−0.367	−0.161	−0.844	−0.211
12	尾吃水增量/m	0.406	0.178	0.839	0.211
13	首吃水/m	6.133	6.355	8.656	9.050
14	尾吃水/m	6.906	6.694	10.339	9.471
15	自由液面惯性矩/m^4	19 110	9 207	26 584	26 198
16	自由液面修正量/m	0.82	0.394	0.757	0.767

续表

编号	项目	压载出港	压载到港	满载出港	满载到港
17	横稳心垂向坐标/m	12.384	12.372	11.34	11.359
18	自由液面修正前初稳性高度/m	5.413	5.343	2.667	2.754
19	自由液面修正后初稳性高度/m	4.593	4.949	1.910	1.987
20	横倾角/(°)	−0.299 4	−0.034 7	−0.600 0	−0.057 7

根据《规则》中“防止船舶造成污染的结构与设备”等相关规定，各载况下，船舶的浮态应满足下述要求：

(1) 船中平均吃水 $d_m \geqslant 2.0+0.02L=2.0+0.02\times164.746=5.29$m。

(2) 船舶纵倾引起的首尾吃水差不大于 $0.015L=0.015\times164.746=2.47$m。

(3) 设计船螺旋桨桨叶上缘距基线距离为 5.87m，船舶的尾吃水满足螺旋桨埋没的要求，船舶尾吃水不小于 5.87m。

(4) 所有载况下不允许出现首倾。

(5) 满足驾驶视线要求，盲区长度小于 2 倍总长与 500m 的小者；本船的总长 $L_{oa}=172.0$m，允许的最大盲区长度为 $2L_{oa}=344.0$m。

经核实，四种典型载况下，船舶的浮态均满足上述要求。

6. 稳性衡准数计算

1) 风压倾侧力臂 l_f 计算

风压倾侧力臂按下式计算：

$$l_f=\frac{PA_fZ}{9\,810\Delta}$$

式中　P——单位计算风压，Pa；

A_f——船舶受风面积，m²；

Z——受风面积作用力臂，m。

根据受风面积及风压倾侧力臂曲线，计算吃水为 6.5m 时，受风面积 $A_f=1\,810\text{m}^2$，受风面积作用力臂 $Z=6.595$m。根据 $Z=6.595$m 查表得，压载出港载况下单位计算风压 $P=726.4$Pa。则压载出港载况下风压倾侧力臂为

$$l_f=\frac{PA_fZ}{9\,810\Delta}=\frac{726.4\times1\,810\times6.595}{9\,810\times23\,305}=0.037\,9\text{m}$$

计算四个典型载况下风压倾侧力臂，列于表 3-30。

表 3-30　各载况下风压倾侧力臂

载况	d/m	A_f/m²	Z/m	P/Pa	Δ/t	l_f/m
压载出港	6.5	1 810	6.595	726.4	23 305	0.037 9
压载到港	6.516	1 807	6.585	726.04	23 367	0.037 7
满载出港	9.5	1 314	5.48	697.4	35 118	0.014 6
满载到港	9.26	1 350	5.56	699.56	34 156	0.015 7

2）静、动稳性曲线

根据稳性插值曲线与各载况下的排水量、重心位置、大倾角稳性自由液面修正量等数据，计算各载况下的静稳性曲线，对静稳性曲线进行自由液面修正。将静稳性曲线沿横向积分，得到动稳性曲线。四种典型载况下，静、动稳性曲线见表 3-31。

表 3-31　四种典型载况下静、动稳性曲线

载况	项目	横倾角 θ								
		0°	10°	20°	30°	40°	50°	60°	70°	80°
压载出港	静稳性臂/m	0	1.019	2.284	3.249	3.629	3.52	2.941	2.003	0.501
	动稳性臂/m	0	0.087	0.371	0.865	1.472	2.105	2.674	3.111	3.342
压载到港	静稳性臂/m	0	1.018	2.283	3.254	3.645	3.579	3.075	2.268	1.135
	动稳性臂/m	0	0.087	0.371	0.865	1.474	2.112	2.698	3.168	3.471
满载到港	静稳性臂/m	0	0.354	0.755	1.121	1.038	0.213	−1.128	—	—
	动稳性臂/m	0	0.03	0.126	0.296	0.491	0.618	0.543	—	—
满载出港	静稳性臂/m	0	0.37	0.814	1.225	1.167	0.342	−1.021	—	—
	动稳性臂/m	0	0.032	0.133	0.318	0.534	0.684	0.63	—	—

3）最小倾侧力臂 l_q

以下给出压载出港载况下的稳性衡准数计算过程。本船为圆舭形船舶，根据《规则》相关要求，横摇角 θ_1 按下式计算：

$$\theta_1 = 15.28 C_1 C_4 \sqrt{\frac{C_2}{C_3}}$$

式中　C_1, C_2, C_3, C_4——系数。

系数 C_1 通过船舶在计算载况下的自摇周期，查表确定。自摇周期 T_θ 按下式计算：

$$T_\theta = 0.58 f \sqrt{\frac{B^2 + 4Z_g^2}{h_0}}$$

式中　f——系数，根据 B/d 查表确定。

压载出港载况下，$B/d = 27.4/6.5 = 4.215$，查表得 $f = 1.117\,2$。代入上式计算得

$$T_\theta = 0.58 \times 1.117\,2 \sqrt{\frac{27.4^2 + 4 \times 6.971^2}{5.413}} = 8.56\mathrm{s}$$

本船为近海航区船舶，通过 T_θ 查系数 C_1 图，得 $C_1 = 0.244\,1$。

系数 C_2 通过下式确定：

$$C_2 = 0.13 + 0.6 \frac{Z_g}{d}$$

当 $C_2 < 0.68$ 时，C_2 取 0.68；当 $C_2 > 1$ 时，C_2 取 1.0。计算压载出港载况下的系数 C_2 为

$$C_2 = 0.13 + 0.6 \frac{6.971}{6.5} = 0.773\,5$$

系数 C_3 通过 B/d 查表确定，$C_3 = 0.017\,4$。

系数 C_4 通过 $\frac{A_b}{L_{pp}B}$(%)查表确定，与具体载况无关。本船的舭龙骨面积 A_b 为 $44.80m^2$，$\frac{A_b}{L_{pp}B}$为 0.997%。查表得，$C_4=0.6854$。则压载出港载况下横摇角 θ_1 为

$$\theta_1=15.28C_1C_4\sqrt{\frac{C_2}{C_3}}=15.28\times0.2441\times0.6854\sqrt{\frac{0.7735}{0.0174}}=17.04°$$

压载出港载况吃水为 6.5m，查进水角曲线，得 6.5m 吃水时船舶的进水角 $\theta_f=65.0°$。绘制静、动稳性曲线，如图 3-17(a)所示。作图计算压载出港载况下最小倾侧力臂 $l_q=1.85m$。分别绘制压载到港、满载出港、满载到港载况下的静、动稳性曲线，如图 3-17(b)～(d)所示，计算三种载况下的最小倾侧力臂分别为 1.88m、0.46m 和 0.52m。

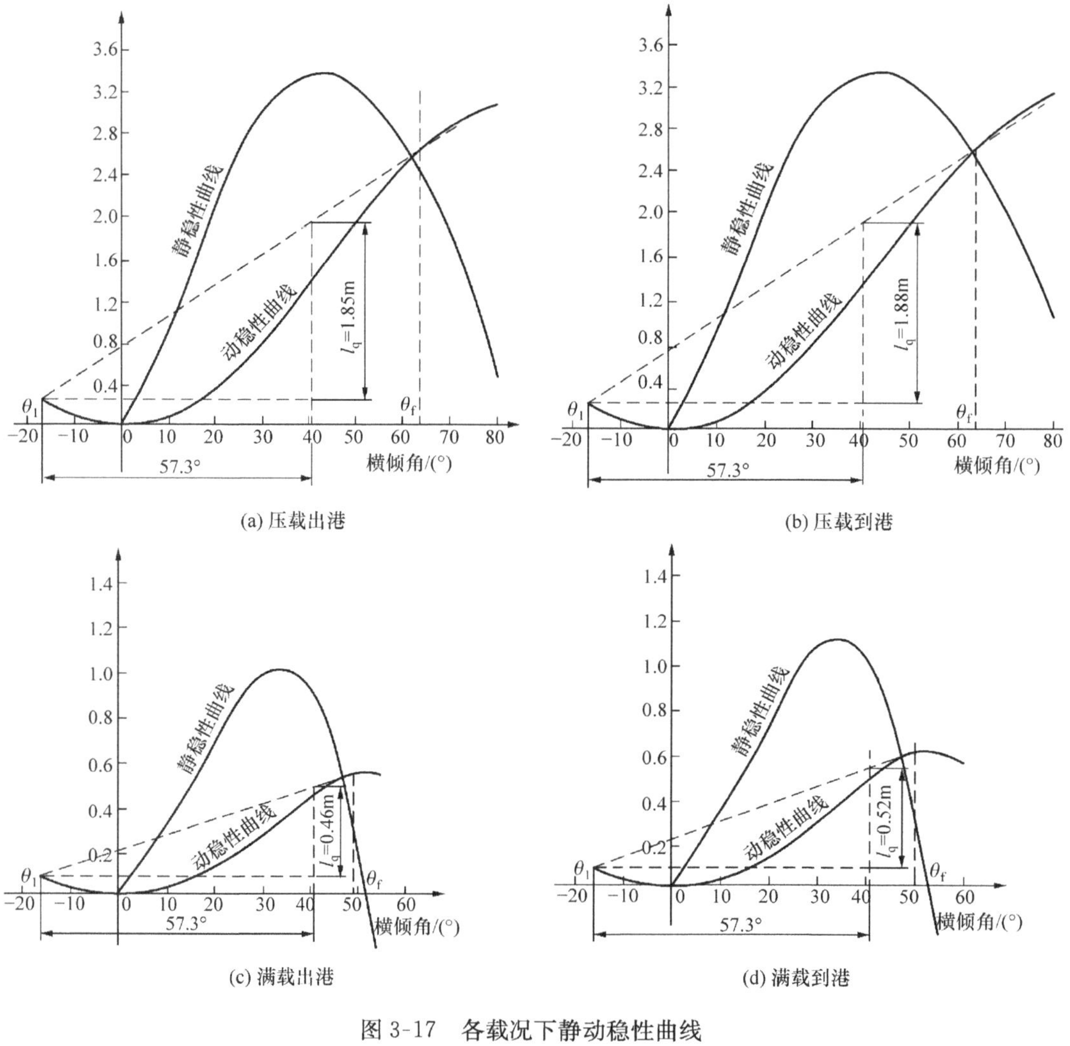

图 3-17　各载况下静动稳性曲线

4）稳性衡准数

压载出港载况下稳性衡准数为

$$K=\frac{l_q}{l_f}=\frac{1.85}{0.0379}=48.81$$

采用上述方法，计算四种载况下的最小倾侧力臂与稳性衡准数，见表 3-32。

表 3-32　四种载况下的最小倾侧力臂与稳性衡准数

编号	项目	压载出港	压载到港	满载出港	满载到港
1	横摇周期 T_θ/s	8.56	8.63	11.78	11.62
2	横摇角 θ_1/(°)	17.04	17.04	16.54	16.56
3	进水角 θ_f/(°)	64.95	64.86	50.02	51.04
4	最小倾侧力臂 l_q/m	1.85	1.88	0.46	0.52
5	风压倾侧力臂 l_f/m	0.037 9	0.037 7	0.014 6	0.015 7
6	稳性衡准数 K	48.81	49.87	31.51	33.12

7. 稳性校核结论

根据《规则》中相关稳性衡准，校核四个典型载况下的完整稳性。《规则》中规定的本船适用完整稳性衡准如下。船舶所核算的各种装载情况的初稳性高度与复原力臂曲线，均应符合下列要求：

（1）稳性衡准数 $K\geqslant 1$；

（2）初稳性高度应不小于 0.15m；

（3）横倾角≥30°处的复原力臂应不小于 0.2m，如船体进水角小于 30°，则进水角处的复原力臂应不小于该规定值；

（4）船舶最大复原力臂所对应的横倾角应不小于 25°，且进水角应不小于最大复原力臂的对应角。

四种典型载况稳性校核结论如下：

1）压载出港载况

（1）稳性衡准数　$K=48.81>1$

（2）初稳性高度　$h=4.593\text{m}>0.15\text{m}$

（3）横倾角≥30°处的复原力臂　$GZ=3.249\text{m}>0.2\text{m}$

（4）船舶最大复原力臂所对应的横倾角　$\theta_{max}=43.6°>25°$

2）压载到港载况

（1）稳性衡准数　$K=49.87>1$

（2）初稳性高度　$h=4.949\text{m}>0.15\text{m}$

（3）横倾角≥30°处的复原力臂　$GZ=3.254\text{m}>0.2\text{m}$

（4）船舶最大复原力臂所对应的横倾角　$\theta_{max}=44.0°>25°$

3）满载出港载况

（1）稳性衡准数　$K=31.51>1$

(2) 初稳性高度　$h=1.910\text{m}>0.15\text{m}$

(3) 横倾角≥30°处的复原力臂　$GZ=1.121\text{m}>0.2\text{m}$

(4) 船舶最大复原力臂所对应的横倾角　$\theta_{\max}=33.5°>25°$

4) 满载到港载况

(1) 稳性衡准数　$K=33.12>1$

(2) 初稳性高度　$h=1.987\text{m}>0.15\text{m}$

(3) 横倾角≥30°处的复原力臂　$GZ=1.225\text{m}>0.2\text{m}$

(4) 船舶最大复原力臂所对应的横倾角　$\theta_{\max}=34.0°>25°$

综上，压载出港、压载到港、满载出港、满载到港四种典型载况下，设计船的完整稳性均满足要求。

第4章　型线设计

4.1　概　　述

型线设计是船舶总体设计的重要内容之一。船体型线是关系到船舶技术和经济性能的全局性设计项目之一，它与船舶的静力与动力性能、总布置、结构与建造工艺等密切相关，是评定船舶设计质量好坏的一个重要指标。因此，在船舶设计的初始阶段确定总体设想及确定主要要素时，就要对型线设计问题进行考虑，并在型线设计中加以体现和检验。正式的型线图是性能计算、结构设计，以及各种布置和建造放样的依据，必须认真对待。

型线设计考虑是否周到，设计出的型线是否优秀，对船舶的航行性能、营运经济性以及建造工艺性等方面有很大的影响。首先，型线与阻力性能关系重大，尾部型线与螺旋桨和舵系的配合对推进效率和振动有很大的影响。此外，型线与船舶的浮态、稳性、操纵性，以及船在波浪上的运动特性和碰击等都有关系。在使用方面，型线能够影响布置和舱容，如机舱内的布置条件、货舱和压载舱的容积、甲板舾装布置等。在建造工艺性方面，型线的平直部分、可展曲面部分可以简化施工的工艺，而复杂曲面增加了施工难度和建造工作量。所以，型线设计需要考虑许多方面的要求，有些要求还会相互抵触，设计者必须仔细权衡。综合起来讲，型线设计应该注意以下几个方面：

(1) 保证设计船具有良好的性能。

一般说来，船体水线以下部分的型线决定了船舶的浮力、稳性、快速性、操纵性、耐波性等；水线以上部分的型线对船舶的耐波性、稳性、分舱及破舱稳性等有重大影响。船体水线以上和水线以下部分的型线要做到几何上的合理配合。型线设计中要把握船体型线与流体动力性能之间的关系，目前还不能完全按理论的方法来进行船体型线设计，通常采用优良的母型船或系列船型资料，根据型线设计的原理和方法加以修改。在这过程中，设计者的经验具有重要的作用。型线设计的经验除了在设计工作中积累以外，还可以通过多参加船模试验研究工作来获得。

(2) 与总布置及总体结构相互协调。

型线设计中应该考虑和满足总布置所需的船体容积、甲板面积、舱壁的位置、货舱大开口的尺寸、机舱及设备的布置和纵倾的调整等。有些情况下，当布置与性能对型线的要求发生矛盾时，通常是适当降低对性能方面的要求，来满足布置和使用功能的需要。例如，装载特殊货物(如集装箱、车辆、大件设备等)的船舶对甲板和舱内的尺寸及形状有要求；机舱在尾部的小型船舶的船尾型线与主机和齿轮箱的布置关系较大。这些都必须加以注意，目的是使船舶能以比较紧凑的尺度满足布置和装载的要求。

(3) 考虑船体结构的合理性和建造工艺性。

例如，从建造工艺性角度来说，船体表面应尽可能地采用可展曲面或平面与折角线组成的简易型线，这有利于降低造价和提高施工质量，但这种型线对船舶快速性不利，因此选用哪种方案还需根据具体情况权衡利弊；过长过浅的尾悬体影响船尾部的强度和刚度；过度的外飘和船首平坦的底部增加了波浪的冲击和船底的碰击。这些都是型线设计中应注意的问题。

(4) 美观的船体线型轮廓。

水线以上的首尾轮廓线、甲板边线以及外露的折角线应考虑美观和造型方面的要求。对于客船、游船等更应考虑型线与上层建筑等之间的协调，使之成为一个优美和谐的整体。

鉴于当前型线设计的复杂性，在船舶主要要素确定之后，型线设计通常与总布置设计及总体结构设计配合进行，重要产品的型线往往需要通过船模试验来确定。型线设计的方法归纳起来有以下三种：

(1) 自行设计法。

在缺乏适当的母型资料时，设计者可根据设计船对型线的特殊要求，按型线设计的基本原则和规律，参考相近船型的优良型线资料，设计者经分析和思考，对新船型线特征有所把握后，自行设绘型线图。这种方法通常在设计特殊新船型时采用。

(2) 改造母型法。

其中一类是以与设计船较接近的现有优秀船舶的船体型线为母型，通过某种型线变形方法，由母型船的型线得到设计船的型线，如 $1-C_p$ 法和 Lackenby 法等均属于这一类方法，这是目前船舶型线设计的常用方法；另一类是船模系列资料法，即利用某一系列船模试验资料，按其规定的方法设计得到设计船的型线。利用船模系列资料的好处是不仅能得到船体型线，而且能使设计者具体掌握各种因素对阻力和推进等性能的影响，为型线的设计和进一步改进提供依据。

(3) 数学船型法。

这种方法是利用数学公式对船舶的型线进行表述。例如，通常使用的参数设计法，是根据船体外形曲面几何形状参数和按照某种规律变化的平面曲线构成船体曲面，即两步法，包括吃水函数法、纵向函数法和横向函数法；参数设计法的另一种方法是曲面法(即一步法)，即把船体曲面分成若干块曲面片，然后按照连续条件将其拼接起来，构成船体曲面。此外，人们还进行了直接按船舶的性能准则产生船型的研究，通常是根据船舶的设计参数要求及性能指标构造船体外形的数学模型，对其求解得到实用的船体型线，这已成为数学船型法研究的重点内容。

以上三种方法中应用比较多、比较广泛的是改造母型法。因为该方法可以借鉴和继承优秀的母型船或优秀系列船型的型线资料，其方法简单、可靠，又可保证原型线的优点。关于数学船型法，因为目前尚未找到同时反映船舶各种要求的船型微分方程，还只是利用若干函数来表示船体表面形状，而这些函数与主要性能的直接相关性是今后要进一步研究的工作，因此，该方法没有达到实用程度。自行设计法只是在某些特种船型开发时才被采用，但也要参考有关母型船或系列船型资料。

随着计算机在造船工业中的广泛应用，前面所述的型线设计方法都已在计算机上编程实现，并在船舶设计与建造中得到成功的应用，这大大提高了船舶型线设计的效率和质量，也减轻了设计者的工作强度。但是，船舶设计师所面临的基本问题并没有改变，即不论用哪种方法设计船体型线，都必须掌握船体主要形状参数和特征对船舶性能、布置、结构等方面的影响规律，并以此作为型线设计的基础。

4.2　主要型线要素

船体型线设计就是决定船舶主体部分的形状，即露天连续甲板以下部分的外板形状，包括水线以下部分与水线以上部分，而研究的主要方面是水线以下部分的形状。

表征船体外形特征的主要参数有：

(1) 主要尺度与船型系数，包括 L，B，d，D，C_b，C_m，X_b 等；

(2) 横剖面面积曲线形状；

(3) 设计水线形状；

(4) 横剖线形状；

(5) 首尾轮廓及甲板线(甲板中心线、舷弧线)形状；

(6) 平边线和平底线。

其中(2)～(6)称为"型线要素"。因此，型线设计应首先考虑和确定以上要素。选择好这些要素，生成型线时就可以得到有效的控制。

在船舶设计中，确定 Δ，L，B，d，D，C_b 以后，就开始设计船体型线，通常从横剖面面积曲线形状、设计水线形状、横剖线形状、首尾轮廓线及甲板线的形状等几个方面来进行控制与协调，并最后完成型线设计。

这些形状特征和参数不但与船的性能有关，而且在几何上有其内在的联系。例如，方形系数 C_b 确定以后，再选取船中横剖面系数 C_m，就决定了棱形系数 C_p，从而很大程度上确定了设计水线以下排水体积沿船长的分布，定出了各站横剖面面积。各站横剖面面积与设计水线半宽、侧面轮廓线及横剖线结合起来就决定了各剖面的 UV 度和排水体积的竖向分布。不仅如此，水线以下部分的形状还影响着水线以上部分的形状特征。设计水线过狭、甲板过宽、干舷过小，从水线以下部分向甲板过渡时，就会产生过度的外飘。可见，设计水线、横剖线、侧面轮廓线和横剖面面积曲线之间，设计水线以下部分的形状与甲板、干舷等水线以上部分的形状之间都在几何上形成互相联系、互相制约的关系。

4.2.1　横剖面面积曲线

横剖面面积曲线是以船长为横坐标、设计水线下横剖面面积为纵坐标所绘制的曲线，如图 4-1 所示。横剖面面积曲线的形状特征可用下列参数表示出来：

(1) 横剖面面积曲线下的面积相当于船的型排水体积 V；

(2) 曲线下面积的丰满度系数等于船的棱形系数 C_p；

(3) 面积形心的纵向位置相当于船的浮心纵向位置 X_b；

(4) 曲线的最大纵坐标值代表最大横剖面面积 A_m，通常是船中剖面面积(如较丰满船)；

(5) 丰满船的横剖面面积曲线中部水平段长度即船舶的平行中体长度 L_P；

(6) 平行中体前后的两段长度分别称为进流段长度 L_E 和去流段长度 L_R；

(7) 无平行中体船的最大横剖面位置；

(8) 曲线两端端部形状。

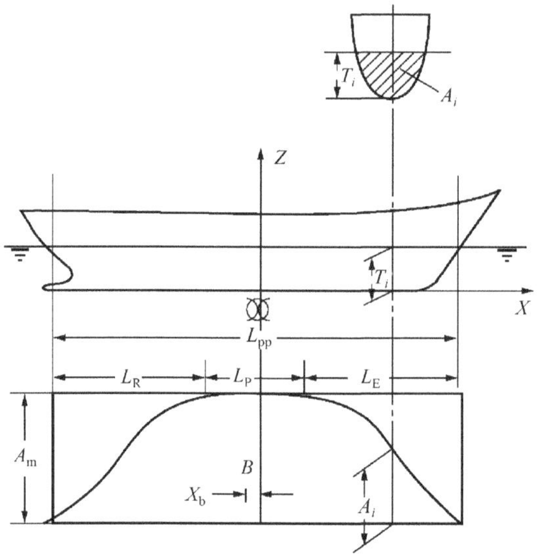

图 4-1　船体横剖面面积曲线

为便于将各种船型进行对比，通常采用无因次横剖面面积曲线，即取纵坐标为各站横剖面面积 A_i 与最大横剖面面积 A_m 的比值，取横坐标为剖面距船中的实际距离与 $L_{pp}/2$ 的比值。图 4-2 是几艘船的无因次横剖面面积曲线。

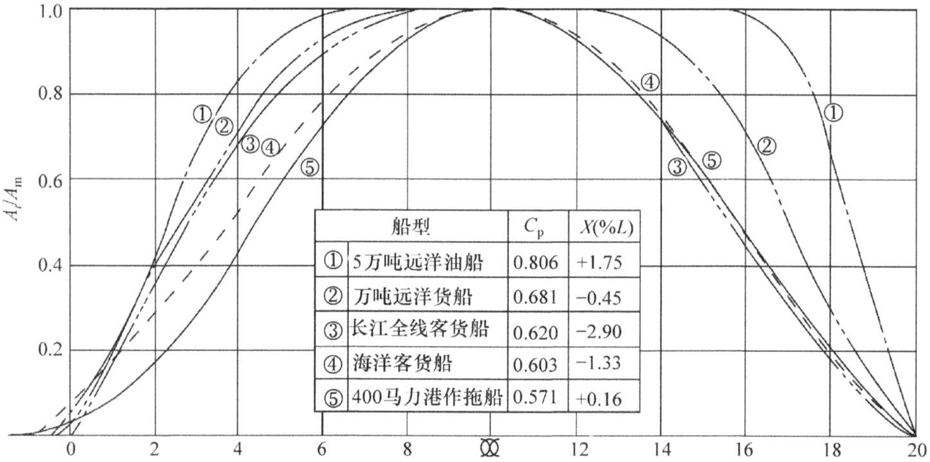

	船型	C_p	X(%L)
①	5万吨远洋油船	0.806	+1.75
②	万吨远洋货船	0.681	−0.45
③	长江全线客货船	0.620	−2.90
④	海洋客货船	0.603	−1.33
⑤	400马力港作拖船	0.571	+0.16

图 4-2　几艘典型船舶的横剖面面积曲线

从图 4-2 中可以看出，不同类型的船舶，其横剖面面积曲线的形状差别很大。C_p 决定了横剖面面积曲线的丰满程度，对曲线形状影响极大。例如，图中的船型①是大型油船，其 C_p 最大。该船具有占船长 40%的平行中体，是一个典型的肥大船型。再看船型⑤，这是一艘拖轮，其 C_p 最小，船型最瘦削，没有平行中体。

影响横剖面面积曲线的另一个重要参数是 X_b。将船型①与船型③进行对比，可以看出船型①比船型③丰满，且前体两者相差较大。其原因是船型①是大型油船，船长 210m，F_n 较低，X_b 在中前 1.75%L；船型③是长江客货船，船长只有 70m，F_n 比较高，X_b 在中后

2.90%L；船型①与船型③的 X_b 相差 4.65%L。所以船型①的横剖面面积曲线在前体特别丰满，而船型③则在后体丰满。

可见，横剖面面积曲线在很大程度上决定了船体型线，是型线设计的出发点。本节将主要从船舶快速性角度对其特征参数的选取做简单的介绍与分析。

1. 棱形系数 C_p 的选择

C_p 的大小反映了浮力沿船长的分布，因为 $C_p=\dfrac{C_b}{C_m}$，所以当 C_b 一定时，C_p 小表示浮力相对集中在船中附近，面积曲线首尾两端较尖瘦；而 C_b 一定时，C_p 大则说明浮力沿船长分布得比较均匀，面积曲线两端较丰满。通常选取 C_p 时考虑的因素有：

1）对阻力的影响

由于 C_p 的大小反映了浮力沿船长的分布，所以 C_p 的选择决定了水动压力沿船长的分布情况，因此对船舶的阻力（主要是剩余阻力）有较大的影响。

理论上对剩余阻力最有利的 C_p 如图 4-3 中的曲线①所示：当 $F_n<0.3$ 时，C_p 约为 0.52；当 F_n 为 0.30～0.45 时，C_p 的最佳值由 0.52 增大到 0.65；当 $F_n>0.45$ 时，具有最低剩余阻力的 C_p 应为 0.65 左右，并基本上保持在 0.65 不再继续增加。

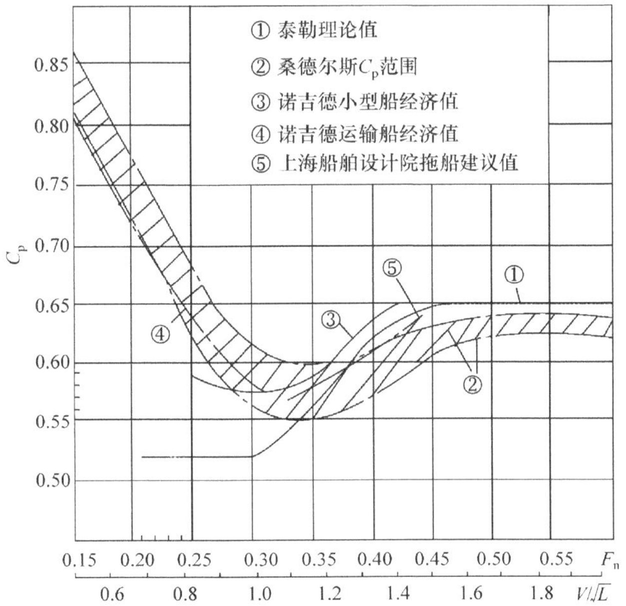

图 4-3　C_p 与 F_n 的关系

然而，对中低速运输船而言，具有最低剩余阻力的 C_p 与从经济角度所选用的方形系数 C_b 是无法配合的。因为中低速船一般选用经济的 C_b，此时即使将中横剖面系数 C_m 取为最大的数值，实际的 C_p 也难以达到理论上的最佳值。所以在较小 F_n 下，从 C_b 的经济值及与之相适应的 C_m 出发选择 C_p 较为适宜。这种从船体重量及经济角度来考虑的 C_p 称为 C_p 的经济值（C_{pe}）。图 4-3 曲线②～④所提出的经济值均超过泰勒的最佳值就是按此原则建议的。表 4-1 为 C_p 经济值的统计范围。

表 4-1　C_p 经济值的统计范围

F_n	C_{popt}	C_{pe}	F_n	C_{popt}	C_{pe}
0.24～0.28	～0.52	0.62～0.65	0.38	0.56～0.58	0.56～0.58
0.30	～0.52	0.58～0.62	≥0.44	0.63～0.65	0.63～0.65
0.34	0.52～0.53	0.56～0.60			

上述 C_p 的经济值虽然高过了理论值，但由于 F_n 较低，剩余阻力所占比重不大，选用大的 C_p 对剩余阻力增加是有限的，另外由于选用经济的 C_b 或 C_p，相应地可减小船的尺度，摩擦阻力亦可相应减小。船的尺度减小，船体重量可减轻，载重量可增加，造价可降低。总的结果，不会给总阻力造成重大的增加，而经济上却是有益的。

当 F_n 较高时，阻力上最佳的 C_{popt} 与实用的 C_{pe} 已接近一致。

2）对总布置与建造工艺的影响

选择 C_p 时还必须考虑到对布置与建造工艺的影响。C_p 较小时，船两端尖瘦，不利于布置。特别是尾机型船舶，过小的 C_p 给机舱及轴系布置造成困难。对双桨船，尾端过于尖瘦，尾轴过早穿出船体，悬臂轴很长，对强度和振动不利。

对小船来说，C_p 太小，船体两端过分尖瘦，将给施工建造带来困难。

3）与其他参数和船体型线的协调配合

选择 C_p 时还应考虑与 C_b，C_m，L/B 的协调配合。对 L/B 小的船，C_p 不能太小。因为当船的排水量一定时，L 小的船，若 C_p 太小，则前体易产生突肩，出现附加的横波系，使阻力增加。对于设计船的 C_b 已达到 F_n 所允许的上限时，则应取尽可能大的 C_m，以降低 C_p。这些都是在设计型线时应加以注意的。

图 4-4 为 C_b 与 C_p，C_m 的关系曲线，可供设计时参考。

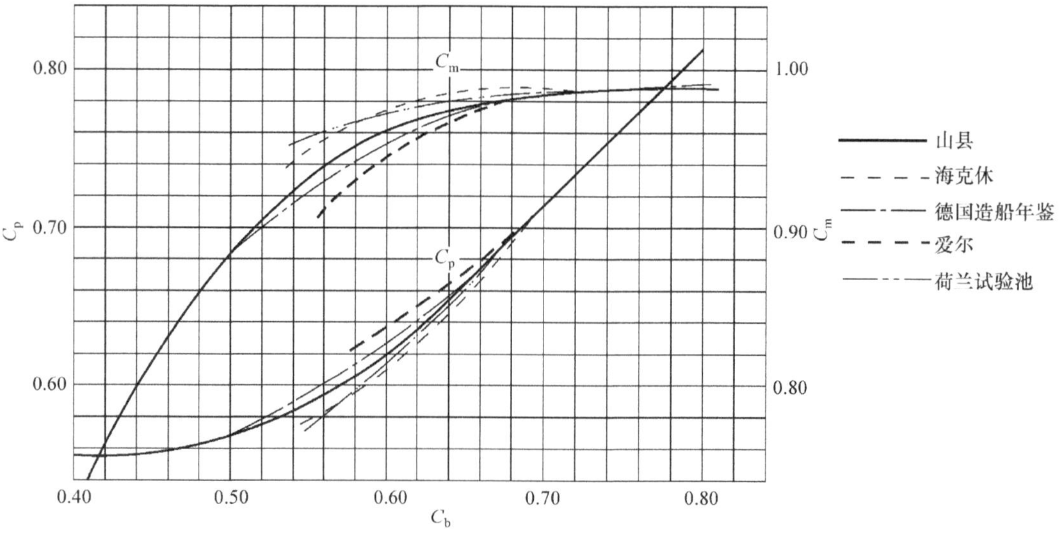

图 4-4　C_b 与 C_p，C_m 的关系曲线

2. 浮心纵向位置的选择

浮心纵向位置 X_b 决定了船前后半体的相对丰满度，对船的阻力及船的纵倾调整都有很大影响。浮心纵向位置的选择主要从对快速性有利的最佳浮心纵向位置和与总布置所确定的重心纵向位置相配合这两个方面来考虑。

1）对阻力的影响

在一定的棱形系数下，浮心纵向位置 X_b 表明了排水量对船中分布不对称的程度，即排水量沿船长的分布情况。因此它对船的剩余阻力有较大影响，特别是对中低速船。当浮心纵向位置向首部移动时，船的兴波阻力增加，而旋涡阻力降低；浮心纵向位置移向尾部时则产生相反的效果，减小了兴波阻力，增大了旋涡阻力。

这样，相对于每一种情况而言，一定的浮心纵向位置必有一定的最小总阻力与之对应，这个浮心纵向位置通常称作最佳浮心位置。船模试验证实，最佳浮心位置是和很多因素有关的，但其中最主要的是船的相对速度，即弗劳德数 F_n 和棱形系数 C_p。对于船的主尺度比 L/B，B/d 及横剖面形状也有一定的影响。目前，对最佳浮心位置的见解也不一致，这是因为浮心位置变化必引起船形变化，而船形略有变化就可能使阻力最低的浮心位置发生变化；另外，阻力最低时的浮心纵向位置的曲线变化较缓，即在一定范围内它的位置变化对阻力影响不很明显。因此，仅就阻力而言，总的原则应当是：对于低速货船及油船，由于方形系数较大，其兴波阻力所占比重较小，所以浮心纵向位置应在船中以前，以免在船尾产生大量旋涡增加旋涡阻力。对 $F_n>0.24$ 的中高速船，因船形较为瘦削，不致发生大量旋涡，因此浮心纵向位置需在船中以后，以使前端变得较为尖瘦从而减小兴波阻力。

图 4-5 给出巴甫连柯建议的最佳浮心位置 X_b 变化范围。当 X_b 在图中阴影区域变化时，其对总阻力的影响不超过 1%。

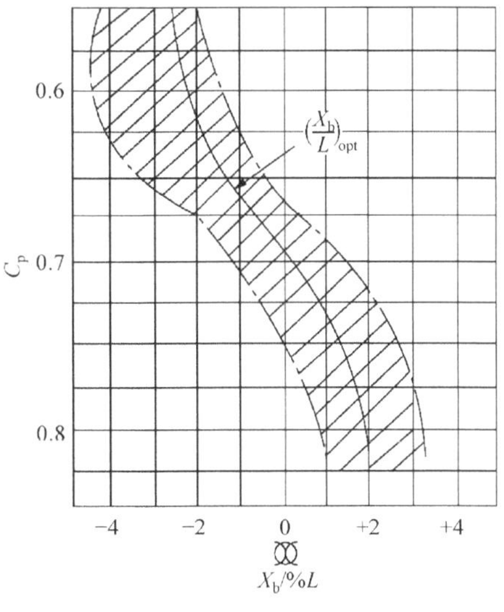

图 4-5 最佳浮心位置的变化范围

图 4-6 为单桨船的最佳浮心位置与棱形系数的关系曲线，可供设计时参考。双桨船的

X_{bopt}比相应的单桨船偏后 1%左右，快速双桨船的 X_{bopt}在中后(2.0%～3.5%)L_{pp}。此外从总的推进效率上看，实际浮心纵向位置稍后于阻力上最佳位置(如向后(0.2%～0.3%)L_{pp})是有利的。

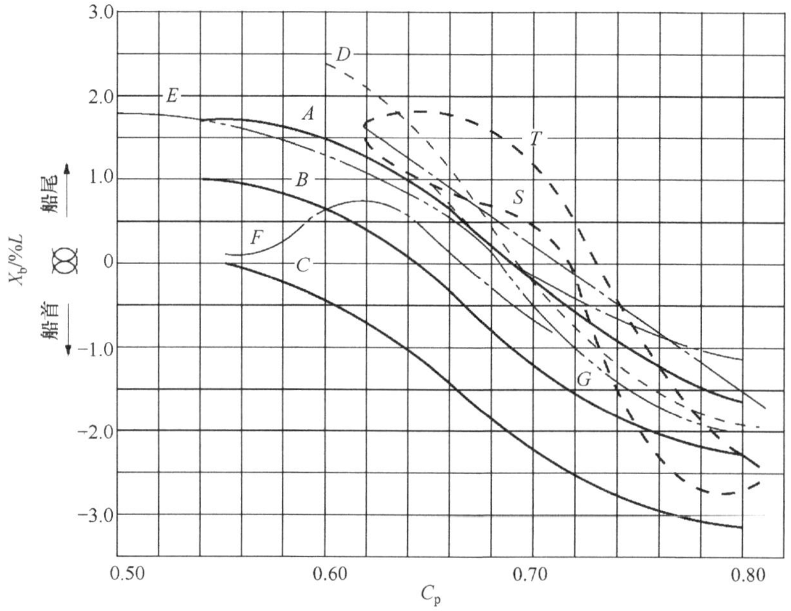

图 4-6　单桨船最佳浮心位置与棱形系数的关系

A，C—荷兰试验池，两曲线间为服务速度下的 X_b 范围；B—荷兰试验池船模平均值；D—爱尔；E—德国造船年鉴(1935 年)；F—海克休；G—陶德(1954 年)；S—60 系列(服务速度 v_{ks})；T—60 系列(试航速度 v_{kt})，其中 $v_{ks}/\sqrt{gL}=0.551\sim0.476C_p$，$v_{kt}=1.06v_{ks}$

应该指出，一般试验资料给出的 X_{bopt}都是以 C_b 与 F_n 的配合恰当为前提的。如果设计船的 C_p(或 C_b)相对于主要使用状态下的 F_n 偏大(接近于上限界值附近)，则选取的 X_b 应适当偏后，以降低首部的兴波阻力。对设计储备功率较多的定期船，为了有效地使用储备功率来增加航速，浮心纵向位置也应比正常使用航速下所对应的 X_{bopt}稍后些。

2) 有利于纵倾调整

浮心纵向位置的选取，还应注意船舶的纵倾调整。即要保证与船舶重心纵向位置相配合，使船不致产生首倾和不允许的尾倾，尤其对尾机型船舶更要认真对待。这类船阻力和纵倾调整对浮心纵向位置的要求往往是矛盾的。例如，快速杂货船因其 F_n 较大，阻力上适宜的浮心纵向位置偏后，但船的重心则在中前。因此，在设计中不得不适当地损失快速性而去兼顾布置上的适宜性。由于在一定范围内移动浮心纵向位置时阻力增加有限，在设计实践中，常根据纵倾调整的要求将浮心向首或向尾做必要的移动。

另外，选取浮心纵向位置还必须考虑与船舶型线的配合。内河浅水船舶多采用隧道型线。由于隧道损失的排水体积很多，浮心纵向位置也不宜取得太后，否则难以设计型线，螺旋桨和舵得不到足够稳定的水流，倒车性能差。

3. 平行中体的长度和位置，最大横剖面位置

1) 平行中体的长度和位置

平行中体就是船中部设计水线下横剖面面积大小和形状完全一样的部分，其长度通常用 L_P 表示。平行中体的前后部分分别称作进流段、去流段，其长度分别以 L_E 和 L_R 表示。平行中体主要用于低速的运输货船、油船。在一定的 F_n 范围内，船体采用适量的平行中体，无论在阻力性能方面还是在使用和建造方面都是有利的。因为当船的排水量、主要尺度及棱形系数 C_p 确定后，采用适当长度的平行中体，将使船的排水体积相对移向中部，而船的两端形状变得瘦削，所以使横剖面面积曲线在平行中体两端形成两个肩形，两肩附近引起的波浪与船两端引起的波浪将产生干扰现象。船模试验证实，合适的平行中体长度和位置，对改变兴波主要集中于端部的低速船和兴波干扰作用明显的中速船的兴波阻力将是有意义的。通常在 $F_n<0.24$、对应的方形系数 $C_b>0.62$、棱形系数 $C_p>0.63$ 的船上都采用平行中体。因为除阻力上有收益外还可以增大货舱容量，简化建造工艺，降低建造成本。

根据船模试验研究可知，平行中体对阻力的影响主要是由它的最适宜的长度及最有利的位置决定的。平行中体在船的后半体的长度增大，必然导致形状阻力的增加。而船的前半体平行中体过长也很难实现进流段向平行中体的光滑过渡。这样会使平行中体起点处所产生的波浪强化，势必增加兴波阻力。因此，一定的船型必有较为适宜的平行中体长度 L_P 和进流段长度 L_E、去流段长度 L_R 与之配合。在设计中往往都是依据方形系数 C_b 来确定各段的长度。表 4-2 所建议的数值在实际设计中应用较广泛。

表 4-2　不同方形系数 C_b 下的各段适宜长度

方形系数 C_b	进流段长度 $L_E(\%L)$	平行中体长度 $L_P(\%L)$	去流段长度 $L_R(\%L)$	比值 L_E/L_R
0.81	24.0	44.0	32.0	0.750
0.80	24.0	43.5	32.5	0.738
0.79	24.5	42.0	33.5	0.731
0.78	25.5	39.0	35.5	0.718
0.77	26.0	37.0	37.0	0.703
0.76	27.0	34.5	38.5	0.701
0.75	28.0	33.0	39.0	0.718
0.74	29.5	31.5	39.5	0.747
0.73	31.0	29.5	39.5	0.785
0.72	33.0	27.0	40.0	0.825
0.71	36.0	23.0	41.0	0.878
0.70	38.0	20～18	42.0	0.905
0.69	—	14.5	—	—
0.68	—	11.0	—	—
0.67	—	8.5	—	—
0.66	—	6.0	—	—

对于丰满船，平行中体长度 L_P 可取得比表中所建议的数值大一些。

2) 最大横剖面的位置

无平行中体的船舶，最大横剖面位置决定了进流段和去流段的长度。在 $C_b<0.65$，$F_n>0.24$ 的船上，从有利于阻力的角度考虑，都不采用平行中体。这是因为这类船较瘦长，剩余阻力所占比例大，如采用平行中体难以保证型线光顺和缓，这样就易导致剩余阻力增加。当船速较高时，进流段长度应大于去流段长度，最大横剖面位置应移向中后。大致是：当 $F_n\leqslant 0.30$ 时，最大横剖面可位于船中；当 $F_n\geqslant 0.50$ 时，则宜渐向尾部移动约 $5\%L$。一般说来，最大横剖面的绝对位置比起浮心纵向位置对阻力的影响还是次要的。在具体设计中可以参考表 4-3 所给的数据。

表 4-3 最大横剖面位置($\%L$ 中后)

速长比($v/\sqrt{L}$)	棱形系数 C_p				
	0.54	0.56	0.58	0.60	0.62
0.90	1.0～2.5	1.4～2.9	1.5～3.5	2.3～4.3	3.5～5.5
0.95	0～2.0	0.4～2.9	1.7～2.6	2.5～4.5	4.0～5.7
1.00	1.5～3.0	2.1～3.7	2.8～4.5	4.0～5.8	—

4. 横剖面面积曲线的端部形状

横剖面面积曲线端部形状与平行中体的长度 L_P、进流段长度 L_E、去流段长度 L_R、前体棱形系数 C_{pf} 和后体棱形系数 C_{pa} 等参数有关，其关系如下：

$$C_{pe}=1-\frac{1-C_{pf}}{2(L_E/L_{pp})} \tag{4-1}$$

$$C_{pr}=1-\frac{1-C_{pa}}{2(L_R/L_{pp})} \tag{4-2}$$

C_{pf} 和 C_{pa} 与浮心纵向位置 X_b 密切相关，有以下的统计关系式：

$$C_{pf}=C_p+(1.4+C_p)\frac{X_b}{L_{pp}} \tag{4-3}$$

$$C_{pa}=C_p-(1.4+C_p)\frac{X_b}{L_{pp}} \tag{4-4}$$

确定横剖面面积曲线的端部形状时要对下述问题予以考虑：

(1) 对于低速船($F_n<0.22$)，首波发生在首柱附近，希望横剖面面积曲线有较尖的首端，如取凹形的首端。但是必须考虑到这种低速船的 C_p 及 C_b 均较大，通常都有较长的平行中体，而进流段都较短。凹形的首端将导致进流段与平行中体相接处出现大的"肩"点，将会引起额外的兴波阻力，所以还是取直线形首端为宜。图 4-2 中的船型①就是典型的例子，该船 F_n 约为 0.18。

(2) 当 $F_n=0.22\sim0.28$ 时，由于兴波逐渐加剧，首波发生点后移。为避免过大的兴波阻力，进流段宜增大，平行中体宜减小或取消，横剖面面积曲线的首端宜取凹形或微凹形。如图 4-2 中的船型②及船型④。

(3) 当 $F_n>0.28$ 时，首波范围增大且后移。为适应这种情况，进流段更应增大。到 $F_n>0.30$ 时，甚至可以考虑将最大横剖面位置移到中后。这时横剖面面积曲线的首端宜取微凹形甚至直线形。拖轮的 F_n 较大，适宜的首端形状有图 4-2 中的曲线⑤。

(4) 横剖面面积曲线的尾端常采用直线形或微凹形，以避免水流分离。图 4-2 中的拖轮，为使螺旋桨的来流通畅，采用尾纵流型线，浮心取中前，所以曲线的尾端呈凹形。

4.2.2　设计水线形状

设计水线就是船舶满载时的载重水线，其形状由水线面系数 C_w、平行中体长度 L_P、半进流角 i_E、半去流角 i_R、漂心纵向位置 X_f 及首尾端部形状等确定。设计水线形状对船舶阻力、稳性、耐波性及型线光顺等方面均有影响。

1. 水线面系数

水线面系数 C_w 的大小反映了设计水线面面积的大小。选取 C_w 时应考虑的因素是：

1) 对稳性的影响

水线面系数 C_w 和型宽 B 一样，对初稳性有很大影响。增大 C_w，初稳性高度可提高。由于 C_w 增大后，水线以上部分也相应加宽，使储备浮力有所增加，对抗沉性和大倾角时的稳性均有利。

2) 对布置的影响

从总布置角度考虑，大的 C_w，配以 V 形的横剖面，从而可加大甲板面积及设计水线以上部分的容积，有利于甲板设备及舱室的布置。

3) 对耐波性的影响

增大 C_w 对纵摇有较强的阻尼作用。如采用大的 C_w，并配以 V 形首横剖面及适度的首外飘，有利于减缓迎浪航行时易发生的首部钻浪现象，则可减少纵摇幅度并改善船的甲板上浪。

4) 对快速性的影响

从静水阻力考虑，C_w 过大是不利的，随着 F_n 的增加应使 C_w 减小。但对浅水阻力而言，C_w 大则垂向棱形系数 C_{vp} 下降，使排水体积集中在上部可以增加船底与河床之间间隙，从而可减小回流速度及浅水摩擦阻力。

船舶设计中，一般对 C_w 的选取是从快速性出发，然后校核稳性、总布置及型线等方面是否合适。通常 C_w 与 C_p 有一个大体的协调范围，某些系列船型给出了下面的建议公式：

$$C_w=(0.97\sim1.01)C_p^{2/3}$$

图 4-7 为几种船型系列及有关资料的 C_w 与 C_p 的关系曲线，可供初步设计时参考。

2. 设计水线首端形状与半进流角

设计水线首尾端形状有凸形、直线形、凹形及微凹形之分，其形状对剩余阻力有较大影响，特别是首部的形状对兴波阻力有较大的影响。设计原则是：为了保证获得较低的阻力，设计水线首部应当瘦削，尾部应当很好地圆削。

对于低速船，由于兴波阻力所占比重较小，这种船的主要着眼点应以低速换取较大的载

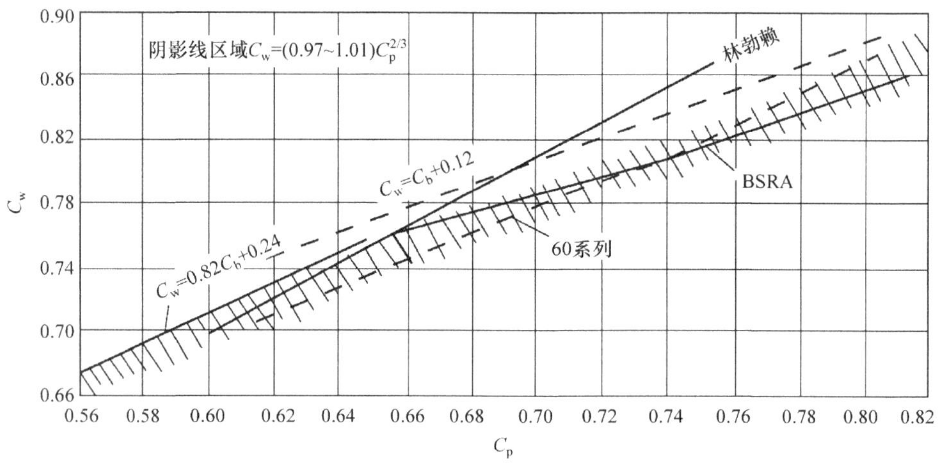

图 4-7　C_w 与 C_p 的关系曲线

重量，因此首部不易削尖。否则由于中部较肥，首部太尖，势必破坏型线的光顺。因而它的首端形状做成接近于直线的凸形是合理的。故在 $F_n<0.16$ 时用凸形；$F_n=0.16\sim0.19$ 时用微凸形或直线形；F_n－0.20～0.22 时可采用直线形或微凹形。随着 F_n 的增加，引起兴波长度逐渐增大，其高压区不断后移，要降低兴波阻力就必须使首部水线拐点向后移动，但也不应移动太大，否则会使船体表面型线变化剧烈，破坏型线光顺反而增加了阻力。因此对于 $F_n=0.22\sim0.32$ 的中速船，多采用缓和凹形的首部水线。对于高速船，由于兴波高压区已扩展到近船中，为了减小兴波阻力，希望整个水线前半部变瘦，因而在 $F_n>0.32$ 时应采用直线形甚至微凸形首部。

从耐波性角度看，设计水线丰满是有利的，而呈 S 形的则不利。小型船舶从稳性和总布置角度来讲，常常要求较丰满的首部水线，因此，常采用较大的 C_{wf} 及 i_E。

由前述可知，设计水线首端的形状对兴波阻力有很大影响，而设计水线的半进流角则对设计水线首端形状有决定性作用。所谓半进流角就是设计水线在船首处所做的切线与船的中纵剖面所成的角度，以 i_E 表示。根据船模试验的结果，它的大小应和船的相对速度及船形瘦削程度即长宽比及浮心纵向位置 X_b 等有关。通常最适宜的半进流角都是表示成 F_n 或 C_b 的函数，也有的表示成前体棱形系数 C_{pf} 的函数，如图 4-8、图 4-9 所示。

3. 设计水线尾端形状

设计水线尾端的形状主要对形状阻力有影响，一般情况下，它对总阻力的重要性次于首端形状。为减缓水流分离，要求尾端保证顺滑，一般应以直线形为宜，且与纵中剖面线夹角多为 20°～28°。特别是对于中速船，尾端应尽可能变瘦以免产生大量旋涡。高速船的水流大都顺着纵剖线，很少顺着水线，所以尾端反而要做得丰满些。此外，位于设计水线下的首部水线应当尽量做得尖削，特别当有球鼻首时，应当注意主船体与球鼻首的配合。尾部形状也一样，应尽量做得尖削或圆削以利于水流流动。至于设计水线以上水线形状对静水阻力无影响，但在风浪中对阻力产生影响，因此首部往往靠倾斜的首柱使水线变得尖削。另外，注意到在风浪中对起伏运动影响时，应使水线形状不要造成漂心过后，否则当波峰沿船长移

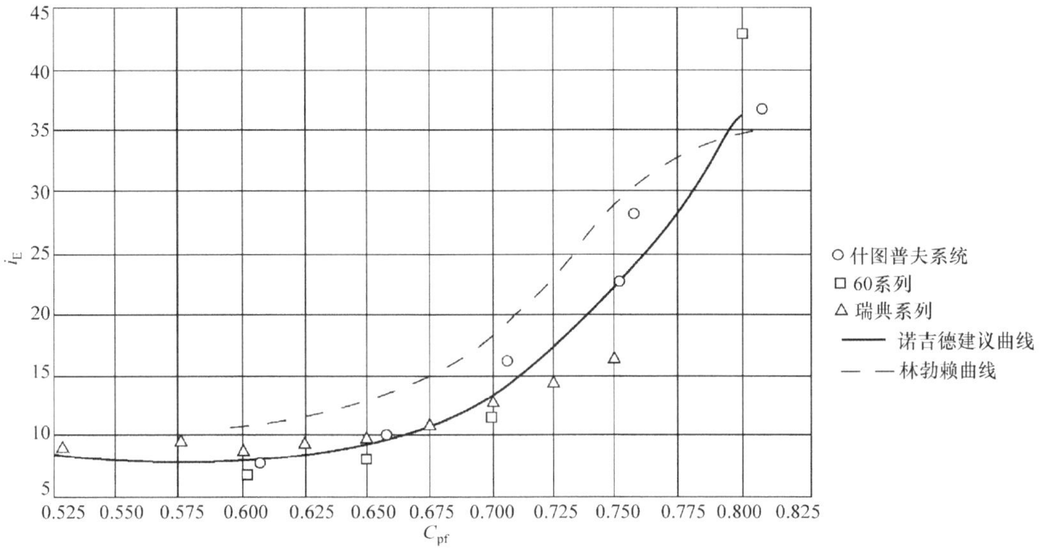

图 4-8 设计水线半进流角 i_E 与 C_{pf} 的关系

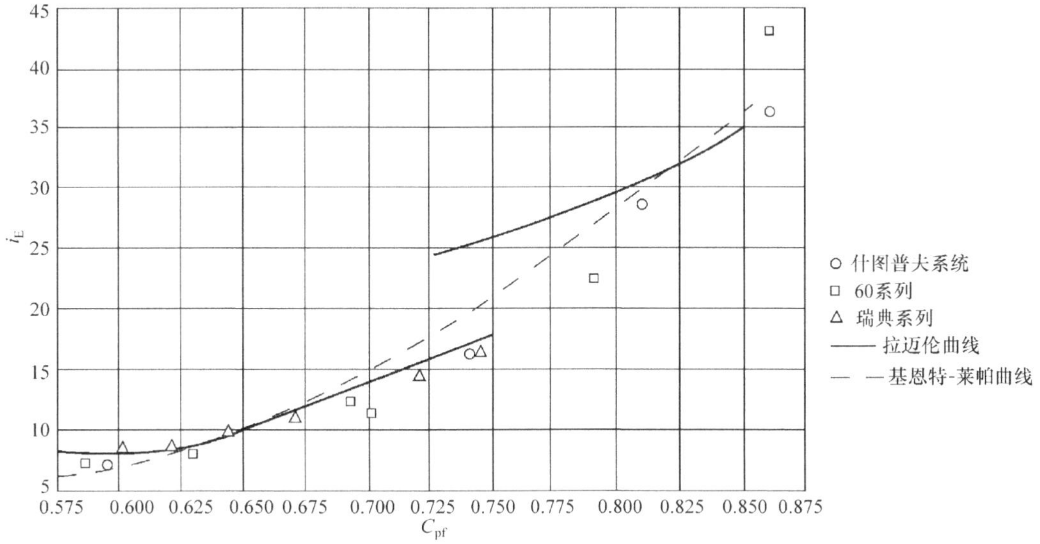

图 4-9 设计水线半进流角 i_E 与 C_{pf} 的关系

动时，浮心变化较快，波长或波面略有变动即影响起伏振幅。因而水线面形状要避免过于“前瘦后肥”。去流角大小比较难确定，巡洋舰尾因倾斜缓慢，一般为 15°～18°；普通型船尾要大些（个别船达到 30°以上），但角度大容易产生旋涡，使形状阻力增大，设计时要考虑 C_w 等因素才能决定。

4. 设计水线的平行中段长度

设计水线平行中段的长度取决于水线面系数的大小和水线首尾端的形状。通常单桨船约为横剖面面积曲线平行中体长度的 2 倍。速度较高、C_b 小的船没有平行中体，但设计水线在船中偏后部仍有一段平行中体，因为首部瘦削、尾部丰满的设计水线对快速船具有更小的阻力。

4.2.3 横剖线形状

当横剖面面积曲线及设计水线确定后，就可着手确定横剖面形状。首先应确定中剖面的形状。它的形状与摩擦阻力关系不大，主要是和剩余阻力有关系。中剖面形状的主要体现是舭部升高 h 和舭部半径 R。对 h 和 R 的选取要符合使纵向水流平顺的要求，特别是舭部水流从前体向下越过舭部到底部以后，再越过舭部升向尾部的整个过程不易发生离体，这要求舭部半径 R 不宜过小。具体设计中应视尺度比 B/d 及中横剖面系数 C_m 而定。关于中横剖面系数，试验证明，实际上对阻力影响不大，选取时主要从易于型线平顺、布置等方面考虑。对于速度低的船，目前的趋势是采用相当肥满的中剖面，在一定的方形系数配合下可使船的两端尖瘦，对减小兴波有些好处；对于高速船，中横剖面系数应取得小一些，因为小的方形系数要求中横剖面系数小，以使棱形系数接近最佳值，所以高速船中剖面具有相当大的 h 和 R。低速船常无 h，其目的在于获得尽可能大的中横剖面系数。

在横剖面面积曲线和设计水线一定的情况下，船的首尾端横剖面形状的选取就要受到限制。在满足横剖面面积曲线要求的横剖面面积的前提下，横剖线水下形状相对地来讲可分为 V 形和 U 形(图 4-10)以及介于两者之间的中 V 形及中 U 形和极端的极 V 形和极 U 形等。通常，由于 U 形横剖线排水体积可集中于下部，故与较瘦削的设计水线相对应；而 V 形横剖线由于排水体积集中于上部，故对应于较丰满的设计水线。但由于目前对船舶横剖线的 UV 度还没有一个被普遍接受的定义，因而对于较为缓和的中 V 形和中 U 形横剖线，只有通过相互对比才能予以区分。

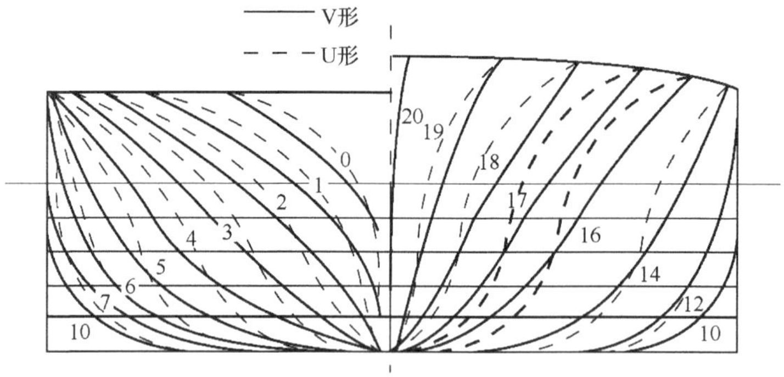

图 4-10　典型的横剖线形状

1. 静水阻力方面

从阻力上看，U 形横剖线使排水体积在竖向的分布较均匀，可使设计水线瘦削，就首部来说，导致半进流角 i_E 减小，有利于降低兴波阻力；对于尾部，U 形横剖线使伴流比较均匀，有利于提高螺旋桨的推进效率，且有利于降低螺旋桨的激振力。但相对于 V 形横剖线，U 形横剖线的湿面积较大，导致摩擦阻力较大。V 形横剖线不仅因为湿面积较小，对减小摩擦阻力有利，对尾部来说，V 形横剖线还可以使去流段水流顺畅，有利于减小旋涡阻力。

瑞典哥德堡船舶研究院对前体横剖线分别为 U 形和 V 形的船(图 4-11)做了试验研究。这两条船具有相同的横剖面面积曲线和相同的主要尺度比($C_b=0.675$，$C_m=0.984$，$B/d=2.4$，$L/B=7.24$)，其阻力特性曲线如图 4-12 所示。可见，由于前体的 V 形横剖线兴波阻力较大而摩擦阻力较小，因此在 $0.18<F_n<0.25$ 范围内(也与其他形状影响因素有关)，总阻力比 U 形横剖线的高。

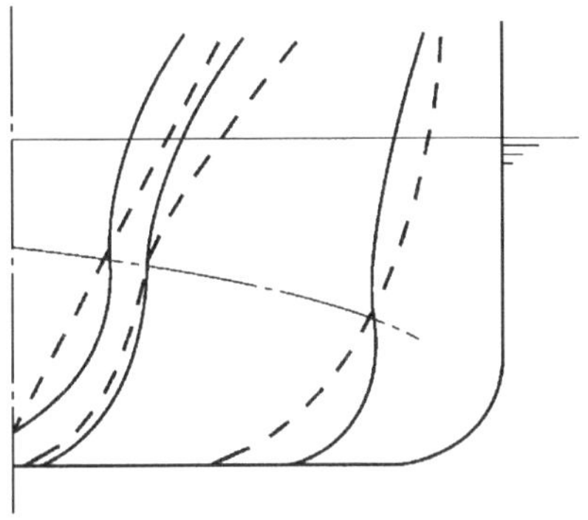

图 4-11　U 形和 V 形的前部横剖线形状(哥德堡船舶研究院的比较模型)

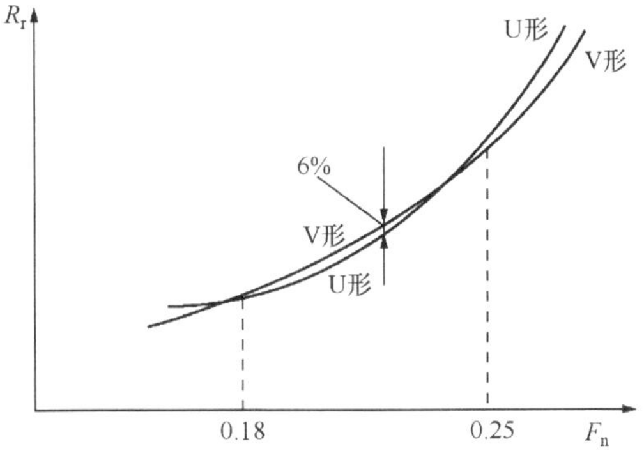

图 4-12　无球首船 U 形和 V 形前体横剖线的典型阻力特性曲线(所有阻力曲线都相交于两点)

2. 耐波性方面

船在纵摇和升沉运动中，V 形横剖线使纵摇、垂荡的阻尼增加，有利于降低纵摇角和垂荡幅度。另外，V 形横剖线也使船体具有较大的储备浮力。而 U 形横剖线对耐波性如纵摇、垂荡、首部碰击等性能，相对于 V 形横剖线要差些。

3. 稳性方面

在稳性方面，V 形横剖线设计水线处的局部宽度较大，与此相关的水线面惯性矩和浮心高度也较大，这两者都使初稳心高度$\overline{KM}$增大。因此在水线宽度相同，与之对应的稳心半径相同的情况下，V 形横剖线为主的船应较 U 形横剖线为主的船有较大的初稳心高度。

综合静水阻力和耐波性的因素，船的前体横剖线形状大致可这样考虑：低速船采用 V 形比较有利；船长较长的中速船(如 $F_n\approx0.23$)，航行中较少遇到波长超过船长的波浪，可偏重静水阻力来考虑，采用偏 U 形的横剖线形状；小船更偏重耐波性因素的考虑，加上 L/B 通常较小，从几何关系上处理也应采用偏 V 形的横剖线形状。

在船舶设计时具体选用何种横剖线形式，要视具体情况而定，如大型运输船舶及中速船舶，采用 U 形横剖线的较多；小型船舶如渔船、拖轮及快艇等多采用 V 形横剖线；双桨船采用 V 形横剖线可保证螺旋桨有较好的供水，有利于提高推进效率；而对于中型船舶，多采用中 V 形或中 U 形横剖线，以兼顾阻力和耐波性等要求。

4. 水上部分的形状

在确定船舶水线以上横剖线形状时应从船体型线的光顺配合、船舶布置及使用要求等方面予以考虑。从船舶适航性、耐波性和布置等方面的要求上，常使首部具有适度外飘以减少船在波浪中航行时的甲板上浪，增加局部储备浮力，减小纵摇摇幅，增大复原力臂曲线的高度。但应注意的是过度外飘会产生飞溅，且可能引起大的纵摇加速度和碰击。从使用角度上说，适当外飘可以保证集装箱船船首甲板上的载箱数，并且在滚装船上船首设计水线附近保证最小的滚装货进口宽度。

5. 折角线式直线形横剖线

所谓直线形横剖线就是横剖面由数段直线所组成，各段直线相交成尖角或圆角，该折角线须为光顺曲线。此船型可简化横向构件的制造工作，因而可节省人工、建造时间和对技术熟练程度的要求。一般认为如折角线按流线方向装置，则与普通船型的阻力无大差别。

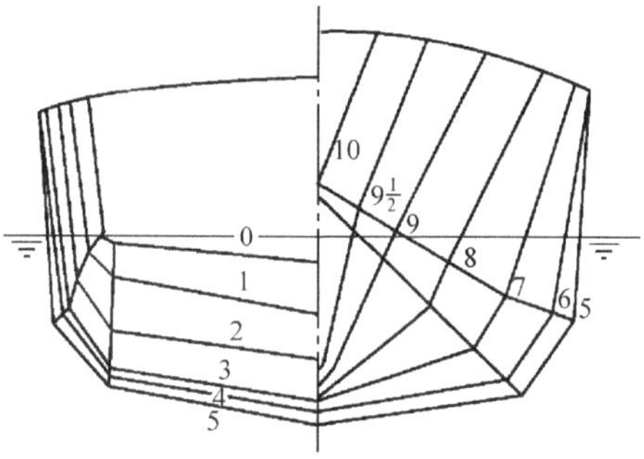

图 4-13　双折角线式直线船型

近年来船模试验结果指出：对于渔船和拖轮等长宽比较小的船，F_n 在 0.33 以下时，采用双折角线式直线船型(图 4-13)，快速性和耐波性都不差。此类型尾部型线的设计使流线沿很舒顺的纵剖线方向，伴流分布均匀，因此螺旋桨桨叶与船体的间隙可以减小，以容纳较大直径的螺旋桨而获得较高的推进效率。又由于其船首部分的 V 形横剖线，在波涛中纵摇角度较小，所以速度损失也少。更由于丰满的设计水线面，其稳性较佳，这对于渔船和拖轮等海上小船而言，也很重要。

4.2.4　船首和船尾形状

1. 船首形状

现在设计和建造的船舶，设计水线以上的首柱一般都作成倾斜的，如图 4-14 所示，倾角可达到 15°～30°。它的主要优点在于能够使设计水线以上的水线变得瘦削，因而可减少首端的激波。倾斜的首柱使设计水线以上的水线面积迅速增加，有利于减小船在迎浪航行中的纵摇和升沉运动，从航行安全角度考虑，采用倾斜的首柱对改善碰撞时水线以下部分的安全也是合理的；另外，倾斜的首柱增

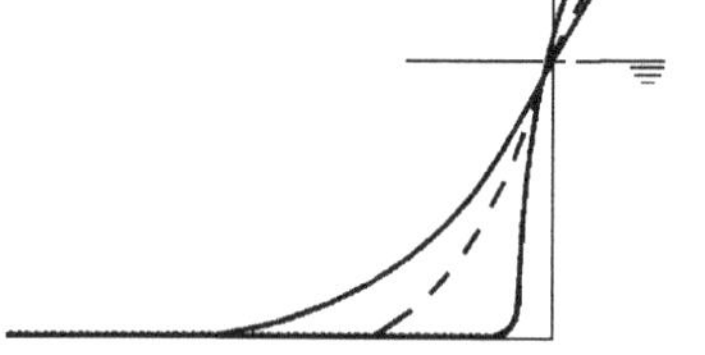

图 4-14　典型首柱形式

加了甲板面积,并与外飘相配合使船外形美观大方。但从经济性和实用性来看,前倾不宜过大,因为这样增加总长和造价,增大吨位,增长泊位,降低进出港靠离码头时首端的安全。在设计水线以下首柱的形状,一种是继续保持水上的倾斜度并和底龙骨圆滑地连接;另外也有的几乎做成与龙骨线垂直,如图 4-14 所示。就阻力而论,两者影响差别不明显。当首部船底有足够的倾斜时,可使首底冲击得以缓和。

此外,与船首形状有关的问题就是球鼻首的应用。自 20 世纪 20 年代在商船上首次设置球鼻首以来,球鼻首已经在现代商船上得到广泛应用。模型对比试验表明,设置球鼻首的船,比同样的无球鼻首的船,需要的推进功率小得多,阻力性能也好得多。球鼻首对船型的影响涉及船舶设计、结构、制造和使用等各个方面,因此选用球鼻首船型时,必须综合考虑船舶的快速性、耐波性(尤其是首底碰击)、操纵性、纵倾调整、结构强度、建造成本及工艺性、航行(包括冰区航行)和锚泊布置等方面的影响。然而,改善船舶的流体动力性能仍是目前选用与确定球鼻首船型所考虑的主要因素。

1) 球鼻首的降阻机理

(1) 高速船。

对于 F_n 为 0.25～0.35 的中高速船,安装球鼻首可以减小兴波阻力。泰勒首先提出球鼻首减小阻力的原因是一种兴波干扰现象。以后的理论和试验研究表明,球鼻首产生兴波由波谷开始,而船体首波系由波峰开始。如球鼻首产生的球首波系的波谷,恰好与主船体波系的波峰相重合,就可取得消波的效果。从理论上说,若两者波幅相等,相位相反,则可能完全消波。

(2) 低速肥大型船舶。

以前一般认为球鼻首仅适用于 $C_b<0.70$ 的尖瘦船。近年来球鼻首的应用已推广到低速肥大型船舶。这类船航速低($F_n=0.16$～0.20),压载航行时,首波系产生的兴波阻力约占总兴波阻力的 2/3,而总的兴波阻力仅为总阻力的 5%～15%。然而船模试验表明,球鼻首船型与常规船型相比,总阻力减少达 20%～25%,减少的阻力已超过首波系的兴波阻力,因此仅应用球鼻首的消波理论无法对此做出解释。破波阻力成分被揭示后,低速丰满船型球鼻首降阻机理得到明确。肥大船在压载航行时,首部水流冲击,紊流使首波破碎消耗能量,破波阻力相当明显。而球鼻首使船首前伸,该处横剖面面积曲线的陡度和首部水线半进流角减小,改善了船首柱附近的水压力分布,因而缓和了船首破波情况,从而降低了破波阻力。而在满载情况下,普通船型由于舭部半径很小,船底很平坦,首部舷侧水流绕过舭部斜向进入船底,与船底原来向后的水流交叉相混,形成舭涡,球鼻首具有整流作用,可将侧流顺导向后,大的首部舭半径也改善了舭部的流动,从而使船首部不发生或少发生舭涡,黏压阻力减小。根据资料,满载时球鼻首可使主机功率降低 10%～20%,压载时可降低 20%～25%。我国在载重量 24 000t 油船、载重量 25 000t 及 35 000t 散货船、载重量 50 000t 油船的船型研究中也都证明了这一点。

2) 球鼻首的形式

几种典型的球鼻首形式如图 4-15 所示。

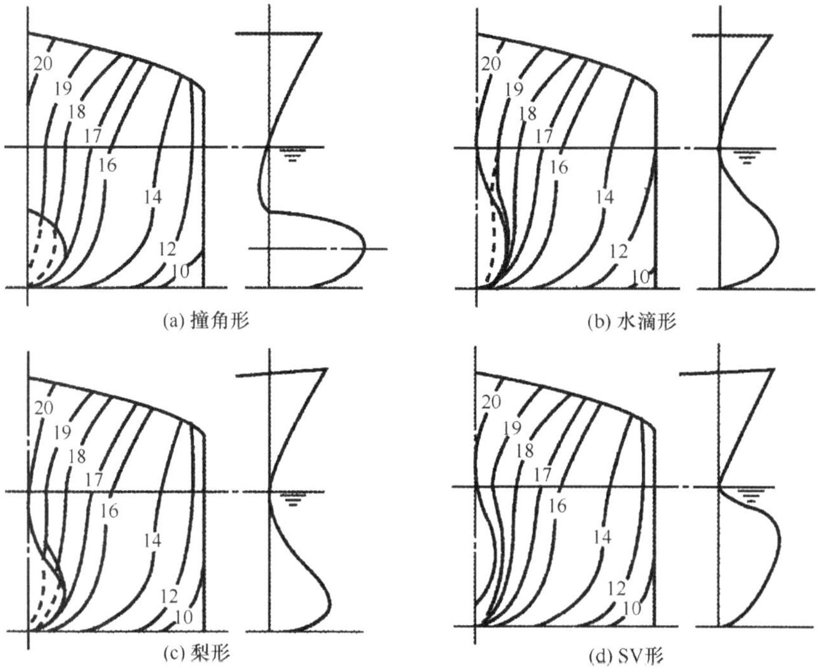

图 4-15 球鼻首形式

撞角形球鼻首前伸较长，前端较尖，其横剖面呈圆形或椭圆形、浸深较大，通常用于低速肥大船型。满载和压载时降阻效果均较好。

水滴形球鼻首出现最早，其特征是体积较小且集中于中下部，此种球鼻首有利于减小设计水线的进流角，多用于中高速船上。

SV 形球鼻首于 20 世纪 60 年代提出并被广泛使用。其特征是首柱呈 S 形，球首下部横剖线呈 V 形。适用于首部横剖线呈 V 形的船，在速度范围内（$F_n=0.15\sim0.38$）均能降低船体阻力和提高推进效率，且能显著改善船首底部的碰击。此外，SV 形球鼻首还有较好的破冰性能。

另外，为了克服球鼻首突出首垂线外对某些船舶在使用上造成不利影响，又出现了柱形球鼻首，如图 4-16 所示。研究表明，这种球鼻首也可以在快速性方面获得有效收益。

3) 球鼻首的几何参数

球鼻首的几何特征，通常由以下几个参数来描述，如图 4-17 所示。

(1) 球鼻面积比 f_b(%)。

f_b 为首垂线处球鼻首横剖面面积 A_b 与船中横剖面面积 A_m 之比，即 $f_b=(A_b/A_m)\times 100$。此参数反映球鼻首幅值条件。

(2) 球鼻相对长度 l_b(%)。

l_b 为球鼻首前端点距首垂线的距离 L_b 与船长之比，即 $l_b=(L_b/L_{pp})\times100$。因此 l_b 描述了球鼻首的前伸程度，反映球鼻首相位条件。

(3) 最大宽度比 b_b(%)。

b_b 为首垂线处球鼻首横剖面的最大宽度 b_{max} 与船型宽 B 之比，即 $b_b=(L_{max}/B)\times100$。

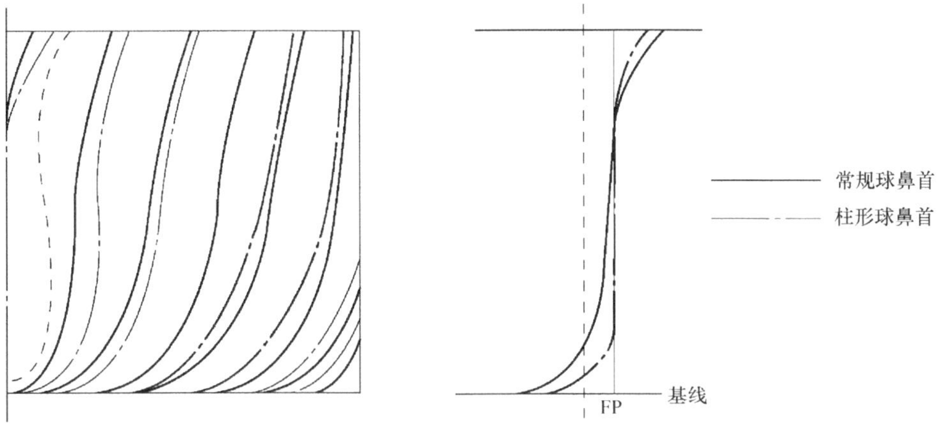

图 4-16　柱形球鼻首

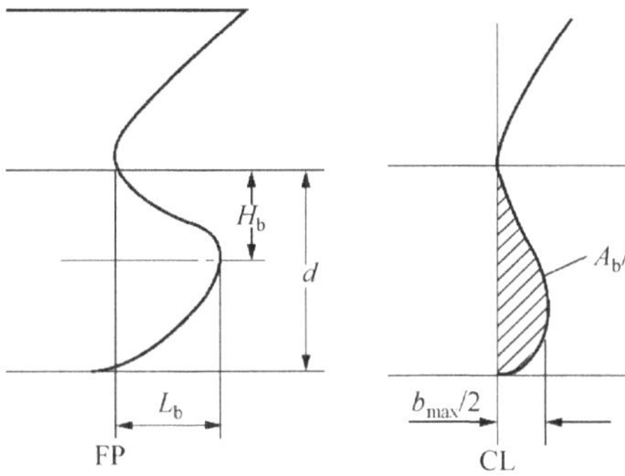

图 4-17　球首几何参数

它反映球鼻首幅值条件。

(4) 相对浸深 h_b(%)。

h_b 为球鼻首前端点或最大宽度处至静水面的距离 H_b 与船的设计吃水 d 之比，即$h_b=(H_b/d)\times 100$。它对相位、幅值都有影响，但主要对后者影响较大。

(5) 相对排水体积 v_b(%)。

v_b 为球鼻首排水体积 ∇_b与主船体排水体积 ∇之比，即 $v_b=(\nabla_b/\nabla)\times 100$。它反映球鼻首幅值条件。

从快速性方面来说，球首形状和要素主要与球鼻首波系的幅值、相位及首部流场的状态有关，也对船体首部横剖面面积曲线和水线形状产生很大的影响。因此阻力上适宜的球鼻首要素是船型要素和 F_n 的函数。具体设计时，选择球鼻首形状和要素的关键是使球鼻首与船体有适当的配合。一般做法是参考优秀母型船，分析其球鼻首的形状和要素与船体的配合情况，并根据设计船的特点，设计几种方案，通过船模试验来进行选择和做进一步的改进。

设计球鼻首时要首先判明设计船加设球鼻首后是否会有阻力收益。使球鼻首开始有阻力收益的航速为“界限速度”。赛维尔雷通过大量试验分析，提出判断球鼻首有利的界限$[F_n]_b$:

$$[F_n]_b = 0.566 - 0.416C_b \tag{4-5}$$

对中速船和低速船也可由下式大致估算：

中速货船　$[F_n]_b = 0.644 - 0.641C_b$

低速丰满船　$[F_n]_b = 0.582 - 0.493C_b$　　(4-6)

图 4-18 给出设置球鼻首的范围，可供设计时参考。

同一船型，球鼻面积比 f_b 应随 F_n 的增大而增加；同一 F_n，适宜的 f_b 应视船型而变。C_b 大、L/B 小者(图 4-19)，其 f_b 应比 C_b 小、L/B 大者为大。图 4-19 的曲线 a 及曲线 b 分别为推荐的和适宜的 f_b，可作为设计参考。

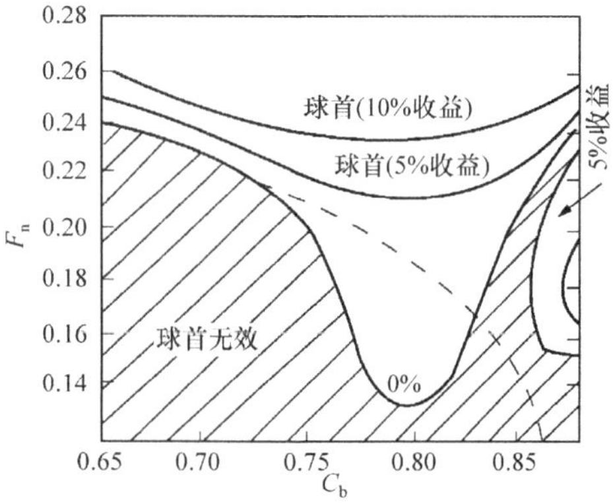

图 4-18　设置球鼻首的范围

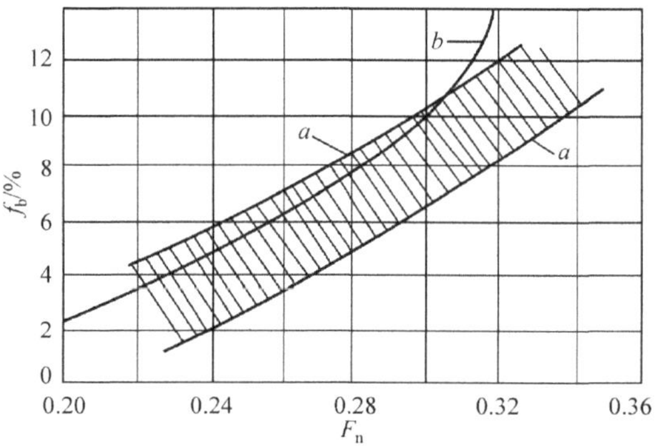

图 4-19　f_b-F_n 曲线

球鼻首的大小及形状对其他载况(尤其是压载航行)的阻力性能尤为重要。表 4-4 为海涅尔等对一艘快速货船的研究资料。船的主要要素为：$L_{pp}=165$m，$B=23.6$m，$d=9.34$m，$\nabla=20\ 000\text{m}^3$，$C_b=0.55$。研究表明，航速超过 20kn($F_n>0.26$)后，采用球鼻首在设计载况下主机功率可降低 5%～10%，航速可提高 0.4～0.7kn，f_b 越大越有利；压载($\nabla=10\ 000\text{m}^3$，尾倾)航行时，航速损失 1～2kn，f_b 越大越不利。就球鼻首的形状来说，几种球鼻首在设计载况时效果差别不大，但在压载航行时，则流线型球鼻首尤其是下部消瘦的 SV 形有利。

表 4-4　球鼻首要素对剩余阻力的影响

∇/m³	形式	f_b/%	l_b/%	R_r 变化/%		
				F_n=0.25	F_n=0.29	F_n=0.32
20 000 (满载)	撞角形	9.0	4.0	−20.7	−21.3	−23.6
	梨形	9.0	3.4	−23.9	−23.3	−23.6
	水滴形	9.0	3.2	−20.7	−21.3	−22.7
	水滴形	3.0	1.4	−6.5	6.4	−8.7
	SV 形	6.0	2.5	−13.7	−14.0	−15.1

续表

∇/m^3	形式	f_b/%	l_b/%	R_r 变化/%		
				F_n=0.25	F_n=0.29	F_n=0.32
10 000（压载）	撞角形	15.0	4.0	+111.0	+67.0	+39.0
	梨形	15.0	3.4	+92.0	+57.0	+35.0
	水滴形	15.0	3.2	+63.0	+36.0	+27.0
	水滴形	5.0	1.4	+5.5	−3.0	−3.9
	SV 形	10.0	2.5	+1.3	−3.4	+0.8

大球鼻首在压载情况下的不利性，可粗略地解释为：球鼻首造成了激波（局部碎波）。首部流线变坏使形状阻力增加，摩擦阻力也增加，而球鼻首波系与船波的有利干扰则降低。因此，为改善快速船及一般船压载航行时的快速性，球鼻首尺度不宜过大，且要注意下部的尖瘦性，球鼻首前端点以在压载水线之上为宜。

表 4-5 给出货船球鼻首参数随着 C_b，F_n 的变化的范围，可供设计参考。

表 4-5　货船球鼻首参数范围

球鼻首参数	船型		
	低速肥大船（$C_b \leqslant 0.8, F_n \geqslant 0.22$）	中速货船（C_b=0.67，F_n=0.22～0.26）	高速货船（C_b=0.55～0.58，F_n=0.27～0.38）
$v_b = \dfrac{\nabla_b}{\nabla}$	0.002～0.005	<0.014	
	设计航速超过界限速度越大，在操船使用允许情况下选用大些的 v_b 有利。对尺度小的低速肥大船，取 v_b 小些好，反之应取大些		
$f_b = \dfrac{A_b}{A_m}$	0.15～0.12	≤0.11	0.06～0.09
	此项与 v_b 有密切关系。对中高速船，较大的 f_b 在速度较高时阻力收益大，但在压载状态时引起阻力恶化		
$l_b = \dfrac{L_b}{L}$	圆柱形球鼻首：球鼻首中心应在首柱前（1.0%～1.5%）L； SV 形和水滴形： L_b/b_{max}=1.0～1.4	0.03～0.035	0.025～0.05
$h_b = \dfrac{H_b}{d}$	水滴形：0.7～0.65 SV 形：0.55～0.65	SV 形：0.40～0.50	水滴形：0.75 SV 形：0.35～0.40 圆柱形：0.65～0.70
	此项与球鼻首形式有关。过大的 h_b 在低速时效果不明显		

2. *船尾形状*

船尾轮廓形状的选择主要是考虑舵和螺旋桨的布置以及与横剖线的配合。现代船舶通常采用巡洋舰尾及方尾等常规尾型。20 世纪 70 年代以来，由于快速货船及大型运输船舶主机功率的增加，推进效率及螺旋桨的空泡及激振力问题日益突出，特殊尾型的研究受到重视。一般来说，设计船尾水下形状时应注意使流线分离减至最小；使螺旋桨的吸水作用减至最小；使螺旋桨盘面处伴流尽量均匀；另外，还要有合理的布置螺旋桨的空间。

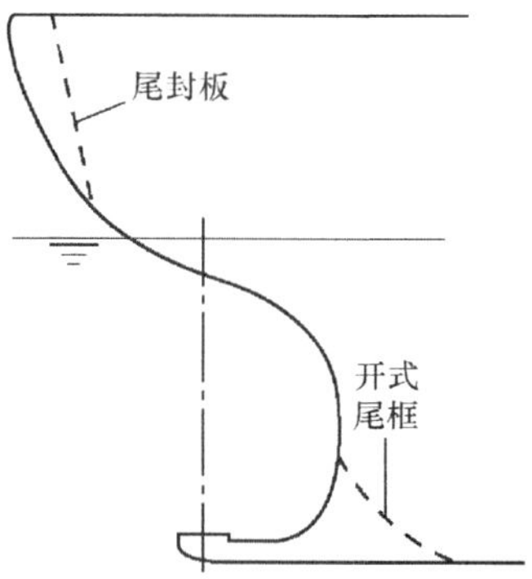

图 4-20　巡洋舰尾

1）常规船尾

常见的船尾形式主要有巡洋舰尾和方尾，如图 4-20 和图 4-21 所示。

巡洋舰尾出现在 19 世纪后半叶的军舰建造中，其原始设计目的是降低操舵装置及对舵予以保护。但由于此种尾型具有较好的阻力性能，因而在商船上得到了广泛的应用。一般来说，船尾悬体的长度约为船长的 3.5％～4.5％，这对船尾的强度和减轻螺旋桨引起的振动有利。

现在有不少船将巡洋舰尾后面的水上部分做成平面（图 4-20 中虚线所示），这样可以简化建造工艺，同时又不影响船舶的性能。

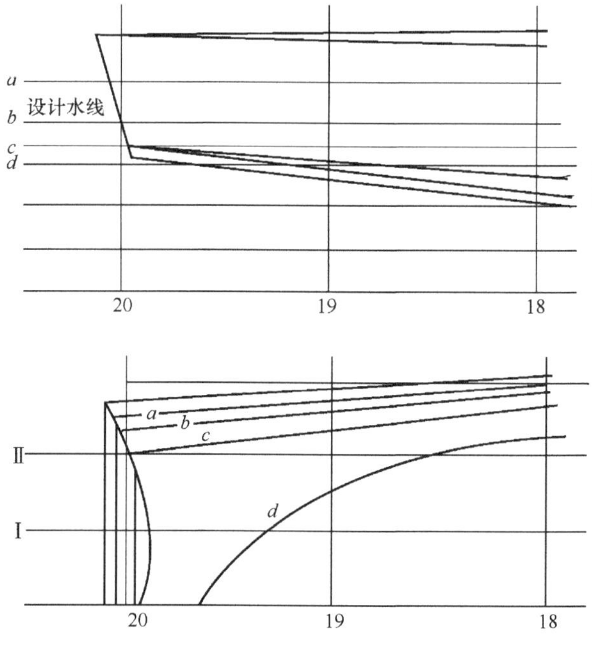

图 4-21　方尾

在中高速船上设置方尾的目的是使船产生虚长度效应，还可以减小船舶尾倾的可能性，上述两方面的作用都可以改善船舶的阻力性能。

方尾具有以下优点：

（1）方尾最突出的优点是能降低高速航行时的阻力，当 $F_n > 0.5$ 以后，阻力可减小 10％～15％；

（2）由于方尾比较丰满，有利于尾部上甲板、舵机舱和推进器的布置；

（3）方尾能增加稳性，便于施工。

但方尾亦有如下缺点：

(1) 在波浪中航行时方尾要受到较大的冲击，尾部容易被波浪掀起而产生埋首现象，从而导致舰艇在波浪中的快速性和适航性恶化；

(2) 倒车时阻力较大，并易使尾部甲板上浪或溅水，从而迫使倒车航速降低；

(3) 在低速时，方尾的静水阻力较大。

巡洋舰尾的优缺点正好与方尾相反。

2) 球尾

早在 20 世纪 30 年代就产生了球尾型线的设想，如 1932 年提出的霍格纳(Hogner)雪茄形球尾，如图 4-22 所示。球状部分位于螺旋桨轴的圆心上，并光顺成轻微外鼓的毂体。球的上部由光顺曲面与普通船体连接。该船型最早用于快速运输船“航海者”上，当 $F_n>0.28$ 时，主机功率稍有收益。瑞典船模试验水池(SSPA)对 30 万吨原油船在排水量相同时分别采用 V 形尾、U 形尾和球尾进行了阻力、推进性能和伴流测量等试验，结果表明，在相同航速下，球尾所需主机功率最小。

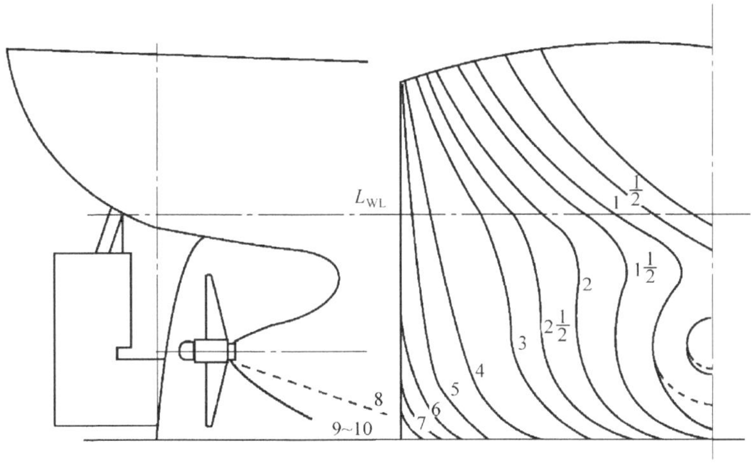

图 4-22　雪茄形球尾

球尾被现代商船普遍采用的主要原因之一是节省功率。由于球尾的整流作用，其推进因子较常规的 V 形尾和 U 形尾均有所改善。推力减额下降，伴流分数增大(满载时)，从而使船身效率提高，相对旋转效率也上升。另外，伴流测量结果表明，球尾型线尾部伴流均匀，因此可降低螺旋桨的激振力，有利于改善船舶振动。

在设计球尾时，应选择适宜的球尾特征参数。球尾的特征参数由特征站(在尾垂线前 $5\%L_{pp}$ 处)上的 a/b 和 h_b/h_s 等参数来表达，如图 4-23 所示。

3) 双尾鳍船型

双尾鳍船型是 20 世纪 80 年代出现的一种新船型，适宜于船宽大、吃水浅、后体丰满的高速滚装船、渡轮、客船等。图 4-24 为双尾鳍滚装船阻力试验结果，表 4-6 为某双尾鳍滚装船与普通单尾船的阻力及推进性能的比较。

从图 4-24 可以看出，当 $F_n>0.2$ 时，双尾鳍船的阻力比常规单尾船低，这是因为双尾鳍之间形成的中央隧道为纵流型线，对减小阻力有利。双尾鳍船的两个尾体，可分别看成是一

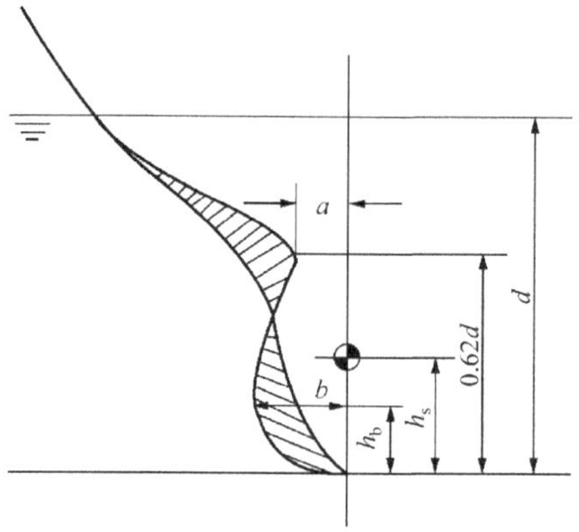

图 4-23　描述球尾形状的参数

个细长体,若两桨尾轴之间距为船宽的一半,则细长体可看成是细长船之尾部,细长船的长宽比为原船的两倍,而宽度吃水比为原船的一半,因而具有良好的阻力性能。另外,由于尾部型线的纵向梯度较小,可避免边界层分离,从而降低黏压阻力,所以总阻力比常规单尾船小。当 $F_n<0.2$ 时,由于船的总阻力中绝大部分是摩擦阻力,该阻力与船体湿表面面积大小成正比,而双尾鳍船的湿表面面积较大,所以摩擦阻力也大。

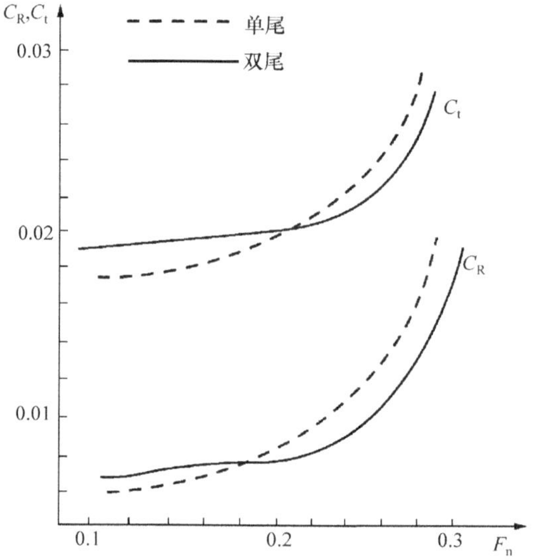

图 4-24　双尾鳍滚装船阻力试验结果

表 4-6　双尾鳍船与单尾船阻力和推进性能比较

船型	螺旋桨转速 $n/(\mathrm{r/min})$	螺旋桨效率 η_0	船身效率 η_h	黏压阻力 R	$\eta_0\eta_h$	$R/(\eta_0\eta_h)$
常规双桨	120	0.63	1.00	$1.05R_0$	0.63	$1.67R_0$
常规单桨	120	0.54	1.24	R_0	0.67	$1.49R_0$
双尾双桨	60	0.74	1.02	$0.94R_0$	0.75	$1.25R_0$

双尾鳍船由于两个尾细长体使中央隧道平顺，船体的去流段可能缩短，允许最大横剖面自船中后移 10%～15%船长，这样就增加了前体长度，因而其兴波阻力系数减小。

从表 4-6 可以看出，双桨船对提高螺旋桨效率 η_0 具有显著效果，这是因为双桨船每一个桨上所承受的负荷只有单桨船的 1/2，螺旋桨的负荷减轻，有利于提高螺旋桨效率，因此在相同的转速下，螺旋桨的效率 η_0 与单桨船相比有较大幅度的提高。但是亦可看出，常规双桨船的推进效率反而比单桨船低，这是因为双桨船的螺旋桨离船体较远，不能很好地利用船体伴流，所以引起船身效率显著下降，导致双桨船的推进性能比单桨船差。

由于双尾鳍船为降低螺旋桨转速创造了条件，因而在双桨效率较高的基础上通过降低转速进一步提高了螺旋桨效率，而且直径也不必过大，从而可减少船尾振动及空泡等现象。

双尾鳍船由于其内侧是限制流场，外侧是无限流场，两侧是不对称的，故通常会产生一个外旋流场，导致螺旋桨内旋和外旋时船身效率不同，可以根据这一特性将螺旋桨设计成内旋，以充分利用反桨效应获得较高的推进效率。根据试验结果，双尾鳍船的内外旋伴流分数及船身效率见表 4-7。

表 4-7　双尾鳍船伴流分数 ω 及船身效率 η_h

船型编号	伴流分数 ω		船身效率 η_h	
	外旋	内旋	外旋	内旋
A	0.28～0.34	0.29～0.38	1.14～1.20	1.18～1.32
B	0.28	0.296	1.27	1.31

双尾鳍的布置可以是垂直的，也可以是内斜或外斜的。对图 4-25 中的沿海客货船型进行了试验研究，其中方案(a)为常规双桨船型，方案(b)为外倾双尾鳍船型(尾体横向间距为 0.32B)。

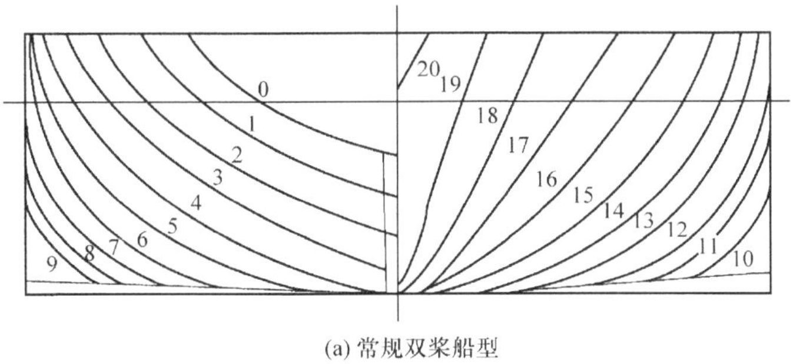

(a) 常规双桨船型

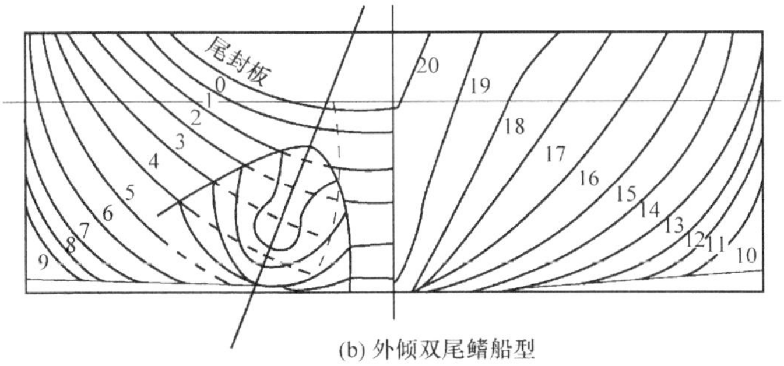

(b) 外倾双尾鳍船型

图 4-25　沿海客货船型

试验结果表明，虽然方案(b)湿表面面积比方案(a)增加 4%，但其总阻力仍然比方案(a)低，满载时低 4%～8%，轻载时低 8%～9%；方案(a)无论内斜或外斜，其推进因子变化不大，方案(b)内斜时其伴流比方案(a)增加很多，相对旋转效率也有所提高，外斜时则与方案(a)接近；在相同航速下，方案(b)较方案(a)可节约主机功率 12.8%；在相同的主机功率下，可提高航速 0.7kn。

4) 不对称尾船型及涡尾船型

由双桨和多桨船模试验可知，螺旋桨的旋转方向对推进效率有很大影响，改变螺旋桨的旋向有可能导致推进效率的增加或减小。由于螺旋桨是朝一个方向旋转的，其左旋和右旋的性能是不相同的，压力中心将偏向螺旋桨叶片向下运动的一侧。

试验结果表明，在螺旋桨的前上方存在着流动分离现象。当螺旋桨顺时针旋转时，最显著的分离发生在桨轴的左上方，解决的办法是使该区域的水流偏离中心以减小去流角，也就是将尾部型线做成不对称的，如图 4-26 所示。

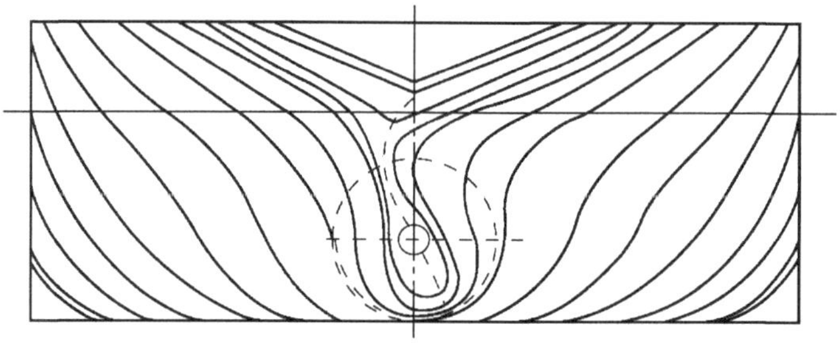

图 4-26　不对称尾船型

由伴流测量可以看到，不对称尾可使螺旋桨的来流产生与螺旋桨旋向相反的预旋流，这种预旋流可以减少螺旋桨尾流的旋转损失，从而改善了伴流，提高了推进效率。不对称尾之所以能提高推进效率，除了减少螺旋桨旋转的能量损失外，还有其他因素，其中最明显的是由于船尾水线去流角较小的一侧边界层较薄，故流动分离较小。

试验结果表明，不对称尾船型在各种航速和海况下都具有显著的节能效果(通常为5%～7%)。

涡尾船型是意大利 G. B. Tommasi 于 1960 年开发的一种新船型(图 4-27)。其设计思想与不对称尾船型类似。涡尾是将船体尾部设计成如同涡轮机叶片形式的轴包架，以此来取代常规船尾的人字架。其基本的作用原理是：由于船涡尾槽的诱导作用，使来流在螺旋桨前方形成一个与螺旋桨旋向相反的预旋流，减少了由于螺旋桨工作时形成旋涡而引起的能量损耗。因此，既提高了推进效率，又由于伴流均匀而改善了船尾振动。

5) 隧道船型

近年来，造船界对于降低螺旋桨的设计转速颇感兴趣，降低转速，增大直径，可使螺旋桨的效率显著提高。在一般情况下，螺旋桨转速每降低 10%，就可使螺旋桨效率提高 3%左右。如果采用低转速主机并通过减速齿轮传动，则有可能将螺旋桨转速降低 25%～30%，这样将使螺旋桨的推进效率提高 8%～9%，扣除减速齿轮的功率损失，其效率仍可提高约 6%～7%。以某货船为例，其方形系数为 0.70，设计航速为 16kn，如果螺旋桨转速由 150r/min 减到 112r/min 和 58r/min，按楚思德 B 系列四叶图谱进行计算，则螺旋桨直径将

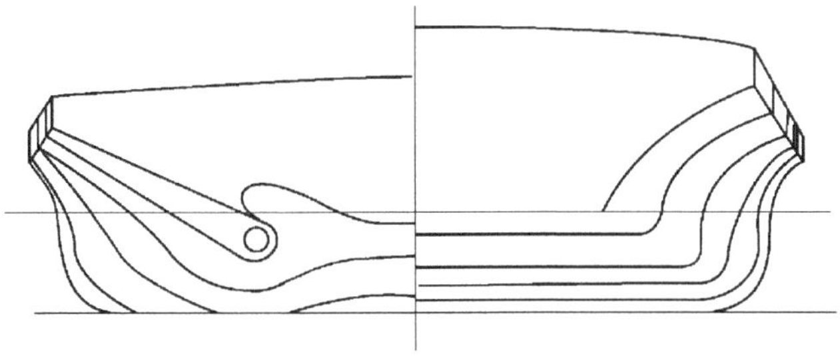

图 4-27 涡尾船型

由 5.20m 加大到 6.20m 和 9.05m，螺旋桨敞水效率将由 0.55 提高到 0.604 和 0.705，即分别提高 9.8%和 28.2%。不过，总推进效率的收益将低于敞水效率的收益，因为螺旋桨直径加大后伴流分数减小，船身效率有所下降，但总推进效率仍可提高 10%左右。

日本门井弘行对 2 000t 及 4 000t 船舶进行研究后提出，螺旋桨转速和最佳直径之间存在如下的关系：

$$D/D_0=(n_0/n)^{0.56} \tag{4-7}$$

式中 n_0——原螺旋桨设计转速，r/min；

n——减速后的螺旋桨转速，r/min；

D_0——原螺旋桨直径，m；

D——减速后的螺旋桨直径，m。

推进效率由下列三个推进因子所组成：

$$\eta=\eta_h\eta_0\eta_r \tag{4-8}$$

式中 η——推进效率；

η_h——船身效率；

η_0——螺旋桨敞水效率；

η_r——相对旋转效率。

螺旋桨转速降低后，敞水效率将显著增加，船身效率略有下降，相对旋转效率基本不变。

为了达到既能增大伴流收益，又能减小空泡及螺旋桨激振力的不良影响，必须把伴流引向螺旋桨盘面并使之分布均匀。为此，国内外造船界通过理论研究及船模系列试验，提出了 T 型(宽隧道型)、P-T 型(平底隧道组合型)、BV 型(船涡型)、TBV-T 型(船逆涡组合型)等各具特色的船尾形状。图 4-28 为 T 型船尾示意图。

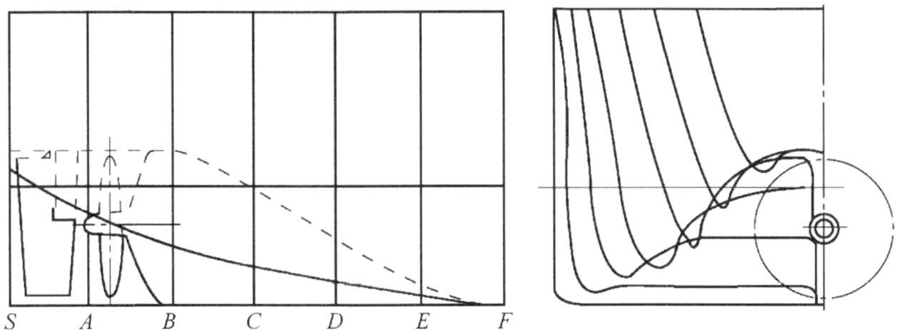

图 4-28 T 型船尾型线简图

隧道船型主要应用于内河浅水航道中航行的船舶。隧道型线设计的好坏直接影响到船的速度和拖力，好的隧道型线可使水流顺畅地通过隧道并充满隧洞，有力而平滑地流入螺旋桨盘面。

隧道型线主要参数如图 4-29 所示。

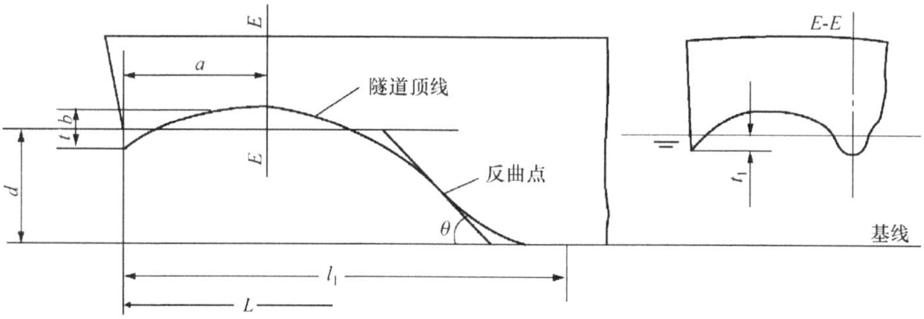

图 4-29　隧道型线的主要参数

(1) 隧道长度 l_1。一般情况下，l_1 取为船长的 1/3 左右。过短对推进效率不利，在可能的条件下越长越好。但也不宜太长，否则尾部削去太多，对航向稳定不利，需经常用舵校正航向，舵工的劳动强度加大，同时还影响航速。近年来，为适应布置导管、正倒车舵及大径深比螺旋桨的需要，隧道的相对长度增加，苏联博格达诺夫建议 $l_1=(0.33\sim0.45)L$，德国休塞建议为 $(0.42\sim0.58)L$。相对长度增加，隧道顶线平顺，保证有充沛的水流进入导流管，并使进入导流管的湍流减少到最低限度，以取得最佳正车性能。

(2) 隧道顶线反曲点处切线夹角 θ。隧道顶线越平坦越好。顶线曲率不要有突变，其反曲点切线之夹角为 θ。高速船 $\theta<15°$，最好小于 12°；低速船 $\theta<18°$。但随着隧道长度的增加，θ 有增大趋势，休塞建议 $\theta=15°\sim25°$。

(3) 隧道顶线最高点在桨盘处，其至水线的距离 b 为 $(0.06\sim0.20)d$；至尾垂线的距离 a 为 $(1.2\sim1.5)d$。这样就有足够的长度使隧道顶线向尾也能徐徐下降，不致突然下跌，而造成正航时的阻力增加。为此，休塞建议隧道流出角 $\theta_0<12°$。

(4) 闭式隧道尾封板在水下浸沉深度 t 为 $(1/10\sim1/20)d$，至少为 50mm，以免倒航时空气吸入而使螺旋桨效率降低。但此值也不宜太大，太大会造成涡流阻力，正航时阻力大增。

在螺旋桨盘面处隧道侧壁在水下浸沉深度为 t_1，如图 4-29 所示的 E-E 剖面。一般 t_1 为 $(1.5\sim1.65)b$，至少应为 50～70mm，以免航行时从船舷边波谷处吸进空气而使螺旋桨效率降低，推力减小。

(5) 闭式隧道船尾应采用方尾或带折角船尾，如图 4-30(a)所示。而不宜采用圆弧形船尾，如图 4-30(b)所示。圆弧形船尾不能很好地压住螺旋桨打出的水流，水流沿着圆弧向上翻滚，使螺旋桨效率降低。同时圆弧形船尾还会增加施工的困难。

(a) 方尾或带折角船尾　　(b) 圆弧形船尾

图 4-30　隧道船型尾部形式

(6) 隧道进口处宽度约为螺旋桨直径 D 的2.5～3.5倍，以保证有足够的水流进入隧道供给螺旋桨。具体取值视航道深度吃水比 h/d 大小而定，h/d 小者应取大值，否则取小值。一般单桨船取为 $3D$，双桨船取为 $(2.0\sim2.5)D$。螺旋桨处的隧道应以保证水流平直集中为原则，故应使隧道顶线平顺。

(7) 对双桨船，为使螺旋桨能更好地获得两舷来的水流，应使隧道顶线弯向两舷。隧道顶线在半宽水线图上的投影线应设计成略具斜度(3°～5°)。特别是在航道深度吃水比 h/d 较小时更应这样设计。

(8) 双螺旋桨浅水船的螺旋桨中心距离，一般约为 $B/3$，如机舱条件允许，可适当加大至 $40\%B$，内河推船可达 $50\%B$。这样螺旋桨除可获得从舷侧来的水流外，同时可改善船舶回转性以及减少绘制隧道部分型线的困难。

6) 纵流船型

纵流船型是指水流主要沿纵剖线方向流动的船型，其特点是宽度吃水比很大，尾部纵剖线比较平顺。纵流船型在消波(尤其是首波)及减小阻力方面有显著的效果。

纵流船型诱导速度低，大部分水流以较短的路径沿船底向后流动。纵流压浪船型首部伸出水线以上并与水面成较小的夹角，制约了水流的升高并迫使水流向底部流动，起了压浪板的作用，因此消波作用显著。另外，纵流船型的水线较平直，也有利于减少兴波，尤其是首散波。

试验资料表明，图4-31所示的压浪长度 l 及纵流角 φ 是纵流船型的两个重要参数。当 $F_n=0.27\sim0.35$ 时，宜取 $l/L_{WL}=4\%\sim3.5\%$(F_n 大时取低值)，$\varphi=6°$，$l_1/L_{WL}\approx5\%$，$t_1/d\approx0.2$。

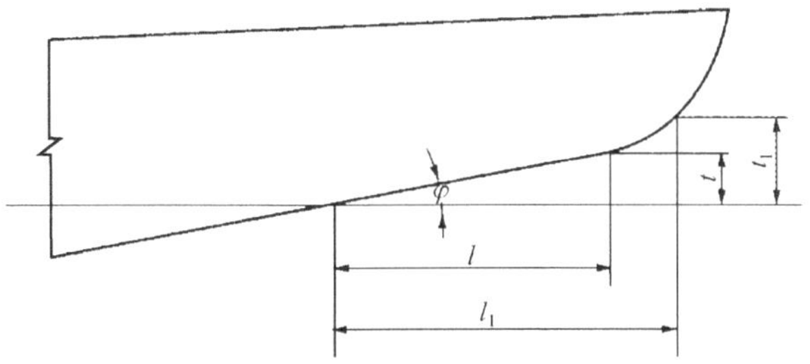

图4-31 纵流压浪船型

此外，纵流船型还有下列优点：甲板面积大，稳性好，型线简单，施工容易，内河中可用船头顶岸停靠等。

纵流船型的缺点是：在风浪中航行时底部容易发生拍击，因此，航行在开阔水域的船舶，是否采用这种船型必须慎重考虑。

内河船舶因受航道水深的限制，B/d 和 L/d 都比较大，而 L/B 则偏小，因此对内河快速船舶，如果采用一般船型，常使船的首波(尤其是散波)较大，阻力性能较差，特别是首波对小船的安全及对堤岸的保护极为不利，在浅水急流的险滩航行时，对冲过险滩也很不利，因此有关单位在总结我国内河浅水急流船型的基础上，发展了内河纵流船型，如图4-32所示。

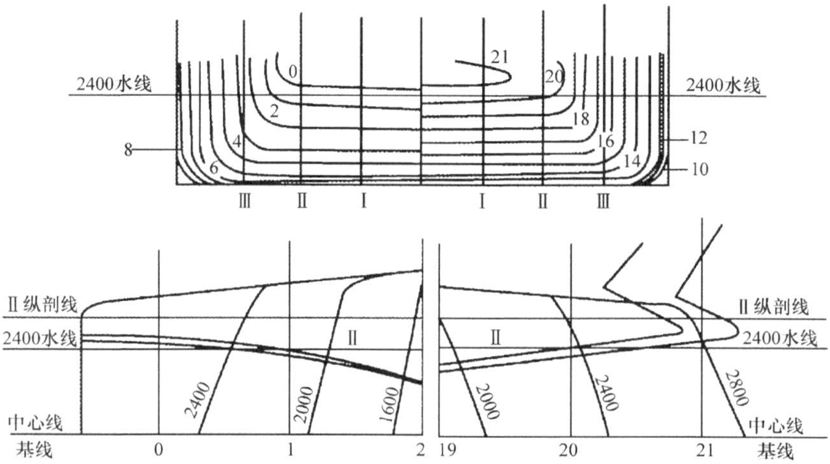

图 4-32　纵流首尾型线

4.2.5　螺旋桨的布置

螺旋桨通常设置在船尾。如果设置在船首，螺旋桨喷出的水流冲击船体，会使船体受到较大的摩擦阻力，其推进效果变差。但船首螺旋桨在某些情况下也被采用，如在破冰船上，利用船首螺旋桨前的负压力场破冰；在频繁改变方向的双头渡船及一些内河机动货船上，起舵推进器的作用。

通常螺旋桨的位置应使上叶梢至满载水线面的间距达到规定的要求，这样可以使螺旋桨在压载吃水下尾倾时仍有足够的浸深。

当螺旋桨桨叶有规律地转动时，会产生流体动力脉冲，这种脉动压力通过外板和桨轴传到船体内部，引起船体振动，这种振动还可能与船上的振动相互干扰，而且还会引起疲劳破坏。因此，从阻力、推进效率和振动角度，均需要螺旋桨与船体之间具有合适的间隙。螺旋桨与船体之间间隙如图 4-33 所示。

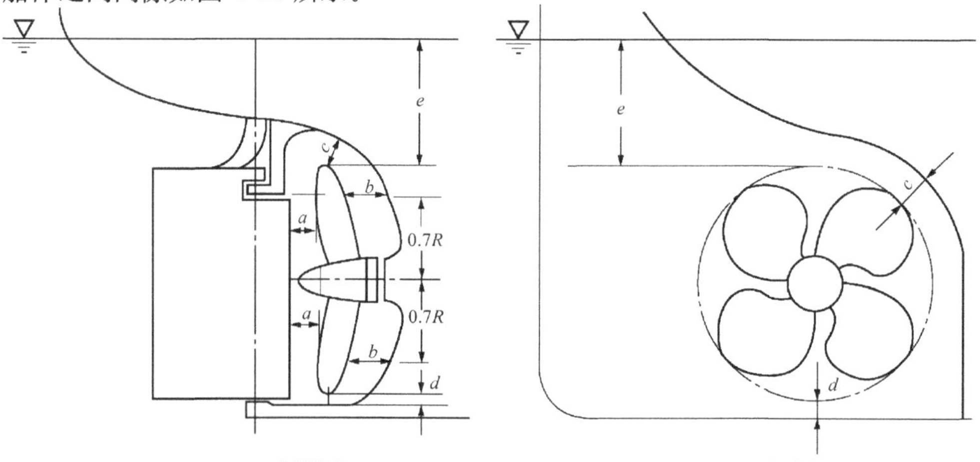

图 4-33　螺旋桨与船体间的间隙

从减小振动角度来说，间隙应尽量大。而间隙小对减小阻力有利，因为这样可使尾悬体下降，螺旋桨桨柱后移。从提高推进效率角度来说，c 和 d 应小，以便提供大的螺旋桨直径；a 应尽量小，以便尽可能回收舵剖面处的旋转能量；b 应大，这样虽然伴流减小，但螺旋桨的吸水作用比伴流减小作用更强，从而能改善船身效率 $\eta_h=\frac{1-t}{1-w}$。可见，间隙 a、c 和 d 应仔细地加以权衡，因为获得良好的振动特性和低的输出功率这两种要求是相互制约的。

不同船级社对螺旋桨与船体间隙的要求大同小异，表 4-8 为我国船舶建造规范对最小间隙的要求。

表 4-8　单桨船桨与尾型和舵之间的最小间隙

规范名称	a	b	c	d
《钢质海洋渔船建造规范》	0.12D	0.20D	0.14D	0.04D
《钢质海船入级规范》	0.12D	0.20D	0.14D	0.04D

注：D 为螺旋桨直径(mm)。

《钢质内河船舶建造规范》规定双桨船的螺旋桨桨叶与外板间隙 c 应不小于按下式计算之值：

$$c=k_1k_2\frac{0.1166\sqrt{BHP}+10}{100}D \quad (\mathrm{m}) \tag{4-9}$$

式中　BHP——主机额定功率，kW。

D——螺旋桨直径，m。

k_1——螺旋桨叶数修正系数。三叶：$k_1=1.20$；四叶：$k_1=1.00$；五叶：$k_1=0.85$。

k_2——船型修正系数。船长大于或等于 40m 的船舶，$k_2=1.10$；船长大于 30m 的船舶，$k_2=1.00$；船长小于或等于 30m 的船舶，$k_2=0.80$。

单桨船的 c 建议不小于 0.10D。为避免螺旋桨在纵摇时露出水面，特别为避免空泡产生，应保证桨叶的沉水深度。如图 4-33 所示，叶梢沉水深度应不小于下列值：

单桨船：$e=(0.25\sim0.30)D$；

双桨船：$e=(0.45\sim0.50)D$。

根据试验，舵与桨盘的距离大于(0.75～1.0)D 时，桨的尾流速度最大，可改善舵效。但是由于尾型的限制，舵与桨的距离通常不可能这样大，一般只留出保证桨可以拆卸的间隙。在双桨单舵的情况下，为保证低速航行时的舵效，应使舵与桨的距离大于(0.75～1.0)D。但是对于内河航道，特别是川江，泡漩和横流对桨的尾流影响很大，越是远离的尾流其影响越大，因此，要求舵与桨距离小些。

对于转速高、负荷大的双桨双舵船，其舵的位置应偏离螺旋桨轴线一定的距离，以避开螺旋桨的涡流区，便于拆卸螺旋桨和尾轴，同时可获得较大的尾流。因双桨外旋时桨之推力中心稍向外移，内旋时桨之推力中心稍往内移，所以在双桨外旋时，建议舵位于螺旋桨轴线之外。内旋时，舵应位于螺旋桨轴线之内，偏移距离一般为(0.05～0.10)D。

4.2.6 龙骨线与甲板线

1. 龙骨线

龙骨线即为平板龙骨上缘的船底线。对于没有初始纵倾的船舶，龙骨线与基线一致。初始纵倾是指龙骨线与基线不一致，有一个初始的纵倾值，通常为尾倾。船舶设有初始尾倾，目的是加大尾吃水，以便能设置更大直径的螺旋桨。小型拖轮常设有初始纵倾。初始纵倾是指在首尾垂线处龙骨线与基线的高度之差。

2. 甲板线

甲板线包括甲板边线和甲板中心线。甲板边线是一条空间曲线，在侧视图上反映了其高度，在水平面图上表示甲板宽度。甲板边线的宽度根据总布置的要求结合水上部分横剖线的形状来决定。对于大开口的船或者甲板布置集装箱时，甲板边线宽度的确定更应与总布置配合好。甲板边线的高度根据首尾舷弧确定。

1）舷弧的选择

舷弧是指首尾垂线处甲板边线高度减去型深后的值，分别称为首舷弧（S_F）和尾舷弧（S_A）。船舶设有舷弧的目的是增加露天甲板在首尾处的高度，减少甲板上浪，提高抗淹湿性能。此外，船首尾上翘也比较符合人们审美的要求。大船由于干舷较大，甲板不易淹湿，为了简化建造，常取消舷弧（所谓取消舷弧，实际上是取脊弧为零，首尾脊弧的定义如图 4-34 所示）。上层建筑在尾部的、中等大小的船舶常取消尾舷弧而仅保留首舷弧。小型船舶舷弧（特别是首舷弧）一般比较大，其原因是小船耐波性差，首部容易上浪，取较大的舷弧有利于减少甲板上浪。

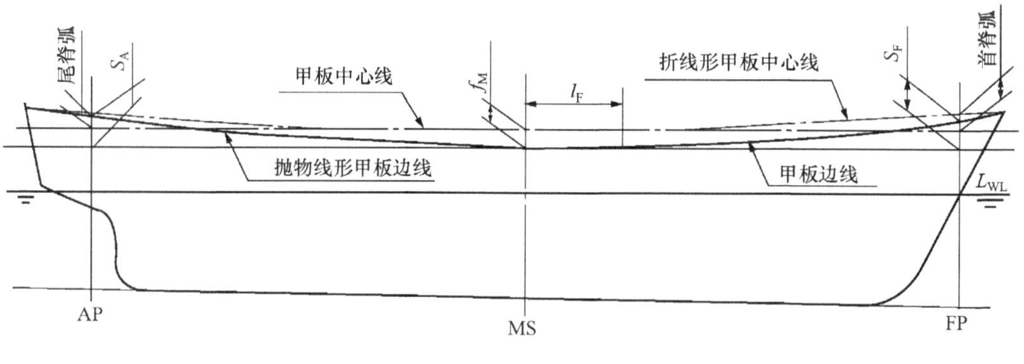

图 4-34　甲板线形状

首尾舷弧的值一般可参考母型船来选取。对于设计为最小干舷的船应注意，1966 年《国际载重线公约》的最小干舷计算中，标准舷弧规定为：

首舷弧：$S_F=50(L/3+10)$(mm)；

尾舷弧：$S_A=25(L/3+10)$(mm)。

现代船实际舷弧一般都达不到标准舷弧，需以增加型深来满足舷弧不足对干舷的修正。

此外，还应注意公约对最小船首高度的规定。

2) 侧视图上甲板线形状

(1) 抛物线形甲板边线。

抛物线形甲板边线的形状如图 4-34 所示，以前半体为例，在距船中 X 处（$X>l_F$）的甲板边线距基线的高度为

$$D_s=D+S_F\left(\frac{X-l_F}{L_{pp}/2-l_F}\right)^2 \tag{4-10}$$

式中　l_F——前半体起弧点距船中的距离。

对于小型船舶，起弧点常取为船中或船中偏后，大中型船可根据 S_F 的大小和甲板布置情况确定，常取中前某一位置。小型船应注意甲板边线在船首不宜太陡，否则当甲板结冰或落霜时容易造成人员行走困难。

(2) 折线形甲板中心线。

为简化建造工艺，也可将甲板首尾升高的形状设计成折线，这种情况下通常将甲板中心线定为折线，如图 4-34 中前半体所示。甲板中心线在首尾垂线处相对船中处甲板中心线的升高值称为首尾脊弧。实际的甲板边线和舷弧由甲板中心线减去梁拱所得。应注意不同甲板宽度处梁拱是不同的。

3) 梁拱

梁拱是指在横剖面上甲板中心线相对甲板边线拱起。梁拱值 f_M 是指在船的最大型宽处甲板中心线与甲板边线的高度差。海船的标准梁拱值为 $B/50$，一般取 $B/50\sim B/100$。梁拱的形状可采用圆弧形或折线形，如图 4-35 所示，中小型船采用圆弧形较多。

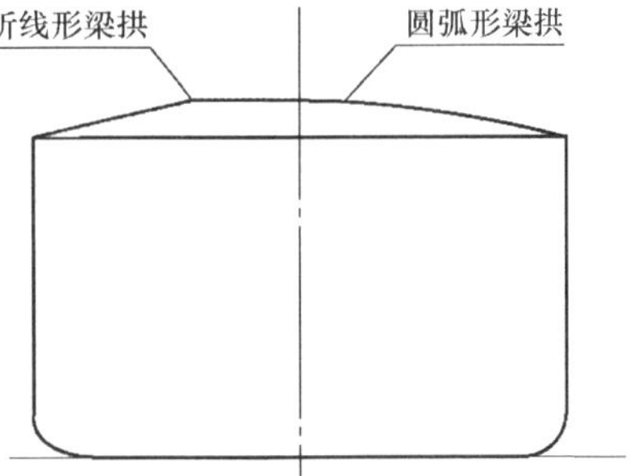

图 4-35　梁拱形状

梁拱采用圆弧形时，圆弧半径为

$$R=[f_M^2+(B/2)^2]/(2f_M) \tag{4-11}$$

为方便施工，通常整个甲板的梁拱取为相同的形状（即一块样板），甲板宽度变小时梁拱相应减小。梁拱为圆弧形时，任意半宽(b)处的梁拱值为

$$f_b=R-(R^2-b^2)^{1/2} \tag{4-12}$$

或

$$f_b\approx f_M(2b/B)^2 \tag{4-13}$$

为了简化建造工艺，也可取消梁拱，但小型船舶甲板较薄，平的甲板产生变形后容易积水，所以，小型船舶一般都设梁拱。非露天的甲板一般不设梁拱。

4) 甲板中心线

有舷弧的船，甲板中心线高度由甲板边线高度值加上梁拱所得。不设舷弧时，应取脊弧为零（脊弧为零时仍有舷弧，在首端半宽为零处的舷弧等于梁拱值）。因为，如果舷弧为零，则甲板中心线在甲板宽度变小时就会出现下弯，如图 4-36 所示。这种现象在实取舷弧较小，甲板宽度变化剧烈时也会出现。为避免出现这种情况，可先设定甲板中心线的形状，然后由梁拱值求得甲板边线，也可采取局部加大舷弧的办法。

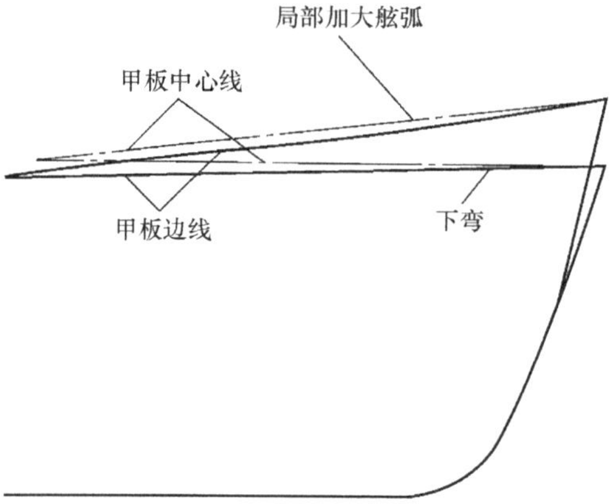

图 4-36 甲板中心线下弯现象

4.3 型线设计及绘制方法

当对船舶型线的诸要素进行了分析、选取了设计船的型线特征和参数后，就可绘制型线图。型线设计与生成主要有自行设计法和改造母型法。在改造母型法中，主要有根据较接近的优秀母型资料设计型线图的方法，如 $1-C_p$ 法、Lackenby 法及二次式变换函数法，以及根据系列船模试验提供的数据设计绘制型线图的船模系列资料法。实际上，各种型线设计绘制方法不能截然分开。自行设计法也要利用型船和系列船模型线资料，改造母型法也要体现设计者的意图。在实际设计时究竟以哪种方法为主，则应根据所掌握的型线资料和设计者的实践经验等具体条件而定。在很多情况下，可用不同方法相互穿插使用。

无论采用何种型线设计方法，现在都可以借助计算机和绘图机来进行设计与绘制。目前，国内外已开发应用的许多船舶 CAD 软件系统中，都具有型线设计的功能。但是，任何型线设计软件的应用，使用者都必须切实掌握型线图设计与绘制的基本原理和方法，否则，盲目操作软件是不可能得到符合设计意图的优良型线的。

4.3.1 绘制型线图的基本要求

型线设计的结果是以型线图来表达的。型线图以横剖线图、水线图和纵剖线图(包括斜剖线)来表达船体形状。

横剖线图是以一组沿船长不同位置，垂直于基平面的横剖面与船体型表面相交的横剖线叠绘在一起而得的。由于船体形状一般左右对称，所以仅绘一侧横剖线即可，规定前半体绘右侧，后半体绘左侧。横剖面的位置称为站，站号编排自尾向首(军船和国外有些民船也有自首向尾)。站距通常根据垂线间长 20 等分，也可取 10 等分，首尾部分可以适当加密(如 1/2 站或 1/4 站等)。

水线图是以一组平行于基平面的平面与船体型表面相交的水线叠绘在一起而得的，通常只绘左侧。水线的数目在设计水线以下常取 5～10 根，在底部船体表面宽度变化剧烈处加密，设计水线以上的水线根数可取 2～6 根。水线间距可不按设计吃水等分，而取整数。

纵剖线图是以一组平行于中纵剖面的平面与船体型表面相交的纵剖线叠绘在一起而得的。纵剖线的数目和位置根据船体表面的弯曲程度来选取,可取 3～6 根。纵剖线的间距最好与水线间距一致或成倍数,这样便于放样。纵剖线图还包括侧面轮廓线。

甲板边线、折角线和舷墙顶线等空间曲线在三个平面上的投影线均应分别绘制在横剖线图、水线图和纵剖线图上。

绘制型线图的基本要求和注意点如下:

1. 格子线

横剖面、水线面和纵剖面在各自另外两个平面上的投影线称为格子线。格子线是绘制剖面曲线的基准线,其尺寸和垂直度务求精确。绘格子线是绘制型线图的重要工序,它的质量影响到型线图的绘制工作是否能顺利进行,必须加以重视。

绘格子线以前,应选取恰当的比例,安排好图面的布置。通常水线图放在图面的下部,平行中体较长的船横剖线图可安排在纵剖线图的中部,也可安排在纵剖线图的上部。型线图上应留出安排型值表和标写主要要素的位置,有困难时,型值表可在另页表示。

2. 光顺性

型线设计中光顺的概念比一般数学意义上的光顺概念更广泛,除了一般的光顺概念以外,它还与船体曲面在流体中的性能联系起来。反映在型线图上,曲线的凹凸性和曲率的变化是型线设计中重点考虑的光顺性问题,如曲线不该凸的地方凸了,也称为不光顺。从几何关系上,单根曲线应在三向投影正确的前提下达到光顺的要求。型线图绘制过程中,曲线的三向光顺工作量很大。一个有经验的设计师从一簇曲线的变化规律中也可判断出曲线另外两向的光顺性,但在设绘型线图之初,不必花很多时间将某一方向的剖线都绘出很好的光顺性,否则很可能会造成很大的返工。有效的做法是从控制曲面的重要部位开始,三向(至少两向)恰当地间隔交叉进行,使三向光顺经过一个逐步逼近的过程来完成。当出现不光顺型值点需要修改时,应首先分析一下该型值点修改后对另两向剖面线的影响,如果其影响不利于另外两向剖面线的光顺,则应考虑通过修改其他型值点来达到光顺的目的。

绘制剖面曲线时还应注意平底线和平边线以及曲线与圆弧相切点连线的光顺性。平底线是指横剖线与船底平面切点在另外两向投影面上的连线。平边线是指横剖线和水线与船侧平面切点在纵剖线图上的连线。

4.3.2 自行设计法

按照自行设计法设绘船舶型线,首先要绘制船的横剖面面积曲线,使其特征参数符合设计要求;然后逐一绘制纵剖型线图的侧面轮廓线、半宽水线图的设计水线和甲板边线;再根据设计水线和甲板边线的半宽在横剖型线图上试绘横剖线,使各横剖线与设计水线所包围的面积符合所设计的横剖面面积曲线给定的数值。根据各横剖线再绘制各水线及纵剖线。绘图过程中,对每一条线和每一点都应使其在三面投影中相互协调。

1. 绘制横剖面面积曲线

设计出的横剖面面积曲线应满足已定的尺度及系数，即满足已定的排水体积∇、水线间长L_{WL}、型宽B、设计吃水d、方形系数C_b、棱形系数C_p、水线面系数C_w、中剖面系数C_m、浮心纵向位置X_b等，且能考虑到对平行中体及首尾形状的要求。

1）梯形作图法

如图4-37所示，首先作矩形$ABCD$，使$\overline{AB}=A_m$，$\overline{AD}=L_{WL}$，然后作等腰梯形$AEFD$，若面积$AEFD$（数值）$=\nabla=L_{WL}BdC_mC_p$，则$\overline{BE}=\overline{FC}=L_{WL}(1-C_p)$，其推导如下：

$$\begin{aligned}\text{面积}\,ABE+\text{面积}\,FCD&=\text{面积}\,ABCD-\text{面积}\,AEFD\\&=L_{WL}BdC_m-L_{WL}BdC_mC_p\\&=L_{WL}BdC_m(1-C_p)\end{aligned}$$

又

$$\begin{aligned}\text{面积}\,ABE+\text{面积}\,FCD&=\frac{1}{2}BdC_m\,\overline{BE}+\frac{1}{2}BdC_m\,\overline{FC}\\&=\frac{1}{2}BdC_m(\overline{BE}+\overline{FC})\\&=BdC_m\,\overline{BE}=BdC_m\,\overline{FC}\end{aligned}$$

故

$$\overline{BE}=\overline{FC}=L_{WL}(1-C_p)$$

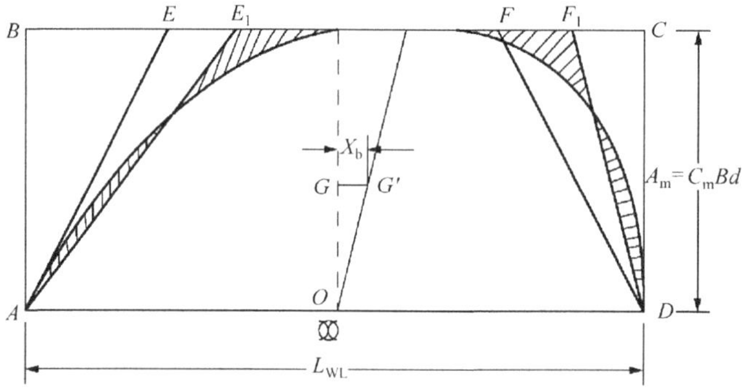

图4-37　横剖面面积曲线绘制

得到的等腰梯形$AEFD$浮心纵向位置位于船中。如果浮心纵向位置不在船中（如船中前），则可按图4-37所示对等腰梯形$AEFD$进行改造，得到斜梯形AE_1F_1D，其中$EE_1=FF_1$，等腰梯形$AEFD$面积心G的高度为

$$\overline{OG}=\frac{4C_p-1}{6C_p}A_m \tag{4-14}$$

此时，斜梯形AE_1F_1D的面积与等腰梯形$AEFD$的面积相同，其面积心位于G'点（即船中前X_b处）。

得到斜梯形AE_1F_1D后，即可按照面积相等原则绘制出横剖面面积曲线，如图4-37所示。

也可以直接确定出满足 X_b 要求的斜梯形 AE_1F_1D。仍如图 4-37 所示，利用面积矩平衡原理，可得

$$\frac{1}{2}\overline{BE_1}A_m\left(\frac{1}{2}L_{WL}-\frac{1}{3}\overline{BE_1}\right)-\frac{1}{2}\overline{F_1C}\left(\frac{1}{2}L_{WL}-\frac{1}{3}\overline{F_1C}\right)A_m-X_bA_mL_{WL}C_p=0 \tag{4-15a}$$

整理后得

$$\frac{1}{4}(\overline{BE_1}-\overline{F_1C})L_{WL}-\frac{1}{6}(\overline{BE_1}+\overline{F_1C})(\overline{BE_1}-\overline{F_1C})=X_bL_{WL}C_p \tag{4-15b}$$

又

$$\frac{1}{2}(\overline{BE_1}+\overline{F_1C})A_m=(1-C_p)L_{WL}A_m$$

得

$$\overline{BE_1}+\overline{F_1C}=2(1-C_p)L_{WL} \tag{4-15c}$$

将式(4-15c)代入式(4-15b)得

$$\overline{BE_1}-\overline{F_1C}=\frac{12C_p}{4C_p-1}X_b$$

所以

$$\overline{BE_1}=(1-C_p)L_{WL}+\frac{6C_p}{4C_p-1}X_b \tag{4-16}$$

$$\overline{F_1C}=(1-C_p)L_{WL}-\frac{6C_p}{4C_p-1}X_b \tag{4-17}$$

2）利用型船资料自行绘制

把搜集到的几艘与设计船设计任务书要求、技术性能大体相近的优秀实船资料，参照图 4-2 表示的方法，绘出各船的横剖面面积曲线。一般说来，技术性能大体相近的型船，其横剖面面积曲线相差也不会很大。例如，其中一两艘型船的技术性能中，其快速性比较突出，那么在设计时就注意参照它的曲线，结合设计船的特点与要求，绘制设计船的横剖面面积曲线。几艘型船中可能有某船的技术性能欠佳，那么就要注意比较该船的曲线有什么特征，找出它的缺点。例如，可能是 X_b 与众不同，也可能首尾段的横剖面面积曲线有突肩等，在设绘时就要注意摒弃它的缺点。一般通过目测手段，注意变化趋势，即可绘制出设计船的横剖面面积曲线。

当采用梯形作图法和利用型船资料法绘制出设计船的横剖面面积曲线后，都要校核其是否符合设计船的 C_p 和 X_b，其原理和方法如下：

当横剖面面积曲线以无因次来绘制时，曲线所包围面积即为 C_p：

$$C_p=\int_{-1/2}^{1/2}\left(\frac{A_i}{A_m}\right)\mathrm{d}x \tag{4-18}$$

式中　A_i/A_m——各站的相对面积。

曲线所围面积的形心纵向位置即为 X_b，且有

$$X_b=\frac{\int_{-1/2}^{1/2}\left(\frac{A_i}{A_m}\right)x\mathrm{d}x}{C_p} \tag{4-19}$$

式(4-18)和(4-19)可用梯形法或辛氏法近似计算。如果计算的结果与设计船要求的 C_p 及 X_b 有差别,则须对所绘曲线稍加修改,直至符合设计要求为止。

3) 用作图法改造型船的横剖面面积曲线

型船选定后,常遇到型船的棱形系数 C_{p0} 和浮心纵向位置 X_{b0} 与设计船的 C_p 和 X_b 不完全相符。为此,可用作图法修改型船的横剖面面积曲线使其符合设计船的要求。一般可分两步进行:首先修改型船的横剖面面积曲线,使 C_p 与设计船的要求相一致,然后修改 C_p 已符合要求的横剖面面积曲线,使 X_b 也能符合设计船的要求。

第一步,修改横剖面面积曲线的棱形系数 C_p。

若设计船的 C_p 大于型船的 C_{p0},则应将型船的横剖面面积曲线增大;反之,则应减小。修改步骤如下:

(1) 用无因次坐标绘制型船的横剖面面积曲线,如图 4-38 中实线所示。$\overline{AB}$ 代表船长,等于 1,$\overline{AD}$ 代表中剖面面积(或最大横剖面面积)A_m,也取为"1"单位。

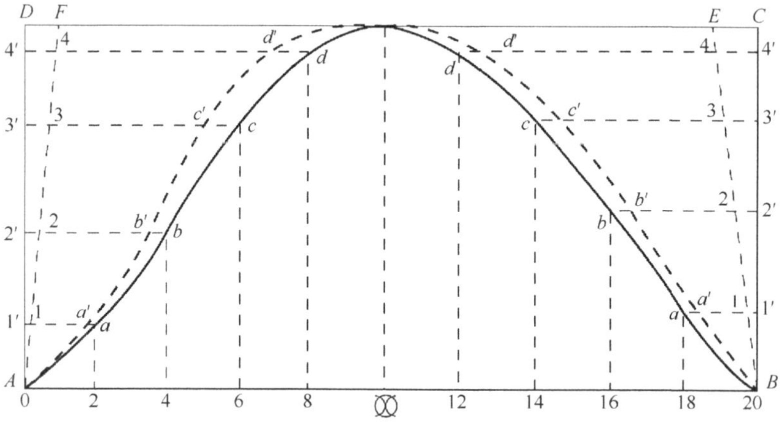

图 4-38　为改变 C_p 而修改横剖面面积曲线

(2) 在$\overline{CD}$两端截取$\overline{CE}=\overline{DF}=C_p-C_{p0}=\delta C_p$。

(3) 连接$\overline{AF}$,$\overline{BE}$。

(4) 过型船横剖面面积曲线各站的坐标 a,b,c,d 作基线 AB 的平行线与$\overline{AF}$和$\overline{BE}$交于 1,2,3,4 各点,与$\overline{AD}$和$\overline{BC}$交于 1′,2′,3′,4′各点。

(5) 截取 $aa'=11'$,$bb'=22'$,…。

(6) 连接首尾 a',b',c',…成光顺曲线。此时 X_b 与型船一样,没有变。显然,修改后的曲线所围的面积是增大了,其增加值为△ADF 与△BCE 的面积之和。根据步骤(2)且考虑到$\overline{AD}=1$,此面积增加值为 $\delta C_p=C_p-C_{p0}$。

如果设计船的 C_p 比型船的 C_{p0} 小,则面积减少值 $\delta C_p=C_{p0}-C_p$,这时虚线应向实线里面移动。

由于有些船没有平行中体,用此法要注意连虚线时不要形成平行中体。

第二步,修改横剖面面积曲线的 X_b。

若要使 X_b 向尾移动,可采用图 4-39 所示的迁移法。其步骤如下:

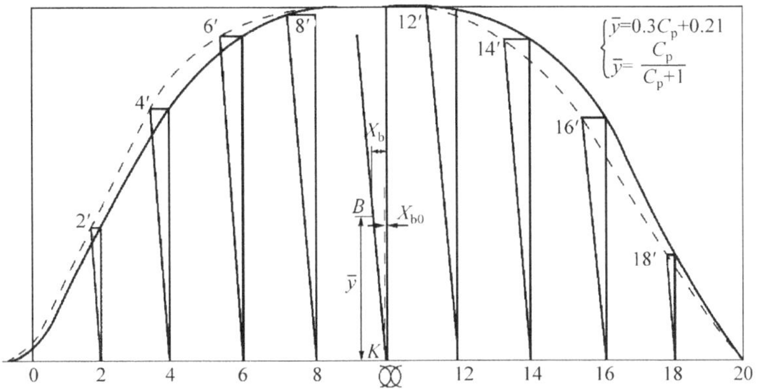

图 4-39　为改变 X_b 而修改横剖面面积曲线

(1) 在基线上取 K 点，其距中值等于型船的 X_{b0}；

(2) 取 B 点的水平距中值为设计船的 X_b，其垂直距离 $\bar{y}$ 可由下式求得：

$$\bar{y}=\frac{C_p}{1+C_p} \tag{4-20}$$

(3) 连接$\overline{KB}$；

(4) 过基线上各站 2,4,6,…作$\overline{KB}$的平行线；

(5) 过型船的面积曲线上各站面积坐标点作水平线交上述各平行线于 2′,4′,6′,…,18′；

(6) 连接各交点 2′,4′,6′,…,18′成光顺曲线即为设计船的横剖面面积曲线。

经过上述两步修改后，初步得到了满足设计船要求的 C_p，X_b 的面积曲线。但由于修改法本身的近似性，以及作图中的误差，所以还需进一步计算曲线下所围面积及其形心纵向位置。若计算结果与设计船要求的 C_p 及 X_b 相符即可，否则应再做适当的修改使其达到要求。

4) 根据系列型线资料绘制

如果有合适的系列型线资料，则可根据它绘制面积曲线。这类资料多是按不同的 C_b（或 C_p 或 C_{pf}，C_{pa}），给出各站横剖面面积与中剖面面积之比值 A_i/A_m，并以图谱与表格形式发表，使用较为方便，且可保证具有系列船型的良好的快速性。按这种方法所绘制的面积曲线，其 C_p 能满足设计船的要求，而 X_b 往往不尽相符。这时只要应用图 4-39 所示的方法，将曲线稍加修改即可使 X_b 符合设计船要求。

在确定了横剖面面积曲线以后，接着可绘制侧面轮廓线、满载水线和甲板轮廓线，然后绘制横剖线等。现顺次叙述如下。

2. 绘制侧面轮廓线、满载水线和甲板轮廓线

确定了首尾侧面轮廓线、船底线和舷弧线后，即可绘出侧面轮廓线。这里仅对满载（设计）水线及甲板轮廓线的绘制做简单介绍。

1) 满载水线的绘制

满载水线由水线面系数 C_w、半进流角 i_E 与半去流角 i_R、首尾形状来确定。其绘制方法可利用型船或参照系列型线资料进行修改和自行设计。

(1) 若型船的 C_w 与设计船相同，型船的首尾形状也基本符合设计船要求时，利用型船满载水线各站半宽 y_{0i} 与型宽 B_0 之比，即 y_{0i}/B_0，再乘以设计的型宽 B，得到新船对应各站水线半宽 y_i。计算出设计船各站半宽后，在半宽水线图上绘成光顺的曲线即可。

(2) 当型船与设计船的 C_w 不同，首尾形状也不同时，可先按上述方法绘制出满载水线后，再结合要求的 C_w 和首尾形状对水线形状特点进行分析，并做适当修改。修改后核算 C_w，使 C_w，i_E 及首尾形状符合要求即可。

(3) 用目测法，参照型船水线面形状，试画一条曲线，然后核算 C_w。当计算值 C_w 大于要求的 C_w 时，则曲线往里修；当计算值 C_w 小于要求的 C_w 时，则曲线往外修。这样反复几次，直至符合设计要求为止。这种方法对于有一定设计经验的人员来说是非常简便的。

水线的两端通常以圆弧连接，曲度要顺着水线的趋势。对航速较低的船，其尾端夹角不宜过大，以免产生旋涡。首端半进流角可参照图 4-8 和图 4-9 选取。

2) 甲板轮廓线的绘制

继满载水线确定以后，可同时把甲板轮廓线确定下来。甲板轮廓线一般根据甲板地位的要求，参照相近型船绘制。

3. 绘制各站横剖线

当横剖面面积曲线、侧面轮廓线、满载水线及甲板平面轮廓线确定以后，实际上已基本上制约了各站横剖线的特征。

1) 中横剖面线(或最大横剖面线)的绘制

船的舭部通常采用圆舭或抛物线形式。对于圆舭船型，在中剖面面积已由横剖面面积曲线确定的情况下，若已知船的 B,d,C_m，龙骨半宽 f 及舭部升高 h，则由图 4-40 所示的几何关系，很容易得出舭部半径 r。

当 $h\neq0$ 时，

$$r=\left[\frac{Bd(1-C_m)-\left(\dfrac{B}{2}-f\right)h}{0.43-d\Big/\left(\dfrac{B}{2}-f\right)}\right]^{1/2} \tag{4-21}$$

当 $h=0$ 时，

$$r=\left[\frac{Bd(1-C_m)}{0.43}\right]^{1/2} \tag{4-22}$$

在 C_m 较小时，有时采用抛物线形的舭部，以避免底升高过大，如图 4-41 所示。抛物线外围面积约为 $ab/6$，由图中的面积关系可得

$$ab\approx3Bd(1-C_m)-3\left(\frac{B}{2}-f\right)h \tag{4-23}$$

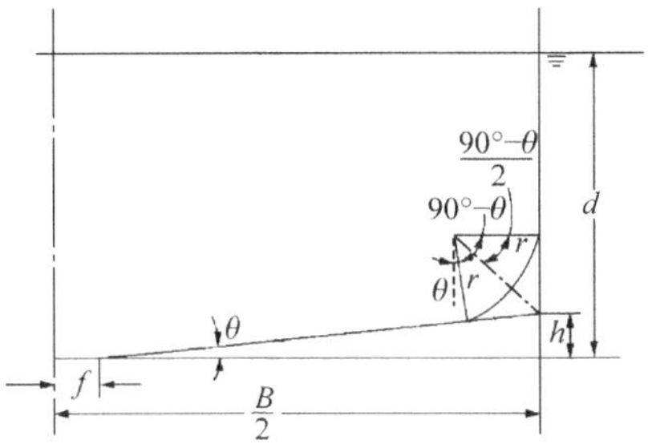

图 4-40　圆弧形舭部的中剖面

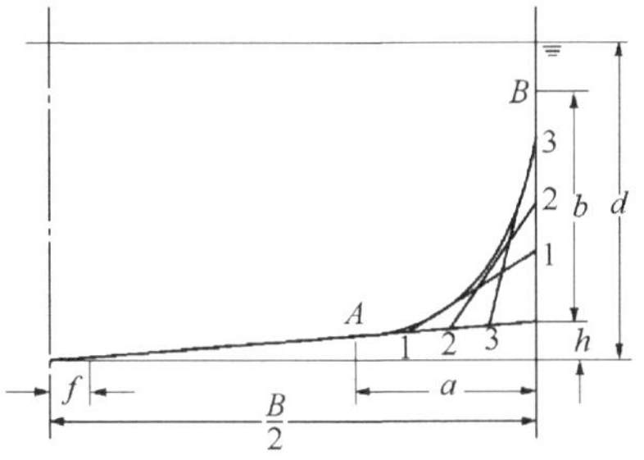

图 4-41　抛物线形舭部的中剖面

按上式算得 ab 之值，然后可取几种 a,b,h 值的组合，用作图法试绘几种形状，最后选取合适的一种。

2) 其他横剖线的绘制

横剖线的绘制应满足两个条件：

一是其面积应等于横剖面面积曲线相应站位上的数值；

二是设计吃水处半宽应等于设计水线上相应横剖面处的半宽。

绘制时可利用等面积法。各站的横剖线一般按自中向首、尾的顺序绘制。其绘制步骤如图 4-42 所示。

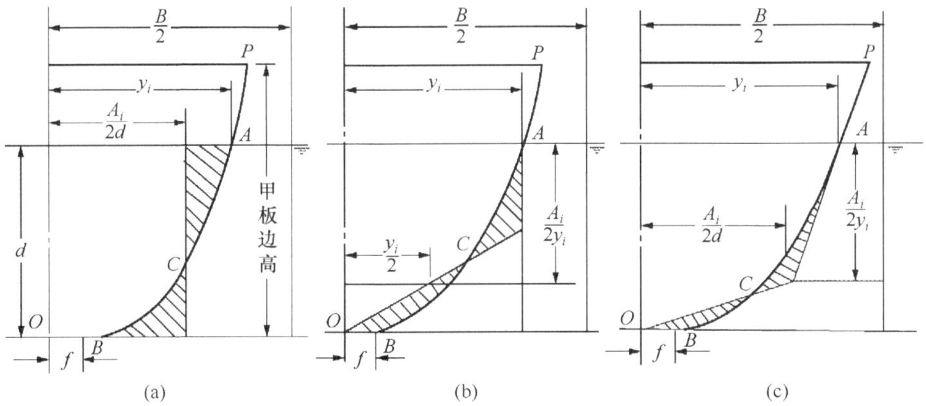

图 4-42　其他各横剖线的绘制方法

(1) 从半宽水线图上量取第 i 站满载水线半宽 y_i，据此定出图上的 A 点。

(2) 从横剖面面积曲线图上量取第 i 站横剖面面积 A_i，据此做出该站等面积矩形(图 4-42(a))或等面积梯形(图 4-42(b))或等面积四边形(图 4-42(c))。这三者分别适用于 U 形、V 形和中间形横剖线。

(3) 仿照优秀型船对应站的横剖面形状，过 A 点及 B 点作曲线 ACB 使图示的两块阴影面积相等(靠自测确定)，并使曲线在 B 点与底升线(无底升线时与基线)相切，则曲线 $ACBO$ 即为该站的横剖线。作曲线时应尽可能使每站横剖面面积符合原定数值。

(4) 从甲板平面图及侧面轮廓图上量取该站甲板半宽及甲板边线距基线高度，据此定出图 4-42 中的 P 点；然后照顾到横剖线水下部分的趋势，用适当形状的曲线与下部曲线顺滑地相接，即得出横剖线的水上部分。

4. 绘制半宽水线和纵剖线

有了横剖线就可绘制各设计水线，得到半宽水线图。应当指出，这样得到的型线不一定一次就能配合得好，因而水线画好后，又要反过来修改横剖线。当横剖面型线及水线都比较光顺又互相配合后再绘制纵剖线。

总之，在绘水线和纵剖线时，必须随时注意三面投影点的正确一致，三组曲线光顺，变化规律协调。

此外，为了检验船体曲度变化较大的舭部的光顺性，还通常在纵剖线图上加绘斜剖线。如果斜剖线不光顺，则可修改相应的舭部使之光顺。

5. 其他

量取型值，编制型值表，注字及标注必要的尺寸及符号。

4.3.3　改造母型法

1. 比例变换法

当设计船的 L,B,d 与母型不同时，要进行比例变换。常用的变换函数为

$$\begin{cases} x_i=\lambda x_{0i} \\ y_i=\beta y_{0i} \\ z_i=\gamma z_{0i} \end{cases} \tag{4-24}$$

式中　x_{0i},y_{0i},z_{0i}——母型船上任意一点的坐标；

x_i,y_i,z_i——设计船上相应点的坐标；

λ,β,γ——变换系数。

以矩阵形式表示这种变换为

$$(x_i\ y_i\ z_i)=(x_{0i}\ y_{0i}\ z_{0i})\begin{pmatrix}\lambda & 0 & 0\\ 0 & \beta & 0\\ 0 & 0 & \gamma\end{pmatrix},\quad i=1,2,\cdots,N \tag{4-25}$$

或

$$\begin{pmatrix} x_1 & y_1 & z_1\\ x_2 & y_2 & z_2\\ \vdots & \vdots & \vdots\\ x_N & y_N & z_N\end{pmatrix}=\begin{pmatrix} x_{01} & y_{01} & z_{01}\\ x_{02} & y_{02} & z_{02}\\ \vdots & \vdots & \vdots\\ x_{0N} & y_{0N} & z_{0N}\end{pmatrix}\begin{pmatrix}\lambda & 0 & 0\\ 0 & \beta & 0\\ 0 & 0 & \gamma\end{pmatrix} \tag{4-26}$$

其中 N 为型值点总数。

比例变换是一种线性变换，船舶主要尺度之间的关系为

$$L=\lambda L_0,\quad B=\beta B_0,\quad d=\gamma d_0,\quad D=\gamma D_0$$

$$C_b=C_{b0},\quad V=C_bLBd=\lambda\beta\gamma V_0$$

$$C_m=C_{m0},\quad C_p=C_{p0},\quad X_b=\lambda X_{b0},\quad z_b=\gamma z_{b0}$$

当 $\lambda=\beta=\gamma$ 时，新设计船与母型船几何相似。它们的水动力性能除尺度效应外，其余都

相似。因此,现在大部分系列船型都以标准的形式列表或存放于数据文件中,即取船半宽为1,设计吃水为1,垂线间长分为20等分,共21个站号。使用这些文件,通过比例变换获得新船的型值。

本方法的优点是方法简单。但它最大的缺点是无法改变船型系数以满足设计要求,如 C_p,X_b 等。当设计船与母型船之间各项要求不完全一致时,还需对母型船作进一步的改造。

2. 移动横剖面变换法

横剖型线图能比较完整、直观地表示船型特征,它与横剖面面积曲线关系最为密切。为了达到设计船的要求,设计者在选择到了较为满意的母型船后,总想尽可能少地改动其形状,以保持母型船的优良性能。最简单的办法是稍微移动一下母型船横剖面所在位置,以得出满足设计船要求的横剖型线图。当设计船与母型船的 C_p,X_b,平行中体长度及位置不同时,常采用这种方法。移动横剖面变换法的实质是按一定规律少量移动横剖面位置来改变船型。移动横剖面变换法的关键同时也是首先要做的工作,是改造母型船的横剖面面积曲线,其次是由母型船的型线转绘为设计船的型线。

1) 改造横剖面面积曲线的方法

(1) 一减棱形系数($1-C_p$)法。

将横剖面面积曲线在船中剖面处分成前后半体,分别无因次化,前半体如图4-43所示。后半体的横剖面面积曲线无因次表达与此相似,下标 f 表示前半体,下标 a 表示后半体。

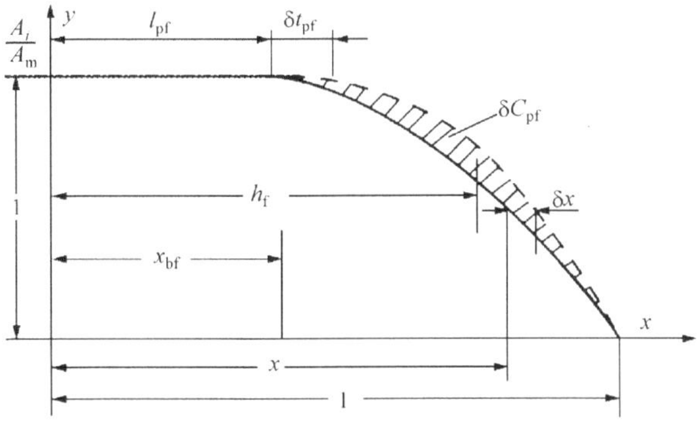

图 4-43　前半体横剖面面积曲线的无因次表示

若将母型船的前半体棱形系数 C_{pf} 改变 δC_{pf},这种改变可看成是母型船的横剖面面积曲线在各 x 处平移一段距离 δx。很清楚,平移距离 δx 是船型要素的函数,这种函数关系称为形变函数。一减棱形系数法采用的形变函数是线性函数:

$$\delta x = a(1-x) \tag{4-27}$$

该函数满足 $x=1$ 时,$\delta x=0$ 的端点边界条件。

$$\delta C_{pf} = \int_0^1 \delta x \mathrm{d}y = \int_0^1 a(1-x)\mathrm{d}y = a(1-C_{pf})$$

$$a = \frac{\delta C_{pf}}{1-C_{pf}}$$

代入式(4-27)得

$$\delta x_{\mathrm{f}}=(1-x)\frac{\delta C_{\mathrm{pf}}}{1-C_{\mathrm{pf}}} \tag{4-28}$$

式中 δC_{pf}——前体棱形系数变化量，即图 4-43 中的阴影面积；

δx——某横剖面纵向平移量。

棱形系数变化量 δC_{pf}对船中之矩为

$$\begin{aligned}\delta C_{\mathrm{pf}}h_{\mathrm{f}} &= \int_0^1 \delta x\left(x+\frac{\delta x}{2}\right)\mathrm{d}y \\ &= \int_0^1 \delta x\cdot x\mathrm{d}y+\frac{1}{2}\int_0^1 \delta x^2\mathrm{d}y \\ &= \frac{\delta C_{\mathrm{pf}}}{1-C_{\mathrm{pf}}}\int_0^1 (1-x)x\mathrm{d}y+\frac{\delta C_{\mathrm{pf}}^2}{2(1-C_{\mathrm{pf}})^2}\int_0^1 (1-x)^2\mathrm{d}y\end{aligned}$$

则

$$h_{\mathrm{f}}=\frac{C_{\mathrm{pf}}(1-2x_{\mathrm{bf}})}{1-C_{\mathrm{pf}}}+\frac{\delta C_{\mathrm{pf}}}{2(1-C_{\mathrm{pf}})^2}[1-2C_{\mathrm{pf}}(1-x_{\mathrm{bf}})] \tag{4-29}$$

式中

$$C_{\mathrm{pf}}=\int_0^1 x\mathrm{d}y,\quad x_{\mathrm{bf}}=\frac{1}{2C_{\mathrm{pf}}}\int_0^1 x^2\mathrm{d}y$$

同理，对于后半体

$$h_{\mathrm{a}}=\frac{C_{\mathrm{pa}}(1-2x_{\mathrm{ba}})}{1-C_{\mathrm{pa}}}+\frac{\delta C_{\mathrm{pa}}}{2(1-C_{\mathrm{pa}})^2}[1-2C_{\mathrm{pa}}(1-x_{\mathrm{ba}})] \tag{4-30}$$

式中 $h_{\mathrm{f}}, h_{\mathrm{a}}$——面积曲线的前体和后体改变部分的形心距船中的距离；

$x_{\mathrm{bf}}, x_{\mathrm{ba}}$——母型船前体和后体浮心纵向位置(无因次)。

在进行母型船改造时，常已知整船的棱形系数变化量 δC_{p} 及浮心纵向位置的变化量 δX_{b}，因此在应用一减棱形系数法时，先求前体和后体棱形系数变化量 δC_{pf}和 δC_{pa}。

根据浮力平衡，有

$$2\delta C_{\mathrm{p}}=\delta C_{\mathrm{pf}}+\delta C_{\mathrm{pa}} \tag{4-31}$$

根据力矩平衡

$$2C_{\mathrm{p}}X_{\mathrm{b}}+h_{\mathrm{f}}\delta C_{\mathrm{pf}}-h_{\mathrm{a}}\delta C_{\mathrm{pa}}=2(C_{\mathrm{p}}+\delta C_{\mathrm{p}})(X_{\mathrm{b}}+\delta X_{\mathrm{b}}) \tag{4-32}$$

可以求得

$$\delta C_{\mathrm{pf}}=\frac{2}{h_{\mathrm{f}}+h_{\mathrm{a}}}[\delta C_{\mathrm{p}}(h_{\mathrm{a}}+X_{\mathrm{b}})+\delta X_{\mathrm{b}}(C_{\mathrm{p}}+\delta C_{\mathrm{p}})] \tag{4-33}$$

$$\delta C_{\mathrm{pa}}=\frac{2}{h_{\mathrm{f}}+h_{\mathrm{a}}}[\delta C_{\mathrm{p}}(h_{\mathrm{f}}-X_{\mathrm{b}})-\delta X_{\mathrm{b}}(C_{\mathrm{p}}+\delta C_{\mathrm{p}})] \tag{4-34}$$

式中 X_{b}——母型船无因次浮心纵向位置。

有了前体和后体棱形系数变化量 $\delta C_{\mathrm{pf}}, \delta C_{\mathrm{pa}}$，代入式(4-28)即可求得前体和后体各横剖面位置变化量 $\delta x_{\mathrm{f}}, \delta x_{\mathrm{a}}$，进而可计算设计船的型线的型值。一般有两种方法：一种方法是先把原母型船横剖面位置移到对应的变换 δx 后的横剖面位置，以此建立插值函数，再回到母型船原横剖面 x 的位置做插值点，求出半宽，即得到新船的型值。但这一方法的缺点是精度受到变换所引起的 x 坐标点的稀疏程度影响。另一种方法是保留原母型船已建立 x-y 坐标系下的函数作为插值函数，而通过反函数计算，求出与设计船横剖面对应的母型船的横剖面位置作为插值点，求到半宽，作为新船的型值。显然后一种方法比前一种方法精度高。

一减棱形系数法的优点是变换公式简单，能很好地满足设计船的 C_p 和 X_b 的要求，而且当型船的横剖面面积曲线和水线光顺时，设计船的横剖面面积曲线和水线也一定光顺。其缺点是：

① 平行中体的变化量 δl_{pf}（或 δl_{pa}）取决于棱形系数的变化量 δC_{pf}（或 δC_{pa}）。由式(4-28)可知，当 $x=l_{pf}$时

$$\delta l_{pf}=\frac{\delta C_{pf}}{1-C_{pf}}(1-l_{pf})$$

因此，若 C_p 不变时，不能改变平行中体的长度；反之亦然。即不能独立地变化前后体平行中体的长度。

② 最大平移距离在平行中体端部，设计船附加的排水体积纵向分布不能由设计人员来控制。

③ 不能用于母型船无平行中体时缩减棱形系数的情况。

本方法一般用于有平行中体的丰满型船舶。

(2) Lackenby 法。

为了克服一减棱形系数法的缺点，Lackenby 提出了用二次多项式作为变换函数。这种变换对有或无平行中体的船都能适用。它可保证平行中体长度不变，还可同时对母型船的棱形系数、平行中体长度和浮心纵向位置进行改造。

Lackenby 法也是将母型船横剖面面积曲线分为前体、后体，如图 4-43 所示的无因次表达。

变换函数如下式所示：

$$\delta x=c(1-x)(x+d) \tag{4-35}$$

式中 c,d——待定系数。

以前体为例，当 $x=1$ 时，满足 $\delta x=0$ 的边界条件。由设计船的要求：

当 $x=l_{pf}$时，

$$\begin{cases}\delta x_f=\delta l_{pf}\\ \int_0^1\delta x\mathrm{d}y=\delta C_{pf}\end{cases} \tag{4-36}$$

可求得 c,d 两系数，代入式(4-35)后可得

$$\delta x_f=(1-x)\left[\frac{\delta l_{pf}}{1-l_{pf}}+(x-l_{pf})\frac{\delta C_{pf}-\delta l_{pf}\dfrac{1-C_{pf}}{1-l_{pf}}}{A_f}\right] \tag{4-37}$$

其中

$$A_f=C_{pf}(1-2x_{bf})-l_{pf}(1-C_{pf})$$

式中 x_{bf}——母型船前体面积曲线的形心距船中无因次值。

当只要求增加平行中体长度（原来没有），而棱形系数不变，即 $\delta C_{pf}=0$，则横剖面位置变

化量

$$\delta x=\delta l_{\mathrm{p}}(1-x)\left[1-\frac{x(1-C_{\mathrm{pf}})}{C_{\mathrm{pf}}(1-2x_{\mathrm{bf}})}\right] \tag{4-38}$$

当棱形系数要改变 δC_{pf}，则横剖面位置变化量

$$\delta x=(1-x)\left\{\delta l_{\mathrm{pf}}+\frac{[\delta C_{\mathrm{pf}}-\delta l_{\mathrm{pf}}(1-C_{\mathrm{pf}})]x}{C_{\mathrm{pf}}(1-2x_{\mathrm{bf}})}\right\} \tag{4-39}$$

棱形系数变化量 δC_{pf}对船中之矩（略去二次项）为

$$\delta C_{\mathrm{pf}}h_{\mathrm{f}}\approx\int_0^1 x\delta x\mathrm{d}y$$

$$=\int_0^1 x(1-x)\left[\frac{\mathrm{d}l_{\mathrm{pf}}}{1-l_{\mathrm{pf}}}+\frac{\delta C_{\mathrm{pf}}-\delta l_{\mathrm{pf}}\dfrac{1-C_{\mathrm{pf}}}{1-l_{\mathrm{pf}}}}{A_{\mathrm{f}}}(x-l_{\mathrm{pf}})\right]\mathrm{d}y$$

经整理后可得 h_{f} 的一阶近似值：

$$h_{\mathrm{f}}=B_{\mathrm{f}}-C_{\mathrm{f}}\frac{\delta l_{\mathrm{pf}}}{\delta C_{\mathrm{pf}}} \tag{4-40}$$

其中

$$B_{\mathrm{f}}=\frac{C_{\mathrm{pf}}[2x_{\mathrm{bf}}-3K_{\mathrm{f}}^2-l_{\mathrm{pf}}(1-2x_{\mathrm{bf}})]}{A_{\mathrm{f}}} \tag{4-41}$$

$$C_{\mathrm{f}}=\frac{B_{\mathrm{f}}(1-C_{\mathrm{pf}})-C_{\mathrm{pf}}(1-2x_{\mathrm{bf}})}{1-l_{\mathrm{pf}}} \tag{4-42}$$

式中　K_{f}^2——母型船横剖面面积曲线（前半体）对船中的二次矩臂：

$$K_{\mathrm{f}}^2=\int_0^1 x^2 y\mathrm{d}y/C_{\mathrm{pf}} \tag{4-43}$$

对后半体的 h_{a}，只要代入后半体相应数值，仍可按式(4-40)计算（下标改为 a）。

如上所述，Lackenby 法是把船体分为前后半体进行变换，因此也需要求出前后半体棱形系数的分配。由式(4-33)和式(4-34)可得

$$\frac{\delta C_{\mathrm{p}}(h_{\mathrm{a}}+x_{\mathrm{b}})+\delta x_{\mathrm{b}}(C_{\mathrm{p}}+\delta C_{\mathrm{p}})}{\delta C_{\mathrm{pf}}}=\frac{\delta C_{\mathrm{p}}(h_{\mathrm{f}}-x_{\mathrm{b}})-\delta x_{\mathrm{b}}(C_{\mathrm{p}}+\delta C_{\mathrm{p}})}{\delta C_{\mathrm{pa}}}$$

用式(4-40)代入经整理可得

$$\delta C_{\mathrm{pf}}=\frac{2[\delta C_{\mathrm{p}}(B_{\mathrm{a}}+x_{\mathrm{b}})+\delta x_{\mathrm{b}}(C_{\mathrm{p}}+\delta C_{\mathrm{p}})]+C_{\mathrm{f}}\delta l_{\mathrm{pf}}-C_{\mathrm{a}}\delta l_{\mathrm{pa}}}{B_{\mathrm{f}}+B_{\mathrm{a}}} \tag{4-44}$$

$$\delta C_{\mathrm{pa}}=\frac{2[\delta C_{\mathrm{p}}(B_{\mathrm{f}}-x_{\mathrm{b}})-\delta x_{\mathrm{b}}(C_{\mathrm{p}}+\delta C_{\mathrm{p}})]-C_{\mathrm{f}}\delta l_{\mathrm{pf}}+C_{\mathrm{a}}\delta l_{\mathrm{pa}}}{B_{\mathrm{f}}+B_{\mathrm{a}}} \tag{4-45}$$

当前后平行中体长度变化量为零时，则前后体棱形系数变化量 δC_{pf}，δC_{pa}分别为

$$\delta C_{\mathrm{pf}}=\frac{2[\delta C_{\mathrm{p}}(h_{\mathrm{a}}+x_{\mathrm{b}})+\delta x_{\mathrm{b}}(C_{\mathrm{p}}+\delta C_{\mathrm{p}})]}{h_{\mathrm{f}}+h_{\mathrm{a}}} \tag{4-46}$$

$$\delta C_{\mathrm{pa}}=\frac{2[\delta C_{\mathrm{p}}(h_{\mathrm{f}}-x_{\mathrm{b}})-\delta x_{\mathrm{b}}(C_{\mathrm{p}}+\delta C_{\mathrm{p}})]}{h_{\mathrm{f}}+h_{\mathrm{a}}} \tag{4-47}$$

当给定棱形系数变化量 δC_{p}、浮心纵向位置变化量 δX_{b} 以及前、后平行中体长度变化量 δl_{pf}、

δl_{pa}时，可由式(4-44)～式(4-47)求出前、后体棱形系数变化量δC_{pf}、δC_{pa}，然后，按照式(4-37)得到新设计船的横剖面面积曲线。与一减棱形系数法一样，应用前面所述的插值方法，可得到新设计船的型值。

(3) 二次式变换函数法。

Lackenby 法在推导过程中忽略了高阶小量，使计算精度受到一定影响。下面介绍另一种方法，能精确地推导出二次式的变换函数，具有计算方便、灵活、精度高的特点。对棱形系数、浮心纵向位置及平行中体可以独立变化，也可以一起变化。

将母型船和设计船的横剖面面积曲线表示成如图 4-44 所示的无因次坐标。以最大横剖面所在位置为 y 轴，考虑到最大横剖面不一定在船中的情况，设前端点为 x_0，后端点为 x_1。

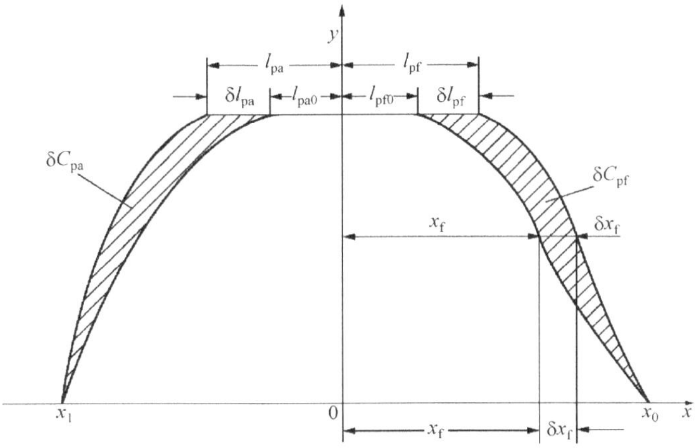

图 4-44　无因次横剖面面积曲线

设母型船和新船的浮心位置分别为 $\overline{X}_{b0}$，$\overline{X}_b$，棱形系数分别为 C_{p0}，C_p，前体平行中体长分别为 l_{pf0}，l_{pf}，后体平行中体长分别为 l_{pa0}，l_{pa}。

令前体、后体的变换函数分别为

$$\bar{x}=x+\delta x=x+u_f(x-x_0)(x-l_{pf0})+u_{f0}(x-x_0) \tag{4-48}$$

$$\bar{x}=x+\delta x=x+u_a(x-x_1)(x-l_{pa0})+u_{a0}(x-x_1) \tag{4-49}$$

① 求系数 u_{f0}，u_{a0}。

边界条件：

当 $x=l_{pf0}$时，$\bar{x}=l_{pf}$代入式(4-48)，可得

$$u_{f0}=\frac{l_{pf}-l_{pf0}}{l_{pf0}-x_0} \tag{4-50}$$

当 $x=l_{pa0}$时，$\bar{x}=l_{pa}$代入式(4-49)，可得

$$u_{a0}=\frac{l_{pa}-l_{pa0}}{l_{pa0}-x_1} \tag{4-51}$$

② 求系数 u_f，u_a。

先根据棱形系数改变量 $\delta C_p=C_p-C_{p0}$ 可得

$$C_p - C_{p0} = u_f\int_0^1 (x - x_0)(x - l_{pf0})\mathrm{d}y + u_{f0}\int_0^1 (x - x_0)\mathrm{d}y$$
$$+ u_a\int_0^1 (x - x_1)(x - l_{pa0})\mathrm{d}y + u_{a0}\int_0^1 (x - x_1)\mathrm{d}y$$

经整理可得

$$S_1 u_f + S_2 u_a = S_3 \tag{4-52}$$

其中

$$S_1 = 2M_f - (x_0 + l_{pf0})x_0 C_f + x_0 l_{pf0}$$
$$S_2 = 2M_a - (x_1 + l_{pa0})x_1 C_a + x_1 l_{pa0}$$
$$S_3 = C_p - C_{p0} - u_{f0}x_0(C_f - 1) - u_{a0}x_1(C_a - 1)$$

式中 C_f——母型船前体棱形系数；

C_a——母型船后体棱形系数；

M_f——母型船前体对 y 轴的静矩，$M_f = C_{pf0}\bar{x}_{bf0}$；

M_a——母型船后体对 y 轴的静矩，$M_a = C_{pa0}\bar{x}_{ba0}$。

再根据浮心的改变量 $\delta\bar{x}_b = \bar{x}_b - \bar{x}_{b0}$，以新船相对母型船前后体增加的面积，可以得到如下的力矩平衡方程：

$$W_f - W_a = \bar{x}_b C_p - \bar{x}_{b0} C_{p0} \tag{4-53}$$

式中 W_f, W_a——前体、后体增加的面积对 y 轴的静矩。

$$W_f = \int_0^1 \delta x\left(x + \frac{1}{2}\delta x\right)\mathrm{d}y = \int_0^1 x\delta x\mathrm{d}y + \frac{1}{2}\int_0^1 \delta x^2\mathrm{d}y$$

将式(4-48)中的 δx 表达式代入上式可得

$$W_f = S_4 u_f^2 + S_5 u_f + S_6$$

其中

$$S_4 = 2I_{ff} - 3(l_{pf0} + x_0)I_f + (x_0^2 + 4x_0 l_{pf0} + l_{pf0}^2)M_f - x_0 l_{pf0}(x_0 + l_{pf0})C_f + 0.5x_0^2 l_{pf0}^2$$
$$S_5 = 3(1 + u_{f0})I_f - 2[x_0 + l_{pf0} + u_{f0}(2x_0 + l_{pf0})]M_f$$
$$+ [u_{f0}x_0 + x_0 l_{pf0}(1 + 2u_{f0})]x_0 C_f - u_{f0}x_0^2 l_{pf0}$$
$$S_6 = u_{f0}[(2 + u_{f0})M_f - (1 + u_{f0})x_0^2 C_f + 0.5u_{f0}x_0^2]$$

式中 I_f, I_{ff}——母型船前体横剖面面积曲线对 y 轴的惯性矩和三次矩，即

$$\begin{cases} I_f = \dfrac{1}{3}\displaystyle\int_0^1 x^3\mathrm{d}y = \dfrac{4}{3}C_{pf0}\bar{x}_{bf0}^2 \\ I_{ff} = \dfrac{1}{4}\displaystyle\int_0^1 x^4\mathrm{d}y = 2C_{pf0}\bar{x}_{bf0}^3 \end{cases}$$

对于后体可类似得到

$$W_a = S_7 u_a^2 + S_8 u_a + S_9$$

其中

$$S_7 = 2I_{aa} - 3(l_{pa0} + x_1)I_a + (x_1^2 + 4x_1 l_{pa0} + l_{pa0}^2)M_a - x_1 l_{pa0}(x_1 + l_{pa0})C_a + 0.5x_1^2 l_{pa0}^2$$
$$S_8 = 3(1 + u_{a0})I_a - 2[x_1 + l_{pa0} + u_{a0}(2x_1 + l_{pa0})]M_a$$
$$+ [u_{a0}x_1 + x_1 l_{pa0}(1 + 2u_{a0})]x_1 C_a - u_{a0}x_1^2 l_{pa0}$$
$$S_9 = u_{a0}[(2 + u_{a0})M_a - (1 + u_{a0})x_1^2 C_a + 0.5u_{a0}x_1^2]$$

式中　I_a, I_{aa}——母型船后体横剖面面积曲线对 y 轴的惯性矩和三次矩，且

$$I_a = \frac{1}{3}\int_0^1 x^3 \mathrm{d}y = \frac{4}{3}C_{pa0}\bar{x}_{ba0}^2$$

$$I_{aa} = \frac{1}{4}\int_0^1 x^4 \mathrm{d}y = 2C_{pa0}\bar{x}_{ba0}^3$$

令

$$\mathrm{d}M = \bar{x}_b C_p - \bar{x}_{b0} C_{p0}$$

将 W_f, W_a 及 $\mathrm{d}M$ 代入式(4-53)，并与式(4-52)联立可得方程组：

$$\begin{cases} S_1 u_f + S_2 u_a - S_3 = 0 \\ S_4 u_f^2 + S_5 u_f + S_6 - S_7 u_a^2 - S_8 u_a - S_9 - \mathrm{d}M = 0 \end{cases}$$

解此方程组可得到标准二次方程：

$$K_1 u_f^2 + K_2 u_f + K_3 = 0 \tag{4-54}$$

其中

$$K_1 = S_4 - \frac{S_1^2 S_7}{S_2^2}$$

$$K_2 = S_5 + \frac{2S_1 S_3 S_7}{S_2^2} + \frac{S_1 S_8}{S_2}$$

$$K_3 = S_6 - \frac{S_3^2 S_7}{S_2^2} - \frac{S_3 S_8}{S_2} - S_9 - \mathrm{d}M$$

解方程(4-54)可得

$$u_f = \frac{-K_2 \pm \sqrt{K_2^2 - 4K_1 K_3}}{2K_1}$$

对于 u_f 的每一个根，由

$$u_a = \frac{S_3 - S_1 u_f}{S_2}$$

可得 u_a。

在上述方程有两个实数解时，可得到两组解：(u_{f1}, u_{a1})和(u_{f2}, u_{a2})。

根据新船应与母型船尽量接近的原则，在$|u_{f1}|+|u_{a1}|$和$|u_{f2}|+|u_{a2}|$中取绝对值之和较小的一对根作为方程(4-48)和方程(4-49)中的系数。系数 u_f, u_a 求得后，新船上的任一 $\bar{x}$ 位置上的值就可通过方程(4-48)或方程(4-49)求得。

(4) 迁移法。

在某些情况下，存在选择的母型船的横剖面面积曲线仅浮心纵向位置 X_b 与设计船的要求不一致，而 C_b, C_m 及 C_p 等均相等的情况。这时如何才能使横剖面面积曲线符合既定的 X_b 的要求呢？最常用的就是迁移法(图 4-45)。

设横剖面面积曲线的形变函数为

$$\delta x = by \tag{4-55}$$

式中　y——母型船横剖面面积曲线在 x 处的纵坐标；

　　　b——系数。

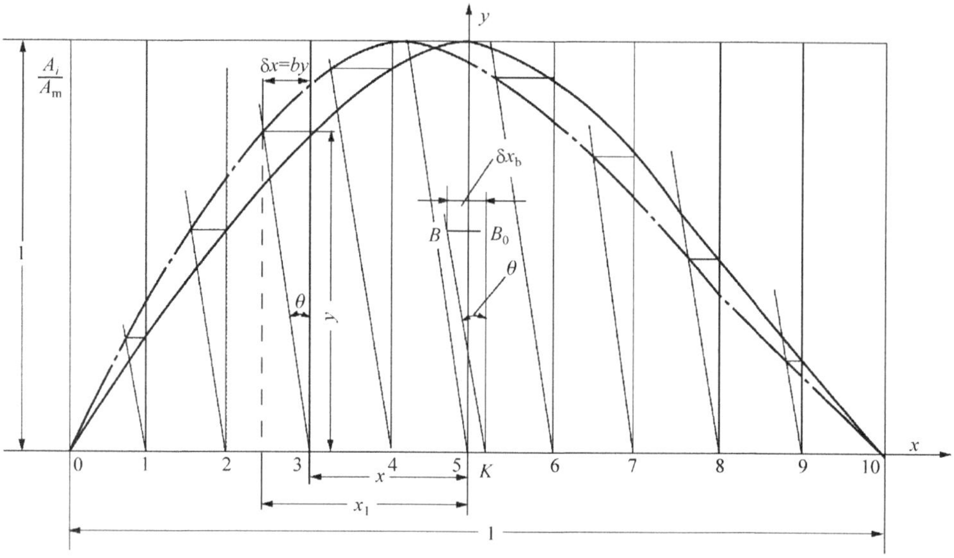

图 4-45　迁移法示意图

由图 4-45 可知，

$$b=\frac{\overline{BB_0}}{\overline{KB_0}}=\frac{\delta x_b}{\overline{KB_0}} \tag{4-56}$$

若设横剖面面积曲线近似为高次抛物线，坐标原点取在船中，则

$$y=1-(2x)^{2n}$$

横剖面面积曲线所围的面积对 x 轴的静矩为

$$M_{0x}=\int_{-\frac{1}{2}}^{\frac{1}{2}}\frac{y^2}{2}\mathrm{d}x=\int_{-\frac{1}{2}}^{\frac{1}{2}}\frac{1-(2x)^{2n}}{2}\mathrm{d}x$$

$$=\frac{1}{2}\left(1-\frac{2}{2n+1}+\frac{1}{4n+1}\right)$$

横剖面面积曲线所围的面积为

$$A=\int_{-\frac{1}{2}}^{\frac{1}{2}}y\mathrm{d}x=\int_{-\frac{1}{2}}^{\frac{1}{2}}[1-(2x)^{2n}]\mathrm{d}x=1-\frac{1}{2n+1}=C_p$$

即得

$$2n+1=\frac{1}{1-C_p},\quad 4n+1=\frac{1+C_p}{1-C_p}$$

因此，横剖面面积曲线形心 X_{b0} 纵坐标为

$$\overline{KB_0}=\frac{M_{0x}}{A}=\frac{2C_p^2}{2C_p(1+C_p)}=\frac{C_p}{1+C_p} \tag{4-57}$$

则

$$b=\frac{1+C_p}{C_p}\delta x_b \tag{4-58}$$

按式(4-58)计算出 b 后，则按式(4-55)就可求出平移距离 δx，从而可得出经变换后的

设计船的横剖面面积曲线。

2）由母型船型线转绘设计船型线的方法

当采用上述方法将母型船横剖面面积曲线修改成设计船的横剖面面积曲线以后，即改造后的面积曲线满足设计船的 C_p 及 X_b 的要求之后，即可根据设计船与母型船横剖面面积曲线之间的关系，按下述步骤，将母型船的型线转绘为设计船的型线。

(1) 找出与设计船某站横剖面面积相同的母型船对应的横剖面的位置。图 4-46 中 A-A 剖面为对应于设计船第 16 站剖面的母型船横剖面位置。

(2) 在母型船半宽水线图上，量取 A-A 剖面上各水线的半宽，作为新船第 16 站横剖面上各水线半宽。

(3) 据此绘出新船 16 站的横剖线。新船的所有站的横剖线都可这样绘制出来。

(4) 由横剖线图绘出半宽水线图和纵剖线图，并校对三组剖面线的投影点是否一致。

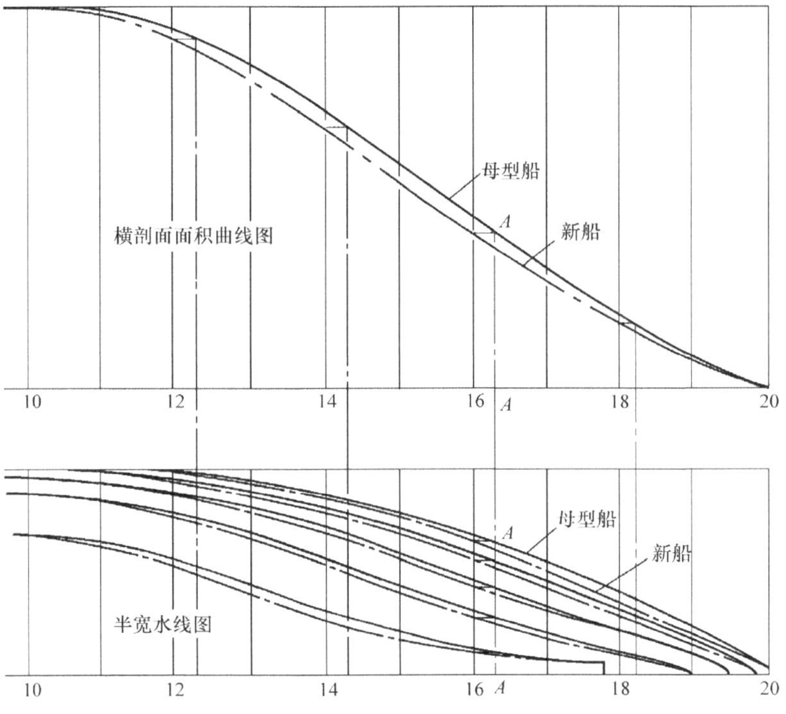

图 4-46　C_m 相同，C_p，X_b 不同时的型线改造

有时做完第一步后，直接在型船半宽水线图上，把 A-A 剖面上的型船各水线半宽，移到 16 站上，作为设计船的 16 站的剖面各水线半宽。同理可找到设计船其余站横剖面各水线的半宽。于是可将各站同名水线的半宽点连成光顺的水线，如图 4-46 所示的点划线。绘出新船的半宽水线图后再绘横剖线及纵剖线图，这样也能绘制出设计船的型线图。究竟按什么步骤，视实际条件及自己的习惯而定。

若设计船与型船的主尺度也不相同，则结合线性变换，即可绘制出设计船的型线图。

采用本方法改造时应注意，由于剖面的移动，首尾轮廓线也应做相应的修改，否则与水线的端点难以配合。

3）对船中横剖面系数 C_m 的改造

在前面论述的改造横剖面面积曲线的方法中，并没有对 C_m 进行改造的能力，即通过上述变换只能将母型船的横剖面面积曲线改造为满足设计船 C_p 及 X_b 要求的横剖面面积曲线，当 $C_m \neq C_{m0}$ 时，按图 4-46 中的方法变换得到的 C_m 不符合设计船的要求。因此，当 $C_m \neq C_{m0}$ 时，应在按图 4-46 中的方法求得各站横剖面型值后，再对其进行中横剖面系数的改造。其步骤为

（1）先根据设计船的 $C_m(C_m = C_b/C_p)$，参照母型船中横剖面形状的特征，按式(4-21)或式(4-22)求出舭部半径 r，绘出设计船的中剖面型线。

（2）设计船各站各水线的半宽为

$$y_{ij} = y_{ij0}\frac{y_{mj}}{y_{mj0}} \tag{4-59}$$

式中 y_{mj}——设计船中剖面各水线的半宽；

y_{mj0}——母型船中剖面各水线的半宽。

作图法如图 4-47 所示。图中，$\overline{OA}$为设计船中剖面满载水线半宽，$\overline{OA'} = \overline{OA_0}$为型船中剖面满载水线半宽。截取 $\overline{OB'} = \overline{O_0B_0}$，$\overline{OC'} = \overline{O_0C_0}$，…，取 $\overline{BB'} /\!/ \overline{AA'}$，$\overline{CC'} /\!/ \overline{AA'}$，…，得 B，C，…点为满载水线在各站的半宽。同理，也可求得其他水线的半宽$\overline{ob}$，$\overline{oc}$，$\overline{od}$，$\overline{oe}$，它们与中剖面半宽$\overline{oa}$的比值(也是型船比值)是相同的。

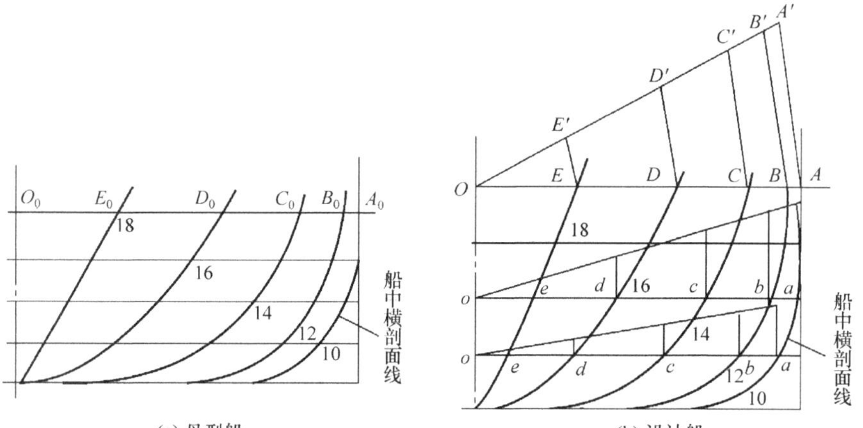

图 4-47 C_m 不同时的型线改造

（3）将改造所得的设计船各站剖面的点连成光顺曲线，即得设计船的横剖面线。再与半宽水线图和纵剖线图配合，得出设计船的型线图。

采用此种改造方法，设计船与型船同一站号横剖线在各水线的半宽均比例于中剖面各对应水线的半宽，所以两船对应各站的横剖面面积与其中剖面面积之比未变，这就保持了两船的 C_p，X_b 及 C_w 均相同。

4）球首变换

（1）球首侧向伸缩船体坐标系采用习惯的左手坐标系，x 向首，y 向右舷，z 向上。设母型船(x_P, y_P, z_P)的首柱线为 $x = P_P(z)$，设计船(x_N, y_N, z_N)的首柱线为 $x = P_N(z)$。那么在

某水线 $z=t$ 上的侧向伸缩变换为

$$\begin{pmatrix} x_N \\ y_N \end{pmatrix} = \begin{bmatrix} x_P + (P_N(t) - P_P(t)) f_x(x,t) \\ y_P \end{bmatrix}$$

式中　$f_x(x,z)$——伸缩变换函数。

(2) 球首横向变形。球首在侧向伸缩变换后，再进行横向“胖瘦”变形。设母型船在首垂线处的球首横剖线为 $y=S_P(z)$，设计船在首垂线处的球首横剖线为 $y=S_N(z)$。那么在某水线 $z=t$ 上的横向变换为

$$\begin{pmatrix} y_N \\ z_N \end{pmatrix} = \begin{bmatrix} y_P + (S_N(t) - S_P(t)) f_y(x,t) \\ z_P \end{bmatrix}$$

式中　$f_y(x,z)$——横向变换函数。

3. 型线图绘制步骤

当设计船的主尺度及船型系数(如 L_{pp}, B, d, C_b, X_b, …)确定后，需选择合适的母型船，母型船通常要选择与设计船用途相近、主尺度比(如 B/d, L/B, …)相近、船型系数(如 C_b, X_b, …)及 F_n 相近的阻力、推进等性能优良的船型。母型船选择完毕后，就可着手设计型线及绘制型线图了。

1) 改造母型船横剖面面积曲线

(1) 绘制母型船横剖面面积曲线，求出其 C_p, X_b。

(2) 将母型船横剖面面积曲线改造为设计船横剖面面积曲线。

① 按经验公式估算设计船前后体棱形系数 C_{pf} 和 C_{pa}：

$$C_{pf} = C_p + 2.25\frac{X_b}{L_{pp}} \tag{4-60}$$

$$C_{pa} = C_p - 2.25\frac{X_b}{L_{pp}} \tag{4-61}$$

式中　X_b——船中前为正，船中后为负。

因此，横剖面面积曲线前、后体棱形系数变化量为

$$dC_{pf} = C_{pf} - C_{pf0}$$
$$dC_{pa} = C_{pa} - C_{pa0}$$

② 求辅助站位置。

按 $1-C_p$ 法，有

$$dx' = \frac{1-x_i}{1-C_{pf0}} dC_{pf}\text{(船中前各站)}$$

$$dx_i' = \frac{1+x_i}{1-C_{pa0}} dC_{pa}\text{(船中后各站)}$$

因此，各辅助站距理论站距离为 $\frac{L_{pp}}{2}dx_i$，由此得到变化后的设计船横剖面面积曲线。

③ 校核设计船横剖面面积曲线的 C_p 和 X_b。

若 C_p 不满足设计要求时，说明设计或计算有误差，重新变换横剖面面积曲线；若 C_p 满足设计要求，X_b 不满足设计要求时，应用迁移法求出满足设计要求的新横剖面面积曲线。这时各辅助站又有新的移动距离 dx_i''，则最后的辅助站距理论站的距离为 $(dx_i'+dx_i'')\frac{L_{pp}}{2}$。

2）绘制型线图

(1) 选定绘图比例，绘制设计船格子线。

绘制侧视图(包括首尾轮廓线、甲板边线、甲板中心线等)。

(2) 绘制辅助半宽水线图。

① 在水线图上绘制辅助站位置；

② 在辅助站上量取半宽 $y_i=\frac{y_{i0}}{B_0}B$，其中，y_i 和 B 分别为设计船某辅助水线在各站处的型值半宽和型宽；y_{i0} 和 B_0 分别为母型船对应水线上各站的型值半宽和型宽。由此得到各辅助水线。

(3) 绘制横剖面图。

① 在横剖面图上画出辅助水线，$t_i=\frac{t_{i0}}{t_0}t$，其中，t 和 t_0 分别为设计船和母型船的设计吃水，而 t_i 为设计船与母型船水线 t_{i0} 相对应的辅助水线；

② 量取水线图上理论站上各辅助水线的半宽，绘制到横剖面图的辅助水线上，从而得到横剖面图；

③ 根据横剖面图校核设计船的 C_b 及 X_b。

(4) 绘制理论半宽水线图。

在横剖面图上量取理论水线上各站半宽，重新画到水线图上，得理论水线。

(5) 绘制纵剖线图。

(6) 三面投影光顺配合。

(7) 制定型值表，注字，标尺寸。

采用本方法一般是对水下型线进行改造。为满足设计船的型深、舷弧、布置等方面的具体要求，水上部分的型线采用自行绘制方法。绘制时要注意与水下部分的型线相配合。

这里介绍甲板边线的绘制方法及有关概念。

4.3.4 船模系列资料法

系列船型一般都经过较广泛的系列船模试验，其阻力、推进等试验资料较全。若系列船型能符合设计船的要求，则采用系列船型的型线既简单又可靠。因此，这也是常规船型型线设计常采用的一种方法。但是选用优良的系列型线并不代表新船型线设计结果一定是最佳的。就快速性而言，实践表明，如结合新船特点对系列船型做适当修改，所得结果可能比直接查得的系列型线阻力性能更佳。当然，这需要具备一定的设计经验。

系列船型有许多种，其中比较著名的有陶德 60 系列、BSRA 系列、SSPA 系列以及汉堡造船研究所的 HSVA 系列、SR45 快速货船系列和 SR98 肥大船系列(带球首)等，我国开发研究的系列船型有长江客货船系列、肥大船系列等。选用系列船型时应注意，每一个系列船型都有其适用范围，如主尺度比、船型系数、速度等都有一个范围，新船的要素应在其范围内。系列船型也可以灵活应用，例如，根据新船特点和要求，也可以对前后体型线采用两个系列组合而成。此外，选用系列船型通常主要是采用其设计水线以下的型线，而上部型线根据新船的要求，用自由设绘方法产生，当然应注意与水下型线的配合。

根据系列船型的型线资料可以很方便地查得新船型值。由新船的方形系数 C_b（或棱形系数 C_p）和浮心纵向位置 X_b，根据系列型线资料中规定的方法，就可以读出各水线半宽（一般为无因次值），绘制出横剖线图，继而可以绘制水线图和纵剖线图。各个系列规定的查取型值的方法由给出资料的形式不同而有所区别。具体的方法可以从各个系列的型线资料中找到，这里不做详细介绍。

下面对陶德 60 系列、BSRA 系列和 SSPA 系列船型的型线资料做一简单介绍，并根据系列船模的试验情况，给出船型参数的变化范围，供选用时参考。

1. 陶德 60 系列

陶德 60 系列是美国海军部泰勒水池进行的单螺旋桨运输船舶系列船模试验。研究工作的主持者陶德（T. H. Todd）将试验结果整理成册，故习惯称陶德系列。陶德 60 系列的试验范围较广，资料较完整，其型线也具有独特风格，在国际上被广泛采用。

方形系数 C_b 是该系列的基本参数，陶德 60 系列选择了五种方形系数，各自配定浮心纵向位置 X_b、中剖面系数 C_m、长宽比 L_{pp}/B 和宽度吃水比 B/d，这些参数的系列变化组成了一组系列船模的基本参数。

1）船型特点

如图 4-48 所示，陶德 60 系列的型线是以五个母型为基础变化而来的，五个母型的方形系数分别为 0.60、0.65、0.70、0.75 和 0.80。尾轮廓为巡洋舰尾，首柱在满载水线以下的部分几乎是垂直的。该系列型线的横剖线形状属于 U 形；中横剖面没有舭部升高；中剖面系数 C_m 与方形系数 C_b 之间呈线性关系。该船型阻力性能好，适用于单桨运输船。

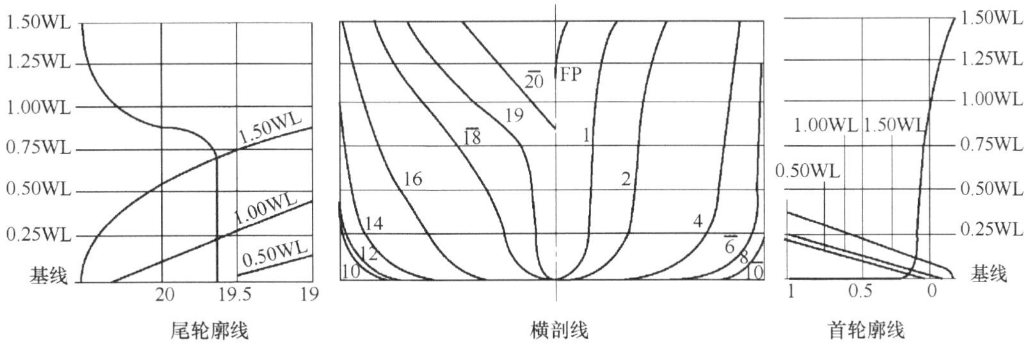

图 4-48　陶德 60 系列型线

2）船型参数

长宽比：L_{pp}/B＝6.5～8.5；宽度吃水比：B/d＝2.5～3.5；方形系数：C_b＝0.60～0.80；速长比：$v/\sqrt{L_{WL}}$＝0.40～1.0。

3）型线资料

（1）对应于进流段棱形系数 C_{pe} 的进流段各站横剖面面积系数曲线，如图 4-49 所示。

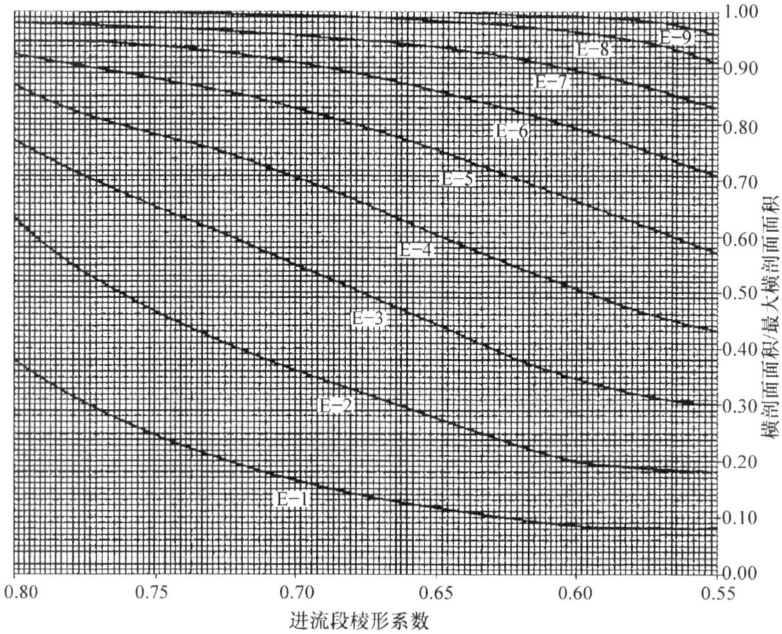

图 4-49　进流段各站横剖面面积系数曲线

（2）对应于去流段棱形系数 C_{pr} 的去流段各站横剖面面积系数曲线，如图 4-50 所示。

（3）对应于进流段棱形系数 C_{pe} 的进流段不同吃水时水线半宽系数曲线。

图 4-51 是进流段 1.00 水线半宽系数曲线。进流段基线、0.075 水线、0.25 水线、0.5 水线、0.75 水线、1.25 水线、1.5 水线也有类似的水线半宽系数曲线，这里不一一列出。

（4）对应于去流段棱形系数 C_{pr} 的去流段不同吃水时水线半宽系数曲线。

图 4-52 是去流段 1.00 水线半宽系数曲线。去流段基线、0.075 水线、0.25 水线、0.5 水线、0.75 水线、1.25 水线、1.5 水线也有类似的水线半宽系数曲线，这里不一一列出。

在具体应用上述诸曲线时须注意：

① 当已知进流段棱形系数 C_{pe} 及去流段棱形系数 C_{pr} 时，可沿横坐标截取其数值，对应的纵坐标即为各进流段、去流段的各站横剖面系数及不同吃水的水线半宽系数。横剖面系数对应于船中剖面面积比值，水线半宽系数对应于该水线上最大半宽比值。

② 当进流段长度 L_E 和去流段长度 L_R 确定后，需将它们各自十等分，顺序是从首尾端向中部。图中标有 E 者代表进流段，标有 R 者代表去流段。每一张图代表一个吃水，即表示一根水线。

（5）以方形系数 C_b 为函数的纵向棱形系数 C_p、中剖面系数 C_x（或 C_m）、平行中体相对长度 $\frac{L_P}{L_{pp}}$ 及舭部半径系数 $K_R=\frac{R}{\sqrt{Bd}}$ 的关系曲线，如图 4-53 所示。

（6）以方形系数 C_b 和浮心纵向位置 LCB（或 X_b）为函数的进流段长度 L_E 与两柱间长 L_{pp} 的比值 $\frac{L_E}{L_{pp}}$ 曲线，如图 4-54 所示。

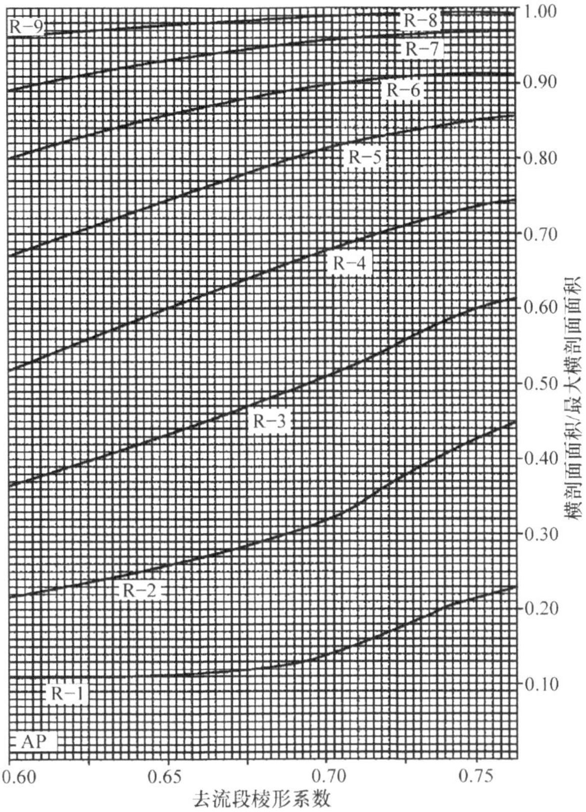

图 4-50 去流段各站横剖面面积系数曲线

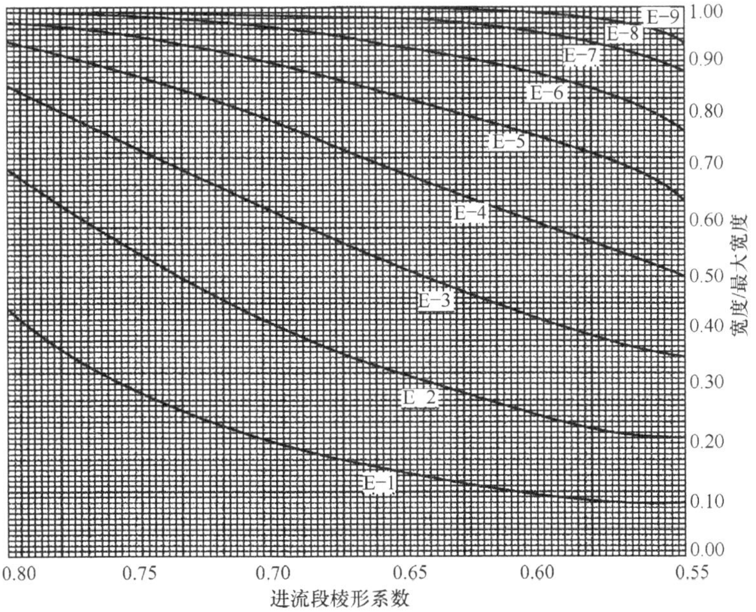

图 4-51 进流段 1.00 水线半宽系数曲线

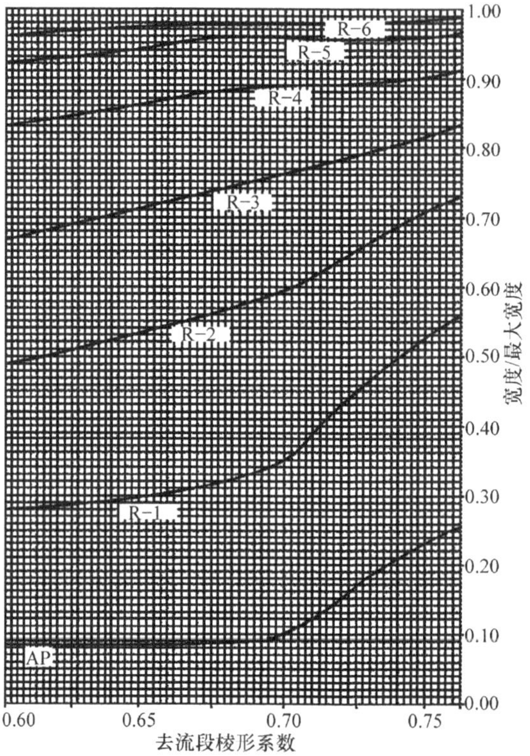

图 4-52　去流段 1.00 水线半宽系数曲线

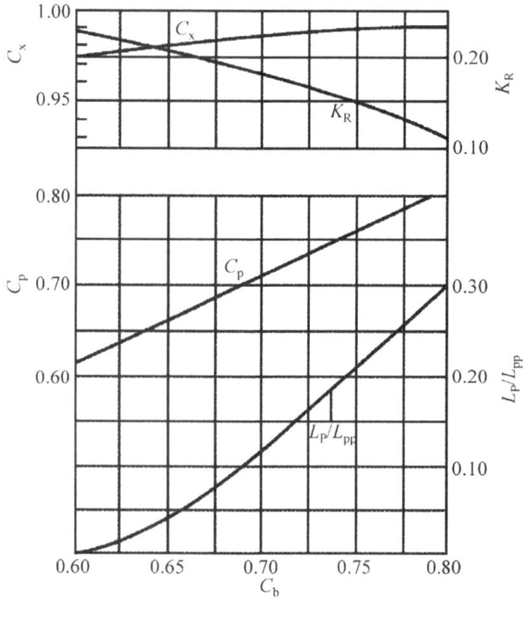

图 4-53　C_x, C_p, L_P/L_{pp}, K_R 与 C_b 关系曲线

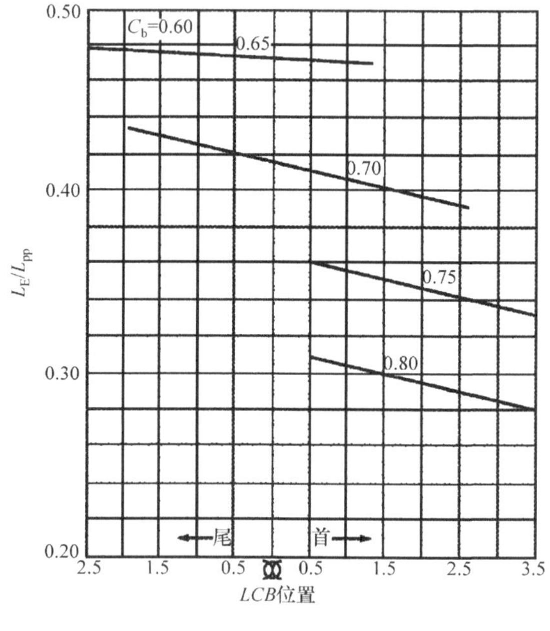

图 4-54　不同 C_b 和 LCB 下的 L_E/L_{pp}

(7) 以方形系数 C_b 和浮心纵向位置 LCB(或 X_b)为函数的进流段棱形系数 C_{pe} 与去流段棱形系数 C_{pr} 的比值曲线,如图 4-55 所示。

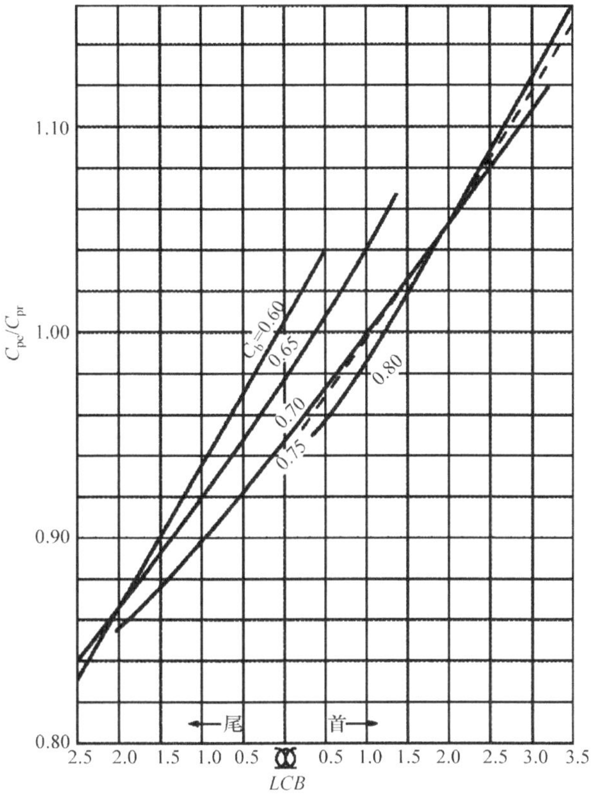

图 4-55 不同 C_b 和 LCB 下的 C_{pe}/C_{pr}

利用上述资料来绘制设计船的型线图时,大致的步骤是:

① 按设计船已定的主要尺度 L_{pp},B,d,排水量 Δ 及方形系数 C_b 和浮心纵向位置 LCB(或 X_b)等,根据图 4-53 可查得或计算出纵向棱形系数 C_p、中剖面系数 C_x(或 C_m)、平行中体长度 L_P 和舭部半径 $R=K_R\sqrt{Bd}$;

② 按设计船浮心纵向位置 LCB 及方形系数 C_b 查图 4-54 可得 $\dfrac{L_E}{L_{pp}}$,从而可计算出进流段长度 L_E 及去流段长度 L_R;

③ 按设计船的浮心纵向位置 LCB 及方形系数 C_b 查图 4-55 可得进流段与去流段的棱形系数比值 $\dfrac{C_{pe}}{C_{pr}}$,而利用式(4-62)及式(4-63)则可计算出进流段棱形系数 C_{pe} 及去流段棱形系数 C_{pr}:

$$C_{pr}=\frac{L_{pp}\cdot C_p-L_P}{L_R+L_E\cdot\dfrac{C_{pe}}{C_{pr}}} \tag{4-62}$$

$$C_{pe}=\frac{C_{pe}}{C_{pr}}\cdot C_{pr} \tag{4-63}$$

当求得 C_{pe}及 C_{pr}后，则可着手画型线图。

④ 这种方法一般都从半宽水线图画起。在半宽水线图上将进流段长度 L_E 及去流段长度 L_R 分别十等分，则每个等分点就是一个辅助站。根据上述算得的进流段棱形系数 C_{pe}及去流段棱形系数 C_{pr}查不同吃水下的水线半宽系数图，如图 4-51 及图 4-52 所示，则可得辅助站上各相应水线半宽的相对值，以此值乘以该水线的最大半宽与船的半宽之比，再乘以船的半宽，则得各辅助站上相应水线半宽的绝对值。在各对应的辅助站上截取求得的半宽，光顺连接后，则可得出各水线来。各水线上的最大半宽与船的半宽比值，可根据方形系数查表 4-9 得到。

表 4-9　各水线最大半宽与船的半宽比值

水线号	方形系数				
	0.60	0.65	0.70	0.75	0.80
基线	0.710	0.739	0.771	0.807	0.850
0.075	0.866	0.904	0.926	0.947	0.970
0.25	0.985	0.992	0.998	1.000	1.000
0.50	1.000	1.000	1.000	1.000	1.000
0.75	1.000	1.000	1.000	1.000	1.000
1.00	1.000	1.000	1.000	1.000	1.000
1.25	1.000	1.000	1.000	1.000	1.000
1.50	1.000	1.000	1.000	1.000	1.000

⑤ 根据画出的半宽水线图，可按一般绘制型线图的方法，画出完全匹配的横剖线图及纵剖线图。至于首尾端形状及轮廓尺寸，可参考陶德 60 系列所建议的图 4-56 或其他母型船首尾形状去绘制。

2. BSRA 系列

BSRA 系列船型是由英国造船研究协会在第二次世界大战近结束时开始研究的三个独立系列发展而来的。这三个独立系列对应的方形系数分别为 0.65、0.70 和 0.75。后来，该系列又将试验范围扩大到方形系数为 0.55、0.60、0.80、0.85，并增加了球鼻首。这样，BSRA 系列的全部结果都是在上述几个独立系列的基础上得到的。试验的船模都对应于两柱间长 L_{pp}为 400ft、型宽为 55ft 和设计吃水为 26ft 的单桨船。

1) 船型特点

BSRA 系列的基本母型船虽然是相互独立的，但其横剖面形状基本一致，属于中 V 形。船底舭部略有升高，侧面轮廓线尾部为巡洋舰尾，首柱在水下切除较多。图 4-57 是首尾轮廓线的基本形状和基本型线中的一个横剖型线图（方形系数 $C_b=0.70$，中横剖面系数 $C_m=0.98$）。首轮廓线在 $C_b>0.7$ 时随 C_b 的不同而有所变化，而且浮心纵向位置 X_b 的变化对其也有影响。

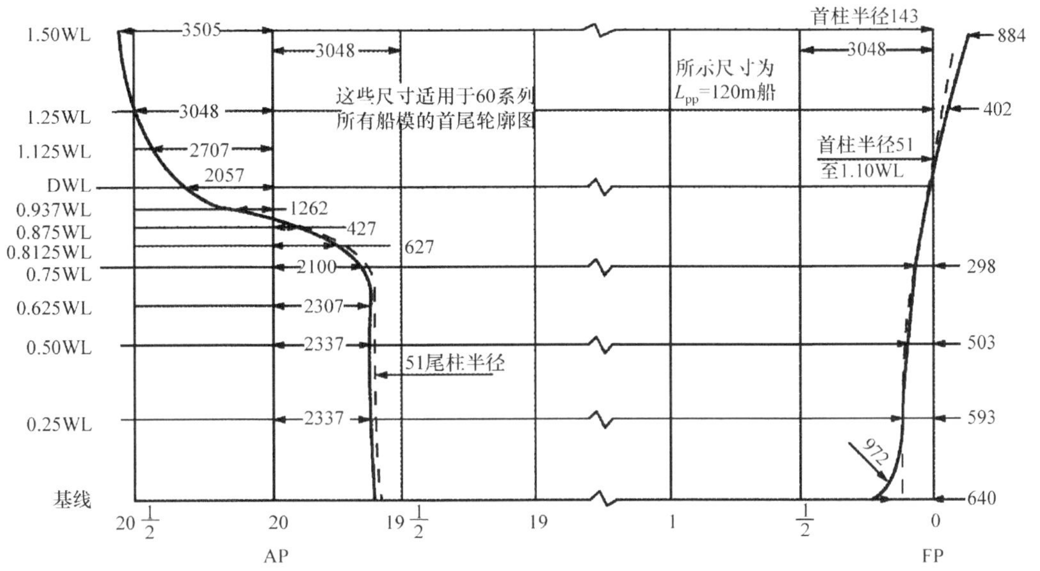

图 4-56　陶德 60 系列首尾轮廓图

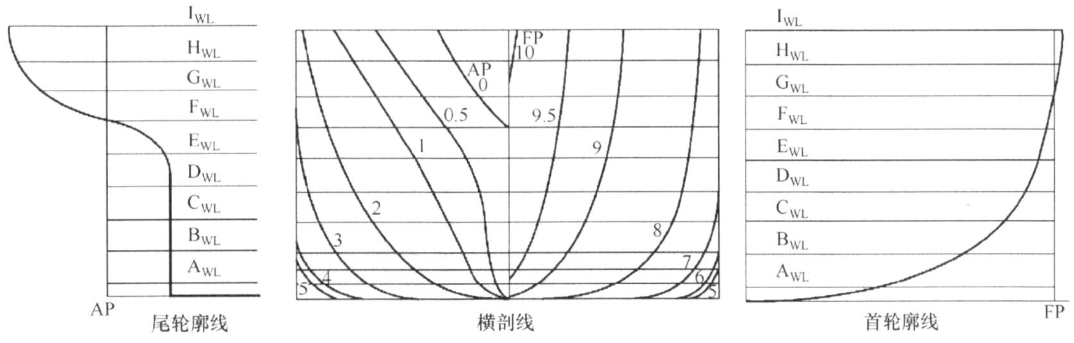

图 4-57　BSRA 系列横剖型线图

系列船模的每一个方形系数对应于唯一的标准浮心纵向位置，在满载时(d=26ft)X_b 和 C_b 间的关系是

$$X_b=20(C_b-0.675)\qquad C_b\leqslant 0.725(\text{中前为正})$$

$$X_b=2.0\qquad C_b>0.725$$

对于不同于标准浮心纵向位置的船，采用 $1-C_p$ 法对横剖面面积曲线进行改造后得到各站位置的移动量。资料中已给出了各个方形系数下浮心纵向位置变动 $1\%L_{pp}$ 所需的各站移动量曲线，可根据新船的浮心纵向位置与标准浮心纵向位置的差值直接从图中查出各站移动量。同样，平行中体中点的位置由于浮心纵向位置的移动，相应也要变动。

2) 船型参数

方形系数：C_b=0.55～0.85；

浮心纵向位置：X_b 在标准浮心纵向位置前后(−2%～2%)L_{pp}；

宽度吃水比：B/d=2.0～4.0；

长度排水体积比：$L_{pp}/\nabla^{1/3}$为4.3～6.25(视方形系数变化而有所不同)；

F_n=0.12～0.27。

3. SSPA系列

SSPA系列船型是瑞典国家船模试验池的货船系列。相对前两个系列，该系列适用于较高航速的船舶。该系列中方形系数为0.675的母型船，其形状和尺度代表了载重量为10 000t左右的中速定期货船(20世纪50年代干货船的主要形式)。其他船模多半是根据母型船利用$1-C_p$法改造获得。

1) 船型特点

该系列船型的尾轮廓也是巡洋舰尾，首轮廓由前倾的首柱和向后延伸很长的水下部分构成。横剖型线基本特征为中U形，但对于丰满度很小的船维持中U形横剖型线是不切合实际的，因此，方形系数为0.60、0.575和0.525的船越来越趋于V形的横剖型线以及较小的中剖面系数。图4-58给出了方形系数C_b=0.675的横剖型线图。

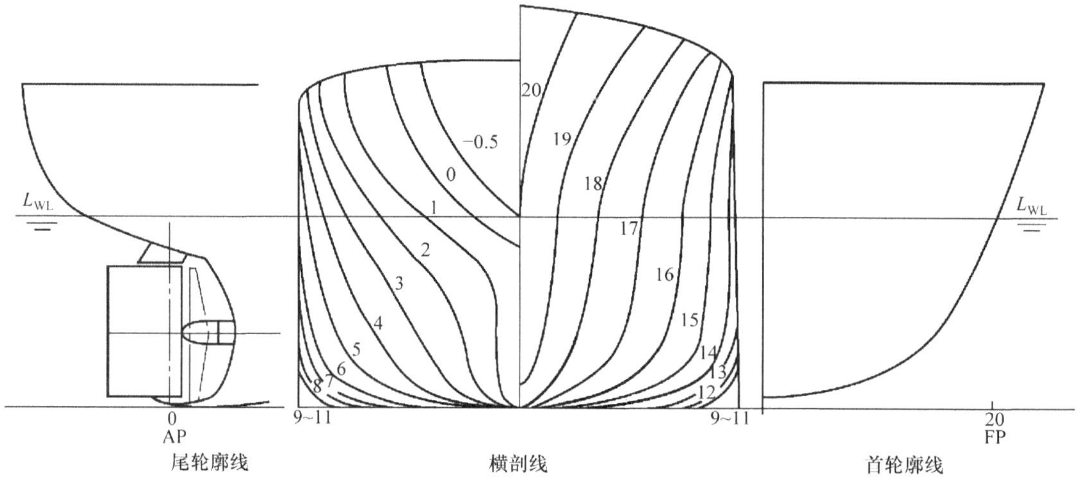

图4-58　SSPA系列C_b=0.675的横剖型线图

2) 船型参数

方形系数：C_b=0.525～0.750；

长宽比：L_{pp}/B=6.18～8.35；

宽度吃水比：B/d=1.5～3.0；

F_n=0.16～0.3(阻力资料中给出的剩余阻力系数在不同的F_n时，对应的C_b范围有所不同，如F_n=0.16时，0.55≤C_b≤0.75，而F_n=0.3时，0.52≤C_b≤0.60)。

4.4　型线设计实例

设计一条26 500 DWT成品油船型线，要求主要尺度如下：

垂线间长L_{pp}：　　164.00m

型宽 B：	27.40m
型深 D：	14.50m
设计吃水 d：	9.50m
方形系数 C_b：	0.800 2
中剖面系数 C_m：	0.995 0
棱形系数 C_p：	0.804 2
浮心纵向位置 X_b：	2.542%L_{pp}

1. 母型船选择

采用母型改造法型线设计时，应当选择功能与吨位相似且性能优良的船舶作为母型船。本例中，以一条 26 300 DWT 双壳油船作为母型船，通过母型改造法绘制设计船型线。母型船主要尺度参数如下：

垂线间长 L_{pp}：	162.00m
型宽 B：	27.40m
型深 D：	17.30m
设计吃水 d：	9.75m
方形系数 C_b：	0.795 3
中剖面系数 C_m：	0.995 3
棱形系数 C_p：	0.799 0

2. 母型船横剖面面积曲线

计算母型船各站横剖线设计吃水下的面积，绘制横剖面面积曲线。横剖面面积曲线应当准确反映船舶在设计吃水且正浮时的浮力纵向分布。如果船舶的浮体超过首尾垂线范围，则计算横剖面面积曲线时应当计入尾垂线之后、首垂线之前的排水体积。如图 4-59所示，设计船船体型线中，设计水线以下，尾封板至尾垂线之间有一定的排水体积 V_a，首垂线之前的球首部分同样有部分排水体积 V_f，则 V_a 与 V_f 均应当计入横剖面面积曲线之中。设计船的横剖面面积曲线尾部端点为尾封板 a，首部端点为球首最前端位置 f。横剖面面积曲线在尾端的面积为尾封板设计水线以下的面积，首端的面积为零。

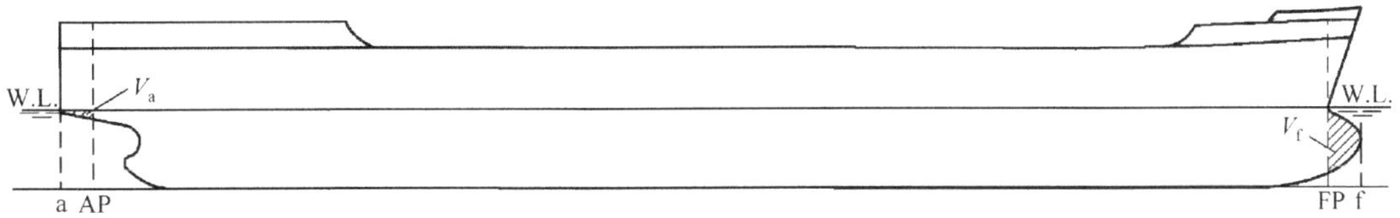

图 4-59　首尾垂线之外的横剖面面积

利用母型船横剖面面积曲线，计算得母型船后体棱形系数 $C_{pa0}=0.736\ 0$，前体棱形系数 $C_{pf0}=0.862\ 1$，浮心纵向位置 $X_b=2.965\%L_{pp}$。需要注意的是，X_b 为横剖面面积曲线型心纵向坐标的 1/2。

同一条曲线，采用不同的积分方法得到的面积有一定差异。所以，在型线设计中，计算母型船、设计船的横剖面面积曲线的面积与形心纵向位置时，应当采用相同的算法。本例中，将横剖面面积曲线表达为三次样条曲线，通过样条曲线积分算法计算横剖面面积曲线的面积与形心纵向位置。

3. 设计船横剖面面积曲线

1) $1-C_p$ 法

采用 $1-C_p$ 法改造母型船横剖面面积曲线。利用经验公式计算首部棱形系数变化量 δC_{pf} 与尾部棱形系数变化量 δC_{pa}：

$$\delta C_{pf}=C_p+2.25X_b-C_{pf0}$$

$$\delta C_{pa}=C_p-2.25X_b-C_{pa0}$$

其中，设计船棱形系数 $C_p=0.804\,2$，浮心纵向位置 $X_b=2.54\%L_{pp}$，将各参数代入上两式得

$$\delta C_{pf}=0.804\,2+2.25\times0.025\,42-0.862\,1=-0.000\,71$$

$$\delta C_{pa}=0.804\,2-2.25\times0.025\,42-0.736\,0=0.011\,01$$

则根据 $1-C_p$ 法计算首部偏移量函数 δx_f 与尾部偏移量函数 δx_a 分别为

$$\delta x_f=\frac{\delta C_{pf}}{1-C_{pf0}}(1-x)=\frac{-0.000\,71}{1-0.862\,1}(1-x)$$

$$\delta x_a=\frac{-\delta C_{pa}}{1-C_{pa0}}(1+x)=\frac{-0.011\,01}{1-0.736\,0}(1+x)$$

通过 δx_f 与 δx_a 的计算公式，计算首部半段与尾部半段各站处的偏移量，与母型船无因次站求和后得到偏移后各无因次站的位置，尾部半段 $1-C_p$ 法计算结果见表 4-10，首部半段 $1-C_p$ 法计算结果见表 4-11。

表 4-10 尾部半段 $1-C_p$ 法计算结果

站号	站的原始位置	无因次面积	偏移量 δx_a	偏移后位置
尾封板	−1.042 8	0.001	0.001 784	−1.041
0	−1	0.010 81	0	−1
0.5	−0.95	0.044 35	−0.002 08	−0.952 1
1	−0.9	0.139 45	−0.004 17	−0.904 2
1.5	−0.85	0.291 92	−0.006 25	−0.856 3
2	−0.8	0.423 57	−0.008 34	−0.808 3
3	−0.7	0.646 21	−0.012 51	−0.712 5
4	−0.6	0.799 38	−0.016 67	−0.616 7
5	−0.500 2	0.898 59	−0.020 83	−0.521
6	−0.4	0.956 85	−0.025 01	−0.425
7	−0.3	0.985 48	−0.029 18	−0.329 2
8	−0.2	0.996 9	−0.033 35	−0.233 3
9	−0.1	1	−0.037 52	−0.1375

表 4-11　首部半段 $1-C_p$ 法计算结果

站号	站的原始位置	无因次面积	偏移量 δx_f	偏移后位置
14	0.4	1	−0.003 07	0.396 9
15	0.5	0.997 2	−0.002 56	0.497 4
16	0.6	0.964 36	−0.002 04	0.598
17	0.7	0.878 37	−0.001 53	0.698 5
18	0.8	0.719 19	−0.001 02	0.799
18.5	0.85	0.601 46	−0.000 77	0.849 2
19	0.9	0.456 4	−0.000 51	0.899 5
19.5	0.95	0.292 22	−0.000 26	0.949 7
20	1	0.115 13	0	1
20.2	1.02	0.047 45	0.000 102	1.020 1
20.31	1.031 082	0	0.000 159	1.031 2

通过 $1-C_p$ 法调整横剖面面积曲线之后，根据偏移后各站的位置绘制新横剖面面积曲线，并积分计算新曲线对应的棱形系数 $C_{p1}=0.804\,2$，满足设计要求。新浮心纵向位置 $X_{b1}=2.71\%L_{pp}$。浮心纵向位置的设计要求 $X_b=2.54\%L_{pp}$，不满足精度要求，通过迁移法进一步修改横剖面面积曲线。

2）迁移法

迁移法的特点是可以在不改变横剖面面积曲线下面积的前提下修改形心纵向位置，使变化后的曲线浮心纵向位置满足设计要求。迁移法各站偏移量为

$$\delta x'=b\times y=\frac{1+C_p}{C_p}\times\delta X_b\times y$$

式中　y——横剖面面积曲线在计算位置处的 Y 坐标；

$$\delta X_b=X_b-X_{b1}$$

代入参数后得

$$\delta x'=\frac{1+C_p}{C_p}\times\delta X_b\times y=\frac{1+0.804\,2}{0.804\,2}\times(0.025\,42-0.027\,1)y=-0.003\,77y$$

此处的浮心纵向位置是相对于垂线间长 L_{pp} 的百分比，而横剖面面积曲线中，横坐标是相对于 $L_{pp}/2$ 的无因次化，所以通过迁移法移动站的位置时，各站的偏移量为 $2\delta x'$。计算得到的横剖面面积曲线各点迁移法偏移量见表 4-12 及表 4-13。

表 4-12　尾部半段横剖面面积曲线各点迁移法偏移量

站号	站原始位置	无因次面积	$1-C_p$ 法偏移后位置	迁移法偏移量 $\delta x'$	迁移后位置
尾封板	−1.042 8	0.001	−1.041	−0.000 01(0)	−1.041
0	−1	0.010 8	−1	−0.000 08(0)	−1.000 1(−1)
0.5	−0.95	0.044 3	−0.952 1	−0.000 33	−0.952 4
1	−0.9	0.139 3	−0.904 2	−0.001 05	−0.905 2

续表

站号	站原始位置	无因次面积	$1-C_p$ 法偏移后位置	迁移法偏移量 $\delta x'$	迁移后位置
1.5	−0.85	0.291 6	−0.856 3	−0.002 2	−0.858 5
2	−0.8	0.423 1	−0.808 3	−0.003 19	−0.811 5
3	−0.7	0.645 5	−0.712 5	−0.004 87	−0.717 4
4	−0.6	0.798 5	−0.616 7	−0.006 03	−0.622 7
4.998	−0.500 2	0.897 6	−0.521	−0.006 77	−0.527 8
6	−0.4	0.955 8	−0.425	−0.007 21	−0.432 2
7	−0.3	0.984 4	−0.329 2	−0.007 43	−0.336 6
8	−0.2	0.995 8	−0.233 3	−0.007 51	−0.240 9
9	−0.1	1	−0.137 5	−0.007 54	−0.145 1

表 4-13　首部半段横剖面面积曲线各点迁移法偏移量

站号	站原始位置	无因次面积	$1-C_p$ 法偏移后位置	迁移法偏移量	迁移后位置
14	0.4	1	0.396 9	−0.007 54	0.389 4
15	0.5	0.996 1	0.497 4	−0.007 52	0.489 9
16	0.6	0.963 3	0.598	−0.007 27	0.590 7
17	0.7	0.877 4	0.698 5	−0.006 62	0.691 9
18	0.8	0.718 4	0.799	−0.005 42	0.793 6
18.5	0.85	0.600 8	0.849 2	−0.004 53	0.844 7
19	0.9	0.455 9	0.899 5	−0.003 44	0.896 1
19.5	0.95	0.291 9	0.949 7	−0.002 2	0.947 5
20	1	0.115	1	−0.000 87(0)	0.999 1(1)
20.2	1.02	0.047 4	1.020 1	−0.000 36(0)	1.019 7(1.020 1)
20.31	1.031 082	0	1.031 2	0	1.031 2

如果母型船横剖面面积曲线在尾垂线/首垂线处的面积不为零，则通过迁移法变换横剖面面积曲线时，在尾垂线/首垂线处存在偏移量，该偏移量虽然较小，但是却引起船舶首垂线/尾垂线位置的改变，导致船舶的垂线间长发生变化，这在型线设计中是不允许的。由于尾垂线之前、首垂线之后的横剖面面积曲线下面积很小，所以迁移法中通常可以不对尾垂线至首垂线之外区域进行变换，即将首垂线处、尾垂线处及首垂线与尾垂线范围之外区域的迁移法偏移量设置为零，见表 4-12 及表 4-13 中括号内数据。

以迁移法修正后的各无因次站的位置为横坐标，绘制横剖面面积曲线，与母型船横剖面面积曲线对比，如图 4-60 所示。

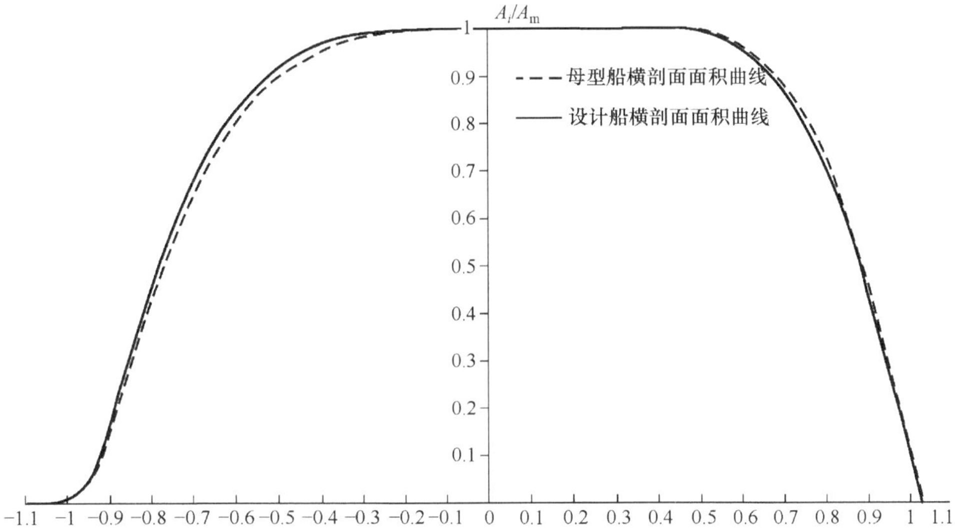

图 4-60　母型船与设计船横剖面面积

积分计算迁移法得到的横剖面面积曲线棱形系数 $C_{p2}=0.8042$，满足设计要求。计算得浮心纵向位置 $X_{b2}=2.540\%L_{pp}$，要求浮心纵向位置 $X_b=2.542\%L_{pp}$，二者误差满足精度要求。则经迁移法得到的横剖面面积曲线满足设计要求，将其作为设计船的横剖面面积曲线。

4. 绘制型线

完成设计船的横剖面面积曲线设计之后，就要进行设计船的型线绘制。

1) 确定水线、站与纵剖线位置并绘制格子线

确定设计船的水线、站与纵剖线位置，见表 4-14。通常情况下，水线应包含设计吃水和结构吃水。水线、站与纵剖线的间距尽量均匀，同时站的设置需要考虑到船体型线的曲率变化特点，例如，本船在 1 站、19 站附近型线曲率变化较大，所以在对应位置将站适当加密以提高型线设计的精度。依据水线、站与纵剖线位置及船舶的主要尺度，绘制半宽水线图、纵剖线图与横剖线图中的格子线。

表 4-14　水线、站与纵剖线位置

水线	站号	纵剖线
0	0	2 000
1 000	0.5	4 000
2 000	1	6 000
4 000	1.5	8 000
6 000	2	10 000
8 000	3	12 000
9 500	4	

续表

水线	站号	纵剖线
10 100	5	
12 000	6	
14 000	7	
	8	
	9	
	10	
	11	
	12	
	13	
	14	
	15	
	16	
	17	
	18	
	18.5	
	19	
	19.5	
		19.75
	20	
	20.1(A)	
	20.2(B)	

2）等比例缩放

本例中，采用变换半宽水线的方法设计型线，即通过比例缩放法和 $1-C_p$ 法改造母型船的半宽水线，然后依据改造后的半宽水线插值得到横剖线与纵剖线。计算三个方向的等比例变换因子：

$$k_L=L_{pp}/L_{pp0}=164/162=1.023\ 46$$

$$k_B=B/B_0=27.4/27.4=1$$

$$k_d=d/d_0=9.5/9.75=0.974\ 36$$

将母型船的半宽水线图中的所有型线横坐标乘以比例系数 k_L，纵坐标乘以比例系数 k_B。将纵剖线图中的首尾轮廓线、平边线及甲板边线的横坐标乘以比例系数 k_L，纵坐标乘以比例系数 k_d。纵剖线与横剖线不通过母型船变换，而是通过插值算法绘制。虽然对半宽水线图、纵剖线图中的甲板边线进行了变换，但是变换的目的主要是用于插值计算得到横剖线，设计船准确的甲板边线需要后期另行绘制。

3）型线变换

利用母型船与设计船横剖面面积曲线，变换比例缩放后的母型船型线图。首先变换半宽水线图。对于母型船半宽水线图中的一条曲线 S，假设其几何点为 $V_1, V_2, \cdots, V_n$，各点的坐标分别为 $(X_1, Y_1), (X_2, Y_2), \cdots, (X_n, Y_n)$，则 S 的坐标变换原理如下。

(1) 对曲线 S 的第 $i(1 \leqslant i \leqslant n)$ 个几何点 V_i，计算 V_i 对应的无因次化 X 坐标 x_i：

$$x_i = \frac{2X_i}{L_{\text{pp}}} = \frac{2X_i}{164} = \frac{X_i}{82}$$

(2) 从母型船横剖面面积曲线中，插值计算横坐标为 x_i 对应的无因次 Y 坐标 y_i。

(3) 从设计船横剖面面积曲线中，插值计算纵坐标为 y_i 对应的无因次 X 坐标 x_i'。

(4) 计算 x_i' 对应的实际坐标 X_i'：

$$X_i' = \frac{L_{\text{pp}} x_i'}{2} = \frac{164 x_i'}{2} = 82 x_i'$$

(5) 将点 V_i 的 X 坐标修改为 X_i'，Y 坐标保持不变。

(6) 对曲线 S 的所有几何点进行上述变换，变换后曲线 S 的几何点为 $(X_1', Y_1), (X_2', Y_2), \cdots, (X_n', Y_n)$，完成曲线 S 的坐标变换。

对半宽水线图中的水线与甲板边线，纵剖线图中的首尾轮廓线、平边线与甲板边线均进行上述变换，完成基于 $1-C_{\text{p}}$ 法的型线变换，母型船与设计船型线变换结果如图 4-61 所示。

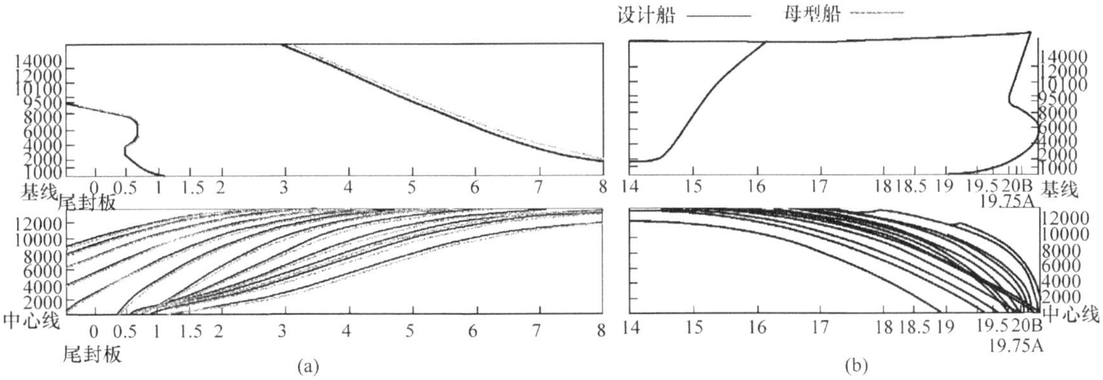

图 4-61　母型船与设计船 $1-C_{\text{p}}$ 法型线变换结果

4) 调整首尾轮廓线

在改造母型船生成的首尾轮廓线基础上，经过必要的修改，得到设计船的首尾轮廓线。尾轮廓线需要满足螺旋桨与舵的各项要求，根据螺旋桨桨轴的高度与桨轴直径调整桨轴附近尾轮廓线形状，如图 4-62(a)所示。本例中将首轮廓线在设计吃水与结构吃水之间设置为垂直段，结构吃水之上部分设置为倾斜直线，如图 4-62(b)所示。

首尾轮廓线调整之后，部分半宽水线的起始与终止位置与首尾轮廓线不对应。调整半宽水线端点的位置使其与首尾轮廓线对应。半宽水线的端部调整之后，可能导致型线局部不光顺，通过微调半宽水线的型值点，使其满足光顺性要求。

5) 插值生成横剖线

根据变换后的半宽水线，插值计算各标准站处的横剖线在标准水线位置的型值点。通过首尾轮廓线、平边线及由母型船变换而来的甲板边线，插值计算各横剖线的起点与终点位置。设计船各站横剖线沿 Y 方向单调，所以将由上述方法得到的点按照 Y 坐标从小到大排

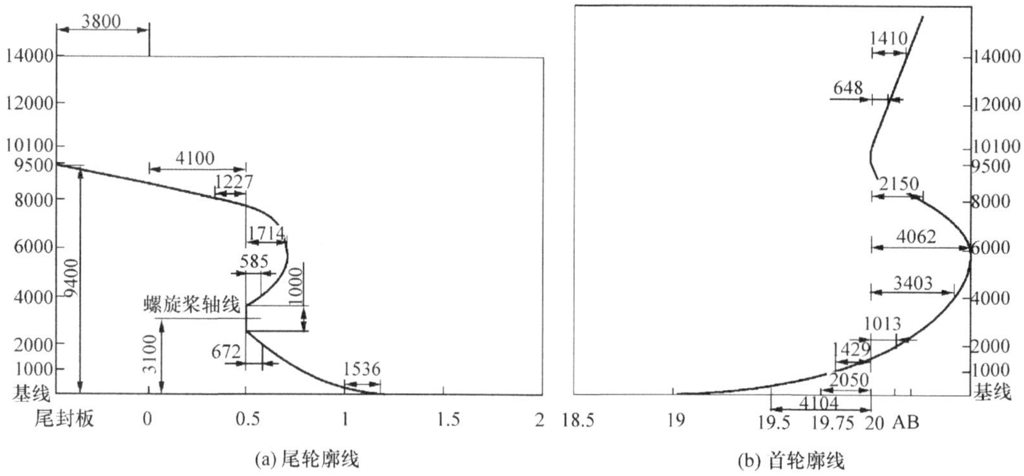

图 4-62　调整后的首尾轮廓线

序,依据排序后的点构造各站横剖线。

如果站线与首尾轮廓线存在多个交点,如第 20 站、第 A 站、第 B 站处的横剖线,则将对应的横剖线表达为两条或者多条分段曲线。设计船型线中与基线相交的横剖线在平底线处与基平面相切,如第 11～18 站;与平边相交的横剖线与平边相切,如第 11～15 站。通过设置样条曲线的端部切矢量满足上述相切关系,如图 4-63 所示。

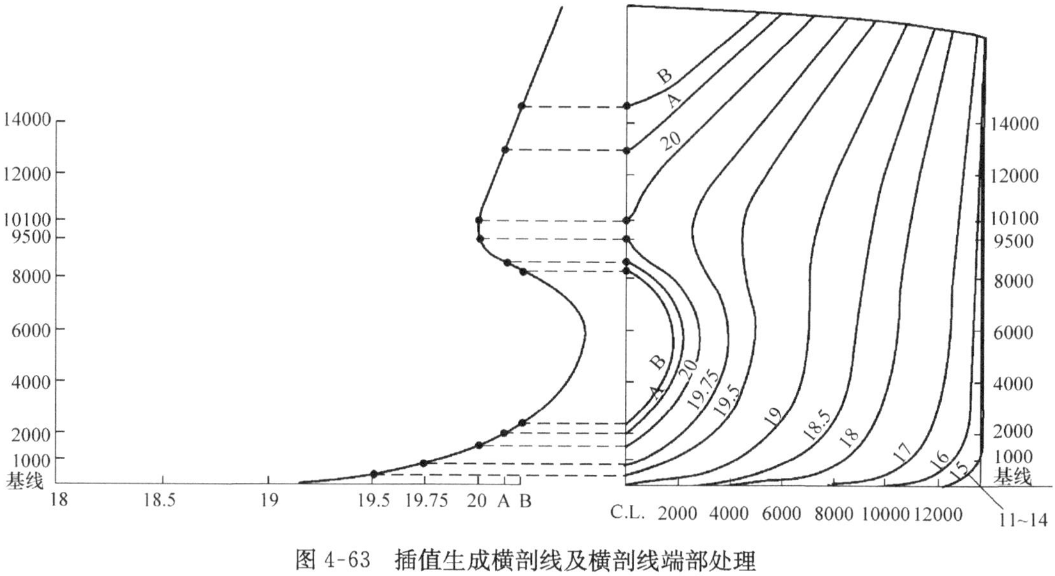

图 4-63　插值生成横剖线及横剖线端部处理

设计船横剖线舭部为圆弧形,舭部半径为 1 700mm。将位于平行中体范围内的第 9～14 站横剖线舭部修改为半径为 1 700mm 的圆弧,圆弧底部与基线相切,上部与平边相切。

6) 插值得到标准水线

如果设计船的吃水与母型船的吃水不同,则此时的半宽水线为非标准高度下的辅助水线,需要再次对横剖线进行插值,得到标准水线处的半宽水线。

根据各半宽水线与首尾轮廓线、平边线的交点，设置各半宽水线的端点位置。根据首尾圆弧，设置半宽水线端部的圆弧。

5. 型深的调整与甲板边线的绘制

本船的梁拱线为折线形，梁拱在靠近船体中心线处有 2 180mm 的水平线，向两舷为斜线，梁拱高度为 600mm。甲板中心线为一条折线，从尾部至 197＃＋200 位置为水平线，距基线的高度 h 为型深 D 与梁拱高度 f 之和：

$$h=D+f=14.5+0.6=15.1\text{m}$$

从 197＃＋200 至首部为斜线，首垂线处相对于水平段升高 975mm，以保证首部有足够的干舷。型深的调整与甲板边线的绘制原理如下。

在纵剖线内，绘制甲板中心线。半宽水线图中的甲板边线需要满足总布置的要求，对于甲板布置要求较高的船舶，甲板边线的形状根据布置需要进行设计，并依据甲板边线局部调整靠近甲板处的船体型线。本例中甲板设备相对容易布置，依据母型船型线趋势定义的甲板边线即可满足总布置的要求。所以根据横剖线与甲板中心线绘制半宽水线图中的甲板边线。母型船横剖线在靠近甲板边线处曲率接近于零，可以根据这一假设设计甲板边线。以首部半段为例，甲板边线具体绘制步骤如下。

(1) 在横剖线图中，判断横剖线能否与甲板边线相交。如果不能，绘制各站横剖线顶端延长线。横剖线延长线为直线，且直线的斜率与对应横剖线端部斜率相同，延长线的长度要保证能够与甲板边线相交。本例中，由于母型船型深较大，所以横剖线范围满足要求，不需要进行延长，如图 4-64(a)所示。

(2) 在纵剖线图中，确定平行中体之后各站线与甲板中心线的交点 P_{16}，P_{17}，P_{18}，…，P_{A}，P_{B}，如图 4-64(b)所示。

(3) 在横剖线图中，确定甲板边线与站线的交点 B_{16}，B_{17}，B_{18}，…，B_{A}，B_{B}，各点的位置通过作图法确定，以 18 站对应交点 B_{18} 为例介绍具体作图方法。P_{18} 点距基线距离为 D_{18}。在横剖线图中，绘制 18 站对应梁拱线，该梁拱线顶端距基线距离与 P_{18} 点距基线距离相同，为 D_{18}。计算 18 站梁拱线与 18 站横剖线的交点 B_{18}，B_{18} 即为甲板边线与 18 站站线的交点。采用上述方法，确定横剖线图中各站甲板边线与站线的交点。

(4) 在半宽水线图中，确定甲板边线与各站交点 H_{16}，H_{17}，H_{18}，…，H_{A}，H_{B}，各交点通过作图法确定，以 18 站对应交点 H_{18} 为例介绍具体作图方法。横剖线图中，B_{18} 点距船体中心线的水平距离为 L_{18}，在半宽水线图中 18 站位置，确定距船体中心线距离为 L_{18} 的位置并绘制点，该点即为待求点 H_{18}。采用上述方法，确定半宽水线图中甲板边线与各站交点。依次连接点 H_{16}，H_{17}，H_{18}，…，H_{A}，H_{B}，F_{H}，得到半宽水线图中的甲板边线 DH，如图 4-64(c)所示，其中点 F_{H} 为首端点，其横坐标为甲板中心线与首轮廓线交点的横坐标，纵坐标为 0。

(5) DH 可能不满足光顺性要求，微调 H_{16}，H_{17}，H_{18}，…，H_{A}，H_{B} 中点的纵向位置，并重新构造 DH，使曲线满足光顺性要求。然后依据 H_{16}，H_{17}，H_{18}，…，H_{A}，H_{B} 距中心线的垂直距离调整横剖线图中点 B_{16}，B_{17}，B_{18}，…，B_{A}，B_{B} 距中心线的水平距离。依据点 B_{16}，B_{17}，B_{18}，…，B_{A}，B_{B}，F_{B} 构造曲线，得到横剖线图的甲板边线 DB，其中点 F_{B} 为首端点，其纵坐标为甲板中心线与首轮廓线交点的纵坐标，横坐标为 0。

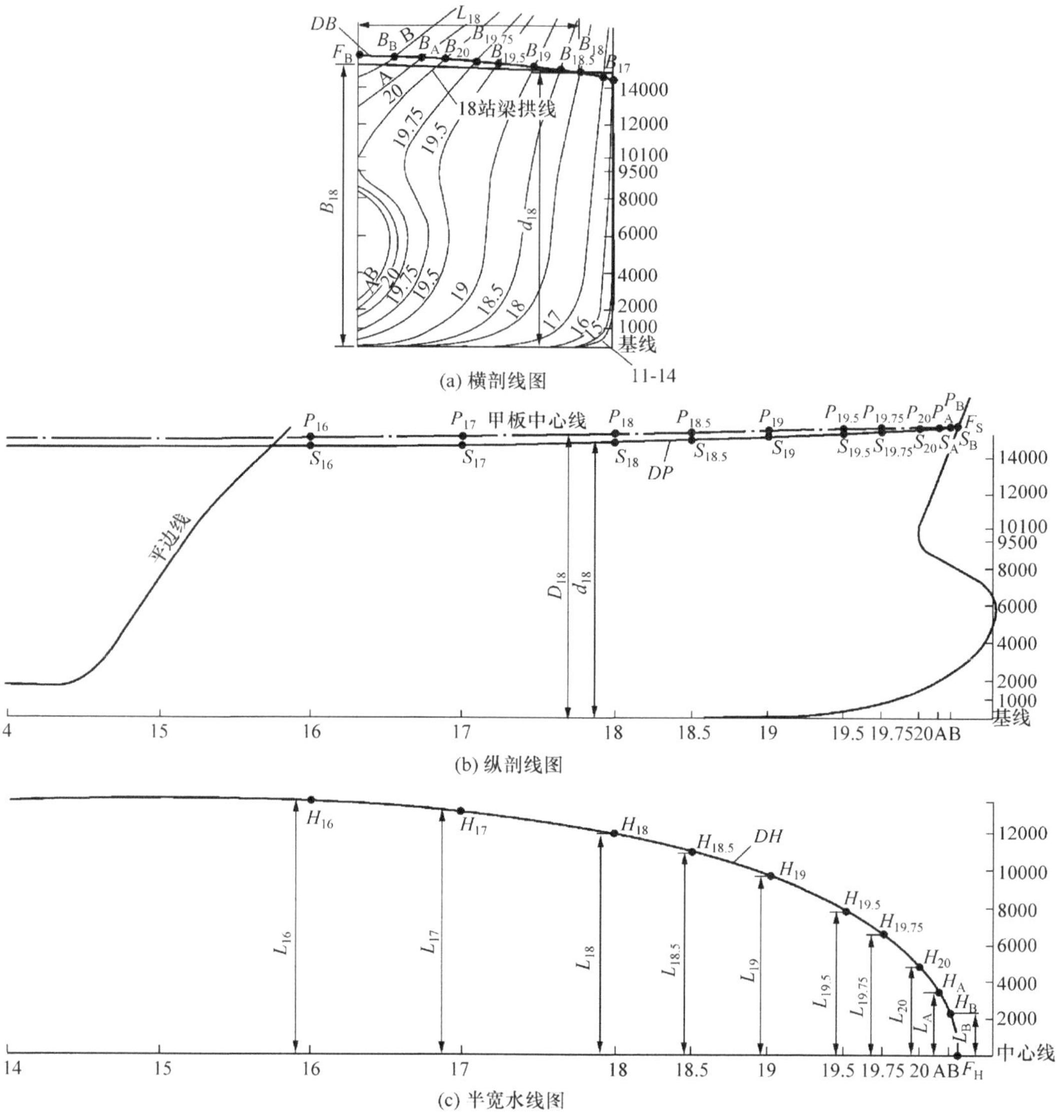

(a) 横剖线图

(b) 纵剖线图

(c) 半宽水线图

图 4-64　甲板边线绘制

(6) 在纵剖线图中，确定甲板边线与各站交点 S_{16}，S_{17}，S_{18}，…，S_A，S_B，各交点通过作图法确定，以 18 站对应交点 S_{18} 为例介绍具体作图方法。横剖线图中，点 B_{18} 距基线距离为 d_{18}。在纵剖线图中 18 站位置，确定距基线距离为 d_{18} 的位置并绘制点，该点即为待求点 S_{18}。采用上述方法，确定纵剖线图中甲板边线与各站交点。依次连接点 S_{16}，S_{17}，S_{18}，…，S_A，S_B，F_S，得到纵剖线图中的甲板边线 DP，其中点 F_S 为甲板中心线与首轮廓线交点。

6. 插值生成纵剖线

纵剖线需要根据半宽水线与横剖线两组型线插值生成。对于设计船，纵剖线在 X 方向与 Y 方向均不完全满足单调性，但是对于首部半段或者尾部半段的纵剖线，在 Y 方向满足单调性。所以，将纵剖线分成首部半段和尾部半段两段处理。

首先,插值生成尾部半段的纵剖线。对于位置为 BL 的纵剖线,插值计算各半宽水线与尾部半段 BL 纵剖线的交点,然后插值计算各尾部横剖线与 BL 纵剖线的交点。将上述两组交点转换至纵剖线对应的坐标系下,并按照 Y 坐标从小到大排序,然后根据排序后的点构造样条曲线,即为 BL 位置处尾部半段纵剖线。

同理,可以绘制 BL 位置处首部半段纵剖线。

本船设计对平行中体长度没有特殊要求,所以平边线直接取自母型船,将经过比例变换、$1-C_p$ 法型线变换后的母型船平边线作为设计船的平边线。

经上述步骤,绘制设计船纵剖线图,如图 4-65 所示。

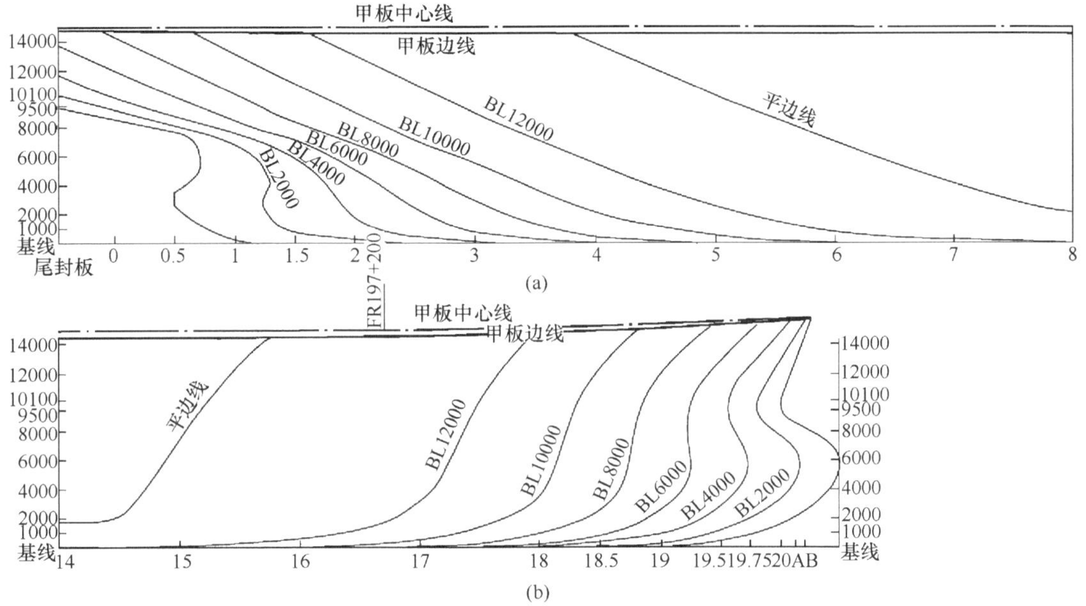

图 4-65　设计船纵剖线图

7. 首楼与舷墙顶线的绘制

首尾楼的设置需要考虑到布置的要求和相应规范要求,其纵向范围、梁拱设置等信息取自总布置图。本例中设计船仅设置首楼,范围为 207# 至船首,首楼甲板中心线距甲板中心线高度为 2 700mm,首楼甲板梁拱为 100mm。首楼甲板在三视图中的边线,采用与甲板边线相同的方法绘制。

设计船首部设置 1 100mm 高的舷墙,范围为 226# 至首部。舷墙顶线的绘制步骤如下。

(1) 将纵剖线图中首楼甲板边线向上平移 1 100mm,取 226# 至首部段作为纵剖线图中的舷墙顶线。

(2) 在纵剖线图中,计算首楼甲板边线与各纵剖线的交点,并添加至对应纵剖线中。绘制各纵剖线的延长线。纵剖线延长线为直线,且直线的斜率与对应纵剖线端部斜率相同。

(3) 计算各纵剖线延长线与舷墙顶线的交点,以各交点的纵坐标为 X 坐标,以对应纵剖线距船体中心线的距离为 Y 坐标,在半宽水线图中描一组点,依次连接各点可得到半宽水线图中的舷墙顶线草图。

（4）对半宽水线图中的舷墙顶线草图进行微调以使其满足光顺性要求。

（5）依据纵剖线图与半宽水线图中的舷墙顶线，计算横剖线图中的舷墙顶线。

（6）依据三视图中的舷墙顶线，确定纵剖线图中纵剖线与舷墙顶线的交点，并追加至对应纵剖线中，完成对纵剖线的修改。

（7）依据三视图中的舷墙顶线，确定横剖线图中横剖线与舷墙顶线的交点，并追加至对应横剖线中，完成对横剖线的修改。

采用上述方法，完成首楼甲板边线与舷墙顶线的绘制，如图 4-66 所示。

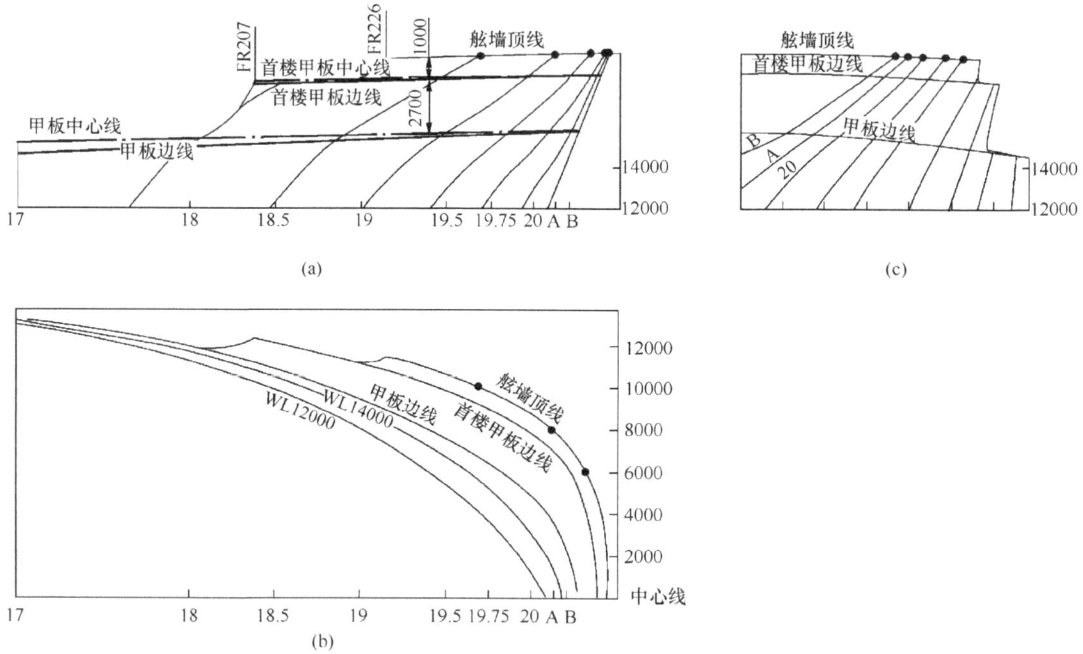

图 4-66　首楼甲板边线与舷墙顶线

8. 完善型线图

最终的型线图中包含下列信息：

（1）格子线及格子线标注；

（2）船体型线（包括三视图中的型线），半宽水线图（包括半宽水线、甲板边线、首楼甲板边线、舷墙顶线），纵剖线图（包括纵剖线、首尾轮廓线、平边线、甲板中心线、甲板边线、首尾楼甲板边线、舷墙顶线等），横剖线图（包括横剖线、甲板边线、首尾楼甲板边线、舷墙顶线等）；

（3）各类型线的标注；

（4）尺度标注，包括首尾轮廓线、桨轴高度数值的标注等；

（5）型值表；

（6）主尺度标注；

（7）肋位标注；

（8）标题框。

最终完成的型线图如图 4-67 所示（不含标题框）。

型值表	吃水	尾端点		各站半宽																															首端点	
		距中	半宽																																半宽	距中
站号				0	0.5	0.66	1	1.5	2	3	4	4.5	5	6	7	8	9	10	11	12	13	14	15	15.5	16	17	18	18.5	19	19.5	19.75	20	20.12	20.2		
船底		-72146	64	64	64	64	65	65	65	3342	6029	7190	8351	10041	11190	11851	12000	12000	12000	12000	12000	12000	11767	11132	10498	8174	65	65	64	64	64	64	64	64	64	72999
水线	0	-72146	64					559	1248	3356	6029	7265	8351	10041	11190	11851	12000	12000	12000	12000	12000	12000	11767	11202	10278	7499	3803	1754							64	72999
	2000	-77229	261			486	1331	2597	4093	7275	9857	10840	11646	12855	13454	13692	13700	13700	13700	13700	13700	13700	13622	13380	13028	11609	9295	7631	5597	3305	2063	739			64	82997
	4000	-77315	310			509	1116	2846	5031	8762	11220	12050	12672	13413	13696	13700	13700	13700	13700	13700	13700	13700	13687	13528	13264	12182	10118	8596	6734	4635	3525	2351	1727	1319	64	85406
	6000	-76186	64				1181	4184	6908	10337	12198	12799	13218	13640	13700	13700	13700	13700	13700	13700	13700	13700	13696	13585	13370	12393	10404	8884	6989	4961	3903	2786	2181	1780	64	86057
	8000	-79127	64		1483	2717	5118	7484	9251	11571	12888	13271	13516	13700	13700	13700	13700	13700	13700	13700	13700	13700	13700	13627	13454	12561	10622	9081	7083	4627	3233	1758	1014	530	64	84150
	9500	-85800	357	2759	5172	5855	7276	8966	10299	12202	13243	13520	13658	13700	13700	13700	13700	13700	13700	13700	13700	13700	13700	13655	13508	12693	10823	9318	7254	4415	2572				64	82000
	10100	-85800	1855	3845	5968	6598	7860	9395	10635	12413	13361	13590	13695	13700	13700	13700	13700	13700	13700	13700	13700	13700	13700	13666	13529	12747	10923	9430	7369	4484	2563				64	82000
	12000	-85800	4387	6080	7801	8307	9293	10540	11559	12948	13588	13700	13700	13700	13700	13700	13700	13700	13700	13700	13700	13700	13700	13694	13590	12930	11267	9889	8030	5383	3579	1166			109	82648
	14000	-85800	6246	7796	9238	9655	10485	11539	12368	13344	13700	13700	13700	13700	13700	13700	13700	13700	13700	13700	13700	13700	13700	13700	13636	13131	11710	10529	8929	6706	5172	3045	1346		200	83410
主甲板		-85800	6900	8347	9672	10054	10822	11812	12577	13428	13700	13700	13700	13700	13700	13700	13700	13700	13700	13700	13700	13700	13700	13700	13642	13194	11912	10874	9492	7640	6418	4736	3466	2219	1000	84048
船底距基线		-85800	9400	8605	2599	1510	237	0	0	0	0	0	0	0	0	0	0	0	0	0	0	0	0	0	0	0	0	0	9	342	805	1524	2009	2405	0	
主甲板高			14770	14712	14660	14645	14614	14575	14544	14511	14500	14500	14500	14500	14500	14500	14500	14500	14500	14500	14500	14500	14500	14500	14502	14578	14819	14955	15105	15274	15370	15484	15558	15623	15676	
各站距船中				-82000	-77900	-76588	-73800	-69700	-65600	-57400	-49200	-45100	-41000	-32800	-24600	-16400	-8200	0	8200	16400	24600	32800	41000	45100	49200	57400	65600	69700	73800	77900	79950	82000	83013	83640		

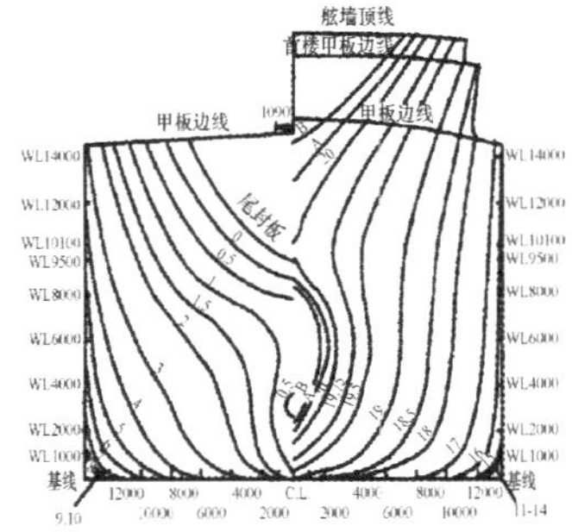

主要尺度

总长	~172.0m
垂线间长	164.0m
型深	14.5m
型宽	27.4m
水线长	167.8m
设计吃水	9.5m
结构吃水	10.1m
方形系数	0.8002
中横剖面系数	0.955
梁拱	0.5m
艉部半径	1.7m

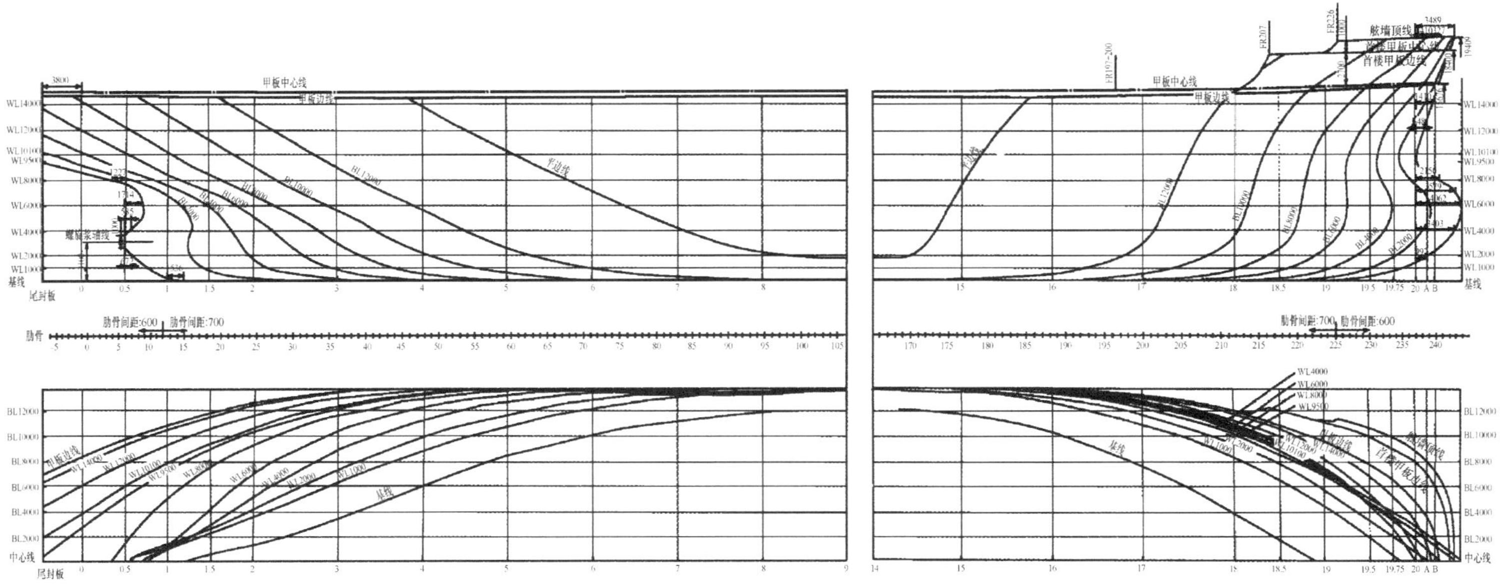

图 4-67　26 500 DWT 成品油船型线图

9. 验证型线设计的正确性

依据船体型线图，计算设计船的静水力曲线，见表 4-15。通过静水力曲线，读取设计吃水对应的棱形系数、方形系数和浮心纵向位置等参数。本例计算得到的上述参数均与设计要求参数相符，证明型线设计方案满足设计要求，完成型线设计。

表 4-15　26 500 DWT 成品油船静水力曲线

d/m	∇/m³	Δ/t	Z_b/m	X_b/m	A_w/m²	X_f/m	Z_m/m	Z_{ml}/m	C_b	C_w	C_m	C_p	C_{vp}	T_{pc}/(t/cm)	M_{cm}/(t·m/cm)
2.5	8 157	8 385	1.294	5.977	3 502	5.935	24.4	657.6	0.726	0.779	0.982	0.740	0.932	36.00	328
3.0	9 919	10 197	1.553	5.949	3 544	5.862	20.5	546.8	0.736	0.789	0.985	0.747	0.933	36.43	338
3.5	11 699	12 027	1.811	5.949	3 577	5.834	18.0	469.3	0.744	0.796	0.987	0.754	0.935	36.77	345
4.0	13 495	13 873	2.069	5.96	3 605	5.794	16.4	417.4	0.751	0.802	0.989	0.759	0.936	37.06	351
4.5	15 302	15 731	2.327	5.95	3 632	5.657	15.1	375.9	0.757	0.808	0.99	0.764	0.936	37.34	358
5.0	17 123	17 603	2.585	5.915	3 659	5.417	14.1	342.0	0.762	0.814	0.991	0.769	0.936	37.62	364
5.5	18 960	19 491	2.843	5.855	3 687	5.090	13.4	315.3	0.767	0.820	0.992	0.774	0.935	37.90	371
6.0	20 810	21 392	3.102	5.769	3 715	4.675	12.8	293.5	0.772	0.827	0.992	0.778	0.934	38.19	379
6.5	22 672	23 307	3.360	5.657	3 743	4.177	12.4	275.2	0.776	0.833	0.993	0.782	0.932	38.48	386
7.0	24 551	25 239	3.620	5.512	3 773	3.588	12.1	260.2	0.781	0.84	0.994	0.786	0.930	38.79	395
7.5	26 450	27 191	3.880	5.317	3 808	2.880	11.8	248.0	0.785	0.847	0.994	0.790	0.926	39.14	405
8.0	28 367	29 161	4.141	5.061	3 846	2.035	11.6	238.4	0.789	0.856	0.994	0.794	0.922	39.54	417
8.5	30 298	31 147	4.404	4.769	3 881	1.240	11.5	229.4	0.793	0.864	0.995	0.798	0.918	39.90	427
9.0	32 222	33 124	4.666	4.485	3 920	0.469	11.4	222.6	0.797	0.872	0.995	0.801	0.913	40.29	440
9.5	34 161	35 118	4.930	4.168	3 960	−0.220	11.3	216.8	0.800	0.881	0.995	0.804	0.908	40.71	454
10.0	36 149	37 161	5.195	3.915	3 996	−0.756	11.3	210.8	0.804	0.889	0.995	0.808	0.905	41.08	466
10.1	36 548	37 572	5.248	3.864	4 003	−0.844	11.3	209.6	0.805	0.891	0.995	0.809	0.904	41.15	468
10.5	38 161	39 230	5.460	3.681	4 029	−1.150	11.3	204.8	0.809	0.897	0.996	0.812	0.902	41.42	477
11.0	40 202	41 328	5.726	3.484	4 061	−1.444	11.3	199.0	0.813	0.904	0.996	0.817	0.900	41.74	487
11.5	42 243	43 425	5.992	3.262	4 091	−1.671	11.4	193.7	0.817	0.910	0.996	0.821	0.898	42.05	497
12.0	44 289	45 529	6.258	3.035	4 120	−1.843	11.5	188.8	0.821	0.917	0.996	0.825	0.896	42.35	507

10. 设计总结

设计船型线的各项数据：

总长 L_{oa}：　172.0m

水线间长 L_{WL}：　167.8m

垂线间长 L_{pp}：　164.0m

型宽 B：　27.4m

型深 D：　14.5m

设计吃水 d：　9.5m

方形系数 C_b:	0.800 2
中剖面系数 C_m:	0.995 0
棱形系数 C_p:	0.804 2
水线面系数 C_w:	0.881 0
浮心纵向位置 X_b:	2.542%L_{pp}
排水体积 ∇:	34 161m^3
排水量 Δ:	35 118t
首舷弧 h_f:	0.984m
尾舷弧 h_a:	0.211m
梁拱 f:	0.60m
平行中体长度 L_P:	41.0m

4.5 船体曲面表达

描述船体曲面的几何方法有两种:曲线表示法和曲面表示法。通常的型线图属于曲线表示法。由于曲面表示法包含更多的几何信息,其较前者更直观和生动。对船体曲面进行表达,不仅可以实现设计结果的三维直观显示及其网上发布,更重要的是在此基础上精确的性能计算和船舶的分段建造。

船体曲面表达可以追溯到 20 世纪 70 年代,设计者用解析曲线或曲面、Coons、Bézier 以及 NURBS(非均匀有理 B 样条)等参数曲线或曲面等来表达船体曲面。NURBS 具有无法比拟的优良特性,使它成为船体曲面表达的最主要的数学工具。1991 年,ISO 颁布了关于工业产品数据交换的 STEP 国际标准,正式把 NURBS 作为定义工业产品几何形状的唯一数学方法。因此,在众多的船体曲面数学表达工具中,NURBS 曲面表达成为当今船体曲面表达的主流方法。

4.5.1 NURBS 基本知识

作为本节的数学基础,首先对 NURBS 的相关知识做一下简要介绍,主要包括 NURBS 的定义、特性和基本算法以及主要应用,需要详细学习的读者可参见相关文献。

1. NURBS 定义、特性及基本算法

1) B 样条基函数定义

设 $\boldsymbol{U}=\{u_0,u_1,\cdots,u_m\}$ 为非递减的实数序列,即 $u_i\leqslant u_{i+1}$,$i=0,1,\cdots,m-1$,称 u_i 为节点,$\boldsymbol{U}$ 为节点向量,则第 i 个 p 次 B 样条基函数 $N_{i,p}(u)$ 定义如下:

$$\begin{cases} N_{i,0}(u)=\begin{cases}1, & u_i\leqslant u\leqslant u_{i+1}\\ 0, & \text{其他}\end{cases} \\ N_{i,p}(u)=\dfrac{u-u_i}{u_{i+p}-u_i}N_{i,p-1}(u)+\dfrac{u_{i+p+1}-u}{u_{i+p+1}-u_{i+1}}N_{i+1,p-1}(u) \\ 0/0=0 \end{cases} \tag{4-64}$$

2）NURBS 曲线定义

p 次 NURBS 曲线定义为如下形式的分段有理参数曲线：

$$C(u)=\frac{\sum_{i=0}^{n}N_{i,p}(u)\omega_i P_i}{\sum_{i=0}^{n}N_{i,p}(u)\omega_i}\quad (0\leqslant u\leqslant 1) \tag{4-65}$$

这里$\{P_i\}$为控制点序列(组成控制多边形)，$\{\omega_i\}$为对应的权值序列，$\{N_{i,p}(u)\}$为定义在非周期非均匀节点矢量$\{\underbrace{0,\cdots,0}_{p+1},u_{p+1},\cdots,u_n,\underbrace{1,\cdots,1}_{p+1}\}$上的 p 次 B 样条基函数。

3）NURBS 曲面定义

u 向 p 次和 v 向 q 次的 NURBS 曲面是具有如下形式的双参数分段有理函数：

$$S(u,v)=\frac{\sum_{i=0}^{n}\sum_{j=0}^{m}N_{i,p}(u)N_{j,q}(v)\omega_{i,j}P_{i,j}}{\sum_{i=0}^{n}\sum_{j=0}^{m}N_{i,p}(u)N_{j,q}(v)\omega_{i,j}} \tag{4-66}$$

其中$\{P_{i,j}\}$组成双向控制网格，$\{\omega_{i,j}\}$是对应的权值，$\{N_{i,p}(u)\}$和$\{N_{j,q}(v)\}$分别是定义在节点矢量$\boldsymbol{U}=\{\underbrace{0,\cdots,0}_{p+1},u_{p+1},\cdots,u_n,\underbrace{1,\cdots,1}_{p+1}\}$和$\boldsymbol{V}=\{\underbrace{0,\cdots,0}_{q+1},v_{q+1},\cdots,v_m,\underbrace{1,\cdots,1}_{q+1}\}$上的 B 样条基函数。

4）NURBS 曲线和曲面特性

(1) 线性变换的不变性。

对控制点进行线性坐标变换，不改变曲线曲面的形状，只改变其在空间的位置。

(2) 在节点处，p 次 B 样条是 $p-r$ 阶可微的，r 为节点的重复度。

B 样条基函数在节点处 $p-r$ 次可微，决定了 p 次 B 样条曲线曲面是 $p-r$ 阶可微的。利用这一性质可构造尖点或折点。

(3) NURBS 曲线曲面包含在控制顶点所形成的凸包内。

每段 NURBS 曲线或每片曲面片处于与其相关的控制顶点构成的控制多边形或控制网格内，使曲线与曲面形状可以预测。

(4) 对控制网格的逼近具有局部性，即局部支集性。

调整曲线或曲面上的一个控制顶点，只改变与其相关的 $p+1$ 条曲线段或$(p+1)\times(q+1)$块曲面片的形状，便于局部修改。

(5) NURBS 曲线曲面具有变差减少的性质。

一条直线(或平面)与曲线(或曲面)的交点(或交线)个数不大于其与控制多边形(或控制网格)的交点(或交线)个数。

(6) 可以统一表示解析曲线曲面和自由曲线曲面。

通过调整权因子和控制顶点的分布可以定义解析曲线曲面。

5）NURBS 基本算法

利用 NURBS 进行曲面造型经常用到的基本算法有：

(1) NURBS 曲线曲面的求值。

求值即正算,用 NURBS 曲线或曲面去逼近一组控制顶点或控制网格,根据某种规则确定节点矢量和权值后,利用式(4-64)～式(4-66),求取与参数 u 或(u,v)相对应的曲线或曲面上的点。

(2) NURBS 曲线曲面求导。

求导的关键是对基函数的求导,由基函数的一阶和二阶导数可以得到曲线和曲面上曲线的切矢或法矢。

(3) 节点插入算法。

对于 NURBS 曲线,插入节点 $u(u_i<u<u_{i+1})$后,新的控制顶点 P^* 与原控制顶点 P 在四维空间内满足

$$\begin{cases} P_j^*=\dfrac{(1-\alpha_j)\omega_{j-1}P_{j-1}+\alpha_j\omega_jP_j}{(1-\alpha_j)\omega_{j-1}+\alpha_j\omega_j} \\ \omega_j^*=(1-\alpha_j)\omega_{j-1}+\alpha_j\omega_j \end{cases} \tag{4-67}$$

其中

$$\alpha_j=\begin{cases} 1, & j=0,1,\cdots,i-p \\ \dfrac{u-u_j}{u_{j+p}-u_j}, & j=i-p+1,i-p+2,\cdots,i-r \\ 0, & j=i-r+1,i-r+2,\cdots,n+1 \end{cases}$$

r 为所插入节点的重复度。若原节点序列中不存在 u 这个节点,则 $r=0$;若 u 已在原节点序列中出现 m 次,则 $r=m$。

(4) 升阶。

在实用中,对 NURBS 曲线的升阶主要用于构造组合曲线。当组合曲线由直线段或圆弧等解析曲线和自由曲线组成时,为了用统一的表达式表示该组合曲线,就需要对直线段和圆弧等升阶,使其与自由曲线的幂次相同。NURBS 升阶计算公式为

$$\begin{cases} P_i^*=\dfrac{\alpha_i\omega_{i-1}P_{i-1}+(1-\alpha_i)\omega_iP_i}{\omega_i^*} \\ \omega_i^*=(1-\alpha_i)\omega_{i-1}+\alpha_i\omega_i \end{cases} \tag{4-68}$$

式中

$$\alpha_i=\frac{i}{n+1}\quad(i=0,1,\cdots,n-1)$$

(5) 插值。

插值就是构造 NURBS 曲线(或曲面)使其通过给定的一组型值点 P_i(或 $P_{i,j}$),也就是反算。NURBS 曲线反算是通过求解其系数矩阵的带宽不大于曲线次数 p 的方程组来得到控制顶点及其对应的权因子。NURBS 曲面的插值通过两次 NURBS 曲线插值,得到 NURBS 曲面的控制网格及权因子。

2. 利用 NURBS 构造组合曲线

由于权值的引入和 NURBS 的优良特性,自由曲线和解析曲线如圆弧和抛物线均可由

NURBS 曲线精确表示，并且用 NURBS 可以构造任何以不同数目的自由曲线和解析曲线按不同顺序组合而成的曲线。下面是构造组合曲线的基本方法和步骤：

假设有首尾相接的 $n+1$ 条曲线 $C_0, C_1, \cdots, C_n$，可根据具体需要将它们连接成光顺的或带折角的曲线：

(1) 用 NURBS 分别构造曲线 $C_i(i=0,1,\cdots,n)$，并统一各曲线的次数至它们中的最高次数 p，提取其 NURBS 的定义数据，即控制顶点、节点矢量和权值序列。如果曲线是插值曲线，将用到反求算法。

(2) 估算各曲线长度占组合曲线总长的比例，分别记为 $\text{scal}_0, \text{scal}_1, \cdots, \text{scal}_n$。

具体估算方法是：

曲线 C_i 的控制多边形边长和记为 pl_i，所有曲线控制多边形边长总和记为 pl，则 $\text{scal}_i = pl_i/pl$。

(3) 将 C_0 的参数区间设置为$[0.0, \text{scal}_0]$，C_i 的参数区间设置为 $\left[\sum_{j=0}^{i-1}\text{scal}_j, \sum_{j=0}^{i}\text{scal}_j\right]$，重新计算各曲线的节点矢量。

(4) 连接各控制多边形和节点矢量及权值序列，以此构造组合曲线。

如果要求曲线 C_i 和 C_{i+1} 是 C_1 连续，删除曲线 C_i 的最后一个节点和 C_{i+1} 的前 $p+1$ 个节点；如果 C_0 连续，删除 C_i 的最后 $p+1$ 个节点或 C_{i+1} 的前 $p+1$ 个节点，然后组合成一条曲线。

图 4-68 为包含直线段、圆弧段和自由曲线段的三次 NURBS 曲线和控制顶点。

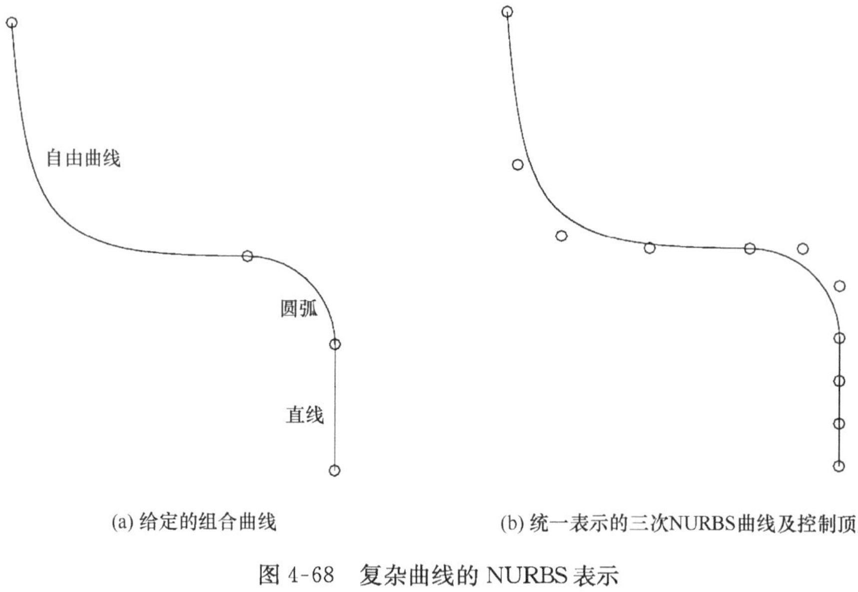

(a) 给定的组合曲线　　(b) 统一表示的三次NURBS曲线及控制顶点

图 4-68　复杂曲线的 NURBS 表示

3. 利用截面线生成蒙皮曲面

蒙皮技术起源于计算机尚未出现的几十年前，它一直被广泛地应用于造船、自动化和航空工业中。设$\{C_k(u)\}(k=0,1,\cdots,K)$是一系列截面线，可依以下步骤将它们构造成蒙皮曲面：

(1) 用升阶方法统一截面线的次数，即将低于次数 p 的截面线升阶为 p 次，其中 p 为截面线中曲线的最高次数。

(2) 利用节点插入技术，统一各截面线的节点矢量，记为 $\boldsymbol{U}$。

(3) 反求各截面线的控制顶点，记 $C_k(u)$ 上的第 i 个控制顶点为 $P_{i,k}(i=0,1,\cdots,M)$。

(4) 给定 v 向次数 q，为每一条 v 向线选择或计算节点矢量 $\boldsymbol{V}_i=\{v_i\}(i=0,1,\cdots,M+q+1)$，插值 $P_{i,0},P_{i,1},\cdots,P_{i,k}$ 或指定某条曲线为第 i 条 v 向线，令 $Q_{i,j}$ 为其第 j 个控制点。

(5) 通过节点插入技术或平均的方法统一 v 向节点矢量，记为 $\boldsymbol{V}$。

(6) 根据式(4-66)，利用控制网格点 $Q_{i,j}$、节点矢量 $\boldsymbol{U}$ 和 $\boldsymbol{V}$ 以及 u 向次数 p 和 v 向次数 q 构造蒙皮曲面。

图 4-69 是用蒙皮曲面法构造 NURBS 曲面的实例。

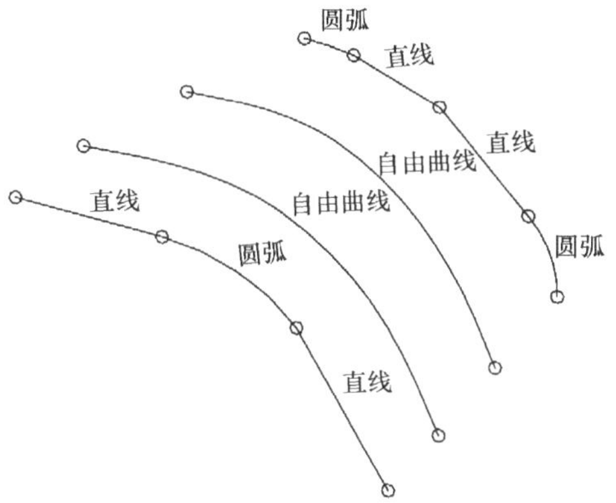

(a) 给定的截面线

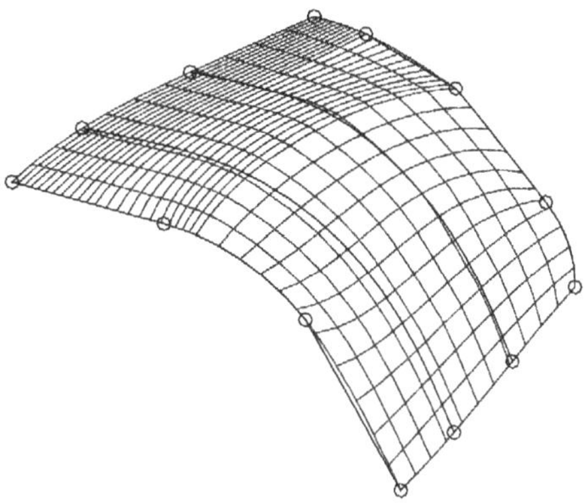

(b) 蒙皮曲面

图 4-69　用蒙皮曲面法构造 NURBS 曲面

4.5.2　船体曲面 NURBS 表达

船体曲面表达，根据用来表达船体曲面的数量，可以分为分片表达和基于单一 NURBS 函数的船体曲面表达，下面分别阐述这两种船体曲面表达方法。

1. 船体曲面分片表达

1) 船体曲面片边界线定义

为了便于曲面分片，首先介绍能界定曲面片的船体曲面特征线。各曲线如图 4-70 所示。

(1) 平底线。

平底线是船体曲面与船底平面相切的切线，是一条光顺的平面曲线。平底线不贯通于全船长，在船的首端与首轮廓线相连，在尾端与尾轮廓线相连。为了后续分片的需要，这里将平底线分成三段，分割点分别是平行中体的起始位置和终止位置。平底线前段(左右合一)标识为 CBF，中段左舷标识为 CBML，中段右舷标识为 CBMR，尾段左舷标识为 CBAL，

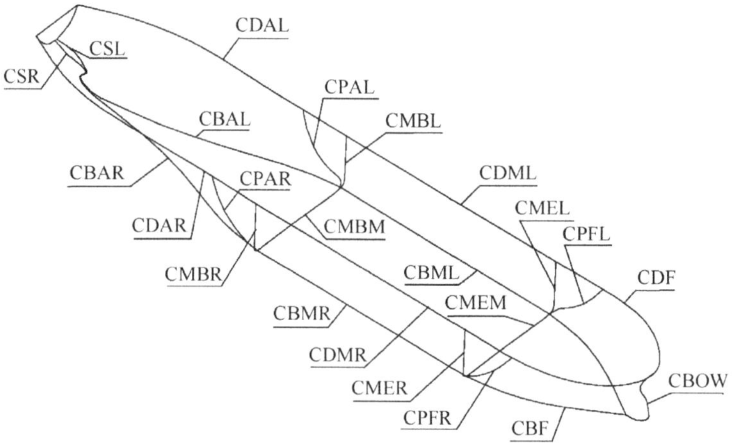

图 4-70　船体曲面边界线

尾段右舷标识为 CBAR。

(2) 最大横剖线。

最大横剖线是船体最大横剖面上的平面曲线。通常它由三段直线和两段圆弧构成。平行中体起始处横剖线标识为 CMB,结束处横剖线标识为 CME,CMB 又分为左舷 CMBL、右舷 CMBR、中间 CMBM,CME 又分为左舷 CMEL、右舷 CMER、中间 CMEM。

(3) 中部筒形区域前后边界线。

中部筒形区域前后边界线是中部筒形区域和前部区域或后部区域的衔接曲线。中部筒形区域前后边界线包含平边线的一部分,它是各水线曲线部分与直线部分连接组成的空间曲线,在 y-z 平面上的投影与最大横剖线的投影重合。中部筒形区域前边界线标识为 CPFL(左舷)、CPFR(右舷),后边界线标识为 CPAL(左舷)、CPAR(右舷)。

(4) 首轮廓线。

首轮廓线是船体曲面在首部与中纵剖面相交得到的平面曲线。它是船体曲面设计中特别重要的特征线,直接影响到船体首部形状,还与水动力性能有密切关系。通常首轮廓线是一根连续的曲线,但国外也有一些船是由两段不连续曲线构成的。这里只考虑连续的情况。首轮廓线标识为 CBOW。

(5) 尾轮廓线。

尾轮廓线是船体曲面在尾部与中纵剖面相交得到的平面曲线。本节研究的尾封板是平面的,因此尾轮廓线在上部是直的。后续构造曲面时还用到了与尾轮廓线在纵剖面投影上重叠的一根曲线,那就是交点线,它是每条水线顺延到尾端点处得到的点的连线。该连线也存在左右两根,都是空间曲线,标识为 CSL(左舷)和 CSR(右舷)。

(6) 甲板边线。

甲板边线是甲板与船体曲面的交线,是空间曲线。为了后续分片的需要,同平底线相同,在这里甲板边线也被分成三段,分割点也是平行中体的起始位置和终止位置。甲板边线前段(左右合一)标识为 CDF,甲板边线左舷标识为 CDML,中段右舷标识为 CDMR,尾段左舷标识为 CDAL,尾段右舷标识为 CDAR。

2）曲面分片

船体曲面形状复杂，包含了规则曲面和不规则曲面。为了表达的方便，总希望将规则曲面和不规则曲面区分开，划分成许多个区域，在每个区域表达的基础上拼接成完整的船体曲面。这种方法以相邻的曲面或船体曲面边界线作为边界条件，最终得到由光顺连接的曲面片表达的船体曲面。曲面片的划分可以有不同的方法，但划分的要求应该是统一的：

（1）曲面片的每一部分的曲率变化尽可能小，这样可以避免表达中出现的多余凸起和凹陷；

（2）曲面边界的形状尽可能简单，而边界曲线的曲率和挠率变化也应尽可能小，这样有利于曲面片间的相互拼接；

（3）拼接条件比较容易确认。

这里主要研究具有平底、平边而无纵倾、舭部升高的船体，且主甲板以上的船体曲面部分不做研究。将船体从平行中体的起始、终止处分为前、中、后三部分，最终将船体曲面分为如下七大区域，共八个曲面片：

（1）前体曲面(SF)。

该区域主要是前体扣除了船底和甲板剩余的舷侧曲面部分。前体曲面由四条边界线围成，分别是CBF、CMER、CDF和CMEL。

前体曲面可以带球首也可不带球首。通常前体曲面包含具有圆弧式水平截面的首柱曲面。若单独构造该部分曲面，则难以与舷侧曲面光滑拼接。因此，这里所构造的前体曲面未将首柱曲面单独划分开，整个船体首部舷侧为一完整曲面。这样避开了曲面拼接的问题。

这样定义的前体曲面一般都含有平面区域，会给曲面构造带来一定的不便。要彻底去除前体曲面的平面部分，可将CBF、CPFR、CDF和CPFL作为前体曲面的四条边界线。这样前体曲面内不再含有平面部分，构造上就方便了一些。

（2）后体曲面(SA)。

构造后体曲面的难点在尾柱的构造上，因为尾柱是很复杂的，很多船都有球尾。为了构造方便，将尾柱与船体曲面的连接简化成折角相接。

后体曲面又分为左舷后体(SAL)和右舷后体(SAR)两个曲面。

左舷后体曲面主要是后体扣除船底和甲板剩余的曲面左舷部分。边界线分别是左舷尾封板边线、CSL、CBAL、CMBL和CDAL。

右舷后体曲面与左舷后体曲面对称。边界线分别是右舷尾封板边线、CSR、CBAR、CMBR和CDAR。

与前体曲面定义相同，这样定义的后体曲面也常含有平面区域。可以将CMBL替换成CPAL，将CMBR替换成CPAR，新定义的后体曲面将不再包含平面区域。

（3）平行中体曲面(SM)。

平行中体曲面是船的平行中体部分扣除甲板外剩余的曲面和平面部分。四条边界线分别是CMB、CDML、CME和CDMR。平行中体曲面是直纹面，包括三个平面片和两个1/4圆柱面片。

（4）首平底面(SBF)。

首平底面由CMEM和CBF两条曲线界定。

(5) 尾平底面(SBA)。

尾平底面由 CMBM、CBAR 和 CBAL 界定。

(6) 甲板曲面(SDECK)。

甲板形状是多种多样的。有平甲板、折角线形甲板以及弧形横剖面的甲板。目前最常见的是带梁拱及脊弧的甲板,这种甲板的横截面有折角线形、圆弧形和抛物线形三种。为了加工方便,不论是哪种形状,它们在各横剖面上都具有相同形状。这里仅以有代表性的圆弧形为例,构造甲板曲面。甲板曲面分成三片,分别是首甲板面(SDF)、平行中体甲板面(SDM)和尾甲板面(SDA)。首甲板面由平行中体终止处的甲板梁拱线和 CDF 两条曲线界定,它的横剖线都是相同半径的圆弧。平行中体甲板面是一圆柱面。尾甲板面由平行中体起始处的甲板梁拱线、CDAL、CDAR、甲板与尾封板的交线共四条边界线界定。

(7) 尾封板及尾柱曲面(SS)。

尾封板及尾柱曲面由 SBA、SAL、SAR 和 SDA 四个曲面片的边界界定。这里假定尾封板曲面是一直纹面。

3) 边界处理

通过以上方法对船体曲面分片后,各曲面片间存在以下拼接问题:

(1) SM 与 SBF、SF 的拼接。

SM 与 SBF、SF 的交线是 CME(或 CPFL 和 CPFR)。它们在 CME(或 CPFL 和 CPFR)处的切向都是船长方向,在拼接时,为了简便起见,仅要求 G1 连续。

(2) SM 与 SAL、SAR、SBA 的拼接。

SM 与 SAL、SAR、SBA 的交线是 CMB(或 CPAL 和 CPAR)。与前述 CME(或 CPFL 和 CPFR)处类似,它们之间的拼接也仅要求 G1 连续。

(3) SF 与 SBF 以及 SBA 与 SAL、SAR 的拼接。

由于 SBF 是平面,其在边界 CBF 处的切向是一定的,因此要求 SBF 与 SF 在边界线 CBF 处满足 G1 连续较易做到。同样,SBA 与 SAL 以及 SBA 与 SAR 的拼接也容易实现 G1 连续。

(4) SDM 与 SDF、SDA 的拼接。

SDM 是圆柱面,在边界的切向是确定的,同样易保证它与 SDF 和 SDA 的 G1 连续。

4) 船体曲面分片 NURBS 表达

(1) 前体曲面表达。

按图 4-71 所示建立参数坐标,定义参数域为 $u\in[0.0,1.0]$,$v\in[0.0,1.0]$。显然,前体曲面是关于参数 $u=0.5$ 对称的。

在边界 $u=0.0$($u=1.0$)处,对应曲线 CMEL(CMER)。CMEL(CMER)由一段直线和一段 1/4 圆弧组成,构造时需要用到 4.5.1 节中所述用 NURBS 构造复合曲线的技术。

(2) 后体曲面表达。

后体曲面与前体曲面不同,分为对称的左右两片。这里仅说明左舷后体曲面(SAL)的表达。SAL 的边界比较复杂,严格来说,SAL 有五条边界线:CBAL、CMBL、CDAL、尾封板边线和尾左舷交点线 CSL。为了用一般 NURBS 曲面构造 SAL,需要将尾封板边线和尾左舷交点线构造为复合曲线,有利于构造比较规则的 NURBS 参数域。SAL 的参数坐标如

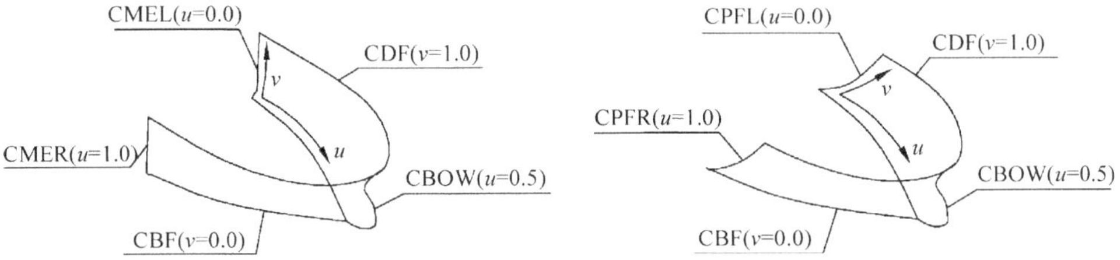

(a) 含平面区域的前体曲面表达　　(b) 不含平面区域的前体曲面表达

图 4-71　前体曲面表达

图 4-72 所示，定义参数域为 $u\in[0.0,1.0]$，$v\in[0.0,1.0]$。在边界 $u=0.0$ 处，需要用 NURBS 技术构造复合曲线。

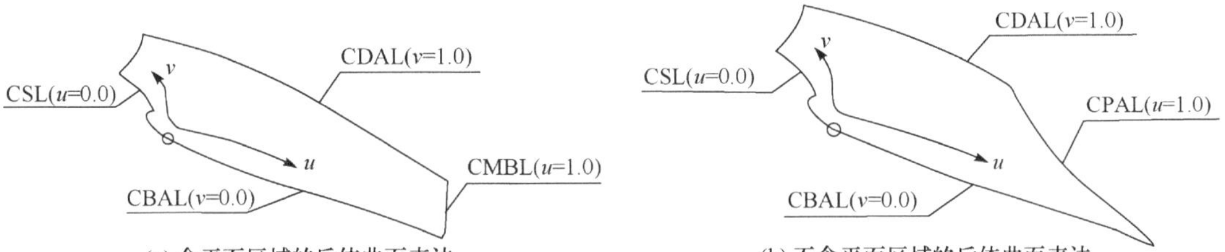

(a) 含平面区域的后体曲面表达　　(b) 不含平面区域的后体曲面表达

图 4-72　后体曲面表达

(3) 平行中体曲面表达。

平行中体曲面(SM)是直纹面，可以用解析式表达。为了与其他船体曲面的表达统一，在这里仍采用 NURBS 曲面表达。分别将平行中体起始位置和终止位置的横剖线都构造成复合曲线，然后用 NURBS 曲面表达的。平行中体曲面参数坐标定义如图 4-73(a)所示。定义参数域为 $u\in[0.0,1.0]$，$v\in[0.0,1.0]$，显然平行中体曲面关于参数 $v=0.5$ 对称。

当前体曲面和后体曲面不含平面区域时，平行中体曲面需要扩大，首尾边界不再对应平行中体的起始和终止位置。此时的平行中体曲面如图 4-73(b)所示。

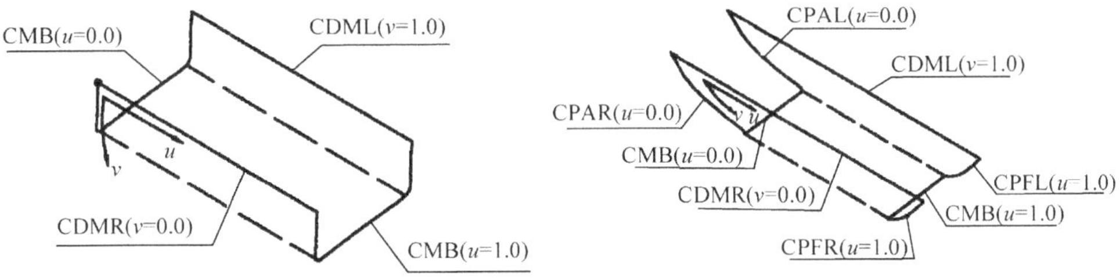

(a) 平行中体曲面表达　　(b) 中部筒形区域表达

图 4-73　平行中体曲面、中部筒形区域表达

(4) 平底曲面表达。

4.5.2 节中将平底曲面分为首平底面(SBF)和尾平底面(SBA)。它们都是平面片，容易用 NURBS 曲面表达。

尾平底面有四条边界线，可按图 4-74(a)所示直接定义参数坐标。参数域为 $u\in[0.0, 1.0]$，$v\in[0.0, 1.0]$。

首平底面的边界只有两条线：CME 和 CBF，需要增加两条边界线，才可以转化为适合用 NURBS 表达的四边形域。边界线可以退化成一点，所以另两条边界线分别定义在 CME 和 CBF 的两个交点处，是退化成一点的边界线。最终首平底面曲面参数坐标定义如图 4-74(b)所示。参数域为 $u\in[0.0, 1.0]$，$v\in[0.0, 1.0]$。

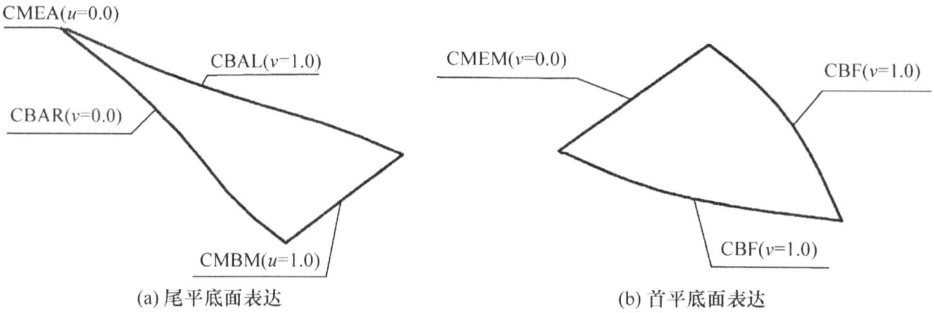

图 4-74　平底曲面表达

(5) 甲板曲面表达。

甲板曲面是解析曲面，可以直接用解析方法表达。定义甲板曲面半径 R 在任意横截面上是相同的，甲板的梁拱值为 h，船的型宽为 B，则 R 与 h 和 B 有如下关系：

$$R=\frac{(B/2)^2+h^2}{2h}$$

若甲板边线已知，且可定义为如下形式：

$$\begin{cases} y=f_1(x) \\ z=f_2(x) \end{cases}$$

则甲板曲面方程被确定为

$$z=f_2(x)-\sqrt{R^2-f_1(x)^2}+\sqrt{R^2-y^2}$$

$f_1(x)$和 $f_2(x)$要由相应的前体曲面、平行中体曲面和后体曲面的边界决定，都是 NURBS 曲线。

(6) 尾柱及尾封板曲面表达。

通常尾柱曲面和首柱曲面类似，都是比较复杂的曲面。为了造型简单，这里将尾柱曲面简化。定义船体各水线在尾端点处呈折角形，折角点连成的空间曲线即 4.2.2 节中所述的交点线(CSL 和 CSR)。左右舷交点线之间的船体曲面即尾柱曲面。显然，这样定义的尾柱曲面是一个直纹面。将尾柱曲面同尾封板平面合为一体，形成单一的一个直纹面，称尾柱及尾封板曲面。用 NURBS 表达时，定义边界线 CSR 为该曲面的 $v=0.0$ 边(与后体右舷 $u=0.0$ 边重合)，CSL 为该曲面的 $v=1.0$ 边(与后体左舷边重合)。于是，尾柱及尾封板曲面的控制点及节点向量只需取后体曲面的相应控制点及节点向量，就可以满足尾柱及尾封板曲面同后体曲面的连续。图 4-75 是某船尾柱及尾封板曲面的表达。

5）实例

下面介绍利用已有型值表表达船体曲面的基本方法。

（1）前体曲面。

如图 4-71 可知，每条水线都贯穿前体曲面的 u 向参数域。因此可以将水线作为截面曲线，亦即 u 向线。

由图 4-71，前体曲面关于 $u=0.5$ 对称，插值水线时只需插值一舷。图 4-76 是一根典型的水线，$p_i(i=1,2,\cdots,n)$（n 为插值点数，在此假设为 4）为型值点。在水线的首端附近，曲率变化较大，仅对 $p_i(i=1,2,\cdots,n)$ 进行插值是难以得到真实的水线的。在初始型值表中，首端点半宽 b 是已知的。如图 4-76 所示，构造一系列辅助点 p'_n，对新的点列 $p'_i(i=1,2,\cdots,n)$ 进行三次 NURBS 曲线插值，曲线 p'_1 端切向定为 $(-1,0,0)$，另一端为自由端。插值计算后将得到控制点列 $P_i(i=1,2,\cdots,n+2)$，其中 P_n 与 p'_n 重合。将 $P_i(i=1,2,\cdots,n+2)$ 对称到另一舷，得到截面曲线的另外一些控制顶点。为了较好地逼近首端线型，这里直接将 p_n 作为一控制顶点。和前面求得的控制点列一起组成截面曲线（前体左右完整水线）的控制顶点列，最终形成的前体曲面网格如图 4-77 所示。

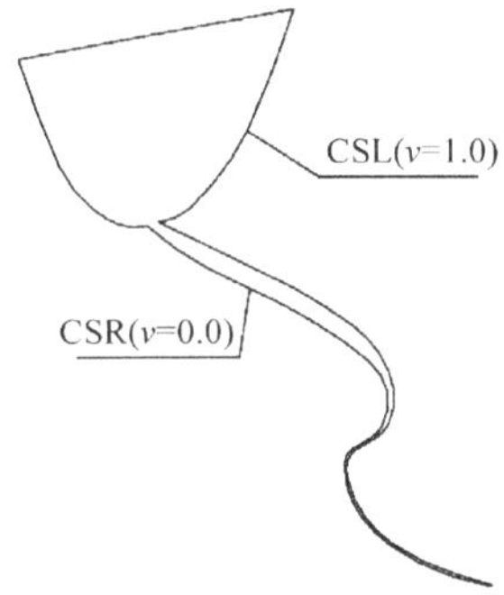

图 4-75　尾柱及尾封板表达

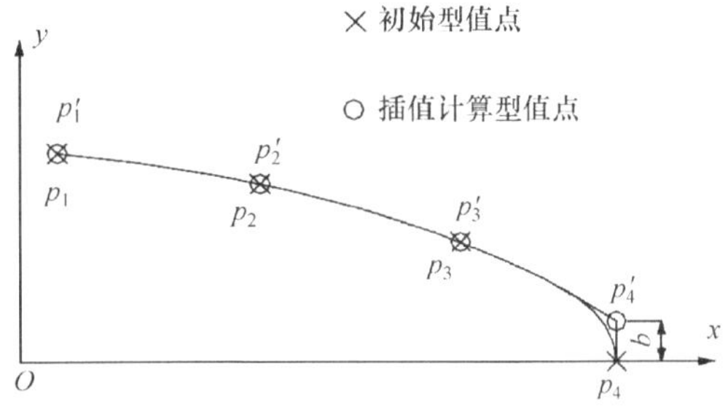

图 4-76　前体水线插值

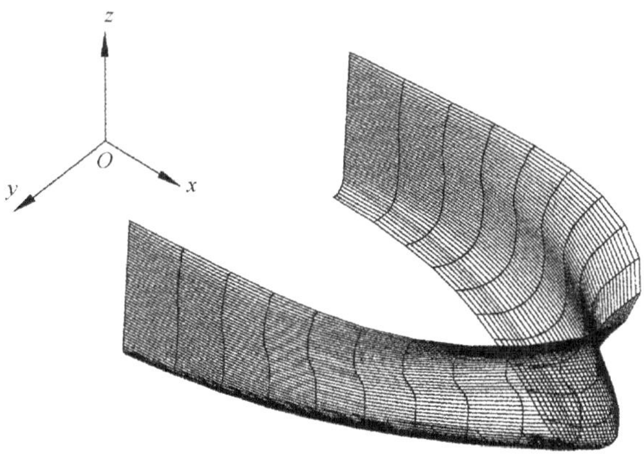

图 4-77　用 NURBS 生成的前体曲面网格

共得到 $2\times(n+2)+1$ 个点。实例表明，这 $2\times(n+2)+1$ 个控制顶点能较好地逼近整条截面曲线。统一各截面曲线的控制点数目和节点量。设截面曲线控制点数目为 m，共 l 根(包括平底线和甲板边线)。

利用 4.5.1 节构造蒙皮曲面的方法构造前体曲面。需要注意的是，前体曲面在边界 $u=0.0$ 和 $u=1.0$ 处必须满足平边、圆弧舭和平底的这些特征，边界处的控制点需要专门处理，可利用 4.5.1 节构造复合曲线的方法构造 $u=0.0$ 边界，计算 v 向节点向量，$u=1.0$ 处的边界线可通过对称得到。然后和其他 v 向线的统一节点矢量做并运算，得到新的节点向量 $\boldsymbol{V}$。$\boldsymbol{V}$ 便是前体曲面的 v 向节点向量。

(2) 后体曲面。

构造后体曲面时，仍使用前面叙述的蒙皮法，截面曲线也选用水线。与前体曲面不同，后体曲面的截面曲线构造无须引入辅助点，而插值方法相同。

求后体曲面 v 向节点向量时，在插值截面曲线结束，得到初始的 v 向节点向量后，还需要做两次并运算。第一次是处理 $u=1.0$ 边界时，与前体曲面的 $u=0.0$ 边界相似；第二次是在处理 $u=0.0$ 边界时，处理 $u=0.0$ 边界是构造后体曲面的难点。$u=0.0$ 边界由两条曲线组合成，显然也需要用到复合曲线构造技术。至此，便得到 v 向节点向量 $\boldsymbol{V}$。

计算曲面控制顶点时，与前体曲面相同，不再赘述。最终形成的后体曲面网格如图 4-78 所示。

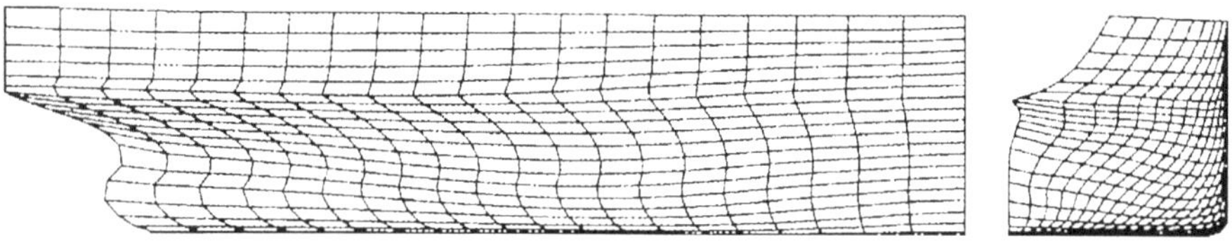

图 4-78　用 NURBS 生成的后体左舷曲面网格

(3) 平行中体曲面。

平行中体曲面比较简单，因为是直纹面，u 向可取 1 次，曲面控制顶点就是 $u=0.0$ 和 $u=1.0$ 边界的控制顶点。平行中体曲面的边界切向也十分简单，只要拟合了边界，u 向取 1 次，边界肯定是满足的。$u=0.0$ 和 $u=1.0$ 边界需要用复合曲线的构造技术，比较简单，整体采用二次 NURBS 曲线比较适合。最终构造的平行中体曲面网格如图 4-79 所示。

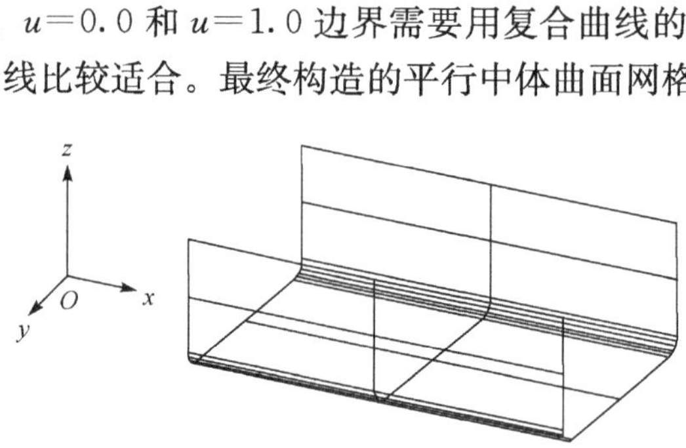

图 4-79　用 NURBS 生成的平行中体曲面网格

(4) 平底曲面。

平底曲面是平面，为了与相邻曲面至少满足 G0 连续，处理好边界是构造平底曲面的关键。

对于尾平底面，$v=0.0$ 边界控制顶点沿用后体右舷曲面 $v=0.0$ 边界的控制顶点，$v=1.0$ 边界控制顶点沿用后体左舷曲面 $v=0.0$ 边界的控制顶点，将后体曲面的 u 向节点矢量作为尾平底面的 u 向节点矢量。所以尾平底面 u 向次数与后体曲面 u 向次数相同。v 向次数取 1 次，无须构造中间区域控制点。

对于首平底面，主要是 $v=1.0$ 边界的构造问题，其他边界要么是直线，要么是退化成的点，容易构造。$v=1.0$ 边界与前体曲面的 $v=0.0$ 边界一致，因此直接沿用前体曲面 $v=0.0$ 边界的控制顶点，将前体曲面的 u 向节点向量作为首平底面的 u 向节点矢量。所以首平底面 u 向次数与前体曲面 u 向次数相同。$v=0.0$ 边界的控制顶点可由 u 向节点矢量求取。v 向次数取 1 次。中间区域的控制顶点可以采用 Coons 双线性曲面的构造方法求得。

某船平底面网格如图 4-80 所示。

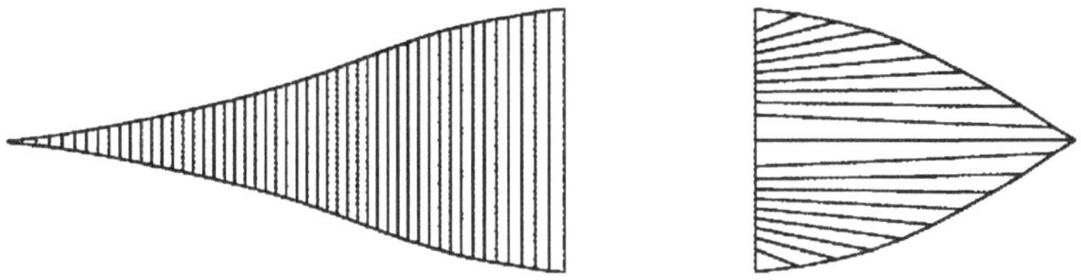

(a) 尾部平底面网格　　(b) 首部平底面网格

图 4-80　用 NURBS 生成的平底面网格

(5) 甲板曲面。

甲板曲面是解析曲面，可不采用 NURBS 曲面构造。

定义甲板边线 $f(x,y,z)$ 如下：

$$f(x,y,z)=\begin{cases}\text{左舷后体曲面 } v=1.0 \text{ 边界}(x<\text{平行中体起始坐标})\\ \text{平行中体曲面 } v=1.0 \text{ 边界}\\ \text{前体曲面 } v=1.0 \text{ 边界}(u\leqslant 0.5)(x>\text{平行中体终止坐标})\end{cases}$$

梁拱线一般是圆弧曲线或折角线，后者表达比较简单，只需相应的折角信息。以梁拱曲线为圆弧的甲板为例，根据船体放样理论，甲板梁拱在中横剖面处最大，而向船首或船尾则逐渐减少。甲板在各横剖面处的梁拱曲线与中横剖面处的梁拱曲线曲率一样，这样便于加工。

根据梁拱定义及几何关系，如图 4-81 所示，梁拱圆弧半径为

$$r_c=\frac{(B/2)^2+c^2}{2c} \tag{4-69}$$

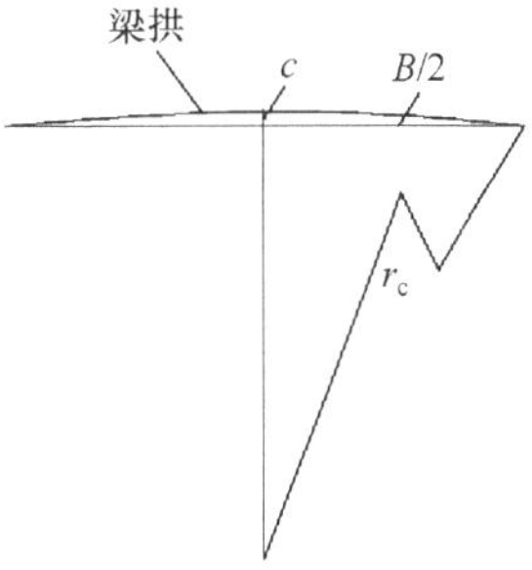

图 4-81　梁拱及梁拱半径

式中　B——型宽；

c——梁拱高。

设各站圆弧中心坐标为(x_{cn}, y_{cn}, z_{cn})，其中x_{cn}为各站的x坐标，可由型值表得到。y_n和z_n分别为相应站位处的甲板边线型值点的y坐标和z坐标。由于船体左右形状对称，y_{cn}取0，z_{cn}按下式计算：

$$z_{cn}=z_n-\sqrt{r_c^2-y_n^2} \tag{4-70}$$

这样就可以计算各横截面上的甲板梁拱曲线上的坐标，得到如图4-82所示的甲板曲面网格。

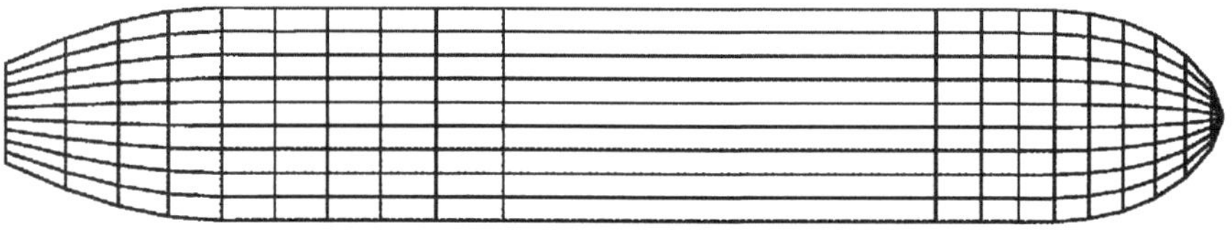

图4-82　生成的甲板曲面网格

(6) 尾柱及尾封板曲面。

除了边界控制点和节点矢量采用不同值，构造尾柱及尾封板曲面与构造平底面方法完全相同。图4-83是构造后的某船尾柱及尾封板曲面网格。

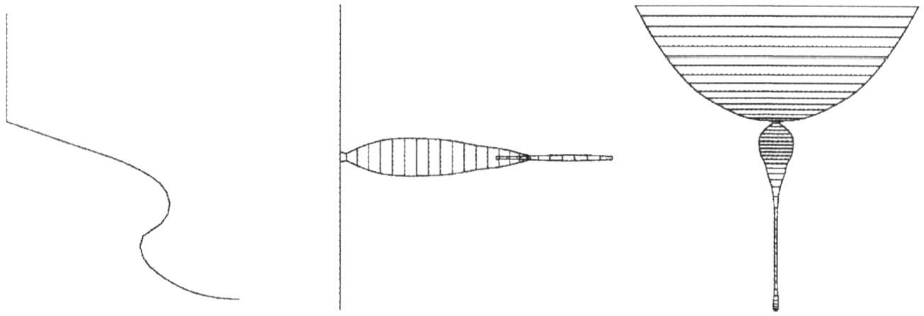

(a) 正视图　(b) 俯视图　(c) 侧视图

图4-83　构造后的尾柱及尾封板曲面网格

(7) 船体曲面表达结果。

图4-84是利用分片法对某158 000 DWT原油船船体曲面的表达结果。

2. 基于单一NURBS函数的船体曲面表达

NURBS具有很多优点，特别是利用NURBS不仅可以表达自由曲线(曲面)，还可以表达解析曲线(曲面)以及它们的组合。那么，利用这一特性，是否可以用单一函数表达整个船体曲面呢？回答是肯定的。用单一NURBS函数表达船体曲面较之分片法有何优点呢？下面将详细阐述这个问题。

由于船体曲面复杂，基于单一NURBS函数来表达船体曲面存在一定困难。但与曲面片表示法相比，用单一NURBS曲面函数表达船体曲面有许多优势：

(1) 良好的几何连续性和内在光顺性。

图4-85(a)为单一NURBS函数表达的船体曲面，图4-85(b)为应用本节前述分片法表达的船体曲面，可以看出，与分片表达法相比，用单一NURBS函数表达的船体曲面没有明显的不连续区域。

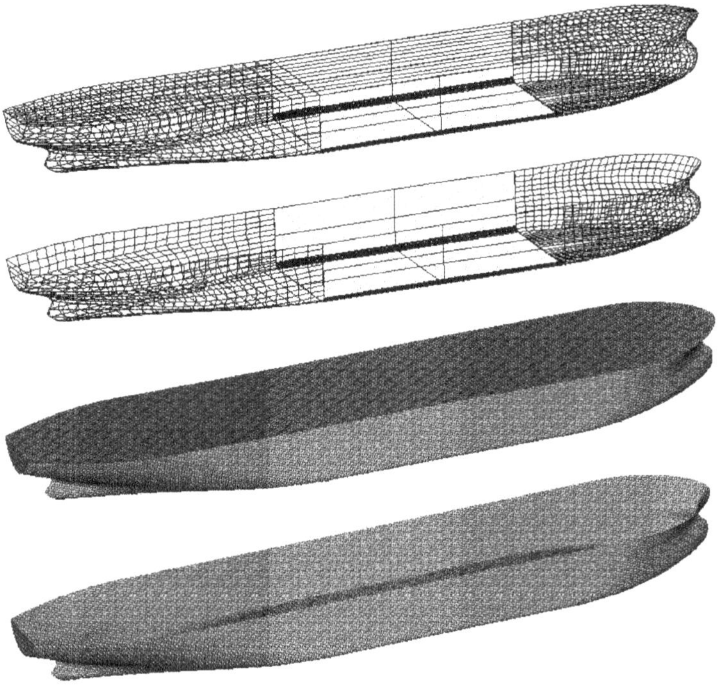

图 4-84　158 000 DWT 原油船船体曲面分片表达结果

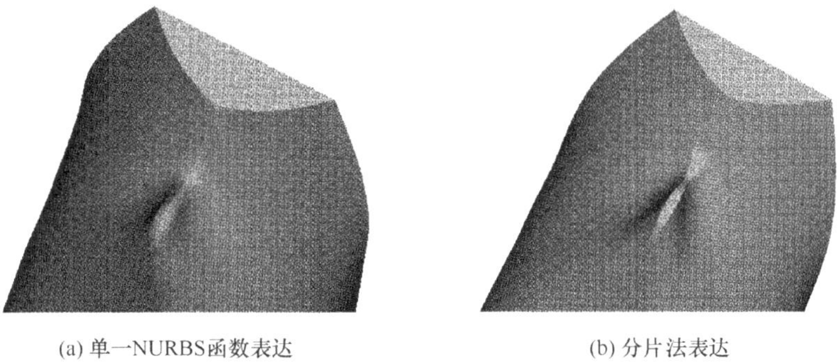

图 4-85　船体曲面表达

(2) 性能计算更加方便。

曲面求交和几何特性计算是船舶初步设计中所涉及的两个主要算法，单一 NURBS 函数表达可以使这些计算集中针对更少的曲面进行，而分片表达法中要对所有的曲面片进行判断和计算，计算过程烦琐且容易出错。不仅如此，船舶水动力性能和电流场防腐技术的数值分析中也同样需要船体曲面表达和曲面的网格剖分，单一 NURBS 函数表达有利于提高它们的分析和计算精度。

(3) 需处理的边界条件更少。

处理一张曲面的边界条件比处理多张曲面片的边界条件使相邻的曲面片满足给定的连续阶容易得多。

(4) 易于整体把握曲面的光顺性。

从数学表达到三维显示,单一 NURBS 函数表达都不必处理太多的边界条件以取得数学、几何和显示上的光顺性。

(5) 易于实现船舶设计和建造一体化,便于船体分段建造。

单一 NURBS 函数表达与有效的求交算法相结合,可以在设计阶段为后续船舶建造中的船体结构线放样、构件的数控切割和胎架制作等提供精确的数据准备,进而减少基于不同阶段、不同表达方法的计算带来的分段建造误差,加快船舶设计和建造一体化的实现。

1) 用单一 NURBS 函数表达船体曲面

与横剖线不同,作为船体曲面二维表达不可缺少的元素,水线在大多数情况下都是不间断的,所以用水线作为截面线来构造船体曲面较之用横剖线更加方便、合理。对于任何形式的船型,只要边界条件处理得当,用水线构造船体曲面都是可能的。下面详细阐述用水线和其他辅助曲线(或直线)通过蒙皮技术构造船体曲面的方法和步骤。

① 利用已有船体曲面型值数据插值水线和甲板边线,作为初始截面线。

读取已知型值数据,利用本节前面所述方法插值水线和甲板边线上的型值点,因为每一条水线和甲板边线都是由不同数目的直线、圆弧和自由曲线按不同顺序连接而成的复杂组合曲线。

② 如果首或尾轮廓线(图 4-86)上存在折角,插值首或尾轮廓线。

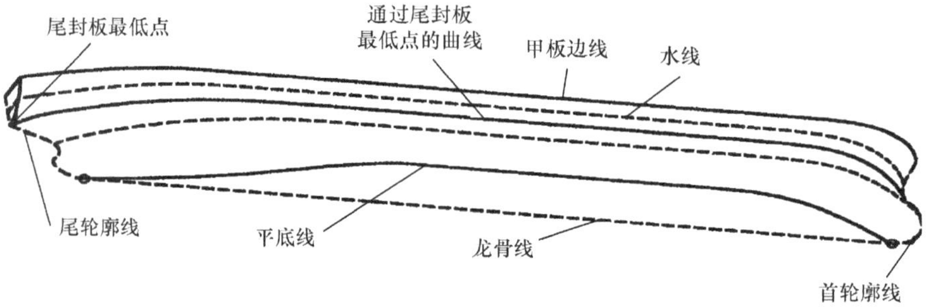

图 4-86　船体曲面相关定义

③ 插值横剖线。

④ 如果对应于尾封板最低点没有水线数据,对其进行插值,并将其插入到截面线序列,否则跳过③和这一步执行⑤。

这一步用到了③中的横剖线来获得尾封板最低点对应水线上的型值数据,方法是计算通过尾封板最低点的正浮水线面与各横剖线的交点,然后将其拟合为 NURBS 曲线。

⑤ 将用于构造平底的曲线加入到截面线序列。

龙骨线要作为类似于水线的截面线,以便将舷侧曲面和船底平面连接成一整体曲面。

⑥ 统一以上各截面线的节点矢量(记为 $\boldsymbol{U}$)和次数,提取统一节点矢量下各截面线的 NURBS 定义数据。

⑦ 计算船体曲面的 NURBS 定义数据。

某些边界曲线如方尾船的尾轮廓线可能存在折角，它们必须被指定为相应位置的 v 向线，以便精确构造带折角线的曲面。如果存在平底，对于其他 v 向线，有时有必要构造组合曲线，这也是构造此类船体曲面的关键。

⑧ 构造和显示船体曲面。

根据式(4-66)，利用曲面的定义数据，构造船体曲面，将其网格化以便显示曲面。由于折角线的存在，必须确保折角线上的点存在于曲面网格点列中以真实地显示曲面。

⑨ 记录曲面的定义数据，为后续的相关设计和计算作准备。

2）用单一 NURBS 函数表达甲板

甲板的 NURBS 函数表达通过下列步骤完成：

① 由已知的梁拱高和甲板边线型值数据，利用式(4-69)和式(4-70)计算梁拱圆弧半径，确定各站梁拱圆弧中心坐标；

② 插值各站梁拱曲线；

③ 将各梁拱曲线转化为 NURBS 曲线，提取 NURBS 定义数据；

④ 统一各站梁拱曲线的节点矢量，记为 $\boldsymbol{U}$；

⑤ 插值 v 向线，并计算甲板曲面的 NURBS 定义数据；

⑥ 构造和显示甲板曲面；根据式(4-69)，利用曲面的定义数据，构造甲板曲面，将其网格化并显示曲面；

⑦ 存储甲板的曲面定义数据，以备后续设计和计算之用。

3）用单一 NURBS 函数表达内底内壳

以内底内壳的折角点位置为输入，利用 NURBS 基本性质，通过重顶点技术，可用单一 NURBS 曲面函数，精确地构造内底内壳的 3D 模型。

4）船体曲面表达的数据结构

为了快速构造船体曲面并提高程序的运行效率，应采用特定的数据结构存储船体曲面型值数据和定义曲面的元素。

5）船体曲面型值数据结构

对于常规船型如典型的方尾平底船，统一的船体曲面型值数据结构如图 4-87 所示，为节省空间，对于存在平行中体的船型，平行中体起止点中间的数据不作为输入数据。

6）曲面定义数据的计算机存储结构

构造船体曲面之前，一系列纵向和横向曲线需要生成。为了所表达曲面的光顺性，需要插入或删除某些元素。数组、队列和链表等均可用于存储它们。这里用双向链表(图 4-88)存储曲线和它们的定义数据——控制顶点序列、权值序列和节点矢量，以方便地插入或删除数据。应用双向链表也是程序扩展的需要。

7）实例及结论

图 4-89 给出了一条典型实船的船体曲面表达的基本过程：包括水线(包括通过尾封板最低点的水线)、横剖线、甲板边线及首尾轮廓线构成的三维线框，船体曲面等参线网格(有甲板和无甲板)及曲面(有甲板和无甲板)渲染效果。可以看出只要所给数据是光顺的，表达的曲面也是光顺的。

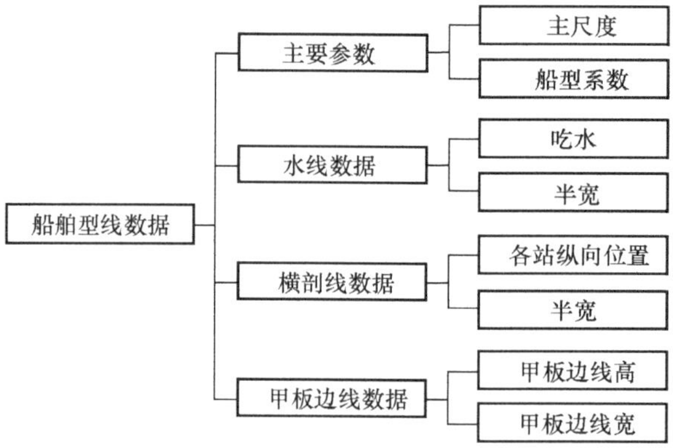

图 4-87　船体曲面型值数据结构

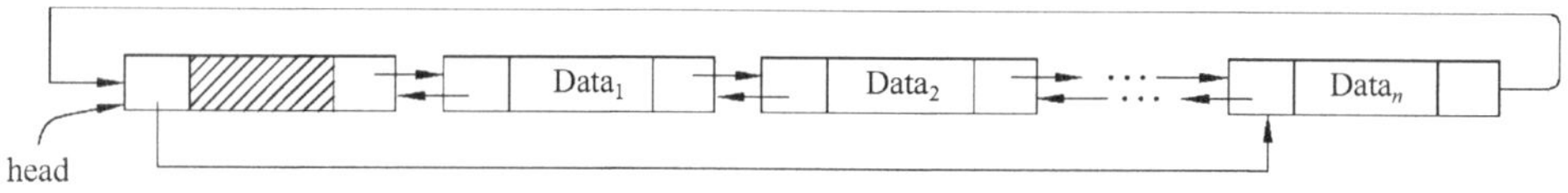

图 4-88　双向链表结构示意图

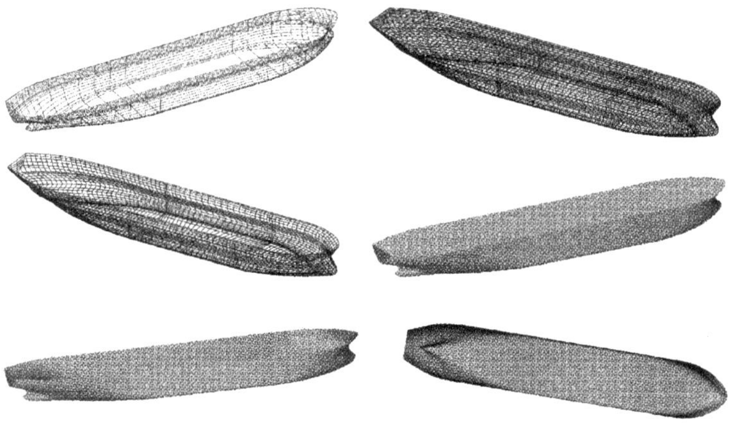

图 4-89　115 000 DWT 成品油船船体曲面表达

在船体曲面 NURBS 表达基础上，应用有效的求交算法和几何特性计算方法，可以方便地进行船型系数、静水力特性以及湿表面面积计算、分舱设计、浮态和稳性的计算。船体曲面的整体表达还有助于提高后续船舶设计和建造的质量。

第 5 章　总布置设计

5.1　概　　述

总布置设计是船舶设计中一项非常重要的任务。总布置的结果对船舶的使用效能、航行性能、安全性能及结构工艺性能等有直接的影响。总布置设计也是后续设计和计算的主要依据。因此，在进行方案构思、排水量及主要尺度确定和型线设计时，就需对船的总布置有所设想，有时甚至为配合有关的性能验算，事先绘制总布置草图。

总布置设计是一项涉及面广，考虑因素比较多，实践性很强的工作。设计当中必须做调查研究。通过调查，弄清各项设备的使用特点和在布置上的要求；了解使用者的意见和要求；把握设计船在总布置上的特殊性以及同类型船的现状和发展方向，特别要注意学习和借鉴一切成功的实践经验。

在调查研究的基础上，进行全面的分析比较后，做到合理而恰当地取舍，创造性地完成总布置设计。

总布置设计的主要工作包括：

(1) 区划船舶主体和上层建筑，勾画船舶设计水线以上的外部造型；

(2) 调整船舶的浮态(纵倾调整)；

(3) 布置船舶舱室和设备；

(4) 协调各部位的通道和出入梯口。

船舶类型不同，其使用要求也就不同，而总布置必然有其特殊性。例如，液货船的安全性，液面对结构和稳性的影响，具有专用压载舱的液货船，专用压载舱地位对结构强度和纵倾的影响等；矿砂船因载重货，布置时应防止运输过程中发生倒矿，必须注意解决稳性和适航性间的矛盾；散装谷物船，在布置上要注意解决横倾时，谷物移动对安全性的影响；客船要解决好安全性和舒适性；渔船要注意便利捕捞作业；拖轮拖钩后移则不利于操纵性，若将拖钩位置前移则往往会和上层建筑的设置发生矛盾，且拖钩位置越接近船中越不利于急牵稳性等。

在同类型的船舶中，也因使用要求不同而带来布置上的差异，如运输大件的杂货船，其货舱和舱口的长度，以及起货设备就不同于一般杂货船。

在解决同一条船的布置时，由于对同一个问题处理措施不同，也会产生不同的影响。例如，增加货舱长度，可减少货舱数量和节省起货设备，但会造成装卸时间增长；减少横舱壁数量，则会对船体横向强度和抗沉性产生不利影响。

总之，在总布置设计过程中，涉及诸方面的矛盾，必须抓住布置中的主要矛盾，在解决好主要矛盾上下工夫，同时也要注意兼顾非主要矛盾。在总布置设计中，除了注意各类船舶布置上的特殊要求以外，对各类船舶在布置上应遵循的一般原则如下：

(1) 布置时，应最大限度地提高船舶的使用性能。例如，对货船的布置应首先从保证货舱容积、提高装卸货效率、保证货物运输中不受损伤等方面着眼；对客船应以旅客的舒适安全、舱室布置的经济实用、交通方便为重点来提高其使用性能；对军船应把提高战斗性能放在首位。

(2) 布置时，应注意对船舶航海性能、结构性能和安全性能的影响。例如，对重货船的货舱布置要注意解决好稳性和适航性间的矛盾，保证船舶在各种装载情况下有适宜的浮态和稳性；从降低受风面积和重心高度以及改变开口位置等方面解决好大角稳性；合理地布置水密舱壁以改善船舶的抗沉性和结构性能；注意良好的驾驶视线、航行和信号设备的合理布置等以减少航行事故。此外，在布置上还要注意当事故发生时便于船员的施救和逃生等措施。

(3) 布置时，注意结构的合理性，以提高船舶强度。例如，应避免结构失去连续性和截面的突变；注意开口对强度的不利影响；上层建筑内的纵横隔壁和支柱应与甲板纵桁和甲板横梁相配合，起重柱(或桅)应置于主隔舱舱壁位置上等。

(4) 布置时，注意便于建造、修理、检查、保养以及设备的更换。例如，布置各项设备时，除考虑设备自身占据的空间位置外，还要给予操纵、检查、维修等必要的空间位置；确定结构空间(如双层底高度)要注意焊接工艺和装配的方便；确定机舱开口时，要考虑到机器零件拆换时，吊出和吊入所需要的空间。

(5) 在布置住舱和工作舱时，注意考虑工作需要，又力求缩小差别。对远洋船舶尚要考虑外交方面的需要等问题。

(6) 在经济、实用的前提下，适当注意造型美观和大方。特别是对客船和游艇的设计应注意建筑艺术，应有平稳、轻快的特色，给人以亲切可信的感觉。

总布置设计一般分草图设计和绘制正式的总布置图两步进行。在草图设计中先拟定一种能反映总布置大体轮廓和布局的草图。主体部分只画出不同用途船舱的位置和主机、发电机组等主要机舱设备的布置；上层建筑则根据舱室面积、驾驶视野、梯道和设备等的布置要求，只确定其外形尺寸。然后，根据布置草图对船的某些典型载况的浮态与稳性、大船的静水弯矩等性能进行校核计算，并根据核算结果对布置做适当调整；经过这样多次反复、逐步接近的过程，到符合要求为止。草图设计只解决总体布局，在该阶段往往绘制几种具有不同特点的总布置方案，供审查和船东选用。最后，根据选择的方案及型线图的型值，具体详细地布置各类舱室和设备，绘制出正式的总布置图。

总布置设计的成果体现在总布置图上。总布置图通常由侧面图、各层甲板布置图、底舱平面图、平台平面图和机舱布置图等组成。有的还绘制了阴影图和横剖面图。

由于船舶舱室及设备十分繁杂，图面尺寸不能过大，且布置图不属于施工图样，所以造船界一直以特殊的表达方法来绘制总布置图：

(1) 以简化的图形符号表示设备和家具等；

(2) 不标注具体尺寸，只给定位尺寸，长度方向以肋位号表示，高度方向按距基线表示，宽度方向按距中心线表示；

(3) 按船舶制图规定的线条表达；

(4) 视图中不可见设备规定不必绘制等。

5.2 船舶总体规划及建筑形式的选择

总布置设计时首先应将船舶主要区域进行规划并选择相应的建筑形式，以满足装载货物、乘员居住以及布置各项设备和油水舱等需要。

船舶区域划分可分别按纵向和竖向进行。纵向是以横舱壁沿船长方向划分船舱，如货舱、机舱、首尖舱、尾尖舱、燃料舱和水舱等。纵向区划的目的是隔开不同用途的船舱，保证船舶具有足够的横向和纵向强度，保证船舶破舱进水后的浮态和稳性，防止因某一舱内发生火灾而波及全船的危险等。竖向则以内底、平台、各层连续甲板和上层建筑甲板将船体和上层建筑予以分隔，以保证航行安全和船体强度，满足载货及乘员工作和生活的需要以及设备的布置和使用要求等。

5.2.1 主船体内部船舱的划分

主船体内部船舱的划分要考虑的主要方面：

(1) 有关规范、法规、公约的规定，如《钢质海船入级规范》《船舶与海上设施法定检验规则》《国际海上人命安全公约》《国际防止船舶造成污染公约》等的规定；

(2) 各种装载情况下的浮态和稳性；

(3) 使用要求的船舱大小；

(4) 总纵强度、局部强度和结构及建造的工艺性等。

1. 主体内水密舱的划分

1) 水密舱壁的总数

《钢质海船入级规范》(2009)对船舶的水密舱壁一般要求不少于表 5-1 所列的数目，对于船长大于 210m 的船舶，由直接计算确定。并规定船舶应设有通到舱壁甲板的一道水密防撞舱壁(首尖舱舱壁)、一道尾尖舱舱壁，机器处所每端一道舱壁。防撞舱壁距首垂线的距离应不小于 $0.05L_L$[①] 或 10m(取小者)，除经主管机关允许外，不大于 $0.08L_L$ 或 $0.05L_L$ 加 3m(取大者)。

表 5-1 船舶的水密舱壁数

船长/m	水密舱壁数		船长/m	水密舱壁数	
	中机型	尾机型		中机型	尾机型
$L_{pp} \leqslant 60$	4	3	$125 < L_{pp} \leqslant 145$	7	6
$60 < L_{pp} \leqslant 85$	4	4	$145 < L_{pp} \leqslant 165$	8	7
$85 < L_{pp} \leqslant 105$	5	5	$165 < L_{pp} \leqslant 190$	9	8
$105 < L_{pp} \leqslant 125$	6	6	$190 < L_{pp} \leqslant 210$	10	9

① L_L 是指龙骨上缘至最小型深的 85%处水线总长的 96%，或沿该水线从首柱前缘至舵杆中心线的长度，取较大者。

对船舶水线以下的任何自首垂线向前延伸的部分，例如，对具有球鼻首的船舶，防撞舱壁距首垂线的距离应从下列各点之一来量取，取最小者：

(1) 此类延伸的长度中点；

(2) 首垂线前方距离 $0.015L_L$ 处；

(3) 首垂线前方距离 3m 处。

船舶应设水密的尾尖舱舱壁，其位置由尾轴管长度、尾轴管安装和密封所需的地位来决定，一般取为$(0.035\sim0.045)L_{pp}$，对小型船舶可取到$(0.04\sim0.05)L_{pp}$。此舱壁应通至舱壁甲板。但尾尖舱水密平台甲板如在水线以上，可仅通至水密平台甲板为止。

机舱端壁应水密；水密舱壁除尾尖舱舱壁外，均应通至舱壁甲板。水密舱的长度不宜超过 30m，否则应采取措施保证船体的横向强度。

另外要提及的是防撞舱壁位置的决定，还应考虑到锚链舱和首舱的容积，在保证安全的前提下，尽量保证它们的要求。

2) 机舱地位及长度

根据机舱在船上布置位置的不同，运输船又分为机舱位于船中的"中机型"、位于船尾的"尾机型"以及偏离船中的"中后或中前机型"。

机舱位置的不同，影响到船的上层建筑形式、船体结构与强度、货舱的布置、船的纵倾调整、驾驶视野、抗沉性以及机舱的长度和布置等方面的问题。

对比中机型与尾机型，各有利弊。尾机型，从改善货舱与舱口的合理布置、船体纵向构件的连续性、缩短轴系长度用以增加货舱容积，以及减少轴系重量和功率在轴系上的损失诸方面与中机型相比是有利的。但是也存在不利的方面，如把机舱布置在船尾，由于机舱单位体积的重量比货物的单位体积的重量要小，造成船的重心前移，引起纵倾调整的困难(特别对航速较高的船)；其次，使驾驶视野变差，这会给进出港和航行于狭窄水域的船在驾驶方面造成困难；再次，机舱设在尾部，由于尾部型线较瘦，使得机舱长度比中机型要长些，这会使中小型船舶的抗沉性难于满足一舱不沉的要求。对高速船，由于型线瘦削会给机舱布置造成困难等。

在设计尾机型的船舶时，对上述一些不利的因素，要采取相应措施加以适当的解决。为克服尾机型船在纵倾调整、抗沉性上的困难，设计中，应该预先对主机选型、型线设计加以分析考虑，力求压缩机舱长度，把浮心纵向位置 X_b 适当往前移，尾部横剖面取 U 形，尾舷弧加大些。如这些措施仍然解决不了问题，可在首部设置空舱。

机舱部位的选择直接影响到上层建筑的形式及其他水密舱的划分和布置，从而也就影响船的使用性能和技术、经济性能。因此，机舱位置的选择是总布置设计的一项重要任务。最终要由船的具体任务、使用及构造特点、技术上是否可行等因素来决定。就机舱位置的实际应用情况可分述总结如下：

(1) 油船、散货船、集装箱船、滚装船。

油船毫无例外地很早就采用尾机型，其他几种船多数采用尾机型。由以上分析可知，机舱位置不同，带来的主要问题是货舱地位及舱容的改善、提高卸装效率等方面与纵倾调整、驾驶视野、轴系长度和机舱布置等另一方面之间的矛盾。上述几种运输船，由于把改善货舱的地位及合理布置、提高装卸效率、加速货物的周转等放在首要地位，因而均采用了尾机型。

例如，对油船，采用尾机型，有利于货油系统的布置，使轴隧不通过货油舱，有利防火和对安全性的保证；对散货船，采用尾机型，除了能将船上宽敞的空间用来布置货舱，使货舱地位及舱容得到改善，又能提高装卸效率；对装有船用装卸桥的大型谷物船，对装卸桥的布置有利，由于装卸桥运行时，不受中部上层建筑的阻碍，所以只设一台即可；对集装箱船，采用尾机型能提高货舱容积的利用率，且有利于集装箱货物的装卸。

对上述几种运输船，主要是为了提高船的货舱容积和改善布置，提高货物装卸效率，改善结构布置和提高船体强度等，这些方面是主要的。然而，对那些次要方面，也必须逐一加以解决。例如，对驾驶视线，可通过提高尾楼高度或在首部设瞭望台等措施加以解决；对纵倾调整问题，可从货油舱的长度合理划分、油水舱的合理布置、型线设计的合理配合等方面予以解决。

(2) 其他船舶。

对沿海小型杂货船，因机舱占船长的比例较大，为增加货舱容积，改善货舱形状，多采用尾机型。较大型的杂货船(如万吨级左右)，过去设计成中机型居多。近年来的发展趋向将机舱移向尾部，出现了中后机型船，即所谓"前四后一"或"前三后二"的船型。这样的船型，一方面使货舱的布置得以改善，另外与纯尾机型相比较，纵倾调整又能得到解决，此外对船体强度方面也是有利的，中后机型对强度的影响比中机型或尾机型都显得有利。因为，尾机型的杂货船满载时中垂弯矩大，而空载时中拱弯矩大，如将机舱由尾向前移，就会使这两种状态的不利弯矩均有所降低，对船体强度有利。船体总纵弯矩的降低，在保证船舶安全性的同时，减轻了船体钢料重量，降低了船舶造价，提高了运输船的经济性。

拖轮、渔船根据舱面作业的要求，并考虑纵倾调整、前部及后部船舱的安排等因素，客船根据前后水密舱和旅客舱室的区划及其他因素，一般都采用中机型或中后机型。

关于机舱长度，要由机舱所需要的面积和容积来决定。它与机舱的位置、主机的种类、螺旋桨的数目、主机的功率等因素有关。

目前的船舶，辅机类做立体布置，所以不仅要考虑机舱的长度和面积，也必须考虑容积方面的需要。对中机型单桨船，因为主机两侧面积较大，可以布置辅机，机舱长度容易确定。而对尾机型及双桨船，因为船肥瘦程度和断面形状都给机舱长度带来影响，所以要考虑机舱的面积和容积，以确定机舱长度。最后采用的机舱长度一般都是通过实际布置后确定的。

在初步设计阶段，可按使用同一主机的母型船来确定机舱长度。也可以用统计公式来初步估算。对低速柴油机，可根据主机长度 l_{m1} 来估算，即

$$l_m = l_{m1} + c \quad (\text{m}) \tag{5-1}$$

式中　c——中机型取 $c=4\sim5\text{m}$；中后机型取 $c=4\sim6\text{m}$；尾机型取 $c=10\sim12\text{m}$。

也可采用下列估算式：

$$l_m = l_{m1} + (6.07\sim6.25)BHP/10\,000 \quad (\text{m}) \tag{5-2}$$

$$l_m = c \times \text{缸径的总和} \quad (\text{m}) \tag{5-3}$$

其中，BHP 单位为 kW；$c=3.5\sim4.0\text{m}$。

3) 干货船的货舱划分

在船的长度确定以后，货舱数量和尺度在一定程度上受水密横舱壁的限制，即水密横舱壁总数不得小于《钢质海船入级规范》规定的数量，隔舱的长度还必须满足抗沉性要求船的

分舱和破舱稳性对舱长的限制。从横强度方面来说，水密舱壁间距不宜超过 30m(特长大件货舱除外)。通常中小型货船设 2～4 个货舱，万吨级货船设 5～6 个货舱。

各货舱的容量大小和起重设备能力的配备，应注意平衡及能够同时装卸完毕。当各货舱的起货设备能力相近时，货舱在船上的地位不同，其容量应有所差异。首尾两处货舱，因位置狭窄，不便装卸，它们的舱容比中部货舱容量要小些。

除了考虑缩短装卸时间、提高装卸效率外，货舱长度要满足货物最大尺度的需要，如我国设计与制造的“大理号”远洋货船，为适应运输长钢轨和机车等的需要，配置了一个长达 35.25m 的长舱。

船长超过 100m 的货船要考虑一舱不沉的要求，在未对可浸长度曲线进行详细分舱校验之前，货舱数及水密横舱壁数可按下式估算。

除首尾尖舱外，水密分舱总数近似为

$$N_1=\frac{D}{D-d}$$

除掉机舱后，货舱总数为

$$N=N_1-1=\frac{D}{D-d}-1=\frac{d}{D-d}$$

而水密横舱壁总数为

$$n=\frac{D}{D-d}+1$$

式中　D——从基线量至舱壁甲板的型深，m；

　　d——分舱吃水(满载吃水)，m。

在满足抗沉性条件下，尽量减少货舱数目，这样可使起货设备数量减少，避免甲板上布置拥挤，使装卸效率提高；另外也能减轻船舶重量，从而降低船舶造价。

对于专门载运散装谷物、煤或矿砂的散货船，两端货舱可适当长些，其他各舱以等舱长划分为宜，这样可以均衡装卸时间。舱数多些可以节省些装卸时间，但增加了清舱工作量，船体重量和起货设备数量也有所增加。对设置起货设备的船，要考虑起货设备的配置；不设置起货设备的船，要根据装卸货港的装卸条件全面考虑。

谷物兼运矿砂的散货船，因两种货物的积载因数差别很大，可采用大小舱结合的布置方式，大舱装谷物，小舱装矿砂，这样不致使装运矿砂时重心过低，引起激烈的横摇。小舱不宜太短，一般取大舱长度的 7/10 左右。

集装箱船的舱长应根据集装箱的行数和箱长来确定。目前国际上标准集装箱的外形尺寸为：高×宽×长＝2.438 4m×2.438 4m×6.096m(20ft 集装箱)或 2.438 4m×2.438 4m×12.192m(40ft 集装箱)。

集装箱船舱长度可用下式估算(对 6.096m 箱)：

$$Lc=(6.096+c)x \tag{5-4}$$

式中　c——货箱间隙，普通货箱 $c\approx1.15$m，冷藏箱 $c\approx2.15$m；

　　x——舱内集装箱行数。

因客船的安全性特别重要，所以国内的有关规范、规则及国际上的有关公约，对客船分舱有明确的要求。因此，客船主体内船舱划分，除考虑使用要求外，必须满足我国海事局制定的《船舶与海上设施法定检验规则》中分舱和破舱稳性、《钢质海船入级规范》第二篇船体或国际海事组织（IMO）形成并通过的 1974 年《国际海上人命安全公约》及其 1978 年议定书和相关修正案中的有关规定。

4）油船货油舱区的区划

油船主要载运石油。石油是闪点为 60℃左右的易燃品，随着温度的变化其体积要增减。另外，因为它是液体，所以对船舶稳性不利。油船还容易造成对海洋的污染。由于货物的这些性质，油船的结构、货油舱区的区划等都与普通的干货船有所不同。因此，在这里专门对油船货油舱区的区划做一介绍。

进入 20 世纪 70 年代以来，油船对海洋环境的污染引起了国际性的关注。世界各国纷纷提出了船舶向海洋排水的油水分隔允许标准和设立专用压载舱的建议。自 1973 年《国际防止船舶造成污染公约》及其 1978 年议定书（以下简称《73/78 防污公约》）生效以来，对载重量为 2 万吨以上的新原油船和 3 万吨以上的新成品油船的货油舱长度范围内的专用压载舱以及非油舱的处所，提出了保护面积的要求，以提供一种在万一发生搁浅或碰撞时，防止油类外流的保护措施。这样，油船的区划有了很大变化，有的油船也开始设双层底或双层壳。

随着单壳油船溢油等海事事故的不断发生及当今社会追求与环境和谐、寻求可持续发展的更高要求，2003 年 12 月海洋环境保护委员会（MEPC）通过有关单壳油船加速淘汰的修订案——截至 2010 年绝大多数的单壳油船将被淘汰。同时，自 2001 年国际船级社协会（IACS）开始研究油船结构共同规范（JTP），2005 年 6 月 13 日，IACS 举行成员船级社 CEO 会议，并就共同规范达成一致，决定 2005 年 10 月 1 日 IACS 所有成员船级社同时通过油船和散货船两套规范，规范归 IACS 各成员船级社所有，并于 2006 年 4 月 1 日生效。在此日期以后签订合同的油船、散货船必须符合 IACS 共同规范的要求。

共同规范以净尺度代替现行的建造厚度为基础的检验标准，对检验体系有很大影响。净尺度概念的引入使得模糊的建造尺寸设计方法退出单一的规范体系，明确了维护标准。为满足共同规范要求的“安全、坚固、耐用”以及达到 25 年大西洋海况下的航行寿命，新造油船所需的钢料也有所增加，图 5-1 为共同规范推荐的六种双层壳油船的典型布置。

油船是尾机型单甲板船，根据载重量的多少设双层底、双舷侧。《钢质海船入级规范》对油船纵舱壁的设置、油舱长度及结构形式做了详细规定：货油舱的布置和尺寸应使在船长范围内任何一侧舷侧破损和船底破损造成的假设泄油量是有限的。每一货油舱长度应不大于 10m，或按表 5-2 规定的数值，取二者中之大值。表中 L 为 85%D（型深）处水线长度的 96%或该水线处两柱间长度之大者（m）；B 为船舶型宽（m）；b_w 为边舱宽度（m）。

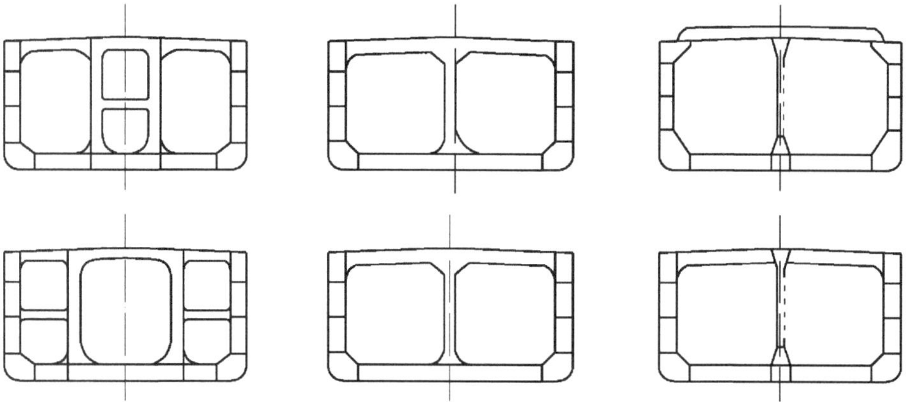

图 5-1 双层壳油船的典型布置

表 5-2 货油舱许用长度

纵舱壁数		1 （中纵剖面处）	2	3 （一道在中纵剖面处）	当纵舱壁开口时
边舱长度		$0.15L$	$0.2L$	$0.2L$	$0.1L$
中舱长度	$b_w \geqslant 0.2B$	—	$0.2L$	$0.2L$ 左、右舷	
	$b_w < 0.2B$	—	$\left(0.5\dfrac{b_w}{B}+0.1\right)L$	$\left(0.25\dfrac{b_w}{B}+0.15\right)L$ 左、右舷	

《73/78 防污公约》规定：在货油舱长度范围内的专用压载舱以及非油舱处所，其布置应符合下述要求：

$$\sum PA_c + \sum PA_s \geqslant J \times [L_t(B+2D)]$$

式中 PA_c——每一专用压载舱或非油舱处所按型尺度在舷侧的投影面积，m^2；

PA_s——每一专用压载舱或非油舱处所按型尺度在船底的投影面积，m^2；

L_t——货油舱的长度，m；

B——船舶最大宽度，m；

D——船舶型深，m；

J——对 $DW=20\ 000t$ 油船，为 0.45；对 $DW \geqslant 200\ 000t$ 油船，为 0.30；对 DW 为中间数值时，J 值按内插法求得；对 $DW \geqslant 200\ 000t$ 油船，J 值可减小，减小值可参阅《73/78 防污公约》规定。

在计算 PA_c 和 PA_s 时，要求边舱的最小宽度应不小于 2m，双层底的最小高度应为 $B/15$ 或 2m，以其较小者为准。否则 PA_c 和 PA_s 将不计入。

《73/78 防污公约》还就油船因船侧和船底损坏而造成油污减至最低限度做出了规定。规定了损坏的假定、假定的流出油量计算公式以及假定的流出油量的限额值；也对油船的货油舱长度、专用压载舱容量以及分舱和稳性做了明确规定，在设计时必须予以考虑。货油舱长度，我国《钢质海船入级规范》的规定与《73/78 防污公约》的规定是一致的。专用压载舱的容量应能保证空载加压载水的情况下，船舶的吃水和吃水差满足下列各项要求：

（1）船中部型吃水应不小于 $d_m=2.0+0.02L$(m)；

（2）在首尾垂线处的吃水差不得大于 $0.015L$；

（3）尾垂线处的吃水，无论如何不得小于为达到螺旋桨全部浸没所必需的吃水。部分装载或满载状态的任何营运吃水下，油船的分舱和稳性应符合分舱和破损稳性的要求。

5）油船的泵舱、污油水舱、隔离舱及浮力舱

（1）泵舱。

泵舱是用来布置货油泵、压载泵、扫舱泵的舱室。泵舱在船上的位置，要从轮机人员的操作管理方便、节省泵系统的重量以及对油船总强度的影响等方面考虑。大多数布置在机舱前面，亦有布置在中部区域的。泵舱下部如凸入机舱（泵立式布置），凸入部位自基线向上的高度一般应不大于船舶型深的 1/3；载重量不超过 25 000t 的船舶，经验船部门同意可以增高，但最高不得超过型深的 1/2，如图 5-2 所示。

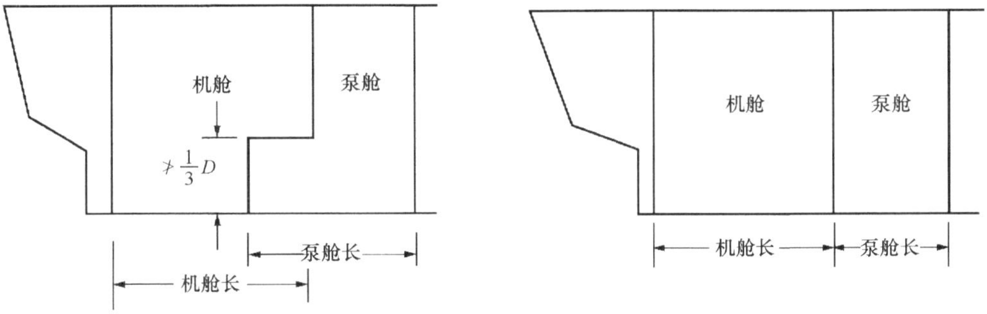

图 5-2　泵舱位置

一般泵舱长度为 7～8m。泵舱通风口高出甲板 3m，距上层建筑距离至少为 3m。

（2）污油水舱。

在货油舱区后面两舷各设一个污油水舱，现有油船，也可指定任一货油舱作为污油水舱；其总容积约为货油舱总容积的 2%～3%。

（3）隔离舱。

货油舱前后两端应设有隔离舱，以便与机舱、干货舱、居住舱室等隔离。隔离舱舱壁间应有足够的距离，不小于 760mm，以便于进出，且应隔离全部货油舱端部舱壁面积。

泵舱、压载舱、燃油舱可兼作隔离舱。

船舶驾驶部位与生活区如设在货油舱区上方，则用一至少为 2m 高的开敞空间将驾驶部位和生活区与货油舱甲板分隔开。

（4）浮力舱（又称干货舱）。

对不设专用压载舱的油船，为解决纵倾调整，通常采取设首浮力舱来平衡。首浮力舱长度要由纵倾调整需要确定。现今只在小型油船上才沿用这种办法，对设置专用压载舱的大型油舱，可不设首浮力舱。

6）肋骨间距

为了具体确定水密横舱壁的位置，必须划分肋位，确定肋骨间距。《钢质海船入级规范》

规定，肋骨标准间距 S_b 按下式计算：

$$S_b=0.0016L_{pp}+0.5 \quad (\mathrm{m})$$

且 $S_b \leqslant 0.7\mathrm{m}$。其中，$L_{pp}$为垂线间长，以 m 计。

规范还规定，在首尾尖舱内，肋骨或舷侧纵骨的标准间距 S_b 应为按上式计算所得值和 0.6m 中的较小者；在船端 $0.05L_{pp}$ 区域内，上层建筑及甲板室的甲板纵骨或横梁的标准间距 S_b 应为按上式计算所得值和 0.6m 中的较小者。

按我国民用船舶习惯，肋骨号码从尾部编起，以舵杆中心线为 0 号，向首编排，0 号以后肋骨号码注以负号。在编就肋骨号码后可根据舱长的需要将各横舱壁设在各相应的肋位上。

2. 运输船货舱的建筑特征

运输船舶由于装载货物、包装方式及运输方式等的不同，货舱的建筑形式各异。

1）双层底

《钢质海船入级规范》规定，船舶应尽可能从防撞舱壁到尾尖舱壁设置双层底。如需设置双层底，其内底须延伸至船舶两侧，以保护船底至舭部弯曲部位。客船和干货船双层底自龙骨线量起的垂直距离 h 应不小于 $B/20$，且不得小于 0.76m，但不必大于 2.0m。因为双层底有利于搁浅、触礁时的安全性，并且可作为淡水、燃油及压载舱之用，所以，除小型船舶因地位限制难以采用外，中型以上的干货船都设双层底。

《73/78 防污公约》和该公约 1990 年、1991 年、1992 年修正案对新油船提出了保护面积及假定流出油量的规定，因而对油船提出了双层壳和双层底的要求。

载重量为 600t 及以上，但小于 5 000t 的油船，在整个货油舱长度范围内，应至少设置双层底或处所，其高度 $h=B/15$，但不得小于 0.76m。

凡载重量为 5 000t 以上的油船，应设双层底和双层壳。双层壳间距 W 应不小于 $0.5+\dfrac{DW}{20\,000}$(m)或 $W=2.0\mathrm{m}$，取小者，但最小值为 1.0m；双层底或处所的高度 h 应不小于 $B/15$ 或 $h=2\mathrm{m}$，取小值，但最小值为 1.0m。

一般船的双层底高度在满足规范要求情况下，除考虑油水舱容积上的需要和管弄高度满足管路安装、检修的要求，可做适当加高外，一般不易过高，以免增加结构重量，损失货舱舱容。

双层底内的油舱与锅炉水舱、淡水舱之间，应设有隔离空舱。

杂货船双层底的内底板边板常做成水平的或向下倾斜的，如图 5-3(a)的实线(水平的)和点划线(向下倾斜的)所示。散货船(散装谷物船和散装煤船)的内底边板常做成如图 5-3(b)所示的向上倾斜的形式。倾角 β 为 35°～50°，以便卸货时减少清舱工作量，所形成的边舱也可做压载舱。矿砂船因矿砂的积载因数较小，所以其所需的货舱容积较小，且为避免货物重心过低，致使初稳性过大，常将货舱区域双层底抬高，一般可取普通干货船双层底高度标准值的 2 倍左右，如图 5-3(c)所示。集装箱船的基本结构形式为双层底和双层壳。双层底一般只在双层壳以内设置，如图 5-3(d)所示。

2）甲板及平台

散货船、矿砂船、集装箱船、油船只设单层连续上甲板，如图 5-3(b)～(e)所示。在机舱

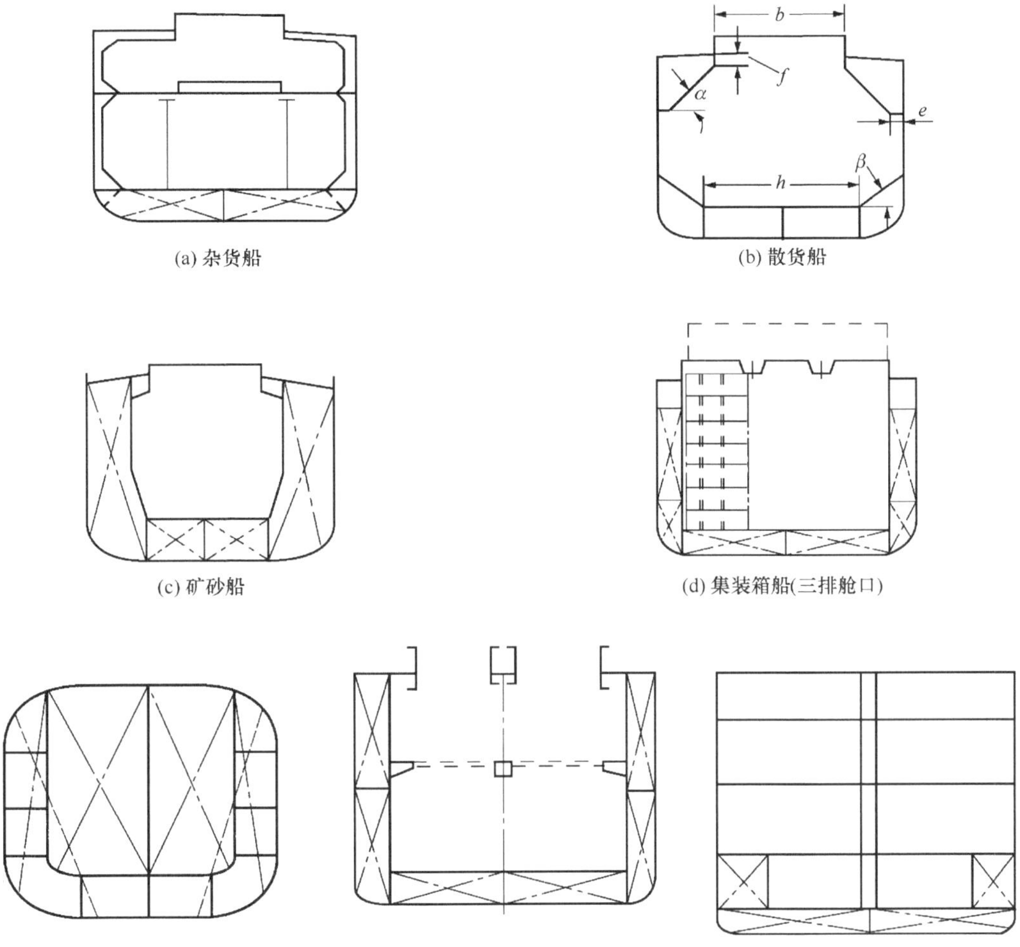

(a) 杂货船　(b) 散货船

(c) 矿砂船　(d) 集装箱船(三排舱口)

(e) 油船　(f) 多用途船　(g) 滚装船

图 5-3　运输船货舱建筑特征

区域，为了布置辅助机械设备和油水储存柜的需要，可设置多层平台。对小型货船、拖轮和渔船，由于船舶型深较小，也只设单层连续上甲板。

使用要求是考虑甲板层数的主要因素。对大中型杂货船，因载运土产、杂货(各种工业成品)和各种包装货等多种货物，为防止玷污、混杂和挤压以及便于理货，依船舶型深而设两层或多层甲板，如图 5-3(a)所示。对多用途干货船，一般均设置两层全通甲板，如图 5-3(f)所示。滚装船多设置 2～4 层甲板，如图 5-3(g)所示，世界上最大的滚装船已达 13 层甲板。客船最下层旅客甲板(或平台)一般海船不低于设计水线 1.2m，内河船不低于设计水线 1.5m，并按上层连续甲板到设计水线间的高度决定中间甲板的层数。

关于甲板间高度主要根据货种及作业条件等使用特点来决定。对杂货船，甲板间高度一般在 2.45m 以上。目前杂货船有加大甲板间高度的趋势，有的达到 2.75m，大型远洋杂货船趋向于增大到 3m 以上，以提高其适用性。多用途干货船甲板间高度近年来也有增高趋势。以往的多用途干货船，甲板间高度在 2.5～3.5m，而现在则在 3.5～5.0m，船长在

150m 左右的船甲板间高度多在 4.4m 以上。甲板间高度增大的原因是所载运的货物(如设备、车辆等)的尺度增大,同时需要在甲板间使用叉车。滚装船甲板间高度一般在 3.0~6.0m,要根据滚装工艺(带轮运输还是拖车系统)、货物种类(车辆还是集装箱)及货物堆放层数等因素来决定,见表 5-3。滚装船甲板间高度不必相等,例如,型深在 20m 左右,设置三层甲板,可取两层 6.3m 净高,一层 3.2m 净高。其 3.2m 净高可装载小汽车或杂货,6.3m 净高可通过 LUF 系统装两层高 2.590 8m 的集装箱。客船设双层铺的甲板间高度不宜低于 2.4m,以保证有适宜的净高度。

表 5-3　滚装船装载不同车辆、集装箱所需甲板间净高

类别	货物高度/m	铲车升降间隙/m	余地/m	甲板梁挠曲/m	甲板间最小净高/m
2.438 4m 高标准集装箱(一层)	2.44	0.42	—	0.1	2.96
2.438 4m 高标准集装箱(二层)	4.88	0.50	—	0.1	5.48
2.590 8m 高标准集装箱(一层)	2.59	0.42	—	0.1	3.11
2.590 8m 高标准集装箱(二层)	5.18	0.50	—	0.1	5.78
拖车(一层)	3.8	—	0.2	0.1	4.1
MAF1 拖车(一层)2.438 4m 箱	3.05	—	0.2	0.1	3.35
MAF1 拖车(一层)2.590 8m 箱	3.22	—	0.2	0.1	3.52
MAF1 拖车(二层)2.438 4m 箱	5.5	—	0.2	0.1	5.80
MAF1 拖车(二层)2.590 8m 箱	5.66	—	0.2	0.1	5.96
LUF 系统(二层)2.438 4m 箱	5.7	—	0.2	0.1	6.0
LUF 系统(二层)2.590 8m 箱	6.0	—	0.2	0.1	6.3
小汽车	1.7	—	0.2	0.1	2.0
客车	2.8	—	0.2	0.1	3.1

中间甲板及平台现在趋向于不用梁拱和舷弧,以利于施工和使用。

3) 边舱及深舱

多用途船、散货船、集装箱船、滚装船等,常设置边舱(包括顶边舱及舷边舱)和深舱。

多用途干货船一般均设置舷边舱,且多数作为压载舱用,舷边舱主要有图 5-4 所示的三种形式:

(1) 设于甲板间。

如图 5-4(a)所示,这种形式的主要优点是在上部形成箱形结构,这对总纵强度及扭转强度有利;在空载航行时用作压载舱可提高重心,改善压载航行性能。同时甲板间货舱的宽度减小,有利于载运谷物。这种形式对稳性紧张的船,在满载集装箱时无法用于压载来改善稳性。有的船为了弥补上述缺点,再在 1~2 个大舱内增设舷边舱,这样就能照顾上述各点,并且大舱内的舷边舱还可用于调整装重货或装集装箱时的横倾或作为减摇水舱用。

(2) 设于大舱内。

如图 5-4(b)所示,这种形式的舷边舱,其钢材利用率不高,从强度上看似乎没有什么好处,但该舱用于压载时,可降低重心,提高初稳性高度,这对稳性较紧张的船是有利的。同

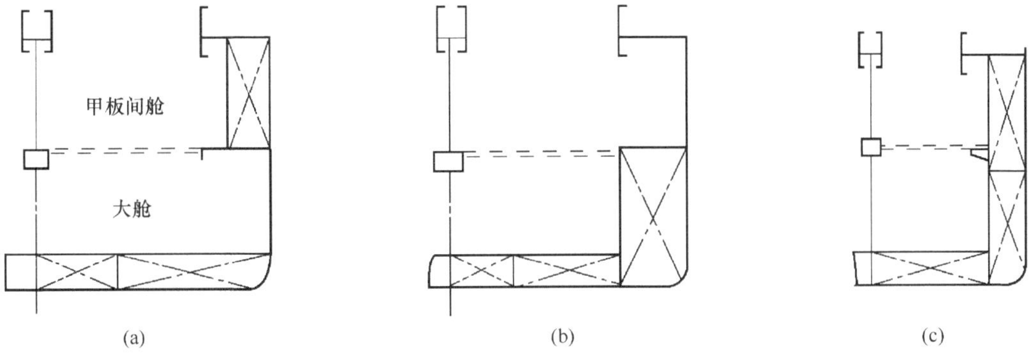

图 5-4　多用途船舷边舱

时，空船重心也较其他形式稍低些，有的船再在 1～2 个舱内设置甲板间舷边舱，便兼有上一形式的优点。

(3) 设于整个舷侧。

如图 5-4(c)所示，这是上述两种形式的结合。大多用于单甲板船或载运重货的船，即容量要求不高，压载量要求大，且船体强度要求高的船。

多用途船常设深舱。深舱可用作压载舱、船用水舱、货油舱、燃油舱或散货舱。深舱一般设在首部、中部及机舱前。设在首部的深舱用作压载舱时有利于纵倾调整，这对尾机型船来说是极有效的。深舱设在中部可减小压载航行时的中拱弯矩。设在机舱前的深舱常用作燃油舱。有的船深舱设在吊杆下，这样整个深舱结构成为吊杆或甲板上传来集中荷重的底座，并将荷重分散至船底及舷侧。

散装谷物船都采用顶边舱。散装谷物船在谷物落舱时有一自然堆角(休止角)，该角度因货物类别而异，一般为 30°～35°。由于散装谷物这一物理特性，就使得在装载谷物时，货舱的舷侧顶部出现三角空隙地带。设计时通常把这部分空间做成顶边舱，用来作压载舱。设置顶边舱，能使装货较满实，谷物因摇荡下沉的距离较小，下沉后谷物的顶面仍保持在缩小了的舱宽范围内，所以，大大地减小了谷物移动力矩。如果不设顶边舱，很难满足《国际海上人命安全公约》中关于谷物的下沉和移动引起的船舶静横倾角 $\theta \leqslant 12°$的规定。实践证明这一要求是比较高的，为解决这一问题而采取的增加特殊的止移设备的措施，在经济上是不利的。此外，占据舱容不多的顶边舱用来装压载水，提高压载时船的重心高度，改善了船的横摇性能，这对几乎有一半空放的船更显得有利。谷物船顶边舱及其货舱内部的适宜尺寸如图 5-3(b)所示，其中：$e=0.6 \sim 1.2\text{m}$，$f=0.7 \sim 0.8\text{m}$，$\alpha \geqslant 30°$，$h=b+(4\sim 8)\text{m}$，$\beta=30° \sim 50°$。

矿砂船的边舱形式如图 5-3(c)所示。矿砂因属重货，其积载因数 μ 较小，所以货舱容积容易保证。货舱两舷设置舷边压载舱，使货舱形成漏斗式形状，加之提高双层底高度，以解决矿砂船重心较低引起摇摆恶化的缺点，这样也可以防止倒矿的危险。

集装箱船大多设置舷边舱(即双层壳体)，如图 5-3(d)所示。可把这个双层壳体分成上下两层，根据不同装载情况，在不同部位装压载水，来调整重心高度以获得合适的初稳性高度。同时，双层壳体对船体强度和安全性也是有利的。

滚装船也可在下甲板以下设置左右边舱，如图 5-3(g)所示。该船型因具有相对较高的型深，要满足稳性要求而不加固体压载或液体压载是较为困难的，所以在下甲板以下设置边舱。该边舱也用以平衡因快速装卸造成左右舷货物不均衡所产生的横倾力矩。

3. 油、水等舱的布置

在船体内部主要船舱划分的同时，还应对燃油、滑油、淡水、压载水等舱(柜)进行布置。有关油、水舱的划分，应与机舱布置、管系布置、纵倾调整等配合进行，布置时一般多参考实船。

1) 燃油舱

燃料重油一般布置在双层底内以及机舱前的深油舱内，对续航力较大的船也有布置在舷边舱内的。在靠近主机日用燃油柜的舱内划出一个沉淀舱，向日用燃油柜供油。日用燃油柜一般都设在机舱平台上或机舱内。辅机及主机启动和进出港用的轻柴油都布置在机舱双层底内。因重油需要加热才能抽出，所以希望双层底内的重油舱离机舱越近越好，以节省管路和减少热量损耗。但尾机型船燃油消耗后容易首倾，这虽然可用压载水来调整，但总感到不便，为此，也有将部分重油舱布置到较前的双层底内的情况。

2) 滑油舱柜

滑油储存柜、沉淀柜、气缸滑油柜的容积不大，一般都放在机舱平台上。滑油循环柜和污油柜、溢油柜的容积也不大，一般设在主机下双层底内。滑油循环柜也有设在机舱平台上和滑油储存柜放在一起的。

3) 食用淡水、洗涤用水舱柜及海水柜

这些舱柜在双层底、首尾尖舱等处都可布置。容积较小的日用水柜可设在机舱平台上或其他空处。

4) 压载水舱

压载水舱可设置在首尾尖舱、双层底内以及舷边舱和顶边舱内。压载水量及压载水舱的位置，要保证各种装载情况下适宜的浮态及初稳性，也要尽量减小中拱或中垂弯矩。例如，杂货船，要满足压载航行时 $T_{fb}=(2.5\%\sim3.0\%)L_{pp}$ 和一定尾吃水 d_{ab} 的要求，需要的压载水量就很大，单靠正常高度的双层底和首尾尖舱的容积是不够的。因此，一般都利用装货不便的 1 号货舱底部、轴隧两侧设平台构成压载舱，或在首尖舱后设短的深压载舱。首部压载过大，会使压载时中拱弯矩过大，满载时中垂弯矩过大，从强度观点看，以增加双层底高度或在中部适当区域设舷侧深舱或在下甲板以下设短的横向压载深舱为宜。杂货船由于增加压载舱容量十分困难，因而浮态常达不到上面所提出的要求，首吃水 T_{fb} 只有 $2.0\%L_{pp}$。

在布置油、水舱(柜)时，各种油舱与清水舱之间、燃油舱与滑油舱之间、不同种类的滑油舱之间、清水舱与压载水舱之间应设置隔离舱。燃油舱与压载水舱之间一般可以不设隔离舱。

在布置油、水舱(柜)时，还应全盘考虑和注意以下几个方面的问题：

(1) 燃油舱的出气管不要通过生活舱室，燃油舱的位置须特别注意安全。

(2) 为了不使燃油、淡水消耗后船的浮态变化过大，布置时应尽可能使它们的公共重心接近船中。

(3) 充分利用不宜于装货的狭窄处所。另外，在满足使用要求的同时，力求节省管路。

避免油管穿过淡水舱,或者淡水管路穿过油舱,否则应采取规范规定的措施加以保护。

(4) 燃油舱或淡水舱不宜集中布置,以避免该处破损后失去供应。

5.2.2 上层建筑及甲板室的形式、尺度及层数

上层建筑是最上层连续甲板以上围蔽建筑物的统称。上层建筑分为船楼和甲板室两种。船楼是上层连续甲板上,由一舷伸至另一舷的或其侧壁板离船壳板向内不大于船宽4%的围蔽建筑,依其位置的不同分为首楼、桥楼、尾楼。其他的围蔽建筑称为甲板室。当上层建筑及甲板室的长度大于 $0.15L$,且不小于其高度的 6 倍时,称为长上层建筑及长甲板室。不符合长上层建筑及长甲板室条件的称为短上层建筑及短甲板室。

上层建筑的设置,从使用功能上讲,需要布置各种工作和生活处所;从对技术性能的影响上讲,上层建筑有利于改善船舶溅浸性和稳性,另外从船舶建筑艺术上也有重要作用。因此,对上层建筑的形式选择及布置,必须处理好上述关系,满足使用上合理、技术上先进与建筑艺术三者的有机配合。在总体设计时,要依据船的用途、航区、机舱地位、船舶性能特点、立面造型诸方面进行全面的分析而定。另外,各个部位的上层建筑担负着不同的作用,因而其构造形式亦不相同。

1. 首楼

首楼的设置及尺度首先要考虑甲板上浪,因为船在迎浪或斜迎浪航行时,首部容易上浪。甲板上浪将严重威胁甲板上船员、货物、设备和甲板开口封闭装置等的安全。实践证明,设置首楼对防止甲板上浪,保持甲板干燥,保护人员、货物及设备安全是十分有效的。

首楼的设置及其长度与船及干舷大小、舷弧高度、海域情况以及首楼甲板上设备的布置需要诸因素有关。我国《钢质海船入级规范》规定,所有船舶应设置首楼或增大舷弧,使船首最小高度符合 1966 年《国际载重线公约》的要求。该规范规定,凡设置首楼以满足规范对首部最小干舷高度要求的船舶,自首垂线算起的首楼长度应不小于 $0.07L_{pp}$,并且在船长 $L_{pp} \leqslant 100$m 时,首楼的封闭条件还应满足规范的规定。在此基础上,首楼甲板面积还应顾及锚泊设备和其他设备的布置要求。首楼长度的统计数是船长的 8%～10%。

一般海船的首部干舷都不够高,故都设置短首楼。在短首楼的内部布置锚机控制室、灯具间、油漆间、缆索与索具、木工工作室等。

除短首楼,有的船从实际出发,采用长首楼。例如,“风字”型远洋货船,为弥补 1 号货舱舱容的不足,将首楼延长到 1 号货舱的后端,所得的容积用于装货。这样既增加了舱容又均衡了装卸时间,但应注意对稳性带来的不利影响。又如,海洋拖轮,为改善航行中的溅浸性和使拖钩布置在船重心附近,也设置长首楼,但要注意,因首部碰撞机会较多,首尖舱范围的首楼段,不能作为居住舱室使用。

小型船舶,考虑到驾驶视线或重心高度,有设置半升式首楼(首楼底在上甲板之下)的。客船、客货船因干舷甲板之上通常还设连续甲板,所以一般不设首楼。对高型深和高舷弧的大型船,因为能保证首部干舷也可不设首楼。

2. 中部及尾部上层建筑

中机型船舶大都设置中部上层建筑，用以布置船员工作和生活舱室，保护机舱开口，布置烟囱和艇设备。即使是尾机型船，也有为改善驾驶视线等原因而设置了中部上层建筑的。

中部上层建筑分桥楼型和甲板室型。甲板室型因其两侧有外走廊，甲板上前后交通联系方便，一些甲板作业频繁的船（如渔船、拖轮、大型货船等）皆喜欢采用甲板室型。甲板室型中部上层建筑在甲板上浪和舱室面积方面有其不足之处，所以一些小型运输船及客船则常采用桥楼型。

中部上层建筑在甲板上跨越的长度，既要满足布置生活和工作舱室面积的需要，又要防止不合理的增长而影响装卸效率。从提高装卸货物效率的角度，希望舱口要大，就要求中部上层建筑的端壁不能过多跨越货舱的范围。通常其端壁跨越货舱壁的长度以不大于 5m 为宜，否则将影响货舱口的尺度。中部上层建筑依船只大小一般设有 2～4 层，最下层长度要照顾到遮住机舱长度的需要，统计范围为船长的 15%～20%，并自下而上在后端逐层缩短缩窄，但其尺寸应满足舱室、艇、机舱天窗和烟囱的布置要求。

尾机型船根据机舱棚、烟囱、生活和工作舱室的布置要求，都要设置尾部上层建筑；中机型船为解决舱室布置的拥挤，也设置单层的尾甲板室。另外，在个别尾机型大船上因尾部驾驶视野不好，而在中部或首部另设短的上层建筑，布置驾驶人员的全部或部分舱室。

上层建筑集中在机舱区段，这样布置有利于减少生活设施，节约空间和造价，方便船员工作和生活，有利于机舱棚的布置和进出通道的安全。

客船及其他需要较大舱室的船舶，上层建筑常由中部向首尾延伸，并有相当长度。

3. 主上层建筑的尺度和层数

主上层建筑的尺度和层数，应根据需要的舱室面积、露天上甲板面积（如运输船货舱口的安排）、艇设备布置、驾驶视野、重量和重心高度、受风面积等因素来决定。大型运输船舶，舱室面积矛盾不大。中小型船舶，常有困难，这时应按在保证船员必需的生活条件下，尽量不影响船的使用效能的原则来处理，做到适当兼顾。

从驾驶室里驾驶员眼睛到首端舷墙顶点引一条直线，通常把这一直线与水面的交点和首柱间的一段区域称为“盲区”。驾驶视野的要求无确切的标准。原则上按这样的标准来考虑，盲区应尽量小，以便及时发现船首附近的障碍物，采取必要的避让措施。设计时，一般参考实船资料来决定。客船的盲区长度为(0.60～0.70)L_{pp}，货船及油船满载时平均盲区长度为 1.25L_{pp}，压载航行时盲区长度约为 2.0L_{pp}。各船的盲区长度差别较大，盲区长度大的船舶，进出港时要采取专人瞭望的办法来加以补救。

上层建筑的层数与船的大小有密切关系，小船为 1～2 层，中型及大型船舶为 3～4 层，尾机型的大船考虑驾驶视野，甚至高达 5 层以上。各层自下而上在后端逐渐内缩，长度和宽度应满足舱室、艇设备、机舱棚和烟囱等布置需要；各层高度，小船为降低重心，减小受风面积，层高常压低到 2.1m，中型以上船舶，层高按舱室用途不同取 2.3～2.6m。

5.3 运输船的浮态与纵倾调整

船舶在各种装载情况下的浮态(即首尾吃水)对船舶快速性、安全性、航向稳定性等有很大的影响。一般在型线设计和总体布局区划的基础上,先对船的浮态和初稳性进行校核,然后根据计算结果,调整总体布置,直到浮态满足要求为止。调整浮态的过程就称为纵倾调整。在这一节将介绍船舶在航行中对适宜浮态的要求,浮态计算及纵倾调整方法。

5.3.1 船舶浮态要求

船舶装载情况变化,船的浮态也随之发生变化。当尾吃水不足时,将使桨叶出水,使推进效率降低,引起空泡和振动;当首吃水不足时,首拍击现象严重,将引起首底破坏;而平均吃水过小,则船的受风面积增大,对稳性及航向稳定性都不利。因此,要求船舶必须有适宜的浮态。

船舶满载出港状态和空船压载状态是作为设计重点来考虑的。

1) 满载出港状态

这个状态是决定船的主要尺度和技术经济性能的状态。很明显,这一状态的平均吃水和首尾吃水比较大,螺旋桨的埋深不成问题,主要是解决适宜纵倾。对货船,一般要求船舶具有正浮状态,稍许的尾倾也是允许的。

2) 空船压载状态

空船时,船的平均吃水是比较小的,为达到适宜的平均吃水和纵倾,主要借助加压载水及其在船上的合理布置来解决。一般希望首吃水达到(2.5%~3.0%)L_{pp},尾吃水则要求能使螺旋桨充分浸没水中。对普通杂货船,由于不具备专用压载舱,通常认为桨直径的3/4必须没入水中,对航行于大洋中的远洋货轮需要更大些。对载重量$DW \geqslant 20\ 000$t的原油船,空船加压载时的浮态必须满足《国际防止船舶造成污染公约》及其议定书中的规定。

5.3.2 浮态计算

随着设计的深入,有了总布置图、型线图、静水力曲线图、邦戎曲线图以后,就可以进行各种装载情况下的浮态计算,目前常采用的步骤大致如下:

(1) 设计舱柜布置图。

对于液体舱,包括货油舱、燃油舱、滑油舱、淡水舱、压载水舱等液体舱,结合总布置图和液体舱所需的容积进行划分,并使各舱提供的容积略大于所需容积。前已述及,燃油、淡水可布置在双层底内。如果双层底容积不够,可适当加大双层底高度,再有困难,可设深油舱及舷边舱等。压载水可根据具体情况布置在双层底、首尾尖舱、舷边舱及顶边舱等处。

舱柜布置图可反映出舱柜在船上的位置及几何尺寸。

(2) 绘制舱容要素曲线图。

由于在营运过程中,油水均可有变化,因此其重量和重心随之变化。设计者应提供各液体舱柜的容积和容积形心随液面高度变化的曲线,即舱容要素曲线,如图5-5所示。

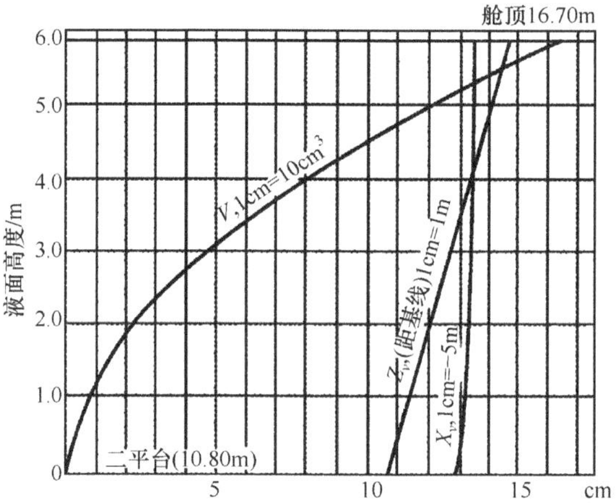

图 5-5　液体舱容要素曲线图

舱容要素曲线图包括各液面高度处体积 V 及其形心坐标 X_v、Z_v 以及自由液面通过其面积形心的纵轴的惯性矩 i_x，计算时液面高度 Z 通常从舱柜底面算起。

舱容各要素的计算方法请参照船舶静力学。

舱容要素曲线可用来计算各种载况时油水装载量 W_j 和重心位置（X_{Gj}，Z_{Gj}），是计算船舶浮态与稳定性的基础资料。

(3) 计算各货舱载货量 W_{ci} 及其重心位置（X_{Gi}，Z_{Gi}）。

各货舱容积及其形心的计算方法同舱容要素的计算方法。

满载时，各货舱的载货量可根据总载货量按容积分配，也可在容积允许的范围内，根据需要来确定各货舱的载货量。

载货量及其重心位置和油水量及其重心位置也有根据表示全船舱容大小及其分布的容量图来求的，容量图在现代设计中较少采用。

(4) 计算人员、行李及食品等的重量和重心位置。

(5) 计算空船重量和重心位置。

初步设计阶段，(4)、(5)两项重量重心计算可用第 2 章所述方法结合总布置图计算。随着设计不断深入，条件具备时，空船重量和重心位置应精确计算。

通常为校核初稳性，也附带算出上述各项重量的重心高度 Z_{Gi}。

(6) 列表计算各种装载情况下的重量及重心，见表 5-4。

表 5-4　各种装载情况的重量及重心计算

序号	载重名称	重量 W_i/t	力臂/m		力矩/(t·m)	
			距基线 Z_{Gi}	距船中 X_{Gi}	距基线 M_{zi}	距船中 M_{xi}
Ⅰ	空船					
Ⅱ	货物					
	1 号货舱					
	2 号货舱					
	⋮					

续表

序号	载重名称	重量 W_i/t	力臂/m		力矩/(t·m)	
			距基线 Z_{Gi}	距船中 X_{Gi}	距基线 M_{zi}	距船中 M_{xi}
Ⅲ	燃油					
	1 号燃油舱					
	2 号燃油舱					
	⋮					
Ⅳ	滑油					
Ⅴ	淡水					
	食用水					
	炉水					
	⋮					
Ⅵ	食物					
Ⅶ	人员与行李					
Ⅷ	压载水					
	1 号压载舱					
	2 号压载舱					
	⋮					
总计		$\Delta=\sum W_i$	$Z_G=\dfrac{\sum M_{zi}}{\Delta}$	$X_{Gi}=\dfrac{\sum M_{xi}}{\Delta}$	$\sum M_{zi}$	$\sum M_{xi}$

(7) 计算浮态及初稳性。

由船舶静力学可知船舶纵倾值(即首尾吃水差)为

$$t=d_F-d_A=\frac{\Delta(X_G-X_b)}{100M_{cm}}$$

式中　M_{cm}——每厘米纵倾力矩,可从静水力曲线上查得,或按下式估算:

$$M_{cm}=\frac{\Delta R}{100L_{pp}}$$

式中　R——纵稳心半径,可由静水力曲线上查得,也可根据母型船取或按下式估算:

$$R=\frac{1}{14}\frac{C_w^2}{C_b}\frac{L_{pp}^2}{d}$$

船舶首尾吃水分别为

首吃水

$$d_F=d_m+\left(\frac{L_{pp}}{2}-X_F\right)\frac{t}{L_{pp}}$$

尾吃水

$$d_A=d_m-\left(\frac{L_{pp}}{2}+X_F\right)\frac{t}{L_{pp}}$$

式中　d_m——平均吃水,由排水量 Δ 在静水力曲线上查得;

X_F——水线面漂心纵坐标,在静水力曲线上查得,或由母型船估算。

浮态及初稳性可列表计算(表 5-5)。

表 5-5　各种装载情况的浮态及初稳性计算

序号	项目	单位	符号及公式	数值
1	排水量	t	Δ	
2	排水体积	m^3	∇	
3	平均吃水	m	d_m	
4	重心距船中	m	X_G	
5	浮心距船中	m	X_b	
6	纵倾力臂	m	$X_G - X_b$	
7	纵倾力矩	t·m	$\Delta(X_G - X_b)$	
8	每厘米纵倾力矩	t·m	M_{cm}	
9	纵倾值	m	$t=\dfrac{\Delta(X_G-X_b)}{100M_{cm}}$	
10	漂心距船中	m	X_F	
11	首吃水变化	m	$\Delta d_F=\left(\dfrac{L}{2}-X_F\right)\dfrac{t}{L}$	
12	尾吃水变化	m	$\Delta d_A=-\left(\dfrac{L}{2}+X_F\right)\dfrac{t}{L}$	
13	首吃水	m	$d_F=T_m+\Delta d_F$	
14	尾吃水	m	$d_A=T_m+\Delta d_A$	
15	重心距基线	m	Z_G	
16	横稳心距基线	m	$Z_M=Z_B+r$	
17	初稳心高	m	$\overline{GM_0}=Z_M-Z_G$	
18	自由液面修正值	m	$\delta\overline{GM}=\dfrac{1}{\Delta}\sum r_1 i_x$	
19	修正后的初稳心高	m	$\overline{GM}=\overline{GM_0}-\delta\overline{GM}$	
20	横摇周期	m	$T_0=0.58\sqrt{\dfrac{B^2+4Z_G^2}{\overline{GM_0}}}$	

计算出船的首尾吃水以后,可根据船舶浮态要求,校核该装载情况下的浮态是否适宜。如果不符合要求,则应采取措施进行调整,直到有适宜的首尾吃水为止。

5.3.3　船舶纵倾调整

船舶纵倾调整主要是解决重心纵向位置 X_G 与浮心纵向位置 X_b 二者的关系问题。当 $X_G \neq X_b$ 且 X_G 与 X_b 差异较大时,就造成船舶浮态不符合要求。因此,纵倾调整方法的实质,就是采取何种措施改变 X_G 和型线设计时合理选择 X_b 的问题。

当浮态计算出现首倾或尾倾偏大时,可用下列一种方法或几种方法配合进行调整。

1. 改变双层底内油、水舱的布置

设将某一油、水舱移动一下位置，其移动重量为 W_i，移动距离 X_i，则移动力矩为

$$M_{xi}=W_i \cdot X_i$$

该移动力矩 M_{xi} 使船的重心移动 δX_G，且

$$\delta X_G=\frac{W_i}{\Delta}X_i$$

通常因双层底内某液体重量有限，所以，只有当需要 X_G 改变不大时，采取此种方法才有效，否则必须使移动距离 X_i 很大，而这在实际布置上往往不能实现。

2. 改变双层底以上舱室的相互位置

由于液体、货物的密度不同，相互调换双层底以上的液体舱、泵舱、压载舱、货舱的位置就可以调整重心纵向位置 X_G。

设某液体舱移动一个距离 X_i（向前或向后移动视需要而定），假设是液体舱与货舱位置对换，则船的重心纵向位置变化量 δX_G 为

$$\delta X_G=\frac{V_i}{\Delta}(\gamma_i-\gamma_c)X_i$$

式中 V_i——调整舱的容积；

$\gamma_i-\gamma_c$——调整舱内液体密度与货物密度之差。

如果液体舱液体密度大于货物密度，船的重心沿液体舱移动方向移动，否则相反。

3. 适当移动机舱位置

道理与“2”是一样的。如图 5-6 所示，当改变机舱位置时，船的重心变化量为

$$\begin{aligned}\delta X_G&=\frac{-l_m\gamma_c\delta X_m A_c+\delta X_m W_m}{\Delta}\\&=\frac{\delta X_m A_c l_m}{\Delta}\left(\frac{W_m}{l_m A_c}-\gamma_c\right)\end{aligned}$$

式中 A_c——机舱横剖面面积；

l_m——机舱长度；

W_m——包括机舱上面的上层建筑在内的机舱内的所有重量；

γ_c——货物密度；

δX_m——机舱移动距离。

一般运输船的 $\frac{W_m}{l_m A_c}\ll\gamma_c$，因此，移动机舱对改变船的重心纵向位置是很有效的。

尾机型船如能将机舱长度压缩 δl_m，则货物的重心至少能后移 $\delta l_m/2$，产生的移动力矩为 $\frac{\delta l_m}{2}W_c$，其中 W_c 为移动的货物重量。这样，船的重心后移量至少为

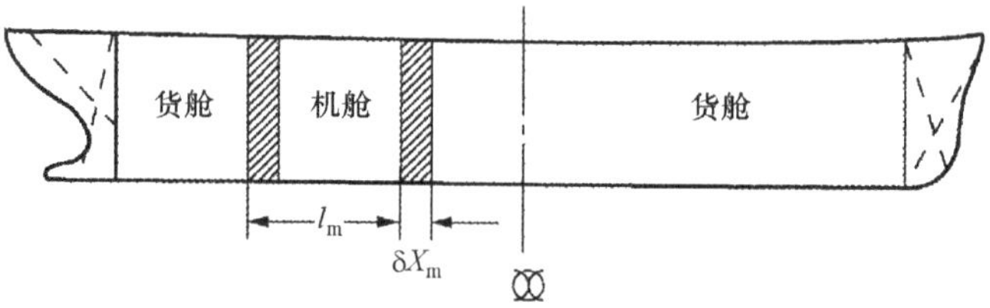

图 5-6　机舱位置示意图

$$\delta X_G = \frac{\delta l_m W_c}{2\Delta}$$

可见，尾机型船机舱长度对纵倾调整影响很大，故设计时应特别注意。目前，机舱布置向立体化发展，这是缩短机舱长度很有效的方法。

4. 设置首部平衡空舱或深压载水舱

为解决尾机型船纵倾调整，可适当增加船长，于首部设置平衡空舱或深压载水舱。首平衡空舱起着使船的重心向后移动的作用，有助于纵倾调整。满载时该舱空着(或装少量贮备品)，空载时该舱可多放些货物，配合首部压载水舱以达到必要的首吃水值。对现代大型富裕干舷的油船，由于设专用压载舱，则可通过合理布置货油舱、压载舱以及油、水舱，来解决两种航行状态的纵倾调整，无须设首平衡空舱。

在首部设置深压载水舱也有利于空载时的纵倾调整，但是增加了空载时的中拱弯矩。

5. 改变浮心位置

当船舶型线图完成后，若改动浮心纵向坐标 X_b，就等于重新制作型线图。所以，只有当改变布置有很大困难时，才考虑改变型线。这就要求在型线设计时，浮心纵向位置的选择，不能单从快速性角度考虑，必须结合总布置的合理性和纵倾调整的需要，参考型船加以全面权衡，避免型线设计后的返工。

上述浮态计算及纵倾调整方法，对各种类型的运输船、对船舶的各种装载情况都适用，是普遍的方法。应该指出，有时变动货舱及油、水舱的位置使压载状态的浮态达到要求，可能满载情况的浮态又受到影响，又需对满载情况重新计算。这样，要经过反复计算一直调到各种载况都满意为止。另外，在调整过程中必须注意自由液面对稳性的影响。通常都将所用的压载舱装满或者空着，不要采用半舱压载的办法。如果一个压载舱太大，可分成两个舱。

一般说来，可做压载舱的地方多的船，纵倾调整就容易些。半载情况更易于靠压载来调整纵倾。因为浮心随吃水减小而前移，所以只要布置时使燃油、淡水的公共重心距船中不太远，满载中途及满载到港的浮态一般不成问题。所以，纵倾调整的重点是满载出港及空船压载出港或到港的状态。

5.4　工作舱室及生活舱室的布置

在进行总布置设计时，当总体布局的区划基本完成之后，就要对上层建筑内的工作舱室及生活舱室进行划分，并对其内部进行布置；与此同时要规划全船的通道与梯口。对客船及其他一些布置型船，只有当上层建筑内的各种舱室、梯道划分布置妥当，才能使船的总体布局最后确定下来。舱室布置对合理地利用和分配空间，充分提高船舶有限空间的使用率，对船舶的适用性、经济性与安全性等方面来说，都具有很重要的意义。由于船舶纵摇、横摇、振动、噪声和温度等的不利影响，再考虑到自然通风和采光的条件，船舶各个部位的舒适程度是不同的。因此，在舱室布置时，要注意方便和有利于工作及生活，减少相互干扰，注意相互协调。

图 5-7 为 50 000 DWT 成品油/原油运输船的各类舱室的区域划分图。

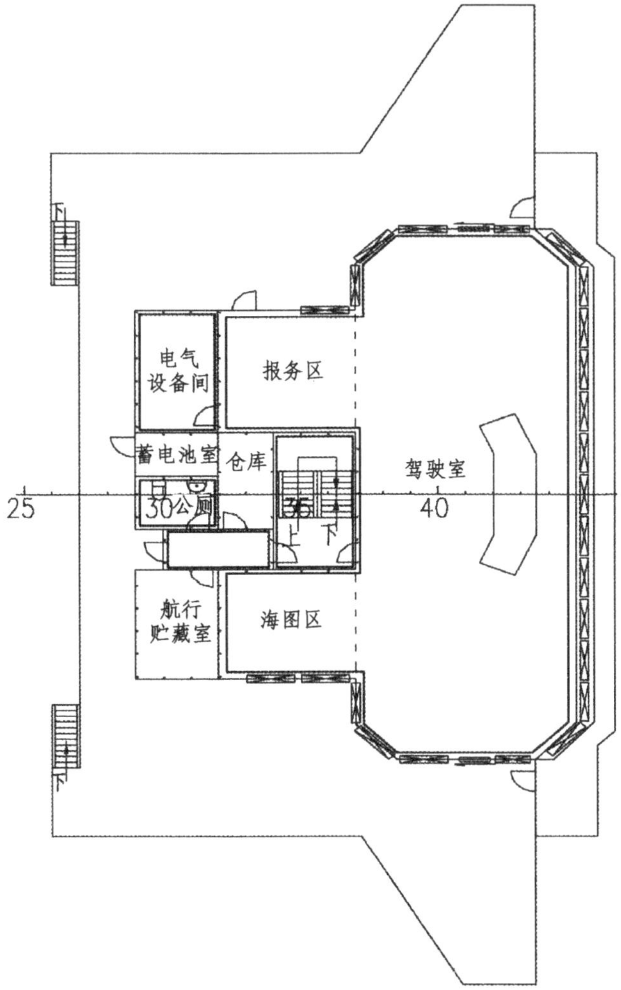

(a) 驾驶甲板

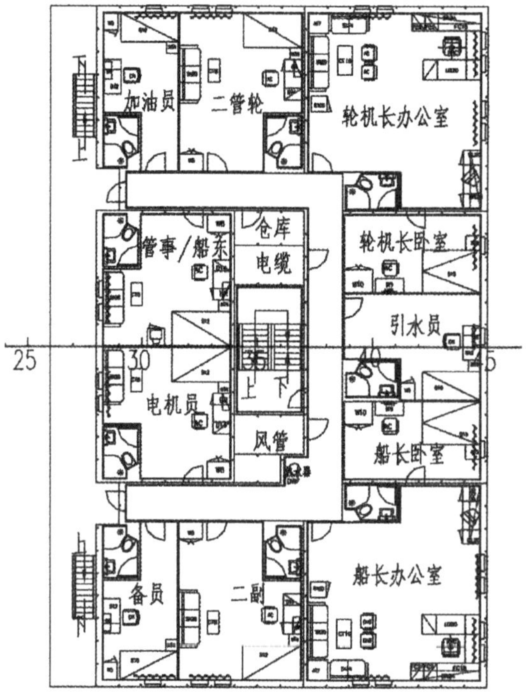

(b) 船长甲板

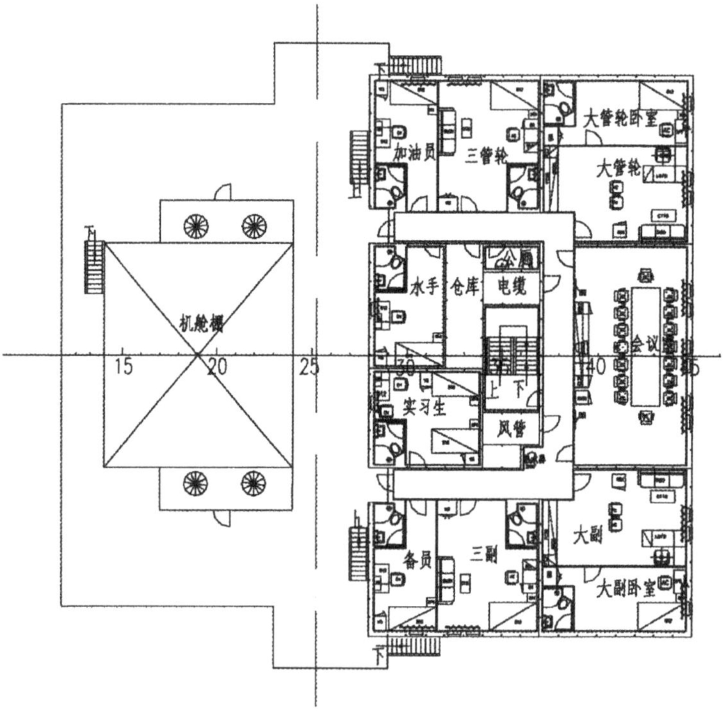

(c) 船员甲板(一)

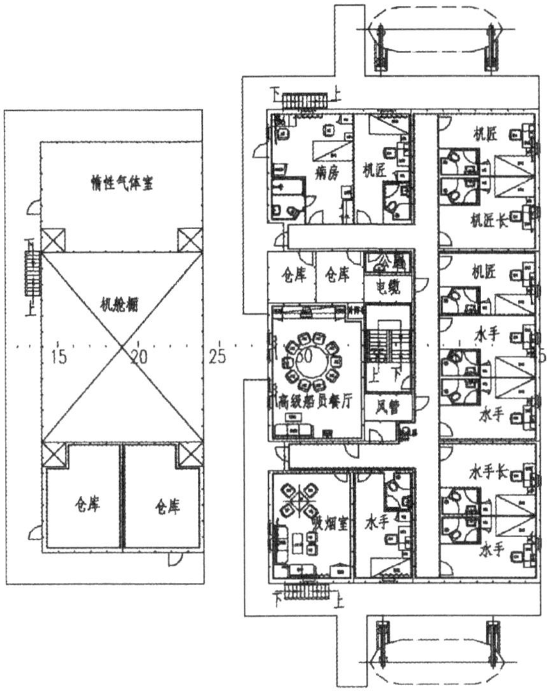
惰性气体室
机舱棚
仓库
仓库
病房
机匠
机匠
机匠长
仓库
仓库
电缆
机匠
水手
高级船员餐厅
风管
水手
水手长
吸烟室
水手
水手
15
20
25
下
上

(d) 船员甲板(二)

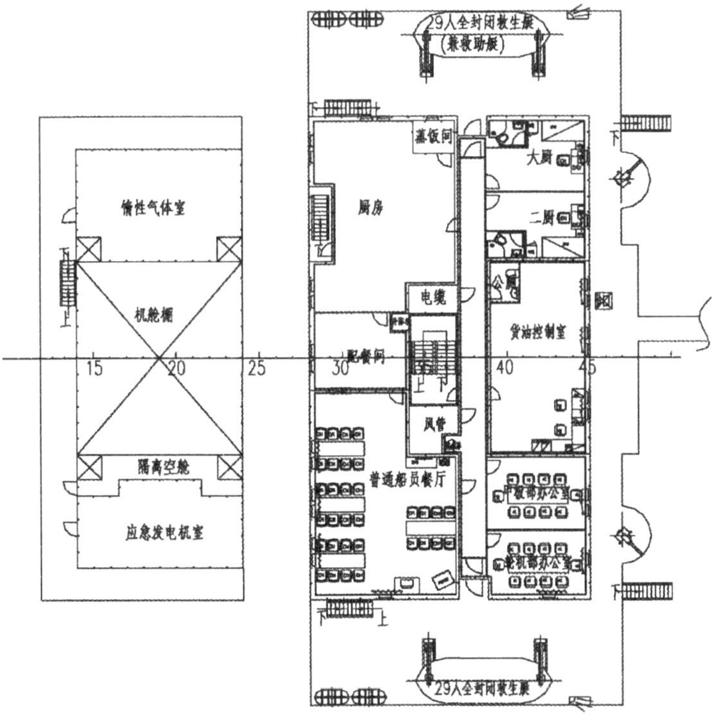
29人全封闭救生艇
(兼救助艇)
蒸饭间
大厨
厨房
二厨
惰性气体室
电缆
机舱棚
货油控制室
配餐间
风管
隔离空舱
普通船员餐厅
应急发电机室
29人全封闭救生艇
15
20
25
30
40
45
下
上

(e) 艇甲板

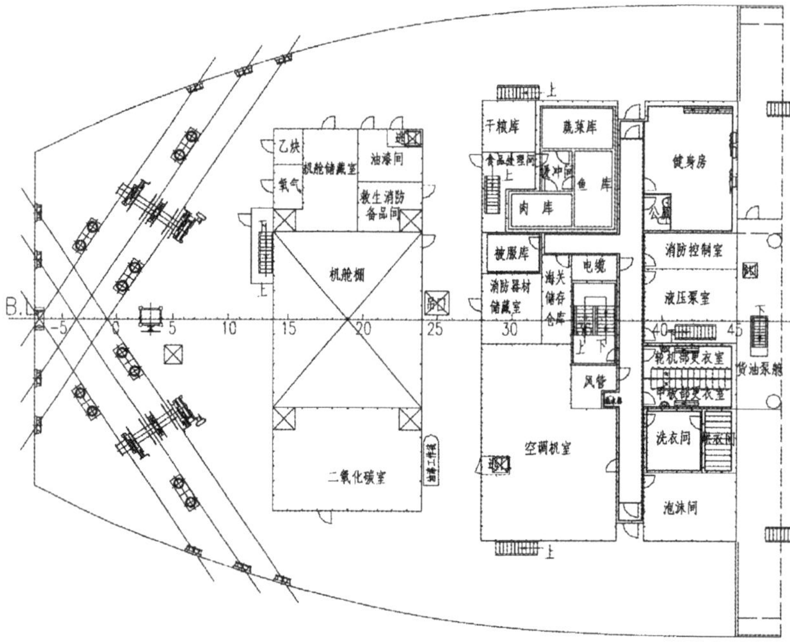

(f) 主甲板

图 5-7　50 000 DWT 成品油/原油运输船的各类舱室的区域划分图

5.4.1　工作舱室设置与分布

工作舱室由驾驶室、海图室、报务室、雷达室、广播室、应急发电机室、机修间、灯具间、油漆间、木工间、电工间、理货室以及各种贮物间等组成。工作舱室随船型、航线及业务性质而异。

驾驶室、海图室、报务室是船舶的主要航海部位，为便于航行中相互联系，这些工作舱室都放在同一层上。

(1) 驾驶室：驾驶室是船舶的指挥和控制部位，要求有良好的视野，通常驾驶室都放在上层建筑最高一层甲板(称驾驶甲板)上。确定驾驶室的高度和在船上的纵向位置时，要尽量缩短前端的盲区，为此，当船舶具有船中部上层建筑时，驾驶室都设在船中部。驾驶室的面积要满足布置航电设备和工作人员活动需要，前后方向长度须有 2.5～3.0m，横向一般不通到两舷，留着的驾驶甲板用于驾驶员瞭望观测。驾驶室两边设有扶梯通罗经甲板。

(2) 海图室：海图室是供存放海图并进行海图作业的场所。大型船舶一般是放在驾驶室的后右侧，并有门与驾驶室相通。小型船由于面积的限制，多放在驾驶室内部。海图室的面积要满足放置海图桌、航海资料文件柜、测位仪表等物品和人员工作活动的需要，一般须有 6～16m^2。

(3) 报务室：报务室是设置无线电通信设备，从事船与船、船与陆地通信联系的工作场所。报务员担负着经常为驾驶人员提供情况的任务，所以通常把报务室放在驾驶室后左侧。室内应有良好的绝热隔音设施，要有直通露天甲板的门，以供应急之用。

(4) 雷达室:雷达室是放置和操纵雷达装置的部位。雷达显示器应装在驾驶室或海图室,考虑与驾驶室联系方便和缩短雷达装置与天线的距离以及减少导波管的弯折次数,雷达室通常设在驾驶室同层和靠近雷达天线下面的区域。有些船由于面积的限制,不能单独设雷达室,而将雷达装置放在海图室内。雷达室面积主要根据设备台数、工作台大小等决定,小船为 $5m^2$ 左右,大船为 $11\sim20m^2$。

(5) 应急发电机室:应急发电机作为海损后应急供电之用。应急发电机室要放在较安全的地带,多设在艇甲板上,并设有单独通向露天甲板的门,以保证海损时,应急工作的方便。应急蓄电池室也设在该层内,亦须设通向露天甲板的出入口。

(6) 机修间:机修间供修理主辅机及各种设备配件之用,通常设在机舱区域的平台上面或其他邻近机舱便于工作的处所。

(7) 灯具间、油漆间、木工间:灯具间、油漆间、木工间一般都设在首楼内部,货船上也有布置在起货机平台下的。灯具间和油漆间应以钢隔壁分开,均须有良好的通风设备和直通露天甲板的出入口。

(8) 电工间:电工间多设在电匠居住舱室附近。

(9) 理货室:对远洋运输船需设理货室。它是用来接待外界商务人员的舱室。考虑到接待方便而又不影响船内的工作,理货室宜放在上甲板层,并应设直通露天甲板的出入口。

此外,尚有一些工作舱室,可根据该室设备特点和同型船布置的经验进行布置。例如,报务用的变流机,多放在报务室同层的变流机室内,并有通向露天甲板的门。电罗经的变流机最好放在主罗经旁的单独房间内。电罗经室应尽可能设在船的摇摆中心附近,消防用的灭火剂(如 CO_2)多存放在桅室或上甲板上专门的房间内,不可放在生活舱室区。

5.4.2　生活舱室的区划和布置

本节主要参考《船舶与海上设施法定检验规则》(以下简称《规则》)中船员舱室设备和乘客定额及舱室设备的要求,且根据作者的设计实践编写的。为叙述方便,对下列名词定义如下:

(1) 高级船员:指船上的大副、二副、三副、大管轮、二管轮、三管轮、电机员、事务长、报务主任、报务员、医生和引水员等;

(2) 普通船员:指船长、轮机长和高级船员以外的其他船员;

(3) 客船分为下列四类:

① 第一类:航行时间在 24 小时及以上的国际航行客船;

② 第二类:航行时间在 24 小时以下的国际航行客船和航行时间在 24 小时及以上的国内航行客船;

③ 第三类:航行时间在 4 小时以上至 24 小时以下的国内航行客船;

④ 第四类:航行时间不超过 4 小时的国内航行客船。

1. 舱室区划

1) 船员舱室

应将上层建筑里舒适程度较高的区域用来布置船员住舱。通常是将住舱布置在各层甲板的外侧地带，使住舱获得良好的自然通风和采光条件。船员居住位置应考虑便利各部门船员的工作，尽量靠近各部门船员的工作场所。船长、政委和驾驶部门、轮机部门的干部住舱一般是放在驾驶甲板的下一层。船长的住舱应放在住舱区的右前方，使其能经常观察船首和右舷的情况；大副、二副和三副的住舱要与船长住舱靠近；轮机长和大管轮、二管轮、三管轮的住舱要互相靠近，以便加强联系，通常是放到桥楼甲板的前端；其他船员住舱按其工作性质应分别靠近其工作处所。例如，报务员舱靠近报务室，厨工住舱要靠近厨房和餐厅，甲板部人员住舱放在起居甲板（主甲板）这一层，轮机部船员住舱放到桥楼甲板或甲板部人员住舱的对侧。远洋船的领港员室，从既有利对外工作需要，又有利船上安全来考虑，放在干部住舱附近较为合适。

2）客船的旅客舱室

客船上船员的生活舱室与旅客舱室应尽可能分成各自独立的区域。旅客舱室尽可能分级分区布置，高级客舱布置在上层建筑的上层，再逐级向下安排。公共处所，如餐厅、俱乐部等，其地位要适中，以方便各区的旅客来往。不同性质的公共处所（如热闹的、安静的）应根据它们不同的特点选择适宜的地位，避免干扰。要结合防火区、梯道的布置等考虑客舱分区，各生活区应设立独立的卫生设施。旅客舱室不应设在规则规定的不应载运乘客的处所，例如，船员居住处所及工作处所，净高不足 1.9m 的舱室，防撞舱壁及其延伸线以前的处所，在底层货舱内及最深分舱载重线下第一层甲板以下的任何甲板间处所，在最深分舱载重线以下超过 1.2m 的第一层甲板上的处所等。

3）公共舱室

公共舱室包括厨房、餐厅、会议室、厕所、浴室、盥洗室等公共性舱室。布置这些舱室应注意的事项简述如下：

（1）厨房、餐厅、粮食库和冷藏库的布置。

① 厨房、餐厅、粮食库和冷藏库要互相靠近，便于厨工备餐和取送食物。为此，厨房和餐厅要放到同一层甲板上，并且相互靠近；粮食库和冷藏库可设在厨房的下面。

② 厨房、餐厅要远离厕所、浴室和病房，要有较好的自然通风和采光的条件，考虑到厨房的环境，一般将它布置在上层建筑底层的后端部，餐厅布置在该层机舱棚的侧面，为扩大餐厅的面积，餐厅和机舱棚间无须留走廊。

③ 货船上一般设高级船员餐厅和普通船员餐厅，如设置有困难，可仅设一间公用餐厅。对大中型船，餐厅面积尽可能使全体船员能同时就餐。远洋船在会议室附近设配餐室，供接待客人就餐用。在餐厅靠近厨房的一端要设配餐间和餐具洗涤间。餐厅面积应达到可能在餐厅同时用餐的人数每人不小于 $1m^2$ 的标准。对第一、二、三类客船应设置乘客餐厅。

④ 厨房的面积要满足各种炉灶和设备的布置及厨工配餐操作时所必须面积的需要，不允许有经过厨房而通向其他处所的通道。在进行具体布置时，主要应从船舶上层建筑的实际情况出发，并根据调查同型船的布置经验而定。

（2）厕所、浴室和盥洗室的布置。

① 厕所、浴室和盥洗室（通称卫生间）的布置和设置，应避免其气味渗入邻近居住舱室、公共处所、粮食库、食品库、医务室、餐厅和厨房等处所。卫生间除一般不能在厨房之上外，也应尽量避免设在餐厅、粮食库和食品库之上。

② 各层甲板上的卫生间布置应尽可能置于同一垂直区域内，这不仅可节省管路，而且也可避免污水管路穿过住舱。

③ 驾驶甲板值班人员易于到达处所应设有卫生间。

④ 机舱出入口附近最好设卫生间，便于轮机人员换班洗澡等。

(3) 会议室、文娱和体育活动及休息处所的布置。

① 货船的会议室一般兼做接待室，最好放在交通方便、空气流畅、光线好且宜于瞭望的地方。以往的货船上多放在桥楼甲板的前端，会议室要陈设大型可折叠的会议桌、软椅和沙发等设备。

② 对客船和客货船要设文娱室，要放在全船旅客容易接近的地方。纯货船不必专设文娱室。

③ 对大型远洋货船可设乒乓球室。一般放在主甲板这一层的尾甲板室或其他较宽敞的地方。

④ 每艘油船及类似船舶应该有一间吸烟室。

⑤ 大型客船、旅游船上通常设有放映室和游泳池等。

2. 舱室内部布置

生活舱室的内部布置，要结合舱室的尺寸、形状、位置、室内的设备等具体情况，参考实船资料进行设计。在设计过程中，多听使用部门的意见，对搞好舱室内部布置是很重要的。下面仅做几点原则说明。

(1) 公共舱室，如会议室，应力求庄重、质朴、大方；餐厅要宽敞、明亮、轻快、整洁；俱乐部或其他娱乐场所须健康、轻松、热烈、愉快；阅览室、休息室要求安静、素雅。对大的公共舱室，如客船的餐厅，布置上最好形成小的“区块”(如用屏风加以适当分隔)，以免给人低沉感，还应注意内部有宽敞方便的通道。

(2) 居住舱室应讲究适用、安静、舒适、亲切。高大的家具最好布置在隐蔽的角落里，以免给人以拥挤之感，各种家具的相互位置要考虑使用方便，注意利用自然光，方便清扫。

(3) 对于居住舱室，应首先决定床铺的位置，在海洋客船上要尽可能纵向安放，以满足航行时的舒适要求。为充分利用空间也有采用横向布置的，或纵向、横向布置结合的。设有长沙发的舱室，床铺和沙发纵横结合，在遇风浪时可调换使用。其他家具，应以空间来衡量家具的地位，切忌过多、过大，阻塞空间。布置时要将功能相当的家具与物品组织在一起，形成不同的功能角落，以求统一、协调，避免杂乱无章。

应为每个船员设置独用的床，床的最小尺寸为 1 980mm×800mm，每张床铺的床沿至少有一条无阻挡的通道。当室内有两张单人床铺时，床距应不小于 750mm，当室内有两张双人床时，床距应不小于 900mm。

客舱的净高度，即自舱室地板上表面向上量至天花板下表面的垂直距离，若无天花板，则为量至横梁下缘的垂直距离，对第一、二类客船应不小于 2.1m；对第三、四类客船应不小于 2.0m；对设置单层铺的客舱，应不小于 1.9m。

乘客铺位的最小尺度和铺位的最小高度应不小于表 5-6 的规定。

表 5-6 乘客铺位的最小尺度和铺位的最小高度

项目		第一、二类客船/m	第三、四类客船/m
	床铺的长度和宽度(量自床架内缘)	1.90×0.70	1.90×0.70
双层铺位设置的高度	自甲板地板上表面量至下层铺板的下表面	0.30	0.30
	自下层铺板下表面量至上层铺板的下表面	0.90	0.85
	自上层铺板下表面量至天花板下表面或横梁下缘	0.90	0.85

(4) 海船上居住舱室的门都设在内舷围壁上,且向室内开。通向露天走廊的门则向外开。根据建造规范的要求,上层建筑的底层要设置水密门。大的公共处所应有两个出口,相距位置应远些,门应向外开或用双摇门,以利安全。

(5) 海船各部位的窗的形式,应根据建造规范、分舱与破舱稳性规范、载重线规范及有关规范的规定选取。

3. 船员及旅客舱室的面积和设备标准

为了保证船员的必要生活条件和旅客的安全舒适,我国船舶检验局对船员舱室设备及乘客定额和舱室设备进行了规定并提出了有关要求。这些规定和要求对方便设计与建造,提高经济效益都是大有好处的。应该提到,实际上,由于各船的大小、航线、用途、乘员人数等的不同,实船可能达到的标准互不相同。对生活舱室区划和布置及设备标准,可根据设计船的具体情况加以执行,并可参考近期设计建造的母型船。

1) 居住舱室

(1) 船员居住舱室。

国外不少国家有政府颁布的或海员工会拟定的船员舱室、公共舱室及生活设施的最低标准。我国船舶检验局制定的有关规定符合国际上的有关要求。

① 船员居住舱室每室人数、甲板面积标准。

(i) 普通船员卧室的最高定员,除客船为四人一间外,其他船舶一般为两人一间。

(ii) 高级船员卧室一般为一人一间。

(iii) 等于或大于 3 000 总吨的船舶,如有可能,应为轮机长和大副提供一间与卧室相邻的会客室或工作室。

(iv) 船员卧室的甲板面积应不小于表 5-7 的规定。

表 5-7 船员卧室的甲板面积

船员级别	甲板面积/(m^2/人)		
	≥1 000 <3 000(总吨)	≥3 000 <10 000(总吨)	≥10 000(总吨)
普通船员(单人间)	3.75	4.25	4.75
普通船员(双人间)	2.75	3.25	3.75
高级船员	6.5	7.5	

续表

船员级别	甲板面积/(m²/人)		
	≥1 000 <3 000(总吨)	≥3 000 <10 000(总吨)	≥10 000(总吨)
客船普通船员	2.35	3.75(单人间) 3.00(双人间) 3.00(三人间) 3.00(四人间)	

② 船员住室主要家具和设备配置标准。

每一卧室应配备一张桌子或写字台、一面镜子、一只存放盥洗用品的小柜(设有独立卫生间者免)、一个书架、舒适的座椅或沙发和适当数量的衣帽钩。

每个船员应有一只可锁的衣柜,衣柜的高度应不小于 1.52m,其横截面积应不小于 $0.2m^2$。

(2) 旅客居住舱室。

① 各类客船根据营运需要,可分别设置下列几种客舱:

卧席客舱:

(i) 一等客舱,为单层软席卧铺,每一房间不超过 2 人;

(ii) 二等客舱,为单层或双层软席卧铺,每一房间不超过 4 人;

(iii) 三等客舱,为双层硬席卧铺,每一房间一般不超过 8 人;

(iv) 四等客舱,为双层硬席卧铺,每一房间一般不超过 50 人;

(v) 五等客舱,为双层硬席卧铺,每一房间一般不超过 100 人。

坐席客舱:

(i) 软坐席客舱;

(ii) 硬坐席客舱。

② 各类客船不同等级客舱每位乘客的最小居住甲板面积应不小于表 5-8 的规定。

表 5-8　各类客船不同等级客舱每位乘客的最小居住甲板面积

客船种类	甲板面积						
	一等客舱 /m²	二等客舱 /m²	三等客舱 /m²	四等客舱 /m²	五等客舱 /m²	软坐席客舱 (宽×深) /(m×m)	硬坐席客舱 (宽×深) /(m×m)
第一类客船	4.5	3.0	1.7	1.2			
第二类客船	3.5	2.2	1.4	1.2	1.2		
第三类客船	3.0	1.7	1.3	1.1	1.1		
第四类客船			1.2	1.05	1.05	0.5×0.45	0.5×0.45

③ 各类客船应设有乘客的游步甲板(游步甲板面积包括所有可以允许到达而不影响船员工作的露天甲板及舷侧的外通道,但不包括货舱口及距救生艇、筏周围 2m 以内的处所)。

各类客船每位乘客所需的游步甲板面积应不小于表 5-9 的规定。

表 5-9　各类客船每位乘客所需的游步甲板面积

客船种类	每位乘客所需游步甲板面积/m^2	客船种类	每位乘客所需游步甲板面积/m^2
第一类客船	0.5	第三类客船	0.3
第二类客船	0.4	第四类客船	建议 0.2

④ 客舱主要家具和设备。《规则》对客船主要家具和设备没做具体要求，设计时可参照表 5-10。

表 5-10　客船主要家具和设备的设计

主要设备	客舱等级				
	一等	二等	三等	四等	五等
单层硬席卧铺	△				
双层硬席卧铺		△	△	△	△
衣柜	△				
写字台(包括座椅)	△	△			
桌子			△	△	△
椅子	○	○	△	△	
洗脸盆	△*	△	○		
沙发	○	○			
救生衣箱			△	△	△
行李架				○	○

注：△表示必须设置的设备；○表示有条件时设置的设备；上标 * 表示设置独用或合用卫生间。

2）公共处所及服务处所

《规则》对公共处所及服务处所，如餐厅、厨房、卫生设备、粮食库和食物库、休息室和娱乐室、医务室、行李舱和卧具室等处所的面积、设施等也做了规定，这里仅就主要舱室做简要介绍，其他舱室需要时可查阅《规则》。

(1) 餐厅。

船员餐厅应配足供最大数量的船员同时进餐用的餐桌和座椅，餐桌的长度和宽度在前面已介绍过，在第一、二、三类客船上应设置乘客餐厅，乘客餐厅所能容纳进餐的乘客人数及每位乘客所占的甲板面积应不小于表 5-11 的规定。

表 5-11　乘客餐厅所能容纳进餐的乘客人数及每位乘客所占的甲板面积

客船种类	每批进餐乘客人数占总乘客人数的百分比/%	平均每位乘客应占的甲板面积/m^2
第一类客船	40	1.0
第二类客船	25	0.8
第三类客船	20	0.8

(2) 厨房。

在第一、二、三类客船上，应设置为乘客服务的厨房。第二、三类客船的乘客厨房，可以和船员厨房合并设置。厨房的面积应根据客船类别、乘客人数及服务制度而定。设置的炉灶、蒸饭锅及其他设备，应适合于船舶计划载运乘客的最高额之用。炉灶前面的通道宽度至少应为 1m，工作台和厨房其他设备前面的通道宽度至少为 0.8m。

(3) 卫生设备。

① 等于或大于 5 000 总吨，但小于 15 000 总吨的船舶，至少应在 5 个高级船员的独用卧室内设置分隔的独用卫生间，其内应配有 1 只抽水大便器，1 只浴缸或淋浴器，以及 1 只有冷热淡水龙头的洗脸盆。

② 等于或大于 10 000 总吨，但小于 15 000 总吨的船舶，除应符合①的规定外，还应为其他的高级船员卧室内设置与①规定相同的或两间卧室合用的内部相通的卫生间。

③ 等于或大于 15 000 总吨的船舶，每个高级船员的卧室应设置分隔的独用卫生间，其内的设备与①规定相同。

④ 除客船外，等于或大于 25 000 总吨的船舶，每两个普通船员应有一间卫生间。该卫生间可设在两卧室之间并与卧室相通的间隔舱内，也可设在卧室的对面。卫生间内应配有 1 只抽水大便器，1 只浴缸或淋浴器，以及 1 只有冷热淡水龙头的洗脸盆。

⑤ 每艘船如不能按①～④的要求配备卫生设备时，则应为高级船员和普通船员在适宜的部位，按每 6 人或少于 6 人至少设 1 只抽水大便器，1 只浴缸或淋浴器，但抽水大便器的最少配备量应满足如下规定：

(i) 等于或大于 1 000 总吨，但小于 3 000 总吨的船舶，抽水大便器至少为 4 只；

(ii) 等于或大于 3 000 总吨的船舶，抽水大便器至少为 6 只。

⑥ 除客船外，等于或大于 5 000 总吨的船舶，对未设有卫生间的船员卧室，应在其内设置 1 只有冷热淡水龙头的洗脸盆。

⑦ 对等于或大于 1 600 总吨的船舶，应在驾驶甲板值班人员易于到达的处所和机舱人员易于到达的处所设置独立的卫生间。

⑧ 客船客舱除舱室内专用厕所外，尚应根据乘客人数(客舱内已设有大便器的乘客人数不计在内)设置供乘客公用的男女厕所，其标准不应小于表 5-12 的规定。

表 5-12　乘客公用的男女厕所标准

乘客总人数	至少应设置的大便器/个
不超过 500 人	$\frac{\text{乘客人数}}{40}$
500 人以上至 1 000 人	$13+\frac{\text{乘客人数}-500}{60}$
1 000 人以上	$21+\frac{\text{乘客人数}-1\,000}{80}$

厕所中大便器所占面积应不小于 0.8m²，男厕所中小便器的间距应不小于 0.6m。设置单独大便器的厕所的最小尺度应符合 1 000mm×800mm 的规定。

乘客公共盥洗室水龙头的数目按乘客人数而定，如果第一、二、三类客船的舱室内设有盥洗盆，则该舱室内的乘客可不计入。乘客不超过 100 人者，每 20 人应设冷热淡水龙头各 1 个，但总数不少于各 2 个；乘客超过 100 人者，每超过 40 人应加设冷热淡水龙头各 1 个。

（4）医务室。

船员人数满 15 人，且从事航行的时间超过 3 天的任何船舶，应设置医务室。医务室应设有专用卫生间，医务室不能做非医疗目的使用。医务室应设在适当的部位处，其出入通道、床位、照明、通风、取暖和供水的布置应使病员居住舒适、便于治疗和护理。医务室应设有病房，病房至少应设置 1 张病床。在不配备医生的船上，应备有一只适合于储存药品和其他医疗用具的、通风良好的医药柜。

《规则》还对其他公共处所及服务处所的面积、设施等做了规定，需要时可查阅《规则》。

表 5-13 和表 5-14 分别给出我国部分船舶的工作舱室、公共舱室、居住舱室和办公室的实际面积，可供设计时参考。

表 5-13　工作舱室与公共舱室面积

舱名	工作舱室与公共舱室面积/m²									
	大理	庆阳	郑州	矿煤	大庆 27	大庆 61	5 000 吨货船	3 000 吨货船	1 500 吨货船	安源
驾驶室	36	33.5	47	30	27.5	36.0	32.5	21.5	16.0	36
海图室	21	16.5	19	24.5	12.5	21.0	13.5	12.5	8.7	54
报务室	11	15	14.5	18.9	11.5	20.0	14.5	8.5	5.0	18.9
会议室	32	54	107	46.9	30	62.5	34.0	13.5	6.6	46.9
理货室	5.5	7.2	9.0	—	—	9.6	4.5	—	—	—
电工间	8.5	6.5	10.0	—	8.5	10.5	5.0	3.5	—	—
木工间	7.5	6.0	15.5	—	15	20.3	9.5	4.2	—	—
医务室	15	9.0	—	—	9.5	13.5	—	—	—	—
电罗经室	6.5	5.0	8.8	—	4.0	5.4	6.5	—	—	—
广播室	6.0	4.0	—	—	5.0	5.0	3.5	2.3	—	—
休息室	11.5	35	43	24.5	—	22.8	15.0	—	—	28.8
舵机室	63	70	72	54	72	—	30	28	—	72
码头工人休息室	—	20	17.5	—	—	—	—	—	—	—
厨房	28	28.5	45	12.0	20.5	32	35	13.5	9.5	12.0
餐厅	40.5	53	85	85.0	44.0	89.5	38.5	27.5	32.0	85.0
配餐室	9.0	7.0	11.0	—	9.0	11.5	6.0	4.0	6.5	—
领港室	8.0	6.0	10.5	—	10.5	12(双)	5.5	8.5(双)	—	—
应急发电机室	15.5	14.0	20.0	—	22.5	18.5	—	—	—	—
吸烟室	—	—	—	—	15.8	32.2	—	—	—	—
粮库	18.5	22.5	30.0	24.0	16.5	13.0	6.0	4.0	—	24.0
菜库	15.0	14.0	23.0	16.0	12.0	14.0	—	—	—	16.0

表 5-14　居住舱室与办公室面积

舱名	居住舱室与办公室面积/m²									
	大理	庆阳	郑州	安源	矿煤	大庆 27	大庆 61	5 000 吨货船	3 000 吨货船	1 500 吨货船
政委室	$\frac{12.8}{5.0}$	$\frac{13.5}{7.0}$	$\frac{17.0}{12.5}$	16.0	$\frac{12.0}{8.0}$	14.0	$\frac{15.8}{12.0}$	$\frac{10.5}{10.5}$	12.5	11.0
船长室	$\frac{12.8}{5.0}$	$\frac{13.5}{7.0}$	$\frac{17.0}{12.5}$	16.0	$\frac{12.0}{8.0}$	14.0	$\frac{15.8}{12.0}$	$\frac{10.5}{10.5}$	12.5	11.0
大副室	14.5	$\frac{11.5}{6.0}$	$\frac{12.0}{9.7}$	16.0	$\frac{10.0}{8.0}$	11.0	$\frac{11.5}{9.0}$	$\frac{7.5}{7.5}$	8.0	8.5
轮机长室	14.5	$\frac{9.5}{6.0}$	$\frac{13.0}{8.5}$	16.0	$\frac{12.0}{8.0}$	11.5	$\frac{12.2}{8.5}$	12.5	12.0	8.5
二副室	8.5	12	14.5	15.0	12.0	10.0	13.0	10.0	8.5(双)	7.5
三副室	8.5	10	14.5	13.0	12.0	10.0	13.0	10.0	8.5(双)	7.0
大管轮室	12.0	13	14.5	16.0	14.0	10.5	15.5	13.5	9.0	6.5
二管轮室	11.2	11	13.5	13.5	11.0	9.0	12.0	9.0	8.5	6.5
三管轮室	11.2	11	12.5	13.5	11.0	9.0	11.0	9.0	8.5	6.5
驾助室	10	11	14.5	13.5	9.5	8.0	12.0	8.5	—	—
水手长室	10	10	8.5	14.0	11.0	10.0	13.0	10(双)	5.0(双)	6.0(双)
事务长室	10	$\frac{7.5}{5.5}$	$\frac{10.0}{8.0}$	—	—	—	12.0	9.5	—	—
报务主任室	9	9	12	—	—	—	—	8.5	—	—
报务员室	9	8.5	12	17.5	15.0	8.5	6.0	8.5	6.0	6.0(双)
水手室	12(双)	10(双)	13.5(双)	14(双)	12.5	15.5(双)	10.50	8.5(双)	4.5(双)	4.5(双)
机匠室	13(双)	11.5(双)	16(双)	14(双)	12.5	15.5(双)	10.50	6.5(双)	6.0(双)	6.5(双)
电匠室	13(双)	11.5(双)	15(双)	14(双)	12.5	13.0(双)	10.50	6.5(双)	6.0(双)	6.5(双)
厨工室	12(双)	12(双)	15(双)	14(双)	12.5	12.5(双)	10.50	8.0(双)	6.0(双)	4.5(双)
电机员室	10	11.5(双)	10.0	13.5	9.5	9.0	13.5	8.5(双)	—	—
医生室	9	12	7.5	—	—	—	—	12.5	—	—
服务员室	10(双)	12(双)	15.5(双)	—	—	12.5(双)	10.5	11.0(3 人)	5.5(双)	4.5(双)
生火室	—	—	—	—	—	15.0(双)	10.5	—	—	—

5.4.3　通道、出入口与扶梯的布置

船舶上层建筑内各生活区、各工作处所、各层甲板及平台间，是通过通道和扶梯将它们有机地组合在一起的。船舶是海上建筑物，而且其空间地位有限，因此，梯道设计应该满足实用、方便、安全、轻便的要求，尤其要满足《规则》的有关要求。

1. 通道、出入口与扶梯的布置要求：

(1) 各舱室的船员、乘客易于从其居住舱室进出；
(2) 各舱室的船员、乘客易于到达露天甲板；
(3) 遇有紧急情况，各舱室的船员、乘客易于到达救生艇登乘甲板。

2. 各种通道宽度要求

除客船外，船上各种通道的最小净宽度应不小于 0.8m，客船上各种通道的最小净宽度应不小于表 5-15 的规定。

表 5-15　客船上各种通道的最小净宽度

项目	最小净宽度/m		项目	最小净宽度/m	
	第一、二类客船	第三、四类客船		第一、二类客船	第三、四类客船
露天甲板两舷外通道	1.2	1.0	乘客铺位之间的通道	0.8	0.8
客舱通往露天甲板的通道	1.0	1.0	乘客座椅之间的通道：		
客舱内通道(50 人及以下)	0.8	0.8	当同向而坐时		0.5
客舱内通道(50 人以上)	1.0	1.0	当对向而坐时		0.75

3. 出入口布置

卧室的门应向内开；通往开敞甲板的门应向外开，但驾驶室通向露天甲板的门应为移门；梯道的门应为自闭式门；餐厅、会议室、休息室和吸烟室的门应向外开或为两面均可开关的活动门。

位于围蔽处所内的客舱，应沿着有两个出入口通向露天甲板的通道布置，通道的最小宽度应符合表 5-15 的要求。当客舱内的乘客人数超过 12 人时，该舱室至少应有两个出入口通向上述通道或直接通向开敞甲板。

上甲板以下的客舱通向露天甲板的出入口，应设置在上层建筑或甲板室内的通道处；如出入口直接通向露天甲板时，则应在出入口处设围蔽室(老虎罩)，该围蔽室的出入口应朝向船尾，其净高度不得低于 1.85m。

所有出入口处门的宽度应与通道或扶梯的宽度相适应，在任何情况下客舱门的宽度应不小于 0.6m，坐席客舱门的宽度应不小于 0.8m。除非客舱设有可供紧急逃生时用的窗口，否则该舱室的门应带有应急逃口(在门的下半部)，逃口的尺寸应不小于 350mm×450mm。餐厅及公共舱室门的宽度应不小于 0.8m。

从消防方面要求，只有一个脱险通道的走廊或走廊的一部分，长度不可超过 7m。

4. 梯道布置

船上竖向各层甲板间应设内部梯道。扶梯应为钢质结构。船员居住区内扶梯最大倾角(与地面夹角)不得超过 60°，除客船外，梯宽不得小于 0.8m，梯踏步的垂向间距应不大于

0.25m，梯踏步深度应不小于 0.173m。扶梯的高度大于 1m 时，应该有扶手。

由固定舱壁所围蔽的每个乘客居住处所应设置供乘客上下的扶梯，扶梯数及宽度应按该处所乘客人数而定，并应按上下两层甲板中载客较多的一层甲板的乘客人数配置，其最低要求应按表 5-16 的规定。

表 5-16　扶梯数及扶梯最小宽度

乘客人数	扶梯数/部	扶梯最小宽度/m	乘客人数	扶梯数/部	扶梯最小宽度/m
不超过 100 人	2	0.8	151～200 人	2	1.3
				3	1.0
101～150 人	2	1.0	200 人以上	2	1.5
	3	0.8		3	1.0

注：如乘客不超过 30 人的处所设置两部扶梯有实际困难，经船检局同意，其中一个可以用应急出口代替。

客船扶梯的倾角（与地板的夹角）一般应不大于 45°，经船检局同意，可放宽到 50°，梯踏步的垂直间距应不大于 0.25m，踏步的深度应不小于 0.25m。当扶梯的高度大于 1m 时，应设有扶手。

只有少数人使用的扶梯可以窄些、陡些，甚至用直梯来节省空间。扶梯应尽可能纵向布置，这有利于横摇时的安全。各层甲板间的梯道，最好重叠布置，货舱及油船的泵舱可设竖向垂直的爬梯，货油舱则采用竖梯和斜梯混合的形式。

5.5　船舶设备的布置

为了满足船舶在航行和操作中的各种要求，船上还应配置各种必要的设备，诸如锚泊和系泊设备、救生设备、操纵设备、信号设备、起货设备、消防设备等。还有在拖轮上的拖曳设备、渔船上的捕捞设备等。具体设计时，船舶设备的选型与配置需参考有关著作和资料以及我国海事局的有关规范、规则。这里只就货船的锚泊及系泊设备、救生设备、操纵设备、信号设备等主要设备的布置做简略的介绍。

5.5.1　锚泊及系泊设备的布置

舾装数 N 按下式计算：

$$N=\Delta^{2/3}+2Bh+\frac{A}{10}$$

式中　Δ——夏季载重线下的型排水量，t；

B——船宽，m；

h——船中部的夏季干舷加上上层建筑的高度和各层宽度大于 $B/4$ 的甲板室高度的总和，m；

A——船长 L_{pp} 范围内夏季载重水线以上的船体部分和上层建筑以及各层宽度大于 $B/4$ 的甲板室的侧投影面积的总和，m^2。

内河船也有相应的舾装数公式，这里不再赘述。

选定有关设备后，就可参考相近母型船，初步布置锚泊和系泊设备。

1. 锚泊设备的布置

锚泊设备由锚、锚链、锚链舱、锚链管、锚链筒、弃链器、掣链器和起锚机组成。

图 5-8 为某货船锚设备布置和组成图。其中，图 5-8(a)为侧面图，图 5-8(b)为平面图，图 5-8(c)为 A-A 剖面图。图中各符号之意义为：①锚，②锚链筒，③锚链，④铡刀式掣链器座，⑤铡刀式掣链器，⑥起锚机，⑦锚链管，⑧弃链器，⑨掣链钩，⑩固定锚链座，⑪起锚机座，⑫锚链舱木铺板。

布置锚设备时须考虑的问题：

(1) 注意使锚设备与首部系泊设备互相配合，防止产生干扰。

(2) 锚链舱、锚链管、起锚机链轮、锚链筒之相互位置正确，保证收放锚链时能正常工作。

(3) 掣链器靠近锚链筒，以减少锚链工作长度。

(4) 弃链器的操纵部位放到锚链舱外易于迅速到达的地方，以便在应急的情况下能迅速操纵弃链器予以解脱。

(5) 采用陡削式的锚链筒能使锚链处于受拉的工作状态，根据出口处船体型线选择适当的 β 角(锚链筒中心线与铅直线间夹角，一般为 35°～45°)，并设计出合适的弧形唇，以使锚爪贴紧铅壳。

(6) 锚链筒在首楼甲板上开口中心线间距由起锚机链轮间距而定。锚链筒中心线在甲板上的水平投影线与船中心线间夹角 $\alpha=5°\sim15°$，以不大于 20°为合适。因为 α 角大时造成锚链筒外偏度大，使锚链收放困难。

近年来大型货船，特别是油船，因船宽和吃水比的增加，并且有的装有球鼻首，故常发生在收放锚时撞击球鼻首现象。为防止收放锚时撞击球鼻首，并且保证锚链筒处于适宜的 α 和 β 角度，就需要加大甲板上开口的间距并提高在船壳板上出口的高度，所以通常设两台锚机。

(7) 锚链筒内径和实长必须满足除容纳锚链链径外尚有余隙，容纳住锚杆和连接锚这一端的转环尚有裕度。锚链筒的最短长度在设计初始阶段可参照同型船初步确定，最后还要通过绘展开图进行实际检查。

(8) 航行时锚不得低于首波，锚爪不高于船体折角线，在收藏位置时能抗浪击。

2. 系泊设备的布置

系泊设备通常由缆索(拖索、系船索)、导缆器(导缆孔、导缆钳、滚轮导缆器、导向滚轮等)、系缆桩(带缆桩)、绞缆机、缆索卷车等组成。

系船索、拖索的规格和数量根据舾装数 N 的大小来配备。系缆桩尺寸(直径)一般可根据缆索直径从标准中选取，系缆桩的数量可由实船使用经验而定，排水量在 40 000 吨以内的船可参照表 5-17 引用。

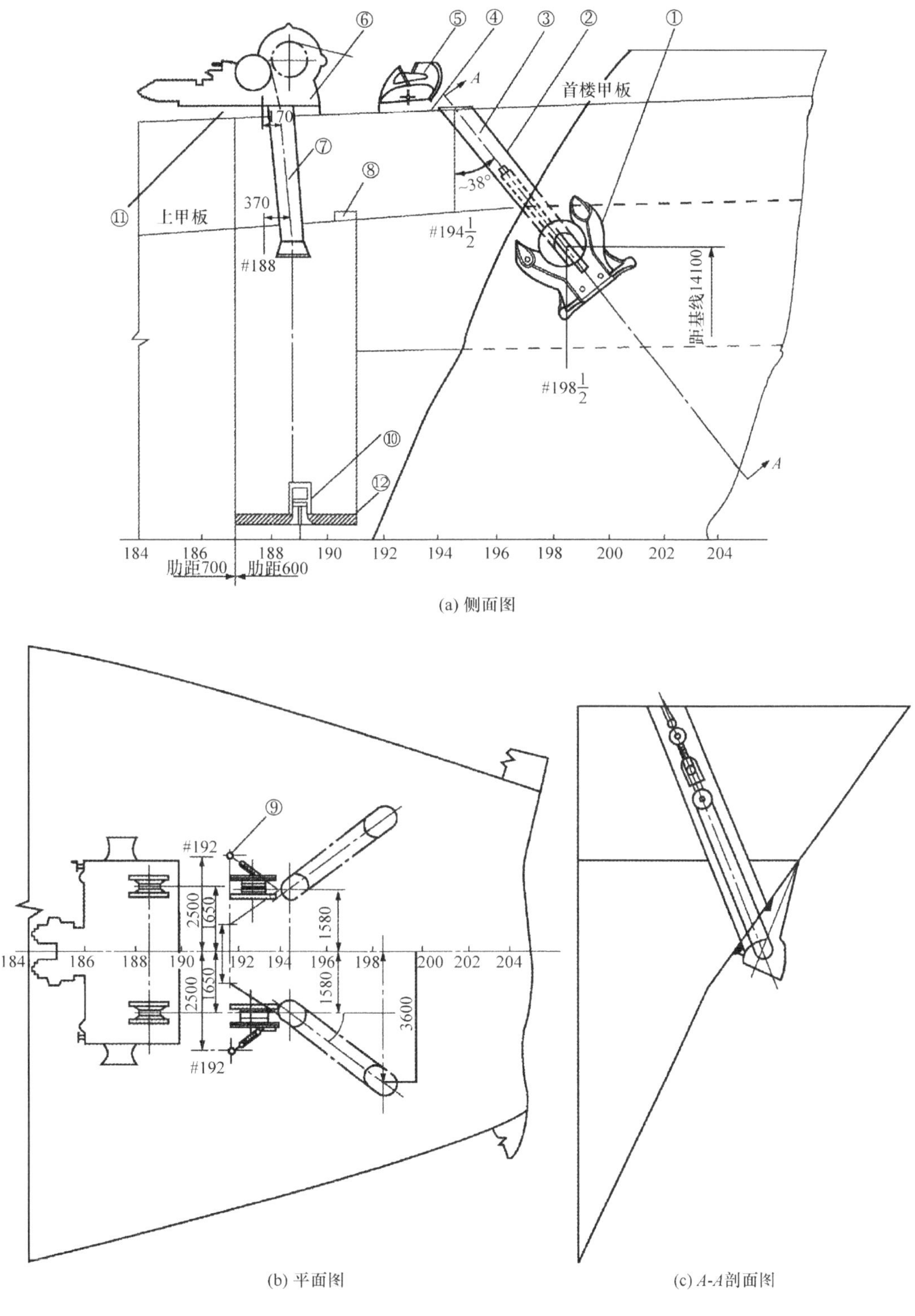

图 5-8　锚设备布置和组成图

表 5-17 系缆桩的统计数量

区域	排水量/t					
	126～300	301～1 000	1 001～3 000	3 001～7 500	7 501～28 000	28 001～42 000
首端/个	2	4	4	4	4	6
船中间部分/个	2	2	4	6	8	10
尾端/个	2	4	4	4	4	6

导缆器中无滚轮导缆钳多用于小型船舶，滚轮导缆钳的滚轮可减少缆索的磨损，多用于大、中型船舶。导缆钳圆唇直径或滚轮直径至少应为船舶配备的最大钢丝绳直径的 5.5 倍，以防缆索断损。

系缆绞车，首部用起锚机代用；中部，干货船用起货机代替，油船须设一定数量的绞车；尾部设绞车。

布置船舶系泊设备通常都与锚泊设备以及拖带装置一起综合考虑，应满足以下几方面的要求：

(1) 系泊设备一般均为左右舷对称布置，以保证船舶两舷都能系靠。

(2) 布置时要处理好绞车、带缆桩、导缆孔、导向柱相互间的位置，以便系缆时能发挥它们各自的作用。绞车的位置要照顾多数带缆桩的需要，充分发挥其最大的作用；导向柱的位置要保证绞车滚轮的正常工作；带缆桩的位置不能妨碍缆索的收放等。

(3) 船首尾部要各设一对兼做拖轮用的大型带缆桩。船首部要放在锚机前外侧；尾部要放在绞车的后方。首桩处老鹰板两侧各设一具三滚轮导缆钳，其中心线尽量与起锚机滚轮中心对准。供系缆用的带缆桩靠两舷安放于起锚机的两侧或后方。船首尾尚须布设拖带缆绳的发射器。尾部供系缆用的带缆桩放在绞车两侧的前后方。

(4) 带缆桩要靠近导缆孔(或导缆器)，间距通常为 1.5～2.5m。带缆桩距舷墙不小于 0.5m，在周围 1m 范围内不要有任何障碍物。通常在带缆桩的前后配备一个或一对导缆孔(或导缆器)。

(5) 缆索卷车应放在便于收藏缆索和不影响船上交通的地方，通常可放在首部的后端和尾部的前端。图 5-9 为某船系泊设备布置图。

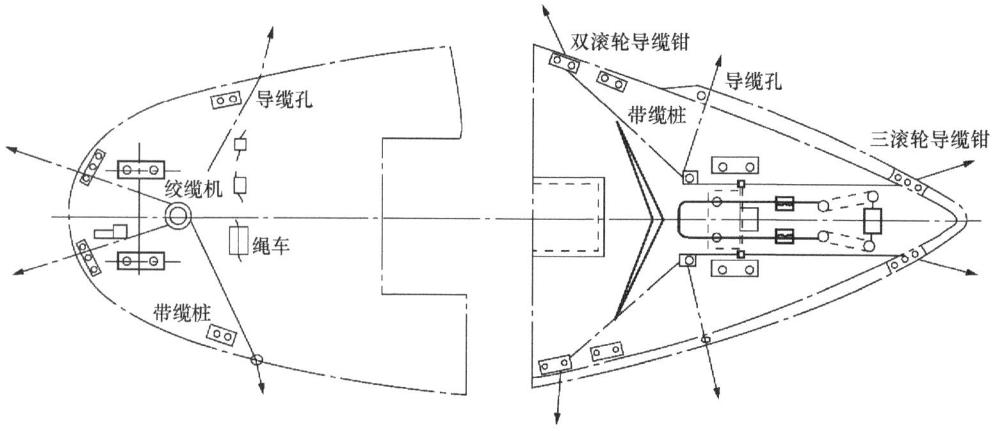

图 5-9 系泊设备布置图

5.5.2　救生设备的布置

救生设备由救生艇、救助艇、救生筏(气胀式救生筏、可吊式气胀救生筏)、个人救生设备(救生圈、救生衣、浸水保温服等)、弹抛器具、通信设备(救生艇(筏)用手提无线电设备、救助艇用无线电报装置、救生艇(筏)用应急无线电示位标、双向无线电话设备等)、遇险火焰信号以及艇筏的登乘及降落装置等组成。

救生设备可根据《船舶与海上设施法定检验技术规则》中的"救生设备"相关内容,按船的航区、船的类型、船上总人数及船的长度等来决定。内河船也有相应的规范可供决定救生设备时使用。

确定了救生设备的配备定额后,结合布置地位,从救生艇(筏)等标准中,选择救生艇(筏)的规格及数量。表 5-18 给出救生艇尺度及容纳人数,供设计时参考。

表 5-18　救生艇尺度及容纳人数

艇长/m	艇宽/m	艇深/m	容纳人数/个
9.0	3.0	1.20	70
8.5	2.8	1.15	60
8.0	2.6	1.10	50
7.5	2.45	1.00	40
7.0	2.25	0.90	30

在布置救生设备时,应注意以下几个问题:

(1) 救生艇和要求备有降落装置的救生筏,应存放在尽可能靠近起居和服务处所的地方。

(2) 集合和登乘站均应设在容易从起居和工作区域到达的地方。

(3) 集合站应设在紧靠登乘站处。每个集合站应有足够的场地,以容纳指定在站集合的所有人员。

(4) 救生艇(筏)的存放,在安全和可行的情况下尽可能靠近水面,同时,当满载船舶在不利纵倾情况下向任一舷横倾达 20°或横倾到船舶露天甲板的边缘浸入水中的角度(以两者中较小角度者为准)时,在登乘位置上的救生艇(筏)应离水线不少于 2m。

(5) 顺船舷降落的救生艇应存放在船舶推进器之前尽量远的地方。在 $80\text{m} \leqslant L < 120\text{m}$ 的货船上,每艘救生艇的存放,应使救生艇尾端在船舶推进器之前的距离至少为该救生艇的长度。在 $L \geqslant 120\text{m}$ 的货船和 $L \geqslant 80\text{m}$ 的客船上,每艘救生艇的存放,应使救生艇尾端在船舶推进器之前的距离至少为该救生艇长度的 1.5 倍,防止艇落到水中后被推进器水流吸入。

5.5.3　操纵设备的布置

船的操纵设备主要是舵。依舵面积沿舵轴前后分布不同分为平衡舵、半平衡舵、非平衡舵;依舵在船尾的支撑形式不同分为双支承舵、悬挂舵和半悬挂舵;依舵的翼型不同分为平板舵、普通流线型舵和反应舵等。

舵的形式和船尾形状有关,对具有尾框(但无舵柱)的巡洋舰尾的单桨船,多采用有舵轴和有两个舵销的平衡舵；对双桨巡洋舰尾船，可采用半悬挂式舵；对方形尾船多采用悬挂式舵等。目前设计和建造的单桨巡洋舰尾的运输船多采用有舵轴或有两个舵销的普通流线型(或整流型)平衡舵，如图 5-10 所示为有舵轴的普通流线型平衡舵。

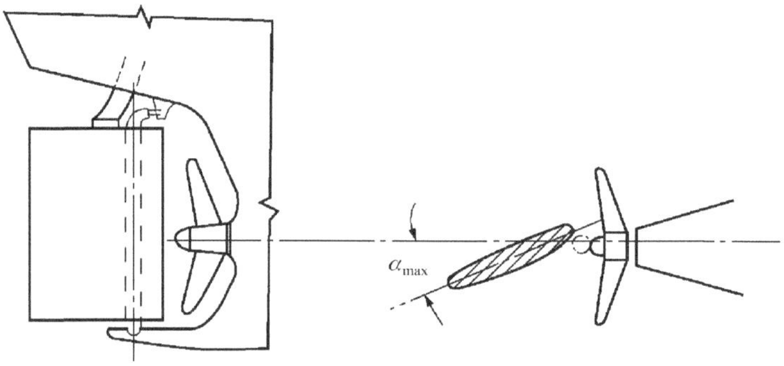

图 5-10　舵布置简图

舵面积的大小要根据机动性能要求而定，大多按现有船舶的一般使用经验来选择舵面积。对机动性能要求高的船，舵的面积要大。在进行型线设计确定船尾轮廓形状的时候，除了要考虑螺旋桨和船体间的关系，也要考虑舵的尺度对船体尾形和螺旋桨的影响，舵的面积可按下式估算：

$$S=\mu LT$$

式中　L——船的水线长度，m；

T——船的设计吃水，m；

μ——舵面积系数，对单桨海船 μ=1.6%～1.9%，对双桨海船 μ=1.5%～2.1%。μ 的范围较大，设计时可分析优良的同型船的 μ 数值加以选定。

舵的展舷比 λ，即舵高与舵宽之比，对货船，其平均范围为 1.82～2.0。

舵数目的选择除与操纵性要求有关外，也与船尾形状、螺旋桨的数目有关。从经济性考虑，除为满足特殊要求和受特殊限制外，总取最少数量的舵。绝大多数海上运输船都使用单舵。从生命力方面考虑，军舰常使用双舵或多舵。

舵的位置，舵与螺旋桨的配合以及与船尾的关系，对舵效都有影响。对单桨单舵船必须把舵放在螺旋桨的直后方；对双桨单舵船应把舵放在两个螺旋桨后方船尾中线处；对双桨双舵船则把舵各自放到桨的后方。为了利用螺旋桨尾流对舵的有利影响，二者间必须保持适当间隙。此外，必须考虑当舵转至最大舵角时，能把螺旋桨整流帽取下来和拆除螺旋桨时二者间的距离；舵的高度要考虑舵轴上端的垂直法兰上缘与船体之间留有足够的间隙。这个间隙要满足当把舵轴提升后，舵轴的下端能脱离尾柱托这个提升高度的要求。

舵的外缘尽量置于船体最外轮廓以内，以防止其他障碍物碰损舵板；对从阻力性能要求来看，船尾轮廓须埋入水线以下较深的型线，且舵不宜过高，此时可改变展舷比或在展舷比不变的情况下，适当地改变舵板形状。

5.5.4　信号设备的布置

《船舶与海上设施法定检验规则》中对海船的信号设备做出规定。信号设备包括号灯、闪光灯、号型与号旗及声响信号器具等。在布置图上须结合桅墙设备的布置一并考虑。

1. 桅灯

总长大于等于 50m 的机动船，应设置前后桅灯；长度大于等于 20m 小于 50m 的机动船，只设一盏桅灯，桅灯安装位置要求前桅灯在船体以上的高度应不小于 6m，如船宽大于 6m，则灯高应不小于船宽，但不必大于 12m。长度为 12m 或 12m 以上但小于 20m 的机动船，前桅灯在舷缘以上的高度应不小于 2.5m。前桅灯应装在船舶纵中剖面上，离船首不大于 1/4 船长之内。后桅灯应高于前桅灯至少 4.5m，并且也应装在船舶纵中剖面上。前、后桅灯的水平距离应不小于船长的一半，但不必大于 100m。

2. 舷灯

机动船的舷灯在船体以上的高度，应不超过前桅灯高度的 3/4，但不应低到受甲板灯光的干扰，长度大于等于 20m 的机动船的舷灯，不应装设在前桅灯的前面，并应装设在舷侧或接近舷侧处。

3. 尾灯

尾灯应安装在尽可能接近船尾处。通常装在尾楼甲板后壁或尾部甲板栏杆上。

4. 锚灯

如设一盏锚灯，应安装在船舶的前部。当装设两盏锚灯时，前锚灯应高于后锚灯，且高出的长度不小于 4.5m。长度大于等于 50m 的船舶，前锚灯应装设在船体以上高度不小于 6m 处，后锚灯应安装在船尾或接近船尾处。

另外，还有失控灯、拖带灯等可按《船舶与海上设施法定检验规则》设置安装。

5.5.5 其他设备的布置

除上述设备外，船上还有通风设备、消防设备等，布置时也须加以考虑。

1. 通风设备

货舱按具体情况，采用自然通风或机械通风，或两者结合，杂货船多采用机械通风。生活舱室和工作舱室，采用自然通风、机械通风或空调，常按任务书要求而定。通风筒的位置、规格、通风管的尺寸及路线，影响船体结构和通风效果，也影响安全。设计时要考虑合理性和有关规范的规定。

2. 消防设备

应按照建造规范消防设备部分的规定配置和布置。规范规定固定消防系统的站室、消防泵、灭火剂容器及其他装置均不得布置在防撞舱壁之前；各种固定消防系统的站室或集中控制箱，应设在易于到达的处所，且不致为被保护处所的火灾所隔断等。

第 6 章　船型技术经济分析与论证

6.1 概　　述

运输船舶是一种建造复杂、投资大、使用期长的水运工具。在现代船舶设计中，尤其是对于民用运输船舶而言，不仅要使设计船满足使用要求，具有良好的技术性能，还应该对船舶的经济性能给予充分的重视。设计建造一艘新船时，为完成给定的运输任务，从技术上说可以采用不同的船型技术方案，而不同技术方案的经济效果也不相同。通过对各个技术方案进行经济效果评价，就可以选择出技术性能先进可靠、营运经济性能最佳的设计方案。反之，如果在设计过程中片面追求技术指标的“先进性”，而忽略船舶的经济性，将会导致设计方案的不合理，造成船舶营运中经济上的失策。这种船型设计失败的教训在我国的船舶设计实践中是存在的。

我国在 20 世纪 70 年代初设计建造了十余艘“长字”型沿海客货船，主要航行于申连线及申青线，是我国沿海客运的主力船型之一。但营运实际表明，该船型每年亏损较严重，经分析其主要原因有以下几方面：①从该船型的平均成本结构看，与造价有关的成本(折旧费和修理费)及燃料费三项开支在总成本中所占份额高达 70%～80%；②申连线、申青线上航次平均货运量分别为 1 078t 和 352t，所需舱容远低于该型船的实有能力，既亏载又亏舱；③按班期要求，选用的航速偏高，致使配备的主机功率过大，使船舶造价升高及燃油消耗过大。基于以上的分析，结合航线的实际要求，在设计建造新一代的 5 000t 级客货船型时，对上述问题做了改进，两型船的主要要素见表 6-1。

表 6-1　沿海客货船主要要素

项目	船型		项目	船型	
	“长字”型沿海客货船	5 000t 级客货船		“长字”型沿海客货船	5 000t 级客货船
L_{pp}/m	124	108	主机功率/kW	3 307.5×2	2 205×2
B/m	17.6	17	航速 v_t/kn	18.1	16.8
d/m	6	5.8	载客量/人	900	802
D/m	10.9	9.8	载货量/t	2 000	1 000～1 200
Δ/t	7 703	5 900			

在实际营运中，5 000t 级船型航次收入仅较“长字”型少约 9%，而航次总成本却要低 27%，其中燃料费降低约 33%，折旧费及修理费降低约 29%，这样由于造价及燃料费的降低，在满足同样客运要求下，经济性明显好转，基本做到扭亏为盈。

船舶经济性包括单船经济性、船队经济性和运输系统经济性。船队经济性分析包括船型、吨级、航速、船舶艘数、新船购置与旧船淘汰、船舶与港口航道的关联等方面的论证与分析。船队中单船经济性和船队总投资效果是评价船队建设方案最主要的依据。运输系统，如我国沿海煤炭港口海运系统，其经济性涉及港口、航道、船舶、货源等诸方面的经济性问题，船舶在这个系统中只是一个环节。这时，单船经济性的分析与论证应与水运系统的经济性协调配合。不过，对单船经济性的研究和掌握是从事对船队经济性和运输系统经济性分析的基础。

分析单船经济性时，涉及船舶的造价、年营运开支、年营运收入，评价船型方案的经济指标等几个方面，本章将对这些内容予以介绍。在上述内容基础上，就可以着手对船型方案进行技术经济论证和分析。

船型技术经济论证就是依据使用任务要求，从船型技术性能、经济性能、营运环境、公约和规范、技术政策等方面，对设计方案进行论证分析、选优和试验研究，从可行方案中，依据评价指标进行综合分析，选择在确保技术性能要求前提下经济性能最佳的设计方案，使船舶获得良好的营运经济效益。

另外，设计技术任务书是船舶设计的依据，其中的各项规定和要求，对设计船技术性能和经济性能有很大影响。如果设计技术任务书中的一些主要技术性能参数确定得不合理，造成的不良技术与经济后果很难在后续设计中补救。因此，制定船舶设计技术任务书是船舶设计中一项重要工作。一般来说，船舶设计技术任务书是在船舶技术经济论证基础上编制的。

船型技术经济论证主要包括调查研究，论证方案的设立，船型方案技术、营运及经济计算分析，船型选优决策和敏感性分析等基本内容。本章也将对上述内容做简要介绍。

6.2　船价估算

船舶造价即船价，是船舶技术经济分析的重要项目，其准确性和可靠性对船舶的经济性影响很大。船价是指造船厂设计、建造一艘船舶所花费的总投资，它由造船成本、利润、税金、保险、佣金、回扣、贷款利息和其他费用等项组成，其中最主要的是造船成本，它是船价的基础。

船价估算是一项相当复杂的工作，它不仅涉及船舶设计、建造中的一些技术参数，而且还与经营、财政、政治等因素有关，涉及经济学、成本会计、计划与生产控制、船厂管理等方面。因此，全世界主要造船国家中，没有一个估算船价的标准方法，同样也无法对这些估算方法的可靠程度进行比较。即使是同一个国家的两家船厂，在估算总的劳动生产率和成本时，所采用的方法也不尽相同，各厂的劳动生产率和其他成本均不相同。另一方面，各船厂对于诸如动力装置和舾装设备都包括哪些具体内容，在概念上也存在着差异。例如，舾装或动力推进系统中的部件在组合件中的预装程度；船舶下水后码头安装的工作量及工艺水平；电工、铜工、轮机及其他车间能提供合格的舾装和推进装置预制件的能力；转包给外厂舾装件的数量等方面，各船厂有很大差异。因此，较难确定一个统一的计算方法。

6.2.1　船价组成

船价是船舶建造成本及产品销售过程中，中间环节和流通环节所发生一切费用的总值。

船价由下列各部分组成:造船成本(生产成本)、利润、税金、保险、佣金、回扣、贷款利息、其他费用。在组成船价的各项目中,除造船成本为船厂直接与间接发生的费用外,利润、税金、保险、佣金、回扣等费用按船价(或成本)的规定百分比计算。

1. 造船成本

造船成本组成的分类习惯虽然不尽相同,但其分类原则基本上都是按原材料、配套设备、劳务、管理等费用划分的。不同类型、不同技术要求和不同标准的船舶,其成本组成的比例也各不相同。

2. 利润

利润分为生产利润和销售利润。

我国造船厂的利润一般规定为船价的6%,近年来由于造船市场各种因素的影响,有的取船价的4.5%或成本的5%。

3. 税金

税金包括:销售税;增值税;进口税和出口税等。

我国造船厂的税金一般定为船价的5%。近年来,由于税种增多,有的船已超过5%,或者取成本的6%(未计进出口税)。

4. 保险费

船舶建造保险费根据建造船舶的种类、大小、建造周期、船厂的技术及管理水平的不同而异。一般由基本保险费和工期保险费两部分组成。

基本保险费率:0.3%~0.4%;

工期保险费率:(0.03%~0.04%)/月。

5. 佣金、回扣

佣金、回扣一般按议定的标准数按成本价计算。

6. 贷款利息

贷款利息受付款方式、建造资金来源等影响。贷款利息与贷款额、利率、交货期、财务安排条件以及材料设备采购的到货和支出相关。

7. 其他费用

其他费用包括由信贷风险、汇率风险引起的费用以及其他不可预见的费用。

6.2.2 造船成本

由于国别和地域工业水平、配套能力、管理方法和水平的差异,其成本组成比例和项目分类也各有不同。按照国内外的分类习惯,将造船成本组成详细分项介绍如下。

1. 国内造船成本组成及其项目

国内造船成本包括：船体；轮机；舾装；电气；属具和备品；生产专用费及其他费用等项，如图 6-1(a)所示。

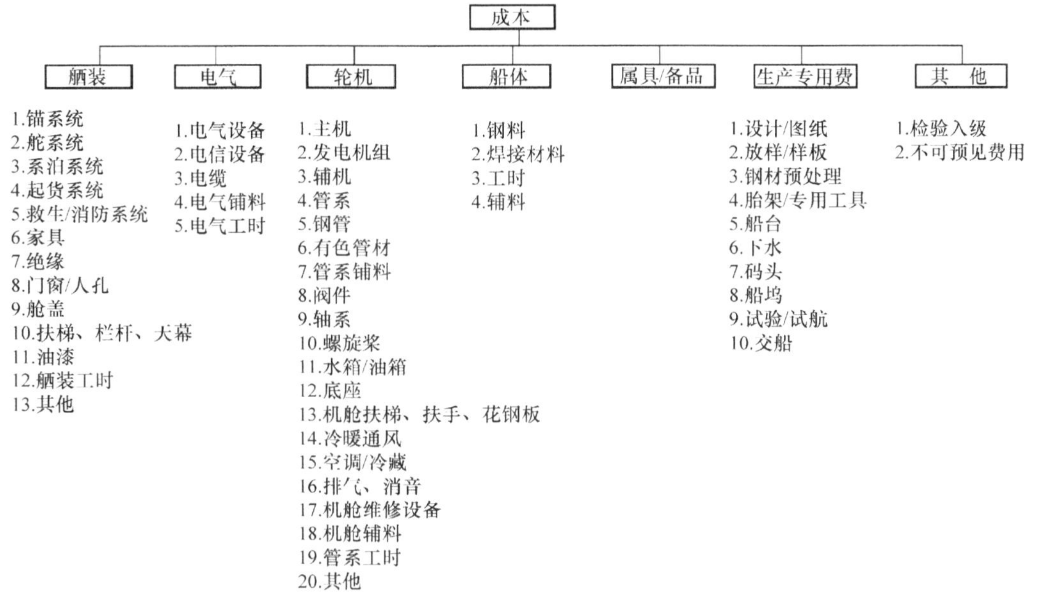

(a) 国内造船成本

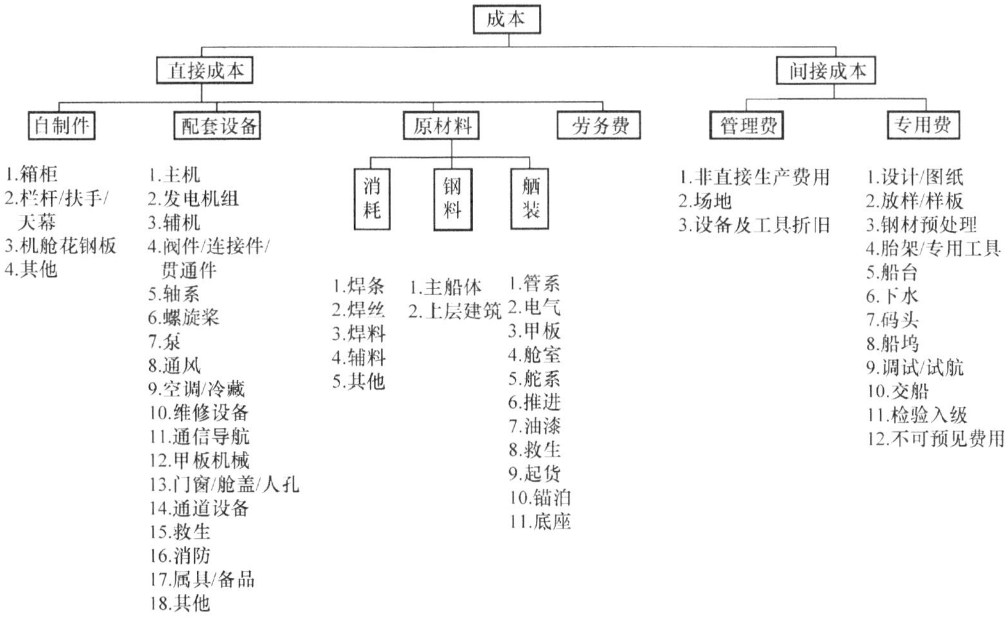

(b) 国外造船成本

图 6-1　造船成本组成及其项目

1）船体成本

船体成本主要由四部分组成：钢料；焊接材料；工时；辅料。

2）轮机成本

轮机成本主要包括：主机；发电机组；辅机；管系；钢管；有色管材；管系辅料；阀件；轴系；螺旋桨；水箱/油箱；底座；机舱扶梯、扶手、花钢板；冷暖通风；空调/冷藏；排气、消音；机舱维修设备；机舱辅料；管系工时等。

3）舾装成本

舾装成本主要包括：锚系统；舵系统；系泊系统；起货系统；救生/消防系统；家具；绝缘；门窗/人孔；舱盖；扶梯、栏杆、天幕；油漆；舾装工时等。

4）电气成本

电气成本主要包括：电气设备；电信设备；电缆；电气辅料；电气工时等。

5）属具和备品

根据需要添置的属具和备品。

6）生产专用费

生产专用费主要指下列各项：设计和图纸费；船体放样及样板费；钢材预处理；胎架及支撑费；船台费；下水费；码头费；船坞费；专用工具；试航费等。

7）其他费用

其他费用主要包括检验入级、不可预见费用等，其中不可预见费一般为船价的1%～3%。

2. 国外造船成本组成及其项目

国外造船成本包括：直接成本和间接成本。直接成本包括原材料、配套设备、劳务费和自制件；间接成本包括管理费和专用费，如图6-1(b)所示。

1）直接成本

(1) 原材料。

钢料：主船体；上层建筑。

舾装：管系；电气；甲板；舱室；舵系；推进；油漆；救生；起货；锚泊；底座。

消耗：焊条；焊丝；焊料；辅料；其他。

(2) 配套设备：主机；发电机组；辅机；阀件/连接件/贯通件；轴系；螺旋桨；泵；通风；空调/冷藏；维修设备；通信导航；甲板机械；门窗/舱盖/人孔；通道设备；救生；消防；属具/备品；其他。

(3) 劳务费。

(4) 自制件：箱柜；栏杆/扶手/天幕；机舱花钢板；其他。

2）间接成本

(1) 管理费：非直接生产费用；场地；设备及工具折旧。

(2) 专用费：设计/图纸；放样/样板；钢材预处理；胎架/专用工具；船台；下水；码头；船坞；调试/试航；交船；检验入级；不可预见费用。

船舶作为综合性的工业产品，由于其种类、用途、航区、入级、挂旗的不同，组成成本的项目也不一致；由于国别和地域的工业水平、配套能力、管理方法与水平的差异，其成本组成的比例与项目的分类亦各不相同；且不同的船东对同型船的要求也不尽相同，于是形成成本的差异。因此在成本估算时，必须对该船有详细的了解和周全的考虑。应该指出，造船厂的造船成本与船厂在询价单上的报价并不是一回事。报价的高低还与船舶市场状况，如当时的船舶供需状况、同行间的竞争、付款方式、银行贷款利率、国际货币兑换率等因素有关。

3. 造船成本组成的比例

船价因船舶类型不同，差异很大，类型相同但吨位及主要技术性能和主要设备不同时船价也将不同。此外，船价随船厂的生产条件、建造工艺、建造数量的不同也有所不同。在具体估算时，可参考下述造船成本组成进行分析与计算。

将造船成本分为原材料费、配套设备费、劳务费三项，总计为 100%，则其各项成本的分项比例幅度大致如下：

(1) 原材料费：26%～33%；

(2) 配套设备费：45%～52%；

(3) 劳务费：24%～26%。

在劳务费中，包含了生产工厂的直接工资、福利费、车间经费、企业管理费及生产制造专用费。如此划分，则其中直接生产工人的工资仅占劳务费的 8%～10%，产品制造专用费占劳务费的 40%～50%。

一些主要造船国家或地区的货船成本组成见表 6-2。

表 6-2　货船的成本组成比例

分类	国家(地区)				
	中国	日本/韩国	西欧/美国	东欧	巴西/新加坡
原材料/%	24～28	23～25	20～23	21～23	23～26
设备配套费/%	42～46	32～38	30～34	34～37	33～37
劳务费/%	12～15	20～25	30～36	16～18	17～21
专用费/%	6～8	9～11	10～12	11～13	10～12
管理费/%	*	5～7	7～9		6～7
自制件/%	8～10	5～7		6～8	5～7
总计	100	100	100	100	100

* 按我国《造船工业企业成本管理办法核算规程》规定，劳务费的工时单价已包含管理费，东欧亦然。

若以原材料费用为 100%，则一般干货船的原材料费用的组成比例大致如下：主船体钢材(包括钢板和型材)65%～70%；管材 2%～3%；电缆 7%～8%；其他材料(包括铸锻件)7%～8%；油漆 5%～6%；油料 3%；辅助材料 4%；其他费用 3%。

若以全部外购配套设备费用为 100%，则以下各种设备所占外购配套设备费用为：主机及其变速齿轮箱 22%～29%；电站 5%～6%；推进装置及轴系 2.8%～3.2%；冷藏、空调及通风 2.5%～3%；甲板机械 28%～35%；导航、通信及电气 9%～9.5%；仪器及仪表 5%～

12%;救生和消防 3%～4%;其他 7%～10%。

在成本组成中,轮机工程占总成本 40%左右,且项目繁杂,几种主要船型轮机工程费用中各项的大致比例见表 6-3。

表 6-3 轮机工程费用中各项目的比例

项目	比例/%		
	散货船	集装箱船	油船
主机	40	42	40
机舱辅机	20	18～20	20～22
管系	18	18	18～20
轴系与螺旋桨	7	8	8
调试与试航	3	2	5
各种设施与人工费	12	10～12	8

6.2.3 船价估算方法

根据船舶的不同设计阶段和设计资料的完备程度,船价估算有不同的方法。在造价初步估算中,通常采用整船估算法、对比估算法或分项估算法。

1. 整船估算法

在缺少资料,且对估价的精度要求不高的情况下,可根据载重量或排水量(客船可根据载客量,拖轮可按主机功率)或立方模数等,参考同型船的资料进行估算。

1) 以满载排水量为基础

同型船的船价与其满载排水量的 2/3 次幂成比例,即

$$P=\frac{\Delta^{2/3}}{\Delta_0^{2/3}}P_0 \tag{6-1}$$

式中 Δ,Δ_0——设计船与型船的满载排水量,t;

P,P_0——设计船与型船的造价。

2) 以载重量为基础

同型船的造价与其载重量成正比,即

$$P=\frac{DW}{DW_0}P_0 \tag{6-2}$$

式中 DW,DW_0——设计船与型船的载重量,t;

3) 以立方模数为基础

同型船的造价与其立方模数的 2/3 次幂成正比,即

$$P=\frac{(L_{pp}BD)^{2/3}}{(L_{pp0}B_0D_0)^{2/3}}P_0 \tag{6-3}$$

上述方法均为概算法,除此之外,尚有以每个集装箱的船价估算同型集装箱船的新船船价,或以每单位主机功率的船价估算同型拖轮的新船船价等。

在使用概算法估算船价时，所选用的同型船舶的技术参数应力求接近，若主机功率或其他主要设备差异较大，或存在时间因素的价格变更，则在上述公式中应设若干修正系数，如主机功率、起重能力、主要设备的型号以及物价指数等，对估算的船价进行修正。

2. 对比估算法

在报价时间紧、资料少的情况下，常采用快速报价法提高报价的准确度，而对比估算法是最常见、最有效的办法之一。整船对比估算法是一种用整艘船与相近母型船进行对比得出新船价的方法，常用的是功能对比法。

1）总体功能和价值的对比

这里指该船的入级、挂旗、航区和建造规范等。就一般而言，入 CCS 船级社的船舶比不入级的船价要高，入 ABS 和 LR 船级社的又比入 CCS 船级社的船价要高，入 GLN 和 DNV 船级社的船价最高。这里不仅由于按国外船级社的要求进行生产和设备选型增加了费用，而且还有一系列从申请审图到施工过程来厂检验等费用都较 CCS 船级社多。

2）尺度变化引起功能变化的对比

船舶长度变化引起钢材耗用量变化较大。船长增加引起钢材耗用量加大以比值的 1.2 次方反映出来，即

$$W_1=\left(\frac{L_1}{L_2}\right)^{1.2}W_2 \tag{6-4}$$

式中　W_1，L_1——新船钢材重量和船长；

W_2，L_2——型船钢材重量和船长。

如某船长度原为 60m，现新造船为 62m，按式(6-4)计算可知，船长增加 3.3%，而钢材却增加 4.0%。

船宽的增加对钢材耗用量的影响仅限于尺度变化本身所增加的钢材。

$$W_1=\left(\frac{B_1}{B_2}W_2\right) \tag{6-5}$$

从结构设计角度考虑，剖面模数变大，结构抗扭性能将得到加强，刚性变好。型深增加与钢材耗用量变化的关系可表达为

$$W_1=\left(\frac{D_1}{D_2}\right)^{0.8}W_2 \tag{6-6}$$

如一艘船由原型深 $D_2=5$m 增加至 $D_1=5.5$m，按式(6-6)计算可知，其型深增加 10%，而钢材用量仅增加 7.9%。

上述尺度变化系假定在讨论某一尺度变化时，其他尺度保持不变。

船舶主要尺度的变化，必然引起满载排水量(Δ)、载重量(DW)以及舱容等一系列变化。这里要特别指出的是，船舶主要尺度变化后将会引起总吨的增加，若原总吨是在一个数量级的边缘，一旦突破该数量级（如 1 600 总吨），船价将急剧上升。因为《船舶与海上设施法定检验规则》对该船的配备将按 1 600～4 000 总吨船舶来要求，通信导航、防火、救生等设备将提高一个档次。再则，由于尺度的变化，特别是因甲板上层建筑而引起舾装数的改变，将对锚泊设备产生直接的影响，从而增加费用。

3）航速增加引起船价的变化

航速增加与主机功率变化规律可以表示为

$$\left(\frac{v_1}{v_2}\right)^{1/3}=\frac{HP_1}{HP_2} \tag{6-7}$$

式中 v_1, HP_1——新船的航速和主机功率；

v_2, HP_2——型船的航速和主机功率。

如某货船原主机功率为500kW，航速9kn，现要求航速增加1kn，由式(6-7)计算可知，其主机功率需增大至685.86kW。可见，对航速要求的提高必然导致主机功率显著增加。由于主机功率增加可能引起机型、机舱位置、轴系、螺旋桨等的改变，这必然增加船舶的造价。如某船航速为14kn，若航速增加1kn，则船的总造价将增加3%～5%。

3. 分项估算法

在确定船体钢料、舾装设备、机电设备三个分项重量后，可按分项重量估算船价。这种估算船价的方法将船价分为四个组成部分：

船体造价：船体方面的材料费和工时费等；

舾装造价：舾装设备费和材料费以及工时费等；

机电造价：机电方面的设备费和材料费以及工时费等；

其他造价：包括船台工程、下水、试验、设计、企业管理、利润、税金等。这项费用以占前三项之和的一个百分数计，据统计占15%～30%。

分项总造价 P：

$$P=(W_h\cdot p_h+W_f\cdot p_f+W_m\cdot p_m)\times(1+\alpha)$$

式中 W_h, W_f, W_m——船体钢料、舾装设备、机电设备三个分项重量，t；

p_h, p_f, p_m——上述三个分项重量的单位造价，元/t，应根据实际情况确定；

α——其他造价系数。

6.3 营运经济性计算

6.3.1 运输能力

船舶在一年内所完成的货（客）运量或货（客）运周转量称为船舶运输能力，简称“运力”。可以表示为

$$Q_T=2\alpha_D W_c m \quad (\text{t/年}) \tag{6-8}$$

$$Q_{TM}=2\alpha_D W_c mL \quad (\text{t}\cdot\text{n mile/年}) \tag{6-9}$$

式中 α_D——装载因数；

W_c——船舶设计载货量，t；

m——年航行次数；

L——航线的航程，n mile。

1. 装载因数 α_D

$$装载因数\ \alpha_D = 装载率\ \alpha_L \times 满航率\ \alpha_V \tag{6-10}$$

其中

$$装载率\ \alpha_L = 实际载货量/设计载货量$$

$$满航率\ \alpha_V = 载货航程/往返全航程$$

散货和石油货源充足，但油船运输有单向性（单程满载、单程空载），专用散货船也往往是单向运输，故 $\alpha_D=0.5$；对杂货船，由于货物批量、货种的变化和货源组织等因素，往往达不到满装载率及满航率。对 α_D，α_L，α_V 的确定需进行实际统计分析。

2. 年航行次数 m

一个航次为船舶航行一个往返。年航行次数 m 等于年营运天数除以航次时间，即

$$m=\frac{T_Z}{t}\quad（次） \tag{6-11}$$

1）年营运天数 T_Z(d)

T_Z 为 365 天扣除修理船、航线港口冰冻封航天数等之后实际从事运输的时间。国内船舶营运期大致范围见表 6-4。

表 6-4 国内各类船舶的营运期

项目	营运期					
	远洋货船	沿海货船	沿海油船	沿海客货船	长江拖轮	长江驳船
营运率/%	82～90	77～78	76～79	82～86	66～76	86～94
营运期/d	299～322	281～285	278～289	299～314	241～278	314～343

2）航次时间 t(d)

$$t=t_1+t_2+t_3 \tag{6-12}$$

t_1 为航次航行时间(d)，包括以服务速度(v_s)和压载航行速度(v_{bs})航行的时间 t_{11}(d)和以限制航速通过运河和进出港的时间 t_{12}(d)；

t_2 为航次在港装货、卸货时间(d)，根据航次货运量 W_c 和装船、卸船定额(t/h 或 t/d)计算确定；

t_3 包括非生产性停泊时间（等泊位、候潮水、等调令等）和辅助作业时间（供油、水、物料，开闭舱口，起落吊杆，油船拆装油管等），可通过分析统计实船营运资料（航行报表）确定。

6.3.2 年营运开支

船舶年营运开支是一艘船在一年内各种开支总和，也称单船年运输成本。我国现行营运开支的估算方法分五个大项估算，即与船价有关费用、船员费用、燃润料费、港口费及其他费用。

1. 与船价有关费用 S_1

1) 折旧费

船舶在使用过程中逐渐老化,性能降低,其价值逐年减少。企业为了补偿船舶损耗,在一定年限内,按折旧率每年提取的一项费用称为折旧费。考虑折旧的影响,其目的主要有以下几点:

(1) 对投资的资产逐渐回收;

(2) 将折旧费分摊到使用该资产所生产的产品或服务费用中;

(3) 企业征收所得税,所得税是按扣除折旧费后的净收入,即利润(税前利润)征收的,因此,如每年的折旧费多,则净收入少,纳税也少,可以使企业保留一部分收益作为更新设备或额外扩大再生产的需要;

(4) 折旧基金是更新改造基金的主要来源,如果折旧率取得较低,则企业设备陈旧落后,不利于更新改造。

目前常用的折旧方法有直线折旧法、加速折旧法等。

(1) 直线折旧法(SL)。

直线折旧法是常用的折旧方法之一,是一种平均折旧法,按固定资产的使用年限,逐年等额计提折旧费。船舶的账面价值等于船舶的原始投资与某时刻的总折旧费之差。通常折旧每年计算一次,若每年折旧费相同,则按直线折旧法折旧的每年的折旧费为

$$F_Z=\frac{P-\Delta P}{N_Z}\quad (元) \tag{6-13}$$

式中 F_Z——年度折旧费,元/年;

P——船舶造价,元;

ΔP——船舶到计划使用期时的残值,通常取船价的一个百分数(一般为10%);

N_Z——船舶计划使用年限(年),我国交通部对各类船舶的使用年限有规定,见表6-5。

表6-5　船的使用年限

海船		长江船、内河船	
油船	15年	油船、油驳	15年
散货船	20年	货船	25年
客货船	20年	推、拖轮	25年
集装箱船	20年	客货船	25年
杂货船	25年	旅游船	15年
化学品船	10年	机动驳、驳船	20年

(2) 年数加总数折旧法(SYD)。

年数加总数折旧法是一种加速折旧的技巧,用此法折旧,船舶大部分的价值在其寿命的前三分之一时间内将会快速折旧,即折旧金额在开始数年中相当高,而在船舶寿命后期,将迅速减少。

用年数加总数折旧法，首先求出船舶使用年数从 1 到 N_Z 的总和，此和即为年数加总数。某一年的折旧金额等于船舶投资减去其残值后乘以船舶所余折旧年数（包括折旧当年）与年数加总数的商，即

$$F_{Zm}=\frac{\text{包括折旧当年在内的剩余折旧年数}}{\text{年数加总数}}(P-\Delta P)=\frac{N_Z-(m-1)}{SYD}(P-\Delta P) \quad (6\text{-}14)$$

式中　F_{Zm}——第 m 年折旧费。

其中

$$SYD=\sum_{m=1}^{N_Z}m=\frac{N_Z(N_Z+1)}{2}$$

第 1～m 年总折旧费为

$$(P-\Delta P)\left(\frac{N_Z}{SYD}+\frac{N_Z-1}{SYD}+\cdots+\frac{N_Z-m+1}{SYD}\right)=\frac{m(N_Z-0.5m+0.5)}{SYD}(P-\Delta P) \quad (6\text{-}15)$$

于是，第 m 年账面价值（BV_m）为

$$BV_m=P-\frac{m(N_Z-0.5m+0.5)}{SYD}(P-\Delta P) \quad (6\text{-}16)$$

（3）余额递减折旧法（DB）。

余额递减折旧法亦称等额或固定百分率法，这是另一种加速折旧的技巧。折旧费等于该年账面价值乘以等额的百分率。例如，如果该等额百分率（折旧率）为 10%，则某一年的折旧费为该年账面价值的 10%。显然，折旧费在第一年最大，越往后则越小。

另一种折旧法允许的折旧率为直线折旧率的两倍，即 $2/N_Z$，当利用此比率时，称为双倍余额递减法（DDB），因此，如果某一船舶的使用寿命为 10 年，直线折旧率为 $1/N_Z=1/10$，或每年 10%，则双倍余额递减法可用 20% 的等额比率。

因为折旧费是由一递减数值（即账面价值）的固定百分比来确定的，所以船舶的账面价值永远不会等于零。因此，允许在使用寿命中的任何时刻转换为直线折旧法，这样，企业可以享受较高折旧率的好处。必须指出，当利用双倍余额递减法计算折旧费时，残值不必从投资中扣除，这样可增加在船舶使用寿命早期的折旧率。

对于余额递减折旧法，若折旧率为 R_Z，则第 m 年的折旧金额为

$$F_{Zm}=R_Z P(1-R_Z)^{m-1} \quad (6\text{-}17)$$

由于在余额递减折旧法中，不直接应用残值 ΔP，所以如果已知船的投资 P 在 N_Z 年后的残值为 ΔP，则可用下式求得所需的折旧率：

$$\Delta P=BV_{N_Z}=P(1-R_Z)^{N_Z}$$

$$R_Z=1-\left(\frac{\Delta P}{P}\right)^{1/N_Z} \quad (\Delta P>0) \quad (6\text{-}18)$$

例 6-1　试利用 SL，SYD，DDB 和 DB，计算并用图表示某船舶造价 $P=800$ 万元，残值 $\Delta P=100$ 万元，使用寿命 $N_Z=10$ 年的折旧速度。

解　计算结果见表 6-6，绘成曲线如图 6-2 所示。

表 6-6　折旧计算

年次(m)	SL		SYD		DDB		DB**	
	F_{Zm}	BV_m	F_{Zm}	BV_m	F_{Zm}	BV_m	F_{Zm}	BV_m
0	—	800	—	800	—	800	—	800
1	70	730	127.27	672.73	160	640	150.20	649.8
2	70	660	114.55	558.18	128	512	122.0	527.8
3	70	590	101.82	456.36	102.4	409.6	99.1	428.7
4	70	520	89.09	367.27	81.92	327.68	80.49	348.21
5	70	450	76.36	290.91	65.53	262.14	65.38	282.83
6	70	380	63.64	227.27	52.43	209.71	53.10	229.73
7	70	310	50.91	176.36	41.94	167.77	43.13	186.60
8	70	240	38.18	138.18	33.55	134.22	35.03	151.57
9	70	170	25.45	112.73	26.84	107.38	23.46	123.11
10	70	100	12.73	100	7.38*	100	23.11	100

* 根据国际税收法律，仅计折旧费为 7.38 万元；

** DB 的折旧率 $R_Z=1-(100/800)^{1/10}=0.18775$。

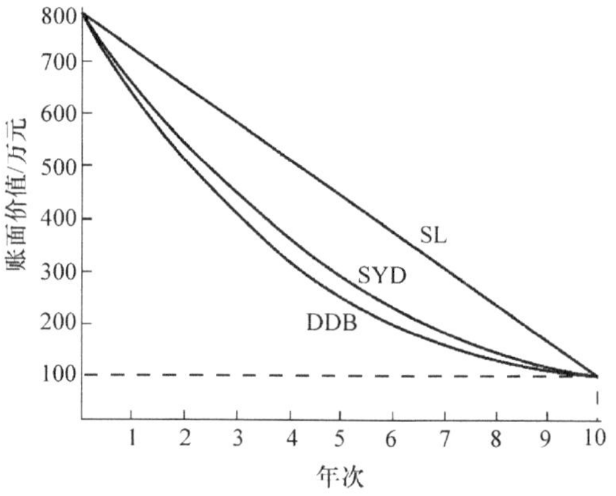

图 6-2　折旧费用曲线

(4) 自由折旧法(FD)。

自由折旧法是按企业的意图随意确定各年度的折旧额。最常用的做法是在营运的前几年，每年所得收益都用作折旧费，这样利润为零，税金也为零。等到船价全部折旧完毕，利润增加，税金也要多缴纳。但后面几年金额的现值是较小的，从经济上考虑，采用自由折旧法是有利的。在开始几年，折旧费多，则企业所能掌握支配的金额也多，对企业进行技术改造，更新旧设备，扩大再生产有利。下面通过例子来比较自由折旧法与直线折旧法。

例 6-2　某货船船价 900 万元，折旧年限为 15 年，不计船的残值。年收益为 150 万元，要求基准投资收益率为 8%，如考虑税金，则税率为 50%，试计算下列三种情况的净现值：①免税情况；②需纳税，采用直线折旧法；③需纳税，采用自由折旧法。

解　① 免税情况。

15 年收益的现值总和＝1 284 万元

船价现值＝900 万元

净现值 NPV＝15 年收益的现值总和－船价现值＝1 284－900＝384 万元

② 需纳税，采用直线折旧法。

折旧费　$F_Z = P/N_Z = 900/15 = 60$ 万元

利润　$A_p = A - F_Z = 150 - 60 = 90$ 万元

税金　$T_A = A_p t = 90 \times 0.50 = 45$ 万元

税后收益　$A_T = A - T_A = 150 - 45 = 105$ 万元

15 年税后收益的现值＝898.8 万元

船价现值＝900 万元

净现值 NPV＝15 年税后收益的现值－船价现值＝898.8－900＝－1.2 万元

由于净现值为负，说明在这种情况下(需纳税，采用直线折旧法)不能达到所要求的基准投资收益率 8%。

③ 需纳税，采用自由折旧法。

前 6 年的营运收益 900 万元完全把船价 900 万元折旧完。这样，前 6 年利润为零，不需缴纳税金，计算见表 6-7。

表 6-7　自由折旧法计算表

年度 j	税前收益/万元	折旧费/万元	纳税利润/万元	税金/万元	税后收益/万元	$(P/F,i,j)$	现值/万元
1	150	150	0	0	150	0.925 9	138.89
2	150	150	0	0	150	0.857 3	128.59
3	150	150	0	0	150	0.793 3	119.07
4	150	150	0	0	150	0.735 0	110.25
5	150	150	0	0	150	0.680 6	102.09
6	150	150	0	0	150	0.630 2	94.53
7	150	0	150	75	75	0.583 7	43.78
8	150	0	150	75	75	0.540 3	40.52
9	150	0	150	75	75	0.500 2	37.52
10	150	0	150	75	75	0.463 2	34.74
11	150	0	150	75	75	0.428 8	32.16
12	150	0	150	75	75	0.397 1	29.78
13	150	0	150	75	75	0.367 7	27.58
14	150	0	150	75	75	0.340 5	25.54
15	150	0	150	75	75	0.315 2	23.64
合计	2 250	900	1 350	675	1 575		988.68

15 年收益的现值总和＝988.69 万元

船价现值＝900 万元

净现值 NPV＝15 年收益的现值总和－船价现值＝988.69－900＝88.69 万元

由于净现值为正值,因此,采用自由折旧法可以获得预期的8%的基准投资收益率。这是因为迟交税,虽后面几年多交税,但现值因数小了,所以有利。

2) 修理费

在使用过程中,为保持船舶持续营运,隔一定时间(除个别损坏事故外)要进行修理,分岁修与特检等。船舶年修理费是船舶各种修理费用的年度分摊值,按船价的一定百分数计,此项费用也称修理基金提存。一般对远洋船修理费提存率为2.5%,沿海船为3.5%,长江船为4.5%。

3) 保险费

保险费是用船部门向保险公司提出保险而交付的费用,一般取保价的一个百分数。远洋船向国外保险,由航运公司提出保险。保价不等于船价,在经济论证阶段可假定与船价相等,船舶年度保险费则取船价的一个百分数,一般杂货船取0.55%,油船取0.7%。

上述三项费用均与船价有关,表6-8给出其与船价相关的费率。

表 6-8　与船价相关的费率

分类	船别	折旧费/%	修理费/%	保险费/%	总计/%
远洋船	货船、客货船、拖轮	3.6	2.5	0.55	6.65
	重油船	3.6	2.5	0.70	6.80
	原油与轻油船	6	2.5	0.70	9.20
沿海船	货船、客货船、拖轮、重油船	3	3.5		6.50
	原油与轻油船	4.5	3.5		8.00
长江船	货船、客货船、拖轮、重油船	2.57	4.5		7.07
	原油与轻油船	3.6	4.5		8.10

2. 船员费用 S_2

每船每年付给船员的费用,分基本工资、辅助工资、伙食费、航行津贴、奖金等项。我国船舶的船员费约占总营运费用的3%~5%。

3. 燃润料费用 S_3

燃润料费用是指船舶动力装置所消耗的燃料与润料费用。根据主机、辅机(如发电机)、锅炉设备的功率和单位耗油量以及工作时间,按当时的燃料及润料的价格计算出船舶年度的燃料及润料费用。具体计算时要分航行与停泊两种状况。航行时主机功率取最大持续功率的80%~85%;柴油发电机功率,在航行及用船上起货设备进行装卸时为80%,停泊时为70%;锅炉的使用,对柴油机船,航行时用废汽锅炉,停泊时用燃油锅炉,其工作时间为停泊时间的25%~50%。原油船和重质成品油船要考虑暖油问题的特殊需要而另行计算。

主机所用轻、重柴油比例:

远洋船为15%∶85%或10%∶90%;

近海船为20%∶80%;

长江及沿海船为20%∶80%。

润料费可按主机、辅机的实际需要而分别细算。在论证阶段可取燃料费的一个百分数计入，海船低速柴油机取为 7%～10%，中速柴油机取为 10%～15%，长江船取为 17%。蒸汽机装置的润料消耗比内燃机装置低得多，可取为 2%。

4. 港口费 S_4

港口费是在港口发生的各种费用，港口费分与净吨有关的费用和与货吨有关的费用以及其他项费用。

与净吨有关的费用包括引航、移泊、码头、港务等费用，可比例于净吨位计算；

与货吨有关的费用包括装卸费、保管费、理货费、代理费等，可比例于货物吨数计算；

其他项费用为使用拖轮费用、供油供水费用、开关舱费用等。

年度港口费＝航次数×航次港口费

航次港口费＝净吨×与净吨有关费率＋货吨×与货吨有关费率＋航次其他港口费用

对国内船舶可按现行规定标准计算。国外航行船舶，因国外港口费名目繁多，且港口规章制度各国不同，可分析同一航线相近船舶的营运实际资料，确定平均单位费率(如每货吨费率或每净吨费率)计算。

5. 其他费用

其他费用包括物料费、企业管理费、其他开支(如办公用品费、邮电费用、修理仪器费用等)，一般占总成本的 15%左右。

这样，年度总成本 S 为

$$S=\frac{1}{0.85}(S_1+S_2+S_3+S_4) \tag{6-19}$$

6.3.3　年收入及年利润

1. 年收入

年收入 B 为

$$B=\text{年运输能力 } Q_{\mathrm{T}}(t)\times\text{货物运价}(\text{元/t}) \tag{6-20}$$

或

$$B=\text{年运输能力 } Q_{\mathrm{TM}}(\mathrm{t\cdot n\ mile})\times\text{货物运价}(\text{元}/(\mathrm{t\cdot n\ mile})) \tag{6-21}$$

货物运价(元/t 或元/t · n mile)按运价标准选定，因货物种类及运输里程而变。

2. 年利润

由于企业要缴纳所得税，因此就产生税前收益和税后收益、税前利润和税后利润的概念。不计企业所得税的年收益和年利润即为税前年收益和税前年利润。税后年收益是船舶年营运收入扣除年营运费用和税金以后的余额。税后年利润是船舶年营运收入扣除年总成本和税金以后的余额。图 6-3 表明了它们之间的关系。

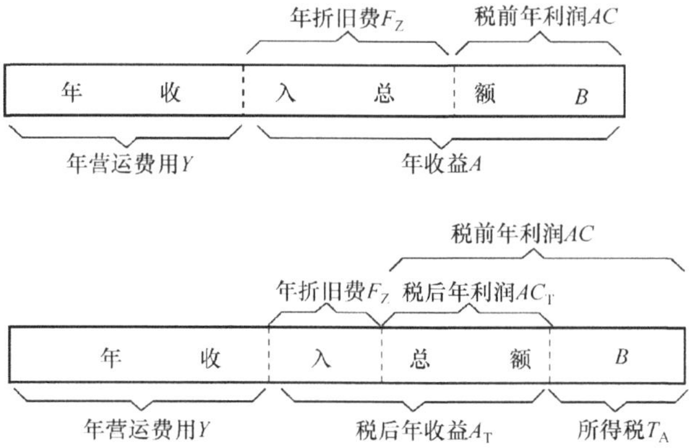

图 6-3　年度营运收入分配图

$$年收益\ A=年收入总额\ B-年营运费用\ Y \tag{6-22}$$

年营运费用是船舶在营运一年中(不含折旧费)各项费用的总和。

$$年营运费用\ Y=年营运总成本\ S-年折旧费\ F_Z \tag{6-23}$$

$$税前年利润\ AC=年收益\ A-年折旧费\ F_Z=年收入总额\ B-年总成本\ S \tag{6-24}$$

$$税后年收益\ A_T=年收入总额\ B-年营运费用\ Y-所得税\ T_A \tag{6-25}$$

$$税后年利润\ AC_T=年收入总额\ B-年总成本\ S-所得税\ T_A \tag{6-26}$$

6.4　船舶的主要经济指标

6.4.1　不考虑资金时间价值的经济指标

1. 运输能力

$$Q_T=2\alpha_D W_c m \quad (\text{t/年}) \tag{6-27}$$

$$Q_{TM}=2\alpha_D W_c mL \quad (\text{t·n mile/年}) \tag{6-28}$$

2. 单位运输成本

船舶完成单位运量的开支即为单位运输成本。单位运输成本等于年度总成本除以年运输能力:

$$b_T=\frac{S}{Q_T} \quad (\text{元/t}) \tag{6-29}$$

$$b_{TM}=\frac{S}{Q_{TM}} \quad (\text{元/(t·n mile)}) \tag{6-30}$$

单位运输成本是一个综合性指标,它反映了船舶技术性能(如航速)状态、劳动力消耗程度、设备资金的利用程度、企业管理水平等。在船舶技术经济论证中，常作为主要的评价指标。按这项指标评价，单位运输成本低的方案经济性好。但是在燃料价格较高及折旧费提存提高时，按这项指标将会出现船型方案的速度低和船长过短的问题。

3. 单位运量投资

船舶的单位运量分摊的投资(或分摊的造价)称单位运量投资指标。

$$a_{T}=\frac{P}{Q_{T}} \quad (元/t) \tag{6-31}$$

$$a_{TM}=\frac{P}{Q_{TM}} \quad (元/(t \cdot n\ mile)) \tag{6-32}$$

单位运量投资指标低，表明获得单位运输能力投资少，资金利用效果好。但此指标低并不意味着单位运输成本一定低，常用来作为辅助指标。

4. 综合经济指标

这项指标既考虑投资又考虑成本的影响，故称综合经济指标。该指标越低说明经济性越好。

$$A_{b}=b_{T}+E\times a_{T} \quad (元/t) \tag{6-33}$$

式中　b_T——单位运输成本，元/t；

a_T——单位运量投资，元/t；

E——投资效果系数，是国家根据一定时期的政策和经济条件规定的社会或部门的基准收益率。

5. 年利润指标

年利润(AC)是指年运输收入减去年总成本后的金额：

$$AC=B-S \tag{6-34}$$

式中　B——年运输收入，元；

S——年总成本，元。

如果将年利润除以造价，即为单位投资利润，这也是一个经济指标。

6. 投资回收期

投资回收期(T_K)等于船舶投资(造价)除以年利润：

$$T_{K}=\frac{P}{AC} \quad (年) \tag{6-35}$$

该指标直接反映了投资效果，因此也是常用的主要经济指标。投资回收期 T_K 的倒数为投资利润率指标。

7. 主要材料和燃料消耗指标

主要材料和燃料消耗指标包括单位运输量燃料消耗量(kt · n mile 燃料消耗指标)，单位运输量钢材消耗指标等。

能源紧张、燃料价格高涨，节省燃料是船舶设计要考虑的重要问题，这时可用单位运输量燃料消耗量作为衡量的经济指标。

6.4.2 考虑资金时间价值的经济指标

所谓资金的时间价值，是指资金在扩大再生产及其循环过程中，随着时间变化而产生的资金增值或经济效益。具体体现在资金的利息和资金的纯收益两个方面。上面介绍的经济指标的不足之处是没有考虑现代工程经济分析中的一些主要因素。例如，资金的时间价值，特别是投资在整个船舶营运期中的价值变化；在船舶营运期内，营运收入和各项费用的变化；一些经济与财务因素对船舶经济性的影响，如贷款、税金和折旧等。

1. 基本利息计算式

利息分单利和复利两种。

在资金运动过程中，仅是本金生息，而利息并不生息的计算方法称为单利法。单利利息计算式为

$$I=niP \tag{6-36}$$

第 n 个计息期末的本息和为

$$F=P+I=P(1+ni) \tag{6-37}$$

式中　P——资金(或本金，或投资)；

I——利息；

n——计算利息的期数，年或月；

i——利率，单位时间里使用单位资金所需支付的代价，%；

F——本息和，即本金加利息。

在资金运动过程中，不仅是本金本身生息，利息也随着时间的增值而生息的计算方法称为复利法。该计息体系中，每期利息均可对以后各期产生利息。在船舶技术经济论证中，多采用复利计息。

对一次支付的情况，将本金 P 一次存入银行，年利率为 i，存期 n 年，n 年的本息和 F 计算情况见表 6-9。由此表可得到复利本息和计算式：

$$F=P(1+i)^n \tag{6-38}$$

表 6-9　复利本息和计算

期数	期初本金	该期利息	期末本息总额
1	P	Pi	$P+Pi=P(1+i)$
2	$P(1+i)$	$P(1+i)i$	$P(1+i)+P(1+i)i=P(1+i)^2$
3	$P(1+i)^2$	$P(1+i)^2i$	$P(1+i)^2+P(1+i)^2i=P(1+i)^3$
⋮	⋮	⋮	⋮
n	$P(1+i)^{n-1}$	$P(1+i)^{n-1}i$	$P(1+i)^{n-1}+P(1+i)^{n-1}i=P(1+i)^n$

在船舶经济分析论证中所遇到的财务处理情况是多种多样的，例如，在付款、还款时有一次付清和分期付清等方式。同是项目的支出发生在前，一系列的收入发生在后，在对比收支、计算经济效益时，如果把现在值的投资支出直接和将来值的收入对比，就不能得到正确的结论，为了保证收支的可比性，获得正确的经济评价，必须把不同时期的价值换算成相同时期的价值，然后在相同时间价值的基础上进行比较。在时间价值的换算中，借助于复利计算式，主要有六个复利系数(或因数)。

(1) 资金一次支付，其现金流量如图 6-4 所示。

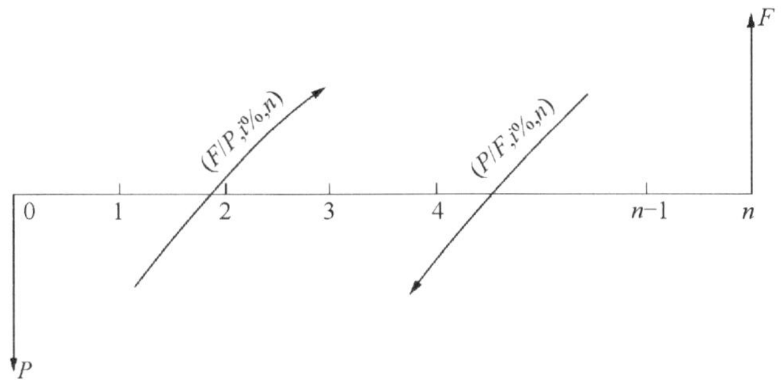

图 6-4　一次支付现金流量图

终值 F：

$$F=P(1+i)^{n}$$

现值 P：

$$P=F(1+i)^{-n}$$

终值因数：把现在发生的金额(称现值)按复利关系换算成将来某一时刻一次发生的金额所用的乘数。终值因数的表达式和计算式为

$$(F/P,i\%,n)=(1+i)^{n} \tag{6-39}$$

式中　F——资金的未来值(复利周期的第 n 期末的金额)；

P——现在发生的金额或规定的基准年发生的金额(现值)；

n——计算复利的周期数；

i——每期利率，%。

现值因数：把未来某一时刻一次发生的金额，按复利关系换算成现值所用的乘数。现值因数的表达式和计算式为

$$(P/F,i\%,n)=(1+i)^{-n} \tag{6-40}$$

现值因数和终值因数互为倒数，即

$$(P/F,i\%,n)=\frac{1}{(F/P,i\%,n)}$$

(2) 一次支付分期等额偿还的情况，其现金流量图如图 6-5 所示。

如向银行一次贷款 P 元，以后以一定时间间隔(如一年一次或半年一次)等额分期偿还，每期还本息 A 元，求 A 与 P 之间的关系。

假设向银行贷款 P 元，年利率为 $i(\%)$。每年偿还一次的本息和为 A 元，在今后 n 年内

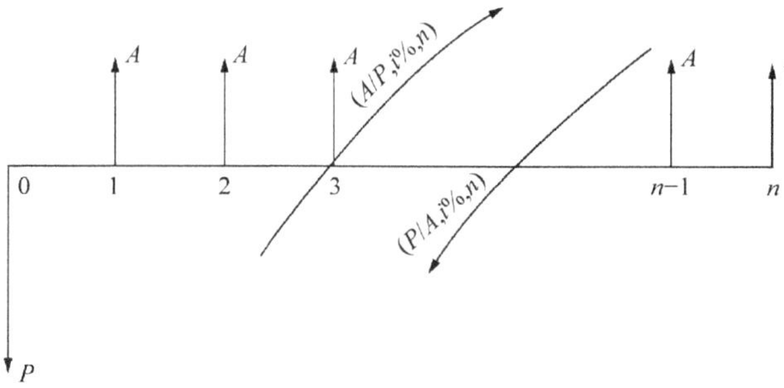

图 6-5　一次支付分期等额偿还现金流量图

分期偿还完。

在 n 年内每年还款 A 的现值是不同的，但还款现值总额等于贷款额 P。

$$P=A(1+i)^{-1}+A(1+i)^{-2}+A(1+i)^{-3}+\cdots+A(1+i)^{-(n-1)}+A(1+i)^{-n}$$
$$=A\frac{(1+i)^n-1}{i(1+i)^n}=A(P/A,i\%,n)$$

则

$$(P/A,i\%,n)=\frac{(1+i)^n-1}{i(1+i)^n} \tag{6-41}$$

称为等额现值因数。

由 P 求 A 的关系如下：

$$A=P\frac{i(1+i)^n}{(1+i)^n-1}=P(A/P,i\%,n)$$

则

$$(A/P,i\%,n)=\frac{i(1+i)^n}{(1+i)^n-1} \tag{6-42}$$

称为资金回收因数。

资金回收因数是把资金的现值总数按复利关系，换算成分期等额还款金额所用的乘数。

例 6-3　贷款 5 000 元，以后分 5 次等额支付，按每年偿还一次的方式偿还本息，年利率为 10%，求每年还款额。

解　每年还款额：

$$\begin{aligned}A&=P(A/P,10\%,5)\\&=5\,000\times\frac{0.1\times(1+0.1)^5}{(1+0.1)^5-1}\\&=5\,000\times0.263\,8\\&=1\,319\text{ 元}\end{aligned}$$

(3) 等额分期支付一次偿还的情况，其现金流量图如图 6-6 所示。如每年等额向银行存款 A 元，按复利计算，n 年后得到 F 元的情况就属等额分期支付一次偿还的类型，现求 A 与 F 间的关系如下：

由前面一次支付的情况可知 F 和 P 的关系：

$$F=P(1+i)^n \tag{a}$$

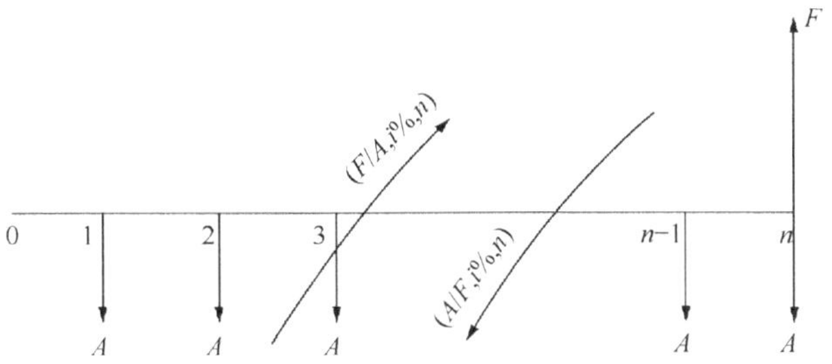

图 6-6　等额分期支付一次偿还现金流量图

又从一次支付分期等额偿还的情况知 P 和 A 的关系：

$$P=A(P/A,i\%,n)=A\frac{(1+i)^n-1}{i(1+i)^n} \tag{b}$$

将式(b)代入式(a)可得

$$\begin{aligned}F&=A\frac{(1+i)^n-1}{i(1+i)^n}(1+i)^n\\&=A\frac{(1+i)^n-1}{i}\\&=A(F/A,i\%,n)\end{aligned}$$

这里

$$(F/A,i\%,n)=\frac{(1+i)^n-1}{i} \tag{6-43}$$

称为等额终值因数。

等额终值因数是把分期等额发生的金额按复利关系换算成将来某一时刻一次发生的未来值金额所用的乘数。

由 F 求 A 的关系式为

$$A=F\frac{i}{(1+i)^n-1}=F(A/F,i\%,n)$$

这里

$$(A/F,i\%,n)=\frac{i}{(1+i)^n-1} \tag{6-44}$$

称等额预付金因数。

等额预付金因数是把将来某一时刻一次发生的未来值金额按复利关系换算成分期等额发生的金额所用的乘数。等额终值因数$(F/A,i\%,n)$与等额预付金因数$(A/F,i\%,n)$互为倒数，即$(F/A,i\%,n)=\dfrac{1}{(A/F,i\%,n)}$。

例 6-4　一艘 7 000t 沿海货船，船价为 1 100 万元，全部由银行贷款。在交船时一次付清，贷款年利率为 15%。船运公司计划每年等额还本息一次，10 年还清，然后将船出售得船价 1/4(称残值)。问船的残值在该船的经济核算中所占的比例是多少？

解　每年向银行还本息金额：

$$A_1 = P(A/P, 15\%, 10) = 1\,100 \times 0.199\,3 = 219.23 \text{ 万元}$$

10年后所得残值分配到各年度的金额：

$$A_2 = \frac{1}{4}P(A/F, 15\%, 10) = 275 \times 0.049\,3 = 13.56 \text{ 万元}$$

$$A_2/A_1 = 13.54/219.18 = 6.2\%$$

所得残值仅占投资额的6.2%。

此题另外解法：求10年后所得残值的现值

$$P_1 = \Delta P(1+0.15)^{-10} = 1\,100 \times \frac{1}{4} \times 1.15^{-10} = 275 \times 0.247\,2 = 67.98 \text{ 万元}$$

$$P_1/P = 67.98/1\,100 = 6.2\%$$

2. 经济指标

1) 总费用现值 PV

当营运收入不能估计或者无收入的情况下，如军用舰艇、科学考察船及远洋调查船等，若各方案的功能相同、营运年限相同，可以用总费用现值作为评价投资效果指标。总费用现值 PV 最小的方案，就是经济性最佳方案。

各年度营运费用(Y_i)不等时，PV 按下式计算：

$$PV = \sum_{n_j=1}^{n} Y_{n_j}(P/F, i\%, n_j) - \Delta P(P/F, i\%, n) + P \quad (\text{元}) \tag{6-45}$$

式中　Y_{n_j}——第 n_j 年的营运费用，元；

ΔP——船价残值，元；

P——船舶造价，元；

$(P/F, i\%, n_j)$——第 n_j 年的现值因数；

$(P/F, i\%, n)$——第 n 年的现值因数。

各年度营运费用(Y)相等时，PV 按下式计算：

$$PV = Y(P/A, i\%, n) - \Delta P(P/F, i\%, n) + P \quad (\text{元}) \tag{6-46}$$

式中　Y——各年度营运费用，元；

$(P/A, i\%, n)$——等额现值因数。

2) 净现值 NPV

净现值是指船舶整个营运年限内，各年度的收入 B_{n_j}、各年度的营运费用 Y_{n_j} 以及船价残值 ΔP，按投资收益利率 i 折现后的现值总和(含投资 P_{n_j} 的现值)。

各年度的收入、支出(营运费用)、投资支出不同时，NPV 按下式计算：

$$NPV = \sum_{n_j=1}^{n}[B_{n_j}(P/F, i\%, n_j) - Y_{n_j}(P/F, i\%, n_j) - P_{n_j}(P/F, i\%, n_j)] + \Delta P(P/F, i\%, n) \quad (\text{元}) \tag{6-47}$$

各年度的收入与支出(营运费用)相等，且一次投资时，NPV 按下式计算：

$$\begin{aligned} NPV &= B(P/A, i\%, n) - Y(P/A, i\%, n) + \Delta P(P/F, i\%, n) - P \\ &= (B-Y)(P/A, i\%, n) + \Delta P(P/F, i\%, n) - P \quad (\text{元}) \end{aligned} \tag{6-48}$$

式中　B_{n_j}——第 n_j 年的收入，元；

P_{n_j}——第 n_j 年的投资支出，元。

净现值的含义是考虑到资金的时间价值后，在使用期内，能获得利润（还本付息后）的总现值。当其值为零时，方案的收支相抵，能达到预期的投资收益利率 i；其值为正时，表明可以超过预期的投资收益利率；其值为负时，表示达不到预期的投资收益利率。

3）净现值指数 $NPVI$

当各船型方案的投资额 P 不相同时，用该指标作为评价各方案好坏的标准，更能正确地反映出各方案的投资效果。

$$NPVI=\frac{NPV}{P} \tag{6-49}$$

4）平均年度费用 AAC

计入残值 ΔP，考虑各船型方案的营运费用及投资（一次支付）的各年度均摊后，得到平均年度费用。

各方案的年度营运费用不同时，AAC 按下式计算：

$$AAC=(A/P,i\%,n)\left[P+\sum_{n_j=1}^{n}Y_{n_j}(P/F,i\%,n_j)-\Delta P(P/F,i\%,n)\right]\quad(\text{元/年}) \tag{6-50}$$

各方案的年度营运费用相等时，AAC 按下式计算：

$$AAC=Y+P(A/P,i\%,n)-\Delta P(A/F,i\%,n)(\text{元/年}) \tag{6-51}$$

式中　$(A/F,i\%,n)$——等额预付金因数；

$(A/P,i\%,n)$——资金回收因数。

当各方案的收入不能预知，且营运年限又不相等时，应该用它作为衡量各方案投资效果的指标。AAC 最小的方案就是经济上最佳的方案。

5）必需运费率 RFR

其含义是为达到预期的投资收益利率，单位运量所必需的运费。当知道各方案的年货运量 Q_T 时，采用该指标比 AAC 指标更能看出各方案投资效果的好坏。该指标最小的方案就是经济上最好的方案，必需运费率按下式计算：

$$RFR=\frac{AAC}{Q_T}\quad(\text{元/t}) \tag{6-52}$$

各年度营运费用相同，且投资一次支付时，其计算式为

$$RFR=\frac{Y+P(A/P,i\%,n)-\Delta P(A/F,i\%,n)}{Q_T}\quad(\text{元/t}) \tag{6-53}$$

6）内部收益率 IRR

还本付息期内使净现值等于零的投资收益利率称为内部收益率。如果计算所得的 IRR 大于银行的贷款利率，表明该项投资是可进行的，能负担起贷款利率；如果 IRR 再大于

企业自己拟定的基准收益率(比贷款利率要高),则表示该方案可以获得预期的效益,否则,不会取得预期的经济效益。IRR 最大的方案是经济上最优的方案。

当忽略残值 ΔP,且一次投资,各年度收益相同时,IRR 按下列步骤求得:

$$NPV=(B-Y)(P/A,i\%,n)-P=0 \tag{6-54}$$

或

$$NPV=A(P/A,i\%,n)-P=0$$

则

$$A/P=(A/P,i\%,n)=\frac{i(1+i)^n}{(1+i)^n-1} \tag{6-55}$$

式中 $A=B-Y$。

已知营运期 n,各年收益 A 和投资 P,即可求得 i,即内部收益率 IRR。

例 6-5 投资 1 000 万元买一艘船,投入营运后年收益为 300 万元,要求 5 年内还本付息,求内部收益率。

解

$$A/P=(A/P,i\%,n)=\frac{i(1+i)^n}{(1+i)^n-1}$$

$$\frac{300}{1\ 000}=\frac{i(1+i)^5}{(1+i)^5-1}$$

按逐次迭代法、作图法或查 $(A/P,i\%,5)$ 表可得 $IRR=0.153$。

7) 投资偿还期 PBP

依预期的投资收益利率 i 和营运的年度收益 A 求得的投资偿还时间,称投资偿还期。该指标最小的方案是最优方案。该指标计算式按投资一次支付、各年收益相等情况求得,即

$$P/A=(P/A,i\%,n)=\frac{(1+i)^n-1}{i(1+i)^n}$$

通过对该式两端取对数求得 n,即投资偿还期

$$n=PBP=\frac{\lg\dfrac{A}{A-Pi}}{\lg(1+i)} \quad (年) \tag{6-56}$$

计算 PBP 时,若预期的投资收益利率等于内部收益率 IRR,则投资偿还期 PBP 等于船舶使用期;若预期的投资收益利率小于 IRR,则投资偿还期 PBP 小于船舶使用期。因此,PBP 和 IRR 对船型方案的评价是等价的。

8) 允许最大的投资额(或最大船价)$P_{\max}$

将整个营运期内各年收益 A_j 及残值 ΔP 折合成现值,就是允许的最大投资(或最大船价)。

$$P_{\max}=\sum_{n_j=1}^{n}A_{n_j}(P/F,i\%,n_j)+\Delta P(P/F,i\%,n) \tag{6-57}$$

式中　A_{n_j}——第 n_j 年度的收益(如果考虑所得税则为税后收益)。

各年度收益相等时,则允许最大的投资额 P_{max} 按下式计算:

$$P_{max}=A(P/A,i\%,n_j)+\Delta P(P/F,i\%,n) \tag{6-58}$$

除了以上介绍的几个主要经济指标外,还有平均年盈利、平均年盈利指数(单位投资年盈利)等指标。

综上所述,经济指标可有不同的形式,使用时须根据具体情况选择适宜的经济指标,表 6-10 可供参考。

表 6-10　各经济指标的适用情况

投资额可预估				投资额未定
收入不可预估		收入可预估		
营运期相同	营运期不同	营运期相同	营运期不同	
PV	*AAC*	*NPV*	*IRR*	
RFR	*RFR*	*NPVI*	*NPVI*	P_{max}
AAC		*IRR*	*PBP*	
		PBP		

例 6-6　某供应船的船价为 1 000 万元,在签订合同时付 200 万元,1 年后上船台装配时付 400 万元,2 年后交船时再付 400 万元。船的使用年限为 10 年,每年营运费分别为 85,93,104,120,140,168,200,240,295,350(万元),然后把船出售得 300 万元,要求得到 18% 的基准投资收益利率。求该营运船的平均年度费用 *AAC*。

解　现金流量如图 6-7 所示。

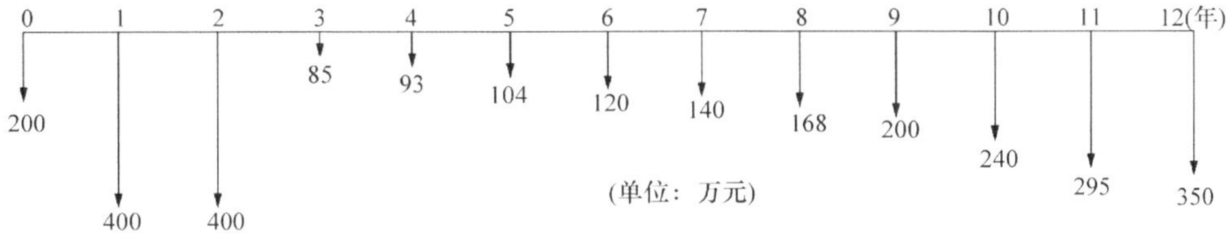

图 6-7　某船现金流量图

以船投入营运时为计算基点,计算见表 6-11。

表 6-11　某船经济指标计算

项目	年末 *k*	支付船价/万元	$(P/F,i\%,k-2)$	现值/万元
船价部分	0	−200	1.392 4	−278.48
	1	−400	1.180 0	−472.00
	2	−400	1.000 0	−400.00
回收船价	12	300	0.191 1	57.33
船价现值				−1 093.15

续表

项目	年末 k	支付营运费/万元	$(P/F,i\%,k-2)$	现值/万元
营运费用部分	3	−85	0.847 5	−72.04
	4	−93	0.718 4	−66.81
	5	−104	0.608 6	−63.29
	6	−120	0.515 8	−61.90
	7	−140	0.437 1	−61.19
	8	−168	0.370 4	−62.23
	9	−200	0.313 9	−62.78
	10	−240	0.266 0	−63.84
	11	−295	0.225 0	−66.38
	12	−350	0.191 1	−66.89
营运费现值				−647.35

$$PV=\text{船价现值}+\text{营运费现值}=1\ 093.15+647.35=1\ 740.50\ \text{万元}$$

$$AAC=PV(A/P,18\%,10)=1\ 740.50\times 0.222\ 5=387.26\ \text{万元}$$

6.5　船型技术经济论证的基本步骤和方法

在设计一艘新船时，通常可根据航运需求及营运条件，拟订出一系列可行的船型方案，然后对这些方案进行技术、经济论证，即进行运输方式和营运情况的分析研究，可行技术方案的探讨，造价、营运费及收入的估算，各方案的经济评价等。进行船型技术经济论证的目的是要优化船舶设计，选择技术上先进可行、营运上经济合理的船型方案，以提高船舶的运输效益。可见，船舶技术经济论证工作既是设计新船的前奏，又是船舶设计工作中的一个重要组成部分，它涉及面广、影响因素多、技术政策性强。从某种意义上说，它对船舶设计的质量及成功与否起着决定性的作用。

船型技术经济论证的一般过程及内容包括：

(1) 调查研究：港口、航线、货源调查与运量预测等；

(2) 论证方案的设立；

(3) 船型方案的技术、营运及经济性计算；

(4) 船型方案的优选与排序；

(5) 敏感性分析和风险分析。

6.5.1　调查研究

原始资料中数据的准确性和分析判断的正确性是保证船型论证结果正确性的必要条件，所以调查研究是论证工作的重要环节，也是论证的首要工作。通过调查研究，应进一步弄清楚使用任务，了解客观环境的各种限制条件及今后发展变化的趋势，并搜集供论证计算所需的有关基础数据。调查研究的主要范围如下：

1. 货(客)流经济资料

对货船，应包括货物流向、流量、货种、批量、货物理化性质等，还要了解货源状况及发展趋势。对客船及客货船，应包括客流量、流向、旅客构成、季节和方向不平衡性等。

2. 航线资料

了解航线运距，停靠码头及航道水深，航道底质、宽度、曲率半径，水文(水流方向、流速、波浪)与气象(风向及风力等)资料，运河航道主要限制、跨河桥梁净空高度等。

3. 港口资料

了解泊位长度、前沿水深，码头标高、潮差，港口水域、码头和锚地作业条件，仓库堆场面积和疏运能力，码头装卸工艺及装卸效率，油码头的输油管径、长度，污油水处理能力及油泵效率等。

4. 船舶建造资料

了解各类船舶和主机的建造和修理能力，船台、船坞的数量和尺度以及发展规划，船舶造价、估算方法和支付方式，单件生产和批量生产的情况及对产品价格的影响，各类动力装置的技术经济指标及主要技术性能等。

5. 现有营运船舶资料

现有营运船舶的设计特点、主要尺度、结构形式、布置要求、各项技术性能；现有营运船舶各项营运经济指标(营运率、航行率、载重量利用率、生产性和非生产性停泊时间、辅助作业时间、单位运输成本等)；现有船舶船员配备及工资标准；各项费用(港口费、引水费、运河费、代理费等)的计算方法及单船成本分析资料；现有船舶的修理情况(如岁修、特检等修理周期，每次修理时间和修理费用)。

6. 技术政策、国际法规和科技成果

了解国家技术政策、能源政策、技术引进政策；航运和造船发展规划；船型和动力装置发展方向；国内外船舶科学技术新成果；各国际机构及我国船舶检验等部门的有关公约、规范对船舶的要求和限制。

由于调查和分析资料繁多，因此要有重点和针对性。通过调查和分析应该达到两个目的：弄清论证船型的使用目的和使用条件，为拟定船型技术方案提供可靠的依据；为计算营运技术指标、营运经济指标和投资效果指标提供准确的基础数据。

6.5.2　论证方案的设立

船型技术经济论证的基本方法是方案比较法，通过原始资料的调查、运量预测等工作之后，即可根据对船型选择的影响因素的分析，设立若干可行的技术方案，以便进行技术经济分析论证，选择合理的设计方案。

论证方案主要是根据使用任务要求，货(客)流、航线、装卸等营运条件，并综合分析运距、港口装卸效率、造价、燃料价格等有关影响船型的因素，同时也参照现有同类船舶的水平和发展动向后设立的。

一般情况下，货物运输船舶设立由不同载重量、航速、动力装置组成的各种方案，客船和客货船还应考虑客位、班期以及客货比的方案。现分别就载重量、航速、动力装置的选择进行叙述。

1. 载重量选择

1）选择载重量考虑的因素

一般规律是船舶载重量大，其经济效益好。因为随着船舶载重量的增大，单位载重量的造价、主机功率、燃料费都将随着降低。所以，在其他条件允许的情况下，尽量取大一些载重量，经济上是有利的。

货运量、客运量、货批量充足时，载重量宜取大一些；反之，应取小一些。

船舶载重量往往受航线营运条件限制。航道和港口水深，航道曲率半径，船闸、桥梁跨度和净空，码头泊位长度和水工结构承载能力等对船舶主要尺度和载重吨级的限制，决定了载重量的上限。一般情况下，在货源充足，批量大时，应充分利用航线条件，确定船舶载重量。

航线运距长、平均装卸定额高，宜取大载重量；反之，载重量宜小些。

此外，货源季节性波动大，运输低值大宗货物的船舶载重量应大些；运输批量小、高值货物的船舶载重量宜小些；预计到港口扩建计划时，为兼顾未来发展，载重量应取大些；贷款利率高，船价上升比率高，而现有资金少时，船舶载重量应小些。

2）选择合理的载重量

在给定主机(或给定航速)，主要尺度又不受限制时，就一般情况而言，随着载重吨位的增加，船舶的年收入成正比规律增加，年营运费呈曲线规律上升，而单位运输成本逐渐下降，其最低点朝大吨位方向变化。如图 6-8 所示，单位运输成本最低点 A 对应的载重吨位能获得最高利润(图中的 $A'B'$值)，该载重吨位应是所选择的最大吨位。

但是，船舶的主要尺度和吨位常常受航道(如苏伊士运河和巴拿马运河等)尺度、港口水深、船闸宽度和深度、船台和船坞尺度、码头水工结构强度等限制，不能随意增大。因此，在有客观条件限制的情况下，A 点对应的载重吨位可能太大了，根据客观条件限制(也包括货源和货批量的限制)，C 点对应的载重吨位应是合理吨位。此时，船的最大年利润为 $C'D'$ 值。若脱离这些客观条件，超过合理吨位的任何吨位增加，只能增加费用(投资费用和营运费用)，而收入不会改变。

2. 航速选择

1）选择航速考虑的因素

航速与船舶类型、吨位、航距、装卸定额等有关，内河船舶还受航道水流流速的影响。一般来说，集装箱船航速比油船、散货船要高；远洋船舶航速比沿海船要高；运输贵重货物船航速比低值大宗货物船要高；燃料价格高，不宜采用高航速。据统计，20 世纪 50 年代末，国外

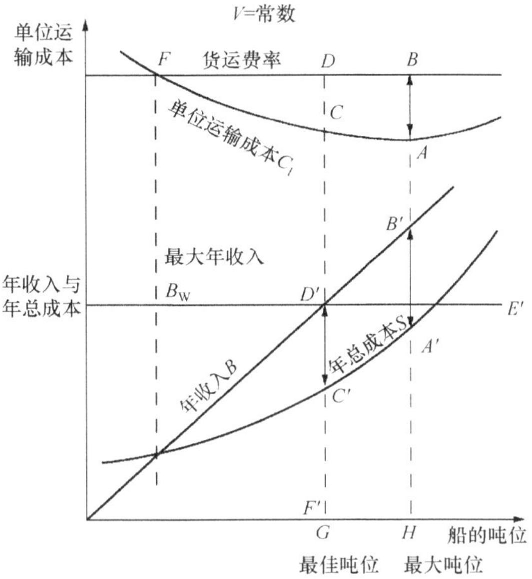

图 6-8　最佳吨位与合理吨位

海洋货船平均航速每年增长 0.025～0.11kn。但自 1973 年发生石油危机后，燃料价格急剧上涨，新建船舶的航速都有下降的趋势，目前国外海上油船平均航速为 14～16kn，万吨级多用途船航速为 15～18kn，沿海集装箱船（200～500 TEU）航速为 16～20kn，远洋大型集装箱船航速为 22～23kn，内河集装箱船航速为 12～17kn，沿海中小型滚装船航速为 16～18kn，远洋滚装船航速为 19～22kn，滚装船最大航速达 25kn。

2）给定船舶吨位，选择最佳航速

为确定最佳航速，可假定一系列航速，设计出一系列吨位相同、航速不同的方案。分别对每个方案进行经济计算，绘制出如图 6-9 所示曲线。由图示曲线变化可见，航速对船的营运经济性能有重要影响。航速提高，年航行次数随之增加，因而年运量和年收入均增加，当装卸定额高时，船舶停泊天数少，提高航速的效果显著。由于提高航速，动力装置重量和燃料消耗量也要随之增加，则保持载重吨位不变，航次载货量相应要减小。因此，年收入的增长率要比航速的增加率小。但是，由于主机功率与航速三次方成正比，航速提高使动力装置费用（造价）和燃料费增加较快，因而年营运成本随航速增加而迅速增加。年收入减去年营运费用为年利润，图中年利润最大值对应的 G 点航速为最佳航速。

运输高档货物，货运费率高些，相应的最佳航速也高些，如图 6-9 中 H 点所示。高档货物货源有限，批量小，但每一吨货物的利润大，可采用吨位较小、航速较高的船舶。

运输低值大宗货物所得每吨货物利润较小，因而应采用吨位较大、航速较低的船舶。

燃料价格下降，营运费用将减少，最佳航速上升，如图 6-9 中 F 点所示。燃料价格上涨，则最佳航速将下降。

高值货物在运输期间不能使用，等于资金积压，如计算在运输途中货物资金积压的损失，最佳航速将上升，如图 6-9 中 I 点所示。

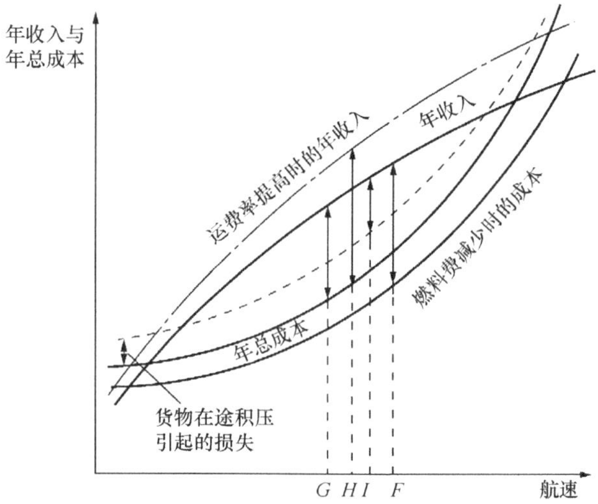

图 6-9　最佳航速确定

3. 动力装置选择

现代运输船舶的动力装置主要有柴油机、汽轮机、燃气轮机、核动力四种。

从实际应用情况来看，船舶动力装置大多数为柴油机。汽轮机多用于大功率、大吨位船。至于燃气轮机及核动力在民用运输船上使用尚不多。考虑到我国近期内新建运输船舶仍以柴油机动力装置为主，这里重点讨论柴油主机选型问题。

柴油机按其转速分低速、中速、高速三类。一般认为，转速在 250r/min 以下的为低速柴油机；转速在 250～1 000r/min 的为中速柴油机；转速在 1 000r/min 以上的则为高速柴油机。

影响柴油主机选型的因素：

1）主机重量、尺度指标对船舶技术经济性能的影响

主机重量对船舶载重量（或载货量）有影响。主机重量增大使空船重量增加，从而使船舶载重量（或载货量）减少。主机的重量与主机形式有关，与低速机相比较，中速机既轻又小。中速柴油机单位功率重量轻，仅为低速重型柴油机的 30％～40％，中速柴油机动力装置重量占空船重量的比例也比低速柴油机动力装置小。

主机尺度对船舶货舱舱容有影响。机舱长度增加能减少货舱长度，而货舱长度减少，货舱容积也相应减少。机舱长度主要取决于主机长度，当然也与机舱地位及机舱设备布置的合理性有关。中速柴油机重量轻、外形尺寸小，所需的机舱长度和高度均小。所以内河及沿海小型船舶用中速柴油机做主机较合适；对舱容要求高的运木船、滚装船也多采用中速柴油主机；而油船、多用途船、散货船等对容积要求不那么突出的船舶，多以低速柴油机做主机。

2）主机功率与转速

螺旋桨的转速低，则船舶推进效率高，在相同的航速下，主机功率也随之减少，节省了燃料消耗，降低了营运费，在给定主机功率时，则能提高航速，增加年运量和年收入。为了提高船舶经济性，采取低转速主机，提高推进效率，节省燃料，是选择机型应考虑的一个重要因

素。在这一点上，低速长冲程柴油机做主机，可以实现直接传动，无须设减速设备，比中速柴油机做主机显得有利。

3）燃润料费用

目前船舶的燃润料费已占营运费用的 30%～40%。因此，节省燃润料，减少燃润料费用，已成为选择机型的最重要因素。选用耗油率低、热效率高，且能烧劣质油的柴油机做主机，对降低燃润料费用、提高经济性有利。

4）主机价格

动力装置造价在船舶造价中占较大比例，一般情况下占船舶总造价的 20%～40%。因此，在动力装置选型时，应考虑造价因素，以使船舶初投资费用减少，营运经济性高。

柴油机的造价通常以出厂价格和单位功率造价来衡量，它不仅取决于机型、重量、构造的复杂程度以及工作参数的高低等因素，而且还取决于生产厂的技术水平和管理水平。按现有生产条件，在低速、中速、高速三种机型中，造价较高的是低速柴油机，其次是中速柴油机，而小型高速柴油机造价较低。

5）寿命与维修

主机使用寿命和维修不仅对船舶营运经济性，如折旧费、修理费、使用年限等有很大影响，而且对轮机人员管理工作量也有直接影响。主机使用寿命与转速有关，一般来说，低速柴油机的寿命比中速柴油机长，低速柴油机的维修工作量也比中速柴油机少。从这一点来看，低速柴油机比中速柴油机优越。

6）振动与噪声

以往的造船实践表明，船舶选型和设计忽略振动已产生了严重后果，使船体、主机轴系、仪器设备被振坏，船舶被迫停航，造成经济上的巨大损失。

柴油主机激励（不平衡力和不平衡力矩）是引起船体振动的主要激振源之一。当船体梁的某阶固有频率（垂向或水平振动）与主机激励频率相等时，整个船体处于共振状态。为了减少主机激励引起船体梁振动响应，防止发生有害振动，应设法避开共振区。其措施有改变船舶主要要素或更换主机型号，选择平衡性能良好的主机等。

柴油机在运转过程中，伴随着剧烈的振动，还会产生明显的噪声。明显的机舱噪声除使机舱内操作人员感觉疲劳和不舒服外，还会影响机舱外其他舱室船员和旅客的工作与休息。采取有效措施消减船舶噪声，特别是机舱噪声，是个非常重要的问题。除了采用隔振隔音结构，使机舱控制室尽量离开主辅机噪声源等措施以外，在选择主机时，对减振降噪也应多加考虑。就一般情况而言，中、高速柴油机的振动与噪声高于低速柴油机；直流扫气高于回流扫气；强化程度如增压压力与爆发压力高的柴油机，其振动与噪声也较大；平衡性能差的发动机，其振动与噪声也明显。

6.5.3　船型方案的技术、营运及经济性计算

船舶吨位、航速以及机型分析确定后，接下去的可行性研究属于运输船最佳设计方案选择的分析论证工作。首先根据运输需要和营运条件拟定一系列船型方案，对诸方案进行技术性能和经济性能计算；然后从技术性能、经济性能以及使用方面对诸方案进行评价；最后选择出技术上可行且先进、营运经济效果好的船型方案。

1. 船型方案的技术参数和技术性能计算

计算的主要内容包括排水量 Δ，主要尺度和主要船型系数 L_{pp}，B，d，D，C_b 等，空船重量 LW，载重量 DW，载货量 W_c，主机功率 BHP，试航速度 v_t 及营运速度 v_s，初稳性高度$\overline{GM}$，横摇固有周期 T_θ，船体振动固有频率等。

在具体计算之前首先要确定设计变量、约束条件，建立或选择有关数学模型。

设计变量：通常取主要尺度 L_{pp}，B，d 和方形系数 C_b 做设计变量。

有关联的变量：包括各项重量与船舶主要尺度、船型系数和主机功率的关系；船舶造价与船体钢料、舾装设备和机电设备重量的关系；船舶航速与主要尺度、船型系数、主机功率和转速等参数的关系。

约束条件：包括对自变量的边界约束和性能约束。例如，$165\text{m}<L_{pp}<175\text{m}$，$B\leqslant 34\text{m}$，$L/B\leqslant 6.5$，初稳性高度$\overline{GM}\geqslant 0.5\text{m}$，横摇固有周期 $T_\theta>9\text{s}$，航速 $v_t\geqslant 14\text{kn}$ 等。

建立或选择有关数学模型：载重量系数、空船重量、航速、主机功率、舱容等的计算式。

船型技术性能和技术参数计算分析中对"非布置型"(载重量型)和"布置型"两类运输船舶的处理过程和方法有所不同，具体可参见本书的有关章节，在此不予赘述。

2. 船型方案的营运及经济性能计算

营运计算的目的，是预估各船型方案在实际营运时所能达到的运输能力指标，即年货(客)运量 Q_T 或年货(客)运周转量 Q_{TM}。为此，需先计算航次货(客)运量、航次时间、年航行次数等。

经济性能计算的主要内容，是估算各船型方案的造价和实际营运时年度总成本，据此可以进一步计算评价船型方案的经济指标并为最优船型方案的选择提供依据。

船舶营运及经济性能计算的有关内容请参见 6.2～6.4 节。

6.5.4 船型方案的优选与排序

船舶设计方案的优劣是根据船型的技术性能、经济性能等多方面指标综合衡量的，即这是一个多参数、多目标的设计方案优选和排序问题。由于其中既包含定量的分析和计算，又包含定性和不确定因素，仅仅依靠定量分析手段或仅凭设计者经验来主观判断很难保证决策的科学性。因此，找到一种能够将定性分析和定量分析有机结合起来支持决策的有效理论和方法，已成为开展船型优选决策的理论和方法研究的重要课题。经过多年的努力，已提出一些在船型技术经济论证领域行之有效的理论和方法。本节将对其中一些方法做简要介绍。

1. 参数分析法

参数分析法也称为变值法或网格法。其做法是根据对船舶使用要求和对船舶主尺度要素限制条件的分析，在船舶主尺度要素允许变化范围内系列变化各设计变量，按照全组合的方式组成若干船型方案，对每个方案都进行技术经济性能计算，然后根据设计者选定的船型评价指标，在比较的基础上进行船型方案的排序择优。

参数分析法的优点是方法简单、直观，当变量少时，便于对诸方案进行对比分析，且只要网格划分得合理，所构造的船型方案中必有与最佳方案接近的方案；其缺点是当设计变量较多时，全组合后产生的方案数可能很多，如当设计变量数 $n=2$，每个变量取值数目 $m=5$ 时，可组成 $m^n=5^2=25$ 个方案，而当 $n=3$，$m=5$ 时，可组成 $m^n=5^3=125$ 个方案。方案数目过多，虽然有利于对船型方案进行细化分析，但同时也给最佳方案的选择带来不便。

2. 模糊综合评判法

在船舶设计中，按照同一设计要求，不同设计者可能做出不同的方案，同一设计者从不同的角度考虑，也会得出不同的方案。为了获得一个较理想的方案，设计者通常设计多个方案（如用参数分析法产生系列方案），然后采用某种评判法对这些方案进行考评、排序择优。在这一过程中，设计者的经验和观点、船东的要求和意愿等起着很重要的作用，而恰恰是这些因素往往具有模糊性。在船型方案选择中，如何把这种模糊性加以解析化和定量化，是船型评判中将定性分析和定量分析方法有效结合的关键问题，而本节介绍的模糊综合评判法是处理此类问题的一种可行方法。

1）基本概念

（1）定义方案集。

由若干个被评判的船型方案（或设计方案）构成方案集 $V=(V_1,V_2,\cdots,V_m)$。

（2）选择评定指标（因素）。

选取表征船型方案（或设计方案）质量优劣的指标（因素）作为评判依据，组成指标集（或称因素集），记为 $U=(u_1,u_2,\cdots,u_n)$。

（3）对评定指标（因素）考评。

船型方案（或设计方案）的每项指标总是存在一个期望值 M_i 和允许值 m_i，于是就有一个允许取值区间，记为 $[m_i,M_i]$。设在该区间上定义一个相应于最优值的模糊子集 A_i，即

$$\begin{cases}A_i=\int\dfrac{\mu_{A_i}(u_i)}{u_i}\\u_i\in[m_i,M_i]\end{cases}\tag{6-59}$$

式中　$\mu_{A_i}(u_i)$——μ_i 的满意度函数，表征对相应评定指标的满意程度。

满意度随评定指标值单调增加的情况，$\mu_{A_i}(u_i)$ 的形式为

$$\mu_{A_i}(u_i)=\begin{cases}0, & u_i\leqslant m_i\\L_i(u_i), & m_i<u_i<M_i\\1, & u_i\geqslant M_i\end{cases}\tag{6-60}$$

满意度随评定指标值单调下降的情况，允许取值区间记为 $[M_i,m_i]$，$\mu_{A_i}(u_i)$ 的形式为

$$\mu_{A_i}(u_i)=\begin{cases}1, & u_i\leqslant M_i\\L_i(u_i), & M_i<u_i<m_i\\0, & u_i\geqslant m_i\end{cases}\tag{6-61}$$

评定船型方案的每项评定指标可通过方案的技术与营运经济性能计算获得。获得一个评定指标值，经满意度曲线，就可给出一个模糊评定（或评分）。对每个船型方案、每项评定指标分别进行考评，可得评判矩阵：

$$R=\begin{pmatrix} r_{11} & r_{12} & \cdots & r_{1m} \\ r_{21} & r_{22} & \cdots & r_{2m} \\ \vdots & \vdots & & \vdots \\ r_{n1} & r_{n2} & \cdots & r_{nm} \end{pmatrix} \tag{6-62}$$

矩阵 $\boldsymbol{R}$ 中的每一行，是对船型方案某项评定指标的具体评定结果，是相对于某个统一标准的一个评分；矩阵 $\boldsymbol{R}$ 中的每一列，是对某船型方案各项评定指标的评分。因此，这个矩阵实际上是一个单因素评定表。

(4) 进行综合评判。

如前所述，船型方案确定涉及若干互相制约的评定指标和许多复杂的影响因素，因此，完成了对各评定指标单因素评定后，尚需进行多因素的综合评判。这里引入重要度的概念来处理，重要度记为 $\omega_i(i=1,2,\cdots,n)$，它表征对船型方案各评定指标重要程度做出评定，它是指标集上的一个模糊子集，记为

$$W=\left(\frac{\omega_1}{u_1},\frac{\omega_2}{u_2},\cdots,\frac{\omega_n}{u_n}\right) \tag{6-63}$$

将 ω_i 归一化，令

$$\alpha_i=\frac{\omega_i}{\bar{\omega}},\quad \bar{\omega}=\sum_{i=1}^{n}\omega_i$$

$\boldsymbol{A}=(\alpha_1,\alpha_2,\cdots,\alpha_n)$就是权向量，其中 α_i 为第 i 个指标的重要度。

确定了对各评定指标满意度和重要度的评定以后，综合评判问题归结为

$$\boldsymbol{B}=\boldsymbol{A}\cdot\boldsymbol{R}=\left(\frac{b_1}{V_1},\frac{b_2}{V_2},\cdots,\frac{b_m}{V_m}\right) \tag{6-64}$$

其中，$b_i=\alpha_1 r_{1i}+\alpha_2 r_{2i}+\cdots+\alpha_m r_{mi}$，$i=1,2,\cdots,m$。实际上 b_i 是对第 i 个方案的一个综合评判结果，根据 b_i 的大小，可以完成各方案的排序。

2) 应用实例

例 6-7　在对某 DW=35 000t 油船进行方案论证时，用网格法获得 5 个较好方案，其相应的各项技术、经济衡准指标见表 6-12，表中方案 6 为人为构造的坏方案。试用模糊综合评判法进行方案排序。

表 6-12　35 000t 油船方案

项目	方案 1	方案 2	方案 3	方案 4	方案 5	方案 6
L_{pp}/m	170	171	172	173	174	—
B/m	31.2	32	32	32	31.6	—
D/m	14.48	14.1	14	14	14	—
d/m	9.5	9.5	9.5	9.5	9.5	—
载重量 DW/t	35 000	35 000	35 000	35 000	35 000	—
排水量 Δ/t	43 243	43 360	43 400	43 440	43 439	—
航速 v_s/kn	13.88	14.31	14.39	14.47	14.40	13.8
净现值 NPV/万元	1 833.76	2 089.80	2 089.39	2 085.44	2 019.39	1 820.00
必需运费率 RFR/(元/t)	28.44	28.18	28.28	28.22	28.31	28.46
造价 P/万元	9 067.00	9 196.10	9 246.10	9 284.10	9 283.20	9 290.00
投资偿还期 PBP/年	12.07	11.67	11.69	11.72	11.86	12.10

对 35 000t 油船各项评判指标的设计要求为：$v_s \geqslant 13.5$kn，$NPV \in [1\,800, 2\,100]$万元，$RFR \in [28, 28.5]$元/t，$P \in [9\,000, 9\,300]$万元，$PBP \leqslant 12.1$ 年。

我们注意到：v_s，NPV 在容许范围内应尽可能取大值；而 RFR，P，PBP 在容许范围内应尽可能取小值。

根据模糊综合评判法原理，表 6-12 中各方案评判指标的满意度函数可取为表 6-13 中相应分布。

表 6-13　各项指标满意度分布

评判指标	满意度模糊分布	评判指标	满意度模糊分布
$u_1(v_s)$	$\mu_1=\begin{cases}0, & u_1 \leqslant 13.5 \\ 1-e^{-2(u_1-13.5)}, & u_1>13.5\end{cases}$	$u_4(P)$	$\mu_4=\begin{cases}1, & u_4 \leqslant 9\,000 \\ \dfrac{9\,300-u_4}{300}, & 9\,000<u_4<9\,300 \\ 0, & u_4 \geqslant 9\,300\end{cases}$
$u_2(NPV)$	$\mu_2=\begin{cases}0, & u_2 \leqslant 1\,800 \\ \dfrac{u_2-1\,800}{300}, & 1\,800<u_2<2\,100 \\ 1, & u_2 \geqslant 2\,100\end{cases}$		
$u_3(RFR)$	$\mu_3=\begin{cases}1, & u_3 \leqslant 28 \\ \dfrac{28.5-u_3}{0.5}, & 28<u_3<28.5 \\ 0, & u_3 \geqslant 28.5\end{cases}$	$u_5(PBP)$	$\mu_5=\begin{cases}1-e^{-10\left(\frac{12.1-u_5}{u_5}\right)}, & u_5 \leqslant 12.1 \\ 0, & u_5>12.1\end{cases}$

表 6-13 中方案 1～5 经满意度评定后的各性能指标评判矩阵为

$$\boldsymbol{R}=\begin{pmatrix}0.532 & 0.717 & 0.831 & 0.856 & 0.834 \\ 0.112 & 0.966 & 0.964 & 0.951 & 0.731 \\ 0.12 & 0.64 & 0.44 & 0.56 & 0.38 \\ 0.777 & 0.346 & 0.18 & 0.053 & 0.056 \\ 0.025 & 0.308 & 0.296 & 0.277 & 0.183\end{pmatrix}\begin{matrix}(v_s) \\ (NPV) \\ (RFR) \\ (P) \\ (PBP)\end{matrix}$$

如果本例中各项衡准的重要度为：v_s，较重要；NPV，很重要；RFR，重要；P，一般；PBP，值得重视。则取方案中各指标的模糊综合评判重要度：v_s，0.80；NPV，0.90；RFR，0.85；P，0.70；PBP，0.75。归一化后的权向量为

$$\boldsymbol{A}=(0.2, 0.225, 0.212\,5, 0.175, 0.187\,5)$$

其综合评判向量为

$$\boldsymbol{B}=\boldsymbol{A}\cdot\boldsymbol{R}=(0.298, 0.615, 0.563, 0.565, 0.456)$$

各方案排序为

$$方案\ 2>方案\ 4>方案\ 3>方案\ 5>方案\ 1$$

3. 层次分析法

层次分析法（analytic hierarchy process，AHP）是由美国著名运筹学家 T. L. Saaty 于 20 世纪 70 年代中期提出来的，1980 年 Saaty 出版了关于 AHP 的专著，系统地论述了 AHP 的原理、应用与数学基础。AHP 是一种多准则决策方法，它把一个复杂问题表示为有序的

递阶层次结构，通过人的判断并利用有关数学工具对决策方案的优劣进行排序。AHP 作为一种决策工具有明显的优点：首先是它的适用性。方法所需要的信息主要是决策者的选择与判断，这不仅反映了决策者对问题的认识，也容易掌握。其次，只需要掌握线性代数的基本知识就可以理解 AHP 的基本原理。另外，AHP 把决策过程中定性与定量因素有机结合起来，用统一的方式进行处理，因此，它不仅能进行定量分析，也能进行定性分析。AHP 把问题看成一个系统，在研究系统各组成部分相互关系，以及系统所处环境的基础上进行决策。

1）基本原理

（1）建立递阶层次结构模型。

将船型评判问题中所包含的因素划分为不同层次，如目标层、准则层、方案层等，用框图形式说明层次的递阶结构与因素的从属关系。运输船船型多方案优选排序的层次结构模型如图 6-10 所示。

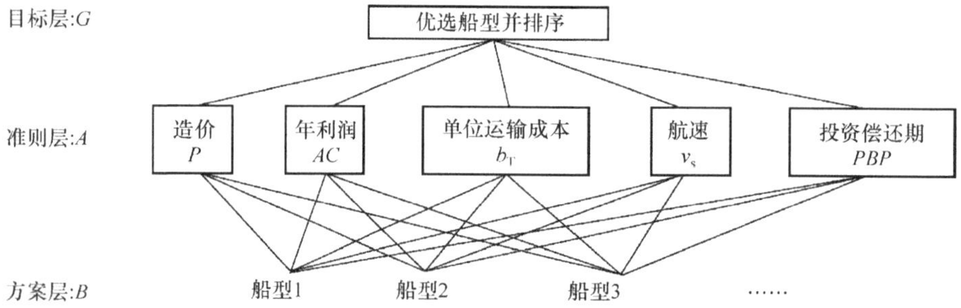

图 6-10　船型分析层次结构模型

（2）构造判断矩阵。

判断矩阵是 AHP 的信息基础，判断矩阵元素的值反映了问题中各因素的相对重要性，一般采用 1～9 及其倒数的标度方法，再通过元素的两两比较得到。在船型方案的各项技术、经济指标（准则层中的各要素）计算确定后，判断 A 层和 B 层组成的矩阵中各元素可通过船型相应指标的两两比较得到。

层次分析法中建立判断矩阵各元素的 1～9 及其倒数标度方法的基本原则是建立在指标间两两比较基础上的，见表 6-14。

表 6-14　AHP 相对重要性判断标度

重要性比较标度	意义	重要性比较标度	意义
1	两因素同样重要	9	一因素比另一因素极端重要
3	一因素比另一因素稍微重要	2,4,6,8	两个相邻判断的折中
5	一因素比另一因素明显重要	以上各数的倒数	反比较
7	一因素比另一因素重要得多		

例如，图 6-10 中 G 层和 A 层组成的判断矩阵 $\mathbf{A}$，一般构造为 $\mathbf{A}=(a_{ij})_{m\times m}$，其中 m 为准则数，a_{ij} 表示第 i 项指标对第 j 项指标的相对重要性。若第 i 项指标比第 j 项指标明显重要，则根据表 6-14 有 $a_{ij}=5$，同理有 $a_{ji}=\dfrac{1}{a_{ij}}=0.2$。

判断矩阵 $\boldsymbol{A}$ 为正的互反矩阵，具有以下性质：

$$a_{ij}>0,\quad a_{ij}=\frac{1}{a_{ji}},\quad a_{ii}=1$$

（3）层次单排序及其一致性检验。

建立了相应层次分析模型和判断矩阵后，问题即转化为层次中排序计算问题，采用排序向量的特征根方法，对 $A_1,A_2,\cdots,A_m$ 通过两两比较得到判断矩阵 $\boldsymbol{A}$，然后求解判断矩阵 $\boldsymbol{A}$ 的特征根

$$\boldsymbol{A\omega}=\lambda_{\max}\boldsymbol{\omega} \tag{6-65}$$

其中，$\lambda_{\max}$ 为 $\boldsymbol{A}$ 的最大特征根；$\boldsymbol{\omega}$ 为相应的特征向量，所得到的 $\boldsymbol{\omega}$ 经正规化后作为元素 A_1，$A_2,\cdots,A_m$ 在准则 G 下的排序权重。

应用层次分析时保持判断的一致性是非常重要的，所谓判断一致性，即 m 阶判断矩阵 $\boldsymbol{A}$ 有如下关系：

$$a_{ij}=\frac{a_{ik}}{a_{jk}},\quad i,j,k=1,2,\cdots,m \tag{6-66}$$

当 $\boldsymbol{A}$ 不满足上述一致性条件时，相应于 $\boldsymbol{A}$ 的特征根 $\lambda_{\max}$ 也将发生变化，从而影响层次排序结果。

为了进行层次单排序的一致性检验，需计算一致性指标 $CI=\dfrac{\lambda_{\max}-m}{m-1}$。当随机一致性比率 $CR=\dfrac{CI}{RI}<0.10$ 时，认为层次单排序的结果有满意的一致性，其中 RI 为随机一致性指标，对不同阶数其数值不同，见表 6-15。

表 6-15　平均随机一致性指标 *RI* 值

阶数	1	2	3	4	5	6	7	8	9
RI	0.00	0.00	0.52	0.89	1.12	1.26	1.36	1.41	1.46

（4）层次总排序及其一致性检验。

计算同一层次所有因素对最高层（目标层）相对重要性的排序权值，称为层次总排序。若上一层次 A 包含 m 个因素 $A_1,A_2,\cdots,A_m$，其层次总排序权值为 $a_1,a_2,\cdots,a_m$；下一层次 B 包含 n 个因素 $B_1,B_2,\cdots,B_n$，它们对于因素 A_j 的层次单排序权值分别为 $b_{1j},b_{2j},\cdots,b_{nj}$，此时 B 层次总排序权值见表 6-16。

表 6-16　*B* 层次总排序权值

层次	A_1	A_2	$\cdots$	A_m	B 层次总排序权值
	a_1	a_2	$\cdots$	a_m	
B_1	b_{11}	b_{12}	$\cdots$	b_{1m}	$\sum_{j=1}^{m}a_jb_{1j}$
B_2	b_{21}	b_{22}	$\cdots$	b_{2m}	$\sum_{j=1}^{m}a_jb_{2j}$
$\vdots$	$\vdots$	$\vdots$		$\vdots$	$\vdots$
B_n	b_{n1}	b_{n2}	$\cdots$	b_{nm}	$\sum_{j=1}^{m}a_jb_{nj}$

层次总排序的一致性检验也是从高到低逐层进行的。如果 B 层次某些因素对于 A_j 单排序的一致性指标为 CI_j，相应的平均随机一致性指标为 RI_j，则 B 层次总排序随机一致性比率为

$$CR=\frac{\sum_{j=1}^{m}a_jCI_j}{\sum_{j=1}^{m}a_jRI_j} \tag{6-67}$$

当 $CR<0.10$ 时，认为层次总排序结果具有满意的一致性。

2）应用实例

例 6-8　试用层次分析法对例 6-7 中所列出的 6 个船型方案进行排序。

(1) 建立层次结构模型。

若采用与例 6-7 中相同的船型评判指标，则层次结构模型如图 6-11 所示。

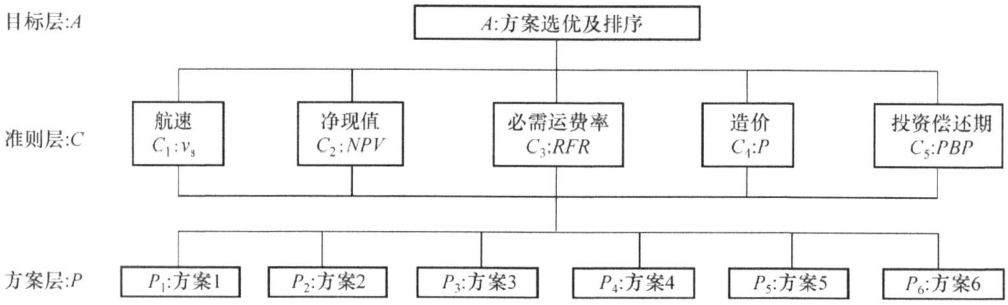

图 6-11　层次结构模型

(2) 构造判断矩阵。

选定表 6-12 中各项衡准的重要度：v_s，较重要；NPV，很重要；RFR，重要；P，一般；PBP，值得重视。则 A 层和 C 层组成的判断矩阵(按 1～9 标度)见表 6-17。

表 6-17　A 层和 C 层组成的判断矩阵

A	C_1	C_2	C_3	C_4	C_5
C_1	1.000	0.200	0.250	5.000	3.000
C_2	5.000	1.000	3.000	9.000	7.000
C_3	4.000	0.333	1.000	8.000	5.000
C_4	0.200	0.111	0.125	1.000	0.333
C_5	0.333	0.143	0.200	3.000	1.000

C-P 层判断矩阵 C_1-P，C_2-P，C_3-P，C_4-P 及 C_5-P 分别按表 6-17 中各方案的相应数据建立(略)。

(3) 层次总排序及一致性检验计算结果见表 6-18，因此各方案排序为

方案 2>方案 4>方案 3>方案 5>方案 1>方案 6

表 6-18　方案总排序及其一致性检验计算结果

A-C	C_1	C_2	C_3	C_4	C_5	A-P
	0.120 1	0.504 4	0.282 2	0.031 7	0.061 5	
P_1	0.035 5	0.026 7	0.030 2	0.595 4	0.029 1	0.046 9
P_2	0.142 9	0.278 0	0.425 9	0.169 0	0.325 1	0.302 9
P_3	0.223 6	0.278 0	0.138 5	0.088 6	0.282 1	0.226 3
P_4	0.319 1	0.256 0	0.256 9	0.049 0	0.234 6	0.255 9
P_5	0.253 7	0.134 7	0.118 3	0.049 0	0.100 7	0.139 5
P_6	0.025 2	0.026 7	0.030 2	0.049 0	0.028 4	0.028 3

注：$CI=0.025\ 7$，$RI=1.260\ 0$，$CR=0.020\ 4$。

船型技术经济综合评判问题是一个多准则决策问题，既有定量计算分析，又有对定性因素的处理问题。层次分析法把定性分析与定量分析有机结合起来，通过划分相互联系的有序层次，使船型优选排序这一多目标问题的各种因素条理化，再根据对实际问题的分析，就每一层次的相对重要性构造出判断矩阵，利用排序权向量计算的特征根方法，确定表达每一层次全部元素的相对重要性次序的权值，最后通过计算各层元素的组合权重确定层次总排序，给出综合指标最优的船型方案。

另外，计算实例也表明，AHP 具有简明、实用的特点。适合于对多方案、多目标系统做定量分析，是进行船型优选决策以确定船舶主要尺度要素的一种有效方法。

4. 最优化方法

最优化问题通常可以表达为以下标准形式：

$$\begin{cases} \min f(\boldsymbol{X}) \\ \text{s.t.}\ \ g_i(\boldsymbol{X}) \leqslant 0, \quad i=1,2,\cdots,m \\ \boldsymbol{X} \in R \end{cases} \tag{6-68}$$

式中　$f(\boldsymbol{X})$——目标函数；

$g_i(\boldsymbol{X})$——约束条件；

$\boldsymbol{X}$——设计变量，$\boldsymbol{X}=(X_1,X_2,\cdots,X_n)^{\mathrm{T}}$。

1）设计变量

如求解某运输船船型方案最佳的主尺度，吃水 d 受航道水深限制取为定值，在主要要素中对性能影响较大的还有垂线间长 L_{pp}、型宽 B 和方形系数 C_{b}，取这三个量为设计变量，即 $\boldsymbol{X}=(x_1,x_2,x_3)^{\mathrm{T}}=(L,B,C_{\mathrm{b}})^{\mathrm{T}}$。主要要素中的其余量可按与设计变量一定函数关系计算产生。

2）目标函数

目标函数为评价方案优劣的标准，有技术性能和经济性能两方面的标准。只有一个目标函数的最优化问题称为单目标优化问题，对多个目标函数评价的最优化问题称为多目标优化问题。对于单目标优化问题，可以根据问题的形式采用相应的最优化算法求解。但在船型优化问题中，多数都是具有多个目标函数的多目标优化问题。求解多目标优化问题的基本思路是将多目标优化问题转化为单目标优化问题来求解，如功效系数法，加权和、加权积法等。下面对常用的分层序列法的基本思想予以阐述。

对于多目标规划问题：

$$\begin{cases}\boldsymbol{V}-\min\boldsymbol{F}(\boldsymbol{X})=(f_1(\boldsymbol{X}),\cdots,f_p(\boldsymbol{X}))^{\mathrm{T}}\\ \text{s. t. }\ g_i(\boldsymbol{X})\leqslant 0,\quad i=1,2,\cdots,m\end{cases}\tag{6-69}$$

其中

$$\boldsymbol{X}=(X_1,X_2,\cdots,X_n)^{\mathrm{T}},\quad p\geqslant 2$$

令

$$R=\{\boldsymbol{X}|g_i(\boldsymbol{X})\leqslant 0,i=1,2,\cdots,m\}$$

将上述多目标规划的 p 个目标，按重要性排序为 $f_1(\boldsymbol{X}),f_2(\boldsymbol{X}),\cdots,f_p(\boldsymbol{X})$，其中 $f_1(\boldsymbol{X})$ 是应当优先考虑的最重要的目标函数，而 $f_p(\boldsymbol{X})$ 是最不重要的目标函数。选取一组适当小的正数 $\varepsilon_1,\varepsilon_2,\cdots,\varepsilon_p$，即宽容限度，它是按照各个目标函数的不同要求预先给定的相应目标函数最优值的允许误差。则上述多目标规划问题可以修改为

$$\begin{cases}\min\ f_j(\boldsymbol{X})\\ \text{s. t. }\ \boldsymbol{X}\in R_{j-1}=R_{j-2}\cap\{\boldsymbol{X}|f_j(\boldsymbol{X})\leqslant f_j^*+\varepsilon_j\},\quad j=2,\cdots,p\end{cases}\tag{6-70}$$

在对上述问题求解时，先求出问题

$$\begin{cases}\min\ f_1(\boldsymbol{X})\\ \text{s. t. }\ g_i(\boldsymbol{X})\leqslant 0,\quad i=1,2,\cdots,m\end{cases}$$

的最优解 $X^{(1)}$ 及最优值 f_1^*，则

$$\min_{\boldsymbol{X}\in R} f_1(\boldsymbol{X})=f_1^*$$

其中

$$R=\{\boldsymbol{X}|g_i(\boldsymbol{X})\leqslant 0,\quad i=1,2,\cdots,m\}$$

再求解问题

$$\begin{cases}\min\ f_2(\boldsymbol{X})\\ \text{s. t. }\ \boldsymbol{X}\in R_1\end{cases}$$

其中

$$R_1=R\cap\{\boldsymbol{X}|f_1(\boldsymbol{X})\leqslant f_1^*\}$$

设上面问题的最优解为 $X^{(2)}$，最优值为

$$f_2^*=\min_{\boldsymbol{X}\in R_1} f_2(\boldsymbol{X})$$

$$\vdots$$

如此继续下去，直到求出第 p 个问题

$$\begin{cases}\min\ f_p(\boldsymbol{X})\\ \text{s. t. }\ \boldsymbol{X}\in R_{p-1}\end{cases}$$

的最优解 $X^{(p)}$ 及最优值 f_p^*，其中

$$R_{p-1}=R_{p-2}\cap\{\boldsymbol{X}|f_{p-1}(\boldsymbol{X})\leqslant f_{p-1}^*\}$$

这样求得的 $X^{(p)}$ 就是原问题在分层序列意义下的最优解，即 $X^*=X^{(p)}$，而

$$\boldsymbol{F}^*=(f_1(X^*),\cdots,f_p(X^*))^{\mathrm{T}}$$

为原问题的最优值。

可见，分层序列法的实质是将多目标优化问题变为单目标问题序列来求解。

3) 约束条件

约束条件有两类。一类是对自变量的边界约束和主要尺度比的约束。例如，在 3.5 万吨运煤船的主要尺度分析选择时，要求满足下列要求：

$170\text{m} \leqslant L_{pp} \leqslant 185\text{m}, B \leqslant 34\text{m}, d \leqslant 9.5\text{m}, 0.80 \leqslant C_b \leqslant 0.835, L/B \leqslant 6.0, B/d > 3.0$

由此可组成 8 个约束条件：

$$g_1 = 170 - L_{pp} \leqslant 0, g_2 = L_{pp} - 185 \leqslant 0, g_3 = B - 34 \leqslant 0, g_4 = d - 9.5 \leqslant 0$$

$$g_5 = L/B - 6.0 \leqslant 0, g_6 = 3.0 - B/d \leqslant 0, g_7 = 0.80 - C_b \leqslant 0, g_8 = C_b - 0.835 \leqslant 0$$

另一类是对性能的约束，给出技术指标或经济指标的约束。例如，在上述运煤船的主要尺度分析选择时，要求满足下列要求：

$$\overline{GM} \geqslant 0.5\text{m}, T_\theta \geqslant 9\text{s}, v_t \geqslant 14\text{kn}, P \leqslant 3\,500 \text{ 万元}$$

这又可组成下列 4 个约束条件：

$$g_9 = 0.5 - \overline{GM} \leqslant 0, g_{10} = 9 - T_\theta \leqslant 0, g_{11} = 14 - v_t \leqslant 0, g_{12} = P - 3\,500 \leqslant 0$$

4) 求解

最优化数学模型构造完毕后，就可以对问题进行计算求解。对于船型方案最优化问题，通常是将最优化求解方法(或模块)与船型技术经济计算模块结合起来，应用最优化算法对优化计算结果是否达到最优解的精度要求进行比较和判断，而使用船型性能计算模块可对给定的一组主尺度方案进行排水量、载重量、载货量、舱容、航速、稳性、干舷、造价及营运经济性指标计算，为最优化计算提供寻优和判断的基本数据。其具体过程可描述为以下步骤：

(1) 选取初始方案 $X^{(0)}$，令 $k=1$。

(2) 船舶性能计算模块按 $X^{(k-1)}$ 点的设计变量值对该方案作全部技术经济性能计算，并将计算所得目标函数值和约束条件值送到优化模块。

(3) 优化模块判断 $X^{(k-1)}$ 点是否是最优点，若是最优解则计算结束，取最优解 $X^* = X^{(k-1)}$；否则，按最优化算法产生下一个计算点 $X^{(k)}$，$k=k+1$，转回第(2)步。

船型最优化计算的实例可参见 6.6 节的有关内容。

6.5.5　船型论证中的敏感性分析

前面各节所介绍的船舶技术经济分析，都是假定对所需设计、建造及营运信息有确切了解，因此可称为确定性分析方法。但是在船舶的设计、建造和营运过程中，由于各种各样的原因，许多因素都可能发生变化，如船舶重量、造船成本、燃料价格、装卸定额、货运费率、船员工资等。参数的变化达到一定程度就有可能使原来所优选的方案变得不合理，反而不如其他落选的方案，正是由于存在这种参数的不确定性，有可能使做出的决策变得不尽合理，这就给投资带来一定的风险。敏感性分析的目的就在于，在船型方案决策时考虑一些可变因素对某些目标函数(某些投资效果指标等)的影响，也就是在决策过程中选取一个或几个营运经济参数，使其发生一定幅度的变化，看原来选择的方案是否还是最优，从而对所选择的船型方案做出更确切的估计和评价。

1. 敏感性分析的基本步骤

首先，选定欲进行敏感性分析的经济指标，它应与“确定性”决策时相一致；其次，确定有实际变化可能的某些原始变量；再次，计算自变量向不利方向变化的因变量值（即欲分析的经济指标值）；最后，根据计算结果绘制曲线，分析变化幅度及其规律，对船型方案做出确切估计和评价，并选出最优方案。

2. 敏感性分析的基本内容和方法

(1) 计算各自变量在一定范围变动时，对因变量（各经济指标）产生影响的敏感度 ε：

$$\varepsilon=\frac{|x'-x|}{x}\times 100\quad(\%) \tag{6-71}$$

其中　x'——自变量向不利方向变动某一百分数后的因变量值；

x——自变量未变化的因变量值。

决策者按敏感度 ε 大小对自变量进行排列，找出影响方案经济性的最关键因素（敏感度最大的自变量），以便作更深入的分析判断。

(2) 分析各自变量的允许变化范围，并据以判断方案的优劣程度。这里最好通过绘制因变量随自变量变化的曲线图进行分析。如图 6-12 所示为工资、年燃润料费、投资、运价、收益利率这几个自变量变化时净现值指数 *NPVI* 的变化规律（相对值）。从图中各曲线的变化趋势可看出各自变量变化所引起的 *NPVI* 变化幅度的大小，还可确定表明方案失败的因变量临界值（如 *NPV* 及 *NPVI* 指标临界值为零，*RFR* 指标的临界值为现行运价，*IRR* 指标临界值为基准收益率等）所对应的自变量临界值。从图 6-12 可以看出，当船舶造价提高 77.7%时，*NPVI* 指标为零，如造价原值为 2 943.33 万元，则造价临界值为 5 232.65 万元。根据从自变量原值（此图中原点）至临界值的范围，即自变量允许变化范围，来判断方案的优劣程度。允许变化范围大的方案，因适应不确定性影响能力强，则方案的经济性就比较好。

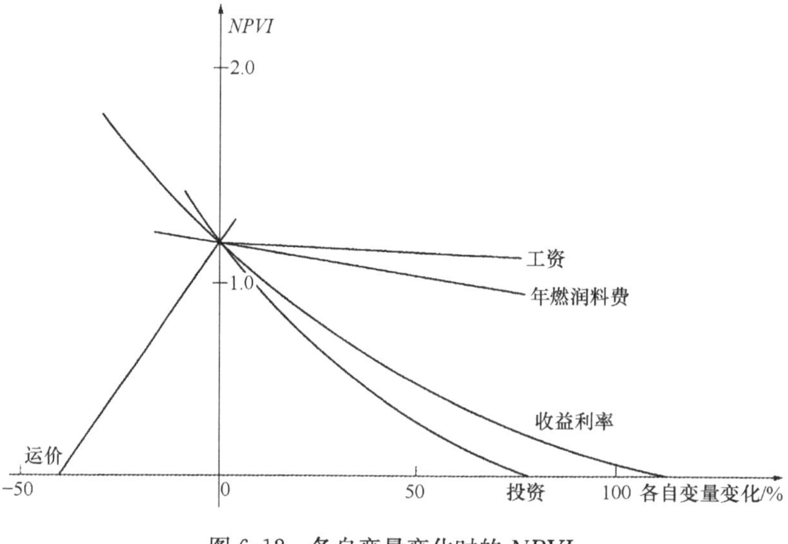

图 6-12　各自变量变化时的 *NPVI*

(3) 分析各个方案的敏感度值,区别敏感度大或小的方案,选取敏感度小的,即受不确定性影响小的方案;而敏感度大的方案容易受自变量不确定性的影响,所以可靠性差。

(4) 在多方案比较中,分析自变量变化到什么程度,其投资效果指标将发生重大变化,致使原来的最优方案失去优势地位,最终被其他方案所代替。例如,当燃料价格上涨到一定程度时,高航速方案将会被稍低的航速方案所取代。

6.6　秦中线运煤船船型论证实例

设计我国沿海自秦皇岛至上海航线上的运煤船,要求在不超过航线自然条件及使用条件限制情况下使单船经济性最好。

6.6.1　设计要求及船型的基本构思

本船用途专一航线也单一,由上海空载出发至秦皇岛装煤南下,经铜砂入长江口,再进黄浦江靠上海煤炭专用码头卸煤,完成一个航次。因此其船型及主尺度确定是在航线、码头、货种、运量均已确定的情况下进行的。就其实质来说,是在边界已定条件下对一个脱离整个运输系统的单独硬件进行研究,是一个满足大系统要求前提下的子系统的优化问题,只要使其接口参数满足大系统的要求,子系统最优,对大系统来说效益也就最高。据此,就可以离开港口和陆上运输系统的优化论证来研究本船的技术经济特征,寻求最佳船型方案。

煤炭是一种价格较低、运费也较低的货物,煤炭运输船舶要具有较好的经济性,就必须在降低造价、降低开支、加大载货量上下工夫,船必须造得经济实惠,具有好的内在质量,其主要功能要确保优越,而外表则无须过多考究,非主要功能可免则免,以降低造价。由于本船专线专用,煤炭装卸均靠港机进行,船上可不设装卸设备。

为加大吨位以提高其经济性,在航线条件允许情况下应尽量加大其主要尺度。据统计,吃水 9.5m 的船舶,趁潮可以通过铜砂浅滩,秦、申两港接受这一吃水也无问题,故本船吃水可以取定为 9.5m。本船营运中需在黄浦江中调头,据调查情况分析,其垂线间长的上限不能超过 185m,总长不能超过 195m。黄浦江中航道狭窄,船只拥挤,本船最大宽度不能超过 32m。

近年来,国外发展的双桨双尾鳍型浅吃水船,具有较低的阻力和较高的船身效率,本船拟采用这种船型以提高其快速性能。

上海港卸煤机的臂长有限,为适应其要求,船体内采用双舷结构,以减小煤舱宽度,使卸煤机头达到整个煤舱,把扫舱工作量减至最低程度。船体其他部分的形体特征与一般散货船相似,单层甲板,双层底,机舱在尾,其上设甲板室,内设驾驶及生活舱室。

6.6.2　船型论证的基本步骤及计算模型

本船船型论证的内容:船型确定、主机确定和主要尺度确定。采取的主要步骤用框图形式表示为图 6-13,其中除定性的综合分析方法外,定量分析的主要手段是最优化方法和变值分析方法。在选择主机、最优区变值分析及敏感性分析中,基本的分析计算是给定基础参数和主要尺度情况下的船舶技术经济计算,图 6-14 给出了单船技术经济计算的主要内容和流程。

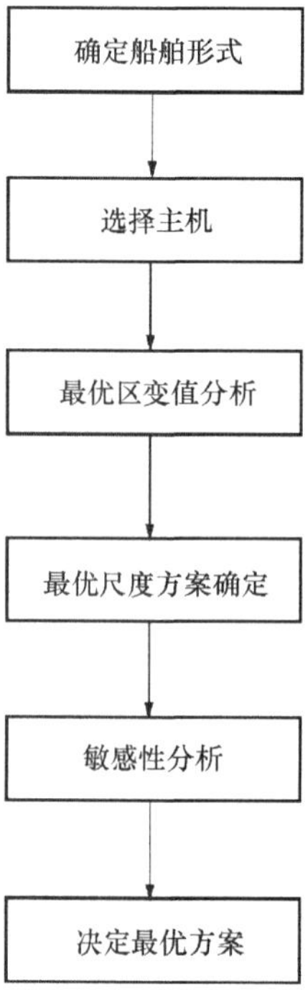

图 6-13　船型论证基本步骤

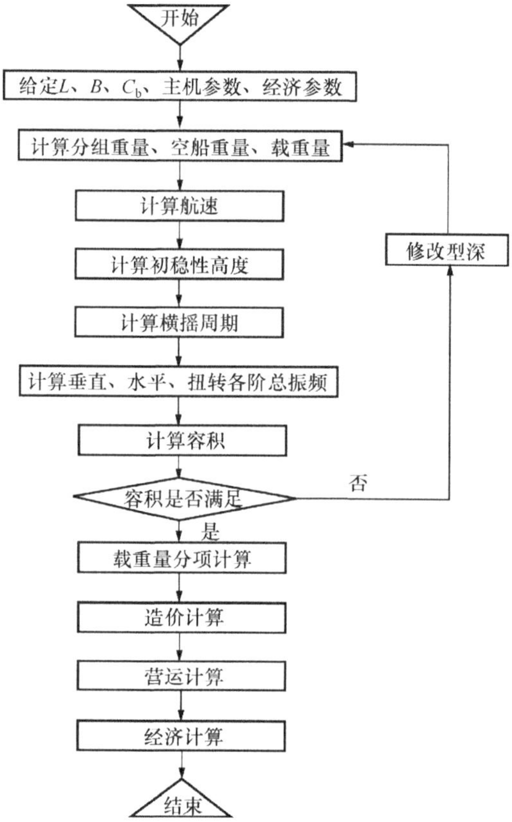

图 6-14　技术经济计算的主要内容和流程

技术计算及经济计算的各种主要计算模型：

(1) 船体钢料重量 W_h：

$$W_h=K_h[1+0.116(L_{pp}/B-5.5)][1+0.133(B/d-3.3)][1+0.25(C_b-0.8)]\Delta\quad(t)$$

式中

$$K_h=1.06e^{-1.7272}\Delta^{-0.108}$$

(2) 舾装设备重量 W_f：

$$W_f=2.4114\times[L_{pp}(B+D)]^{0.6958}\quad(t)$$

(3) 机电设备重量 W_m：

$$W_m=W_D+c_mBHP\times10^{-3}\quad(t)$$

式中　W_D——主机重量，t；

BHP——主机额定功率，kW；

c_m——系数，按下式估算：

$$c_m=687.55-18.722\times10^{-2}BHP+18.954\times10^{-6}BHP^2-6.541\times10^{-10}BHP^3$$

航速计算采用 H-M 法，考虑到本船是浅吃水船，对该法做了适当修正。造价按下式估算：

$$P=P_{do}(2.102-0.6433DW+0.1211DW^2-0.00784DW^3)\times DW\times10^{-4}\quad(万元)$$

式中　P_{do}——取自参考船的单位载重量造价,元/t。

其他技术经济计算模型也相应有选择。

6.6.3　最优化计算的问题构造及方法选择

最优化方法要求问题具有以下标准形式:

$$\min f(\boldsymbol{x}),\quad \boldsymbol{x}\in D$$

$$D=\{\boldsymbol{x}\,|\,g_i(\boldsymbol{x})\leqslant 0, i=1,\cdots,p, \boldsymbol{x}\in \mathbf{R}^n\}$$

式中　$f(\boldsymbol{x})$——目标函数;

$g_i(\boldsymbol{x})$——约束条件;

$\boldsymbol{x}$——设计变量,是 n 维向量。

1. 设计变量

本船吃水已取定为 9.5m,可从待定量中去掉,在主要要素中对性能影响较大的还有船长 L、型宽 B 和方形系数 C_b。取这三个量为设计变量,即 $\boldsymbol{x}=(x_1,x_2,x_3)^{\mathrm{T}}=(L,B,C_b)^{\mathrm{T}}$。主要要素中的其余量则根据一定关系由设计变量产生。

2. 目标函数

经济性好应是本船追求的主要目标,必须取经济指标作为本船求优的目标函数,指标计算应考虑资金的时间价值,要计入利率的影响。因此取所需运费率 RFR 为主要目标函数,取内部收益率 IRR 和投资回收年限 PBP 为辅助目标函数。PBP 及 RFR 的表达式为

$$PBP=\frac{\lg A-\lg(A-i_1P)}{\lg(1+i_1)}$$

$$RFR=\frac{Y+P(A/P,i\%,n)}{Q_{\mathrm{T}}}$$

$$(A/P,i\%,n)=\frac{i_2}{1-(1+i_2)^{-n}}$$

式中　A——年净收益;

i_1——贷款利率;

P——船舶造价;

Y——年营运费用;

Q_{T}——年货运量;

i_2——期望资金回收利率;

n——预定船舶使用年限。

内部收益率 IRR 是净现值为零时的投资收益利率。

3. 约束条件

通过调查确定的船长不大于 185m、型宽不大于 32～34m 的要求在最后确定方案时无疑应当满足,但在求最优解时,为探索技术经济性能的变化规律,适当加大了搜索范围,船长为

170～195m、型宽为 30～34m、方形系数为 0.80～0.835，由此可组成 6 个不等式边界约束。

性能方面，按横摇固定周期不小于 9s，各阶总振动频率与主机转速不重合，营运航速不小于 13kn 等项要求，又可组成 11 个不等式性能约束。

4. 解法

用罚函数法把约束问题化为无约束问题，用分层序列法把多目标问题转化为单目标问题序列，用 DCVM 混合整数规划方法求解最优。

6.6.4 主机选择

根据本船的尺度上限，初估其载重量为 4 万吨，如取营运航速为 13～14kn，按国内造机条件，有表 6-19 所列机型可选。

表 6-19 主机型号

主机型号	主机最大功率/kW	转速/(r/min)	主机相对价格/%
6RTA38	3 665	190	100
7RTA38	4 276	190	117
4RTA48	3 886	150	122
5RTA48	4 858	150	150
4RTA58	5 652	123	189
5L50MC	5 299	133	161
5L50MCE	4 600	133	200

为从表 6-19 中选出最佳主机，应把主机与船体当作一个统一整体，取得一个经济效益高、技术合理的最佳配合。为此，依次选用上述主机，分别进行优化计算，得出各种主机所对应的最优尺度方案，见表 6-20。从表中可以看出，三项经济指标 *RFR*，*IRR* 和 *PBP* 的变化趋势是一致的，功率较大、造价较高的主机，各项指标均较差，以功率较小、造价较低者为优，全面较优者是 6RTA38 机，其次是 4RTA48 机和 7RTA38 机。

表 6-20 主机选型

主机类型	6RTA38	7RTA38	4RTA48	5RTA48	4RTA58	5L50MC	5L50MCE
L/m	174	180	181	189	195	195	195
B/m	34	34	34	34	34	34	34
C_b	0.835	0.835	0.835	0.835	0.835	0.835	0.835
Δ/t	48 370	50 003	50 281	52 503	54 170	54 170	54 170
DW/t	38 577	39 728	39 898	41 378	42 429	42 544	42 575
营运航速 v_s/kn	13.07	13.62	13.62	14.51	15.07	14.96	14.44
RFR/(元/t)	4.841	4.900	4.874	4.966	5.137	5.156	5.163
IRR	0.206	0.203	0.204	0.199	0.189	0.188	0.187
PBP/年	5.52	5.62	5.59	5.75	6.07	6.11	6.14
按优排序	1	3	2	4	5	6	7

从振动情况看，RTA48 机的不平衡力矩比 RTA38 机大得多，会产生较大的振动干扰力，不如 RTA38 机优越。与 7RTA38 机相比，6RTA38 机不仅经济指标稍高，而且减少一缸可有效地缩短机舱长度，减少气缸维修工作量，振动校验计算也表明，其各阶总振动频率均可避开主机常用转速及叶频，营运航速达 13.07kn 也能满足使用要求，故选择主机型号为 6RTA38。

6.6.5　最优区分析及最佳方案的确定

主机为 6RTA38 机时，最优主要尺度方案为长 174m，宽 34m，方形系数 0.835。为进一步弄清最优方案附近的情况，再采用变值分析法，在其周围组成 12 个方案，分别计算其技术经济性能，结果示于图 6-15 和表 6-21。可以看出，当型宽和方形系数不动而改变船长时，主要目标函数 *RFR* 在船长为 172～176m 时有一个最优值，*IRR* 和 *PBP* 变化也很小，也接近最优值。船长和方形系数不动，改变型宽时，型宽越大，经济指标越好，而且影响比较显著，当船长为 174m、方形系数为 0.835 时，型宽从 32m 增加到 34m，*RFR* 可降低 2.5%。方形系数的影响规律类似于型宽，只是不那么显著。因此，在条件允许情况下，应尽量取较大型宽和较大方形系数。

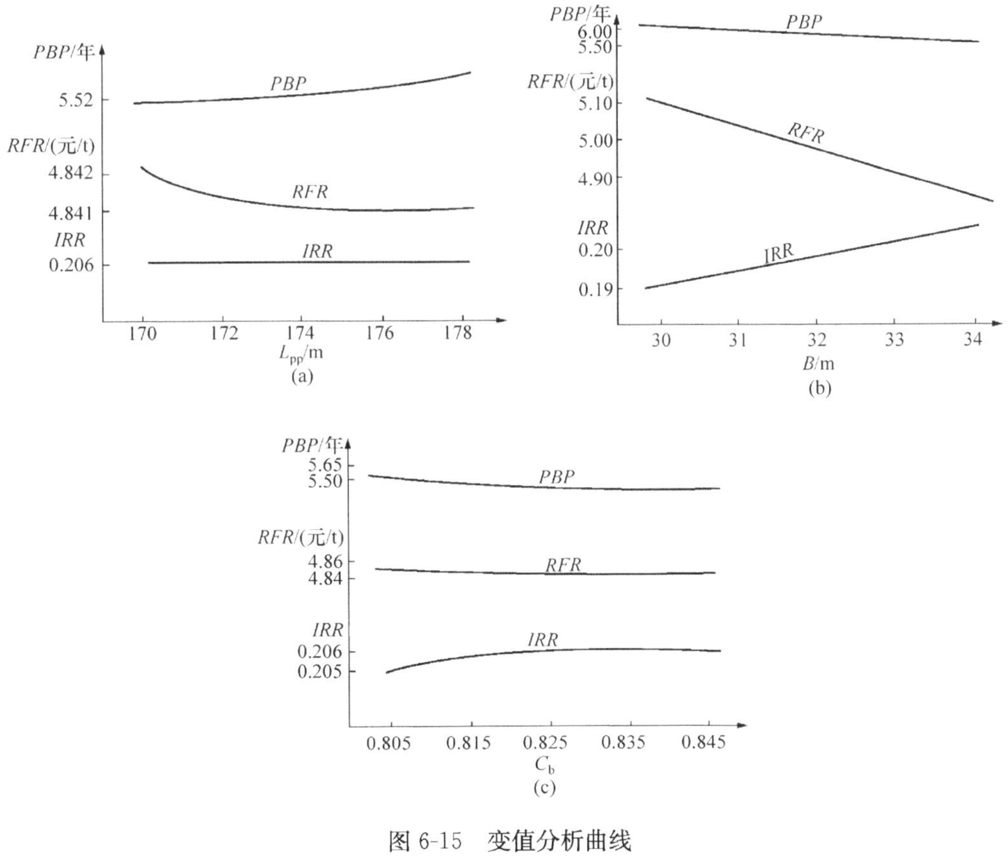

图 6-15　变值分析曲线

表 6-21　变值分析计算表

项目	方案 1	方案 2	方案 3	方案 4	方案 5	方案 6	方案 7	方案 8	方案 9	方案 10	方案 11	方案 12
L_{pp}/m	174	170	172	176	178	174	174	174	174	174	174	174
B/m	34	34	34	34	34	30	31	32	33	34	34	34
C_b	0.835	0.835	0.835	0.835	0.835	0.835	0.835	0.835	0.835	0.805	0.815	0.825
v_s/kn	13.07	13.07	13.07	13.07	13.07	13.57	13.45	13.32	13.20	13.48	13.35	13.21
RFR/(元/t)	4.841	4.842	4.841	4.841	4.842	5.108	5.033	4.964	4.900	4.860	4.852	4.845
IRR	0.206	0.206	0.206	0.206	0.206	0.191	0.195	0.199	0.203	0.205	0.206	0.206
PBP/年	5.520	5.518	5.519	5.522	5.526	6.013	5.871	5.742	5.625	5.553	5.538	5.527

还可以看出，在 174m×34m×0.835 方案附近，各方案的优劣程度相差很小，实质上在其附近存在一个最优区域，处在这一区域的任一方案都可以认为是实际上的最优方案。由此，也可以根据其他需要对上述方案做适当变动。

本船要频繁进出黄浦江，黄浦江航道狭窄，船只很多，型宽过大对使用不利，尚无充分把握。再者，稍小的型宽也可提高本船对码头的适应能力以提高其效益。

经过上述分析计算，最后取定方案及其技术经济参数见表 6-22。

表 6-22　秦申线运煤船船型方案

项目	数值	项目	数值
初稳性高度/m	5.51	营运航速/kn	13.47
横摇周期/s	9.32	一阶垂向总振频率/Hz	59.1
主机型号	6RTA38	二阶垂向总振频率/Hz	116.8
最大功率/kW	3 665×2	三阶垂向总振频率/Hz	177.2
常用功率/kW	2 969×2	四阶垂向总振频率/Hz	236.2
主机常用转速/(r/min)	182	一阶水平总振频率/Hz	99.1
船长/m	175	二阶水平总振频率/Hz	196.8
型宽/m	32	三阶水平总振频率/Hz	290.7
型深/m	14.7	四阶水平总振频率/Hz	394.3
方形系数	0.825	船体扭转振动频率/Hz	179.6
设计吃水/m	9.5	*RFR*/(元/t)	4.97
排水量/t	45 207	*IRR*	0.199
载重量/t	35 773	*PBP*/年	5.75

这个方案与现在营运中的 25 000 吨煤船和正在建造中的 36 000 吨散货船相比，经济效益得到了较大提高，这是以较小吃水取得较大载重吨位带来的效益。表 6-23 给出了对比情况。

表 6-23　几种船型经济性对比

指标	本船	25 000 吨煤船	36 000 吨散货船
RFR/(元/t)	4.97	6.15	5.88
IRR	0.199	0.143	0.154
PBP/年	5.75	8.19	7.55

6.6.6　敏感性分析

本船的实际建造情况与论证中的数据可能会有差异，在长达二十年的使用期内，其经营条件及物价也可能有所变动。当外界条件变化时，上述最优方案是否仍具有最优性质，应加以分析论证。

用敏感性分析方法，对造价升降 20%，燃料价格升降 20%，装卸定额升降 20%，分别改变船长、型宽和方形系数，逐个方案进行经济技术计算，计算结果如图 6-16 所示，图中各条曲线代表的状态如下：

1——按现有造价、开支和装卸定额计算；

2——装卸定额降低 20%；

3——装卸定额提高 20%；

4——燃料价格降低 20%；

5——燃料价格提高 20%；

6——造价提高 20%；

7——造价降低 20%。

由图 6-16～图 6-18 可见：

(1) 各图中曲线 2～7 的变化趋势均与图中曲线 1 的变化趋势一致。这说明，三项经济指标 *RFR*、*IRR* 和 *PBP* 并没有因为造价、燃料价格和装卸效率的变化而改变其变化规律。图 6-16 中各条曲线都比较平缓，说明现在所取的尺度具有较稳定的最优特征，在造价、营运开支及装卸定额发生变化的情况下仍是最优的。

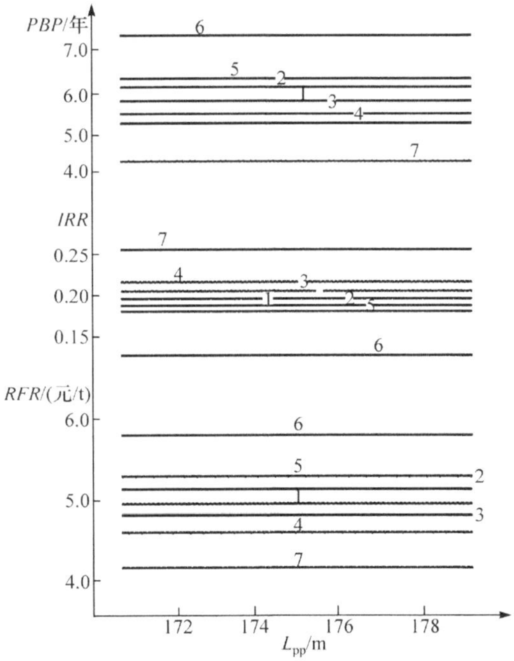

图 6-16　L_{pp}对经济指标的影响

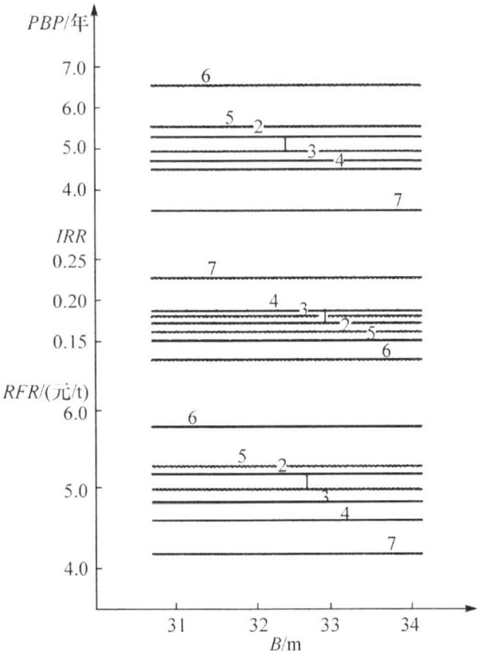

图 6-17　*B* 对经济指标的影响

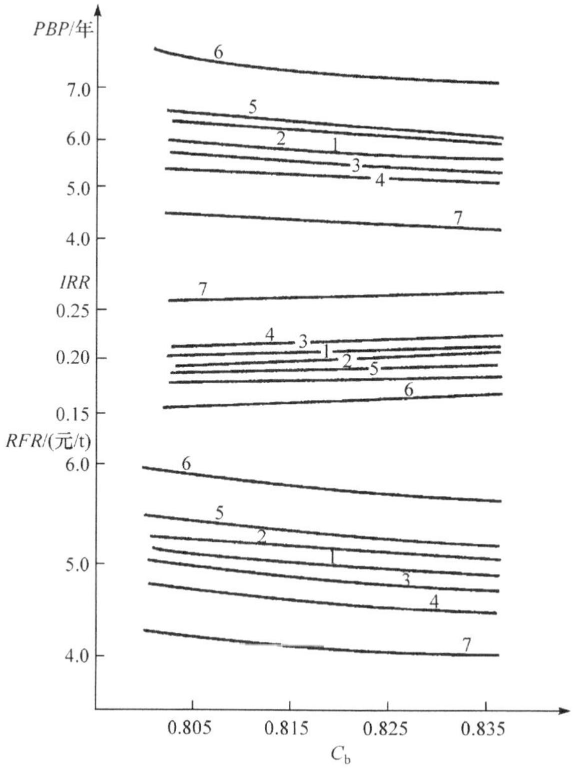

图 6-18　C_b 对经济指标的影响

(2) 对 *RFR*、*IRR* 和 *PBP* 影响最大的还是船的造价。造价变化 20%时，这三项指标一般要变化 15%左右，其影响程度远大于燃料价格和装卸定额变化对经济指标的影响。由此可知，提高本船经济性的最有效措施就是降低造价，而营运当中油价和装卸定额的少许变化对经济指标不会造成明显影响。

敏感性分析表明，本船尺度方案是可取的。

6.6.7　结论

从以上优化论证、变值分析及敏感性分析可得如下几点结论：

(1) 与常规船相比，本船可显著提高经济效益；

(2) 选用 6RTA38 主机，在经济上是最佳的，在技术上是合理的；

(3) 船长 175m、型宽 32m 的主要尺度方案具有较稳定的最优特性，在造价及经营条件变化情况下仍具有好的经济性。

参 考 文 献

管官，林焰. 2017. 主船体数字化快速设计与精度建造关键技术[M]. 北京：科学出版社.

纪卓尚. 1995. 油船总体设计[M]. 大连：大连理工大学出版社.

李楷，陈明. 2017. 船舶与海洋工程动力系统[M]. 北京：科学出版社.

李楷，林焰，陈明. 2016. 船体生命周期建模与管理[M]. 北京：科学出版社.

李树范，纪卓尚，王世连. 1990. 运输船舶可行性分析[M]. 大连：大连理工大学出版社.

林杰人. 1989. 船舶设计原理[M]. 修订本. 北京：国防工业出版社.

林焰，陈静. 2012. 船舶顺序法压载水置换优化设计[M]. 北京：国防工业出版社.

林焰，陈明，王运龙，等. 2011. 船舶设计原理[M]. 3 版. 大连：大连理工大学出版社.

林焰，秦品乐，任刚. 2013. 船体分段测量技术及搭载系统控制[M]. 北京：国防工业出版社.

林焰，于雁云，陈明，等. 2016. 船舶设计原理[M]. 4 版. 大连：大连理工大学出版社.

林焰，管官，张明霞. 2018. 浮式陆海接载装备自动配载技术及应用[M]. 北京：科学出版社.

陆丛红，林焰，纪卓尚. 2007. 船舶设计中的三维参数化技术[M]. 北京：国防工业出版社.

施法中. 1994. 计算机辅助几何设计与非均匀有理 B 样条[M]. 北京：北京航空航天大学出版社.

唐焕文，秦学志. 1994. 最优化方法[M]. 大连：大连理工大学出版社.

王世连，李树范. 1985. 船舶设计数学模型[M]. 大连：大连理工大学出版社.

王运龙，林焰. 2016. 船型技术经济论证[M]. 北京：科学出版社.

王运龙，林焰. 2017. 船舶管路智能布局优化设计方法[M]. 北京：科学出版社.

杨樵. 1985. 电子计算机辅助船舶设计[M]. 上海：上海交通大学出版社.

于建中. 1994. 船舶美学与艺术设计[M]. 大连：大连理工大学出版社.

于雁云，林焰. 2014. 船舶与浮式海洋结构物参数化设计[M]. 北京：国防工业出版社.

于雁云，林焰. 2016. 船舶与海洋平台专业设计软件开发[M]. 北京：科学出版社.

张明霞，林焰. 2014. 船舶与海洋工程法规[M]. 北京：国防工业出版社.

张明霞，林焰，冷阿伟. 2018. 船舶与海洋工程全生命周期的防污染控制技术[M]. 北京：科学出版社.

张仁颐. 1989. 船舶技术经济论证方法[M]. 上海：上海交通大学出版社.

中国船舶工业集团公司，中国船舶重工集团公司，中国造船工程学会. 2013. 船舶设计实用手册结构分册[M]. 3 版. 北京：国防工业出版社.

周超骏. 1992. 计算机辅助船体型线设计[M]. 上海：上海交通大学出版社.

朱心雄. 2000. 自由曲线曲面造型技术[M]. 北京：科学出版社.